Christine Geißler, Peter Geißler, Otto Hofer-Moser (Hg.)
Körper, Imagination und Beziehung in der Traumatherapie

»edition psychosozial«

Christine Geißler, Peter Geißler,
Otto Hofer-Moser (Hg.)

Körper, Imagination und Beziehung in der Traumatherapie

Tagungsband zum 6. Wiener Symposium
»Psychoanalyse und Körper« 2006

Mit Beiträgen von C. Geißler, P. Geißler, M. Hirsch,
R. Hochauf, O. Hofer-Moser, K.-K. Madert,
W. Milch und S. Janko, R. Plassmann,
G. Poettgen-Havekost, P. Rau, L. Reddemann,
T. Reinert, U. Sachsse, J. M. Scharff, R. Vogt
sowie G. Engeli

Psychosozial-Verlag

Bibliografische Information der Deutschen Nationalbibliothek
Die Deutsche Nationalbibliothek verzeichnet diese Publikation in der Deutschen
Nationalbibliografie; detaillierte bibliografische Daten sind im Internet
über <http://dnb.d-nb.de> abrufbar.

Originalausgabe
© 2007 Psychosozial-Verlag
E-Mail: info@psychosozial-verlag.de
www.psychosozial-verlag.de
Umschlagabbildung: Georg Engeli: »Ich«, 2006 © Georg Engeli
Umschlaggestaltung nach Entwürfen des Ateliers Warminski, Büdingen.
Lektorat: Jana Kreuter
Printed in Germany
ISBN 978-3-89806-701-0

Inhalt

Spezielle Beiträge

Vorwort

Peter Geißler

Dass das Wiener Symposium »Psychoanalyse und Körper« weiterhin leben kann, verdanke ich vielen Kolleginnen und Kollegen.

Mein Dank gilt H.-J. Wirth vom Psychosozial-Verlag, der die Tagungen durch Abdruck der Tagungsbände seit vielen Jahren unterstützt und auch weiterhin die Herausgabe der Zeitschrift »Psychoanalyse und Körper« ermöglicht – und dies in einer Zeit sinkender Abonnenten-Zahlen.

Mein Dank gilt dem AKP, dem Arbeitskreis für analytische körperbezogene Psychotherapie, bzw. dessen Mitgliedern, die unsere Diskussion am Laufen halten, kontroverse Diskussionen zulassen und sie gemeinsam überleben.

Mein Dank gilt Gisela Worm, Jörg M. Scharff, Günter Heisterkamp, Michael Buchholz, Niklaus Roth und Rolf Maaser für ihre fortwährende Bereitschaft, sich Fragen meinerseits und theoretischen Diskursen zu stellen, wodurch mein eigenes Denken enorm anregt wird.

Mein Dank gilt Gerhard Lang, der unsere AKP-Homepage seit Jahren auf engagierte Weise betreut, was im Internet-Zeitalter immer wichtiger wird – immer mehr Kolleginnen und Kollegen nutzen die Möglichkeit, sich im Internet über Tagungen wie unsere zu informieren und per E-mail direkt anzumelden.

Mein Dank gilt Franz Nest, der sich seit Jahren der enormen Mühe unterzieht, die Tagungen filmisch zu dokumentieren, die Bänder zu schneiden und daraus eine Tagungs-DVDs anzufertigen.

Mein Dank gilt ebenso Hrn. Söhn vom Österreichischen Wissenschaftsministerium (neue Bezeichnung: »Zukunftsministerium«) und Dr. Ehalt von der Wiener Magistratsabteilung 7 für die jahrelange finanzielle Unterstützung, und der »Erste Bank« für Sachzuwendungen.

Editorial

Christine Geißler, Peter Geißler, Otto Hofer-Moser

Bevor wir in die Inhalte dieses Buches, der sich im Wesentlichen als »Tagungsband« versteht, einführen, möchten wir einige Worte zu unserem Hintergrund voranstellen.

Die Herausgeber haben sich in einer Ausbildung für Bioenergetische Analyse in den 80er Jahren kennen gelernt. In dieser Zeit kam der »Bioenergetik-Boom« in Österreich so richtig in Schwung und voller Enthusiasmus absolvierten wir die Ausbildung zu bioenergetischen TherapeutInnen. Im Laufe der Zeit bemerkten wir, dass wir zwar eine Menge Wissen im Verständnis der Charakterstrukturen und im »Körperlesen« erworben hatten, dass jedoch das Verstehen des therapeutischen Prozesses sowie komplexer innerer seelischer Dynamiken eine Schwachstelle in diesem Modell war, an der auch regelmäßige bioenergetische Supervisionen nichts ändern konnten. Im Rahmen einer psychoanalytisch orientierten Fortbildung mit Jacques Berliner aus Belgien wurde zunehmend deutlich, dass diese Schwäche im Prozessverständnis nicht so sehr an uns selbst lag, was wir jahrelang geglaubt hatten, sondern die Grenzen des seinerzeitigen Theoriemodells der Bioenergetischen Analyse widerspiegelten. Unsere bioenergetischen LehrtherapeutInnen bezogen sich zwar immer wieder auf die Psychoanalyse als Ursprung und Teil der bioenergetischen Methodik, eine differenzierte Betrachtung des v.a. unbewussten Beziehungsgeschehens und den sich daraus ableitenden Konsequenzen für das therapeutische »Miteinander Tun« im psychoanalytischen Sinne wurden jedoch nicht wirklich vermittelt.

Eine mehrjährige Supervision mit Berliner, an der wir drei und noch zwei weitere Kollegen teilnahmen, brachte uns das psychoanalytische Verstehen, besonders des zentralen Beziehungskonfliktes und wie er sich in der Übertragung zeigt, näher. Als Folge dieser Supervision gründete sich 1994 der Arbeitskreis für analytische körperbezogene Psychotherapie (AKP). Der sich damals, in den 90er Jahren, allmählich entwickelnde Kontakt zu Psychoanalytikern in Wien mündete in der Idee, ein Symposium mit dem Titel »Psychoanalyse und Körper« gemeinsam zu organisieren und damit diesem Diskurs an der Schnittstelle von Körperpsychotherapie und Psychoanalyse, der sich in diesen Jahren auch in Deutschland entwickelt hatte, einen öffentlichen Rahmen zu geben. Es wurden 1998 – zum ersten Symposium dieser Reihe – prominente Vertreter beider »Lager« eingeladen, wie die Körperpsychotherapeuten H.-J. Maaz, M. Aalberse und J. Berliner, und die Psychoanalytiker M. Hirsch, J. Scharff, P. Kutter und R. Danzinger; ebenso H. Heinl aus der Integrativen Therapie, da sich unsere Tagung von Beginn an als methodenübergreifend verstand.

Aus dem Diskurs, der sich einige Jahre später in der Gründung der gleichnamigen Zeitschrift niederschlug (sie erscheint seit 2002 zweimal pro Jahr im Psychosozial-Verlag), hat sich eine methodische Strömung entwickelt, die derzeit unter der Bezeichnung »analytische Körperpsychotherapie« bekannt ist; wichtige Vertreter dieser Strömung sind z.B. G. Worm, T. Moser und G. Heisterkamp. Zahlreiche Publikationen und Fortbildungen sowie interkollegiale Diskurse machen es möglich, dass sich aus dieser Strömung allmählich eine methodische Identität herauszukristallisieren beginnt; ein erstes Lehrbuch ist in Vorbereitung und soll bald erscheinen.

Betrachtet man die *aktuellen* Entwicklungen in der Psychotherapielandschaft, so stellt unser Diskurs derzeit doch eher ein Randphänomen dar. Viel *vordergründiger* waren in den letzten Jahren Diskurse um systemische Perspektiven in der Psychotherapie – Stichwort: Aufstellungen, als populäres bis populistisch und auch fundamentalistisches Phänomen – und viel *wichtiger* zunächst die Säuglingsforschung und ihre Bedeutung für die Psychotherapie und dann natürlich in den letzten Jahren die Diskussionen um den Traumabegriff und dessen Handhabung im therapeutischen Geschehen. Auch innerhalb unseres Arbeitskreises fanden z.T. recht kontroversielle Diskussionen zu diesem Thema statt. Wir beschlossen deshalb, ein eigenes Symposium dieser letztgenannten Thematik zu widmen, nicht zuletzt, um dadurch Klärungen im Hinblick auf das Traumaverständnis innerhalb der analytischen Körperpsychotherapie und unseres Arbeitskreises anzuregen. Schließlich gilt es bei Trauma-Folgestörungen sowohl die somato-vegetative Symptomatik sinnvoll in den therapeutischen Prozess mit einzubeziehen, als auch die therapeutische Beziehung in ihren übertragungszentrierten Aspekten (siehe Sachsse-Beitrag) neu zu überdenken. Eine analytische Körperpsychotherapie sollte also schon *vom Namen her* diesen aktuellen Diskussionen nicht nachhinken. Auf diesem Hintergrund war es unsere Intention, am Symposium namhafte Experten aus verschieden »Lagern« zum Thema – trotz der vielen Trauma-Tagungen in den letzten Jahren – Zwischenbilanz über diese stürmischen Jahre ziehen zu lassen, darauf zu achten, wo sich zunächst unterschiedliche Standpunkte inzwischen auch ergänzen oder angenähert haben (vergleiche Reinert und Sachsse) und letztlich welch allgemeine, also nicht nur traumaspezifische Erkenntnisse daraus folgen könnten (Plassmann und vor allem Sachsse).

Eine wenig beachtete historische Brücke führt übrigens von der Körperpsychotherapie zur Traumatherapie, denn eine Vorläufertechnik des EMDR kommt aus der Reich'schen Körpertherapie. Ein Reich-Schüler, E. Baker, hat bereits 1967 ein Buch verfasst, das 1980 ins Deutsche übersetzt wurde. Darin steht – unter Bezugnahme auf eine gewisse Barbara Goldenberg – zu lesen:

»Ich stellte fest, dass häufig, wenn man einen Patienten … mit den Augen ein Ziel … verfolgen lässt, das man in einer Entfernung von ca. 20 cm willkürlich vor seinen Augen bewegt, nach etwa 15 Minuten eine starke Gefühlsreaktion einritt. Der Zeitfaktor scheint ausschlaggebend zu sein; eine kürzere Zeitspanne ruft unter Umständen keine Reaktion hervor. Das erscheint nicht durch bloße Ermüdung erklärlich. Nach dieser Maßnahme kann man bei Patienten häufig starke affektive Reaktionen auslösen – Reaktionen, für deren Aufdeckung man üblicherweise monatelang mühevolle Arbeit aufwenden musste …«

Also – das wurde 1967 geschrieben – es klingt sehr nach dem, was in den 80er Jahren von Shapiro als EMDR neu in die Literatur eingeführt wurde.

Unser diesjähriges Thema widmet sich also der modernen Traumatherapie. Diese kann als Paradebeispiel für ein *multidisziplinäres* Unterfangen angesehen werden, als ein gelungenes Beispiel dafür, wie verschiedene Wissenschaften konstruktiv zusammenarbeiten. Sie alle wissen, wie sehr Befunde aus Nachbarwissenschaften – wie Neurobiologie, Stressforschung, Humanethologie, Bindungsforschung, um nur einige zu nennen – die vielen Fragen um die Genese und die Therapie traumatischer Störungen beeinflusst haben. Die dabei angerissenen Fragen reichen weit. In letzter Konsequenz führen sie zu sehr allgemeinen Fragestellungen, wie jener nach der generellen Beschaffenheit von Bewusstsein und der Existenz eines freien Willens – Themen also, die unser Selbstverständnis und Weltbild existenziell berühren.

Nun zu den einzelnen Beiträgen; wir führen in diese inhaltlich in geraffter Form ein, soweit es sich dabei um Tagungsvorträge handelt. Zwei der Vorträge können in diesem Buchband leider nicht abgedruckt werden, wir geben daher an dieser Stelle eine kurze Zusammenfassung. Um einen Eindruck der Diskussion, die auf unserer Tagung stattfand, vermitteln zu können, sei hier darauf hingewiesen, dass Ausschnitte aus der Diskussion und noch weitere Überlegungen (auch zu kontroversiellen Punkten) in Heft 10 der Zeitschrift »Psychoanalyse und Körper« (März 2007) nachlesbar sind. Dasselbe gilt auch für einen Beitrag von *Beate Steiner*, in dem sie – an ihr Workshop am Symposium anschließend – die Katathym Imaginative Psychotherapie (KIP) in ihrer *traumaadaptierten* Form übersichtlich und zusammenfassend vorstellt.

Georg Engeli führt zunächst in die Traumathematik aus einer *künstlerisch-*

philosophischen Perspektive ein. In Form von bildhaften Darstellungen, die er z. T. vor, z. T. während der Tagung als Folge der Anregung durch die einzelnen Vorträge anfertigte, umrahmte und begleitete er in diesem Sinne die Tagung. Sowohl die Cover-Abbildung des Buches als auch laufende Illustrationen im Buch selbst lassen auch die Leserin / den Leser an diesem Prozess teilhaben.

Als »personifizierte« Orientierungshilfe, als »symbolische Helferfigur« fungiert dabei Mr. Fivehair, der die Vielzahl der unterschiedlichen zeitgenössischen Wirklichkeiten bereist und dort jeweils die spezifischen Anstrengungen, Hoffnungen und Ängste der Menschen leibhaftig erfährt. Von neugierigem Interesse inspiriert, erkundet er die grundlegenden Mechanismen und Dynamiken dieser individuellen und darüber hinaus ganz neuer Welten, sowie die Vorstellungen der Menschen, die sie über sich selbst, ihre eigene Welt und von jener jenseits des um die eigene Realität errichteten Sicherheitswalls entwickelt haben.

Gerade beim Thema Trauma, bei dem »nur« sprechende Verfahren eindeutig zu kurz greifen, können künstlerische Wege ganz spezifisch jenen worte-losen Bereich berühren, der das »namenlose Entsetzen« repräsentiert und so mithelfen, *kreativ-handelnd* aus der Lähmung und Hilflosigkeit heraus zu finden.

Thomas Reinert weist nach, dass die Borderline-Pathologie oft auch als Ausdruck einer *atmosphärischen* Traumatisierung in der Kindheit verstanden werden kann und abgrenzbare *Real*-Traumata erst erschwerend hinzukommen. Geschildert wird, wie unter günstigen Bedingungen in der therapeutischen Beziehung eine nachholende Ich- und Selbstentwicklung mit teils sehr befriedigenden Ergebnissen möglich ist, bei einer Stundenzahl ab etwa 600.

Jörg M. Scharff untersucht in seinem Beitrag anhand einer Falldarstellung den diffizilen Wechsel zwischen inneren und äußeren Faktoren bei einem auch intergenerationalen psychischen Trauma. Aus dem »ökonomischen« Blickwinkel geht es beim Trauma um eine Reizüberflutung mit begleitendem psychophysiologischen Stress; unter »qualitativem« Gesichtspunkt ist das Subjekt einer Situation von Hilflosigkeit und Ohnmacht und dem Zusammenbruch bisher tragender Sinnstrukturen ausgesetzt; dazu gehören Abwehrprozesse wie Verleugnung, Hemmung der Mentalisierung, dissoziative Prozesse sowie Übernahme der Schuld im Sinne reaktiver Allmacht. Therapeutisch gilt es, den Blick dafür offen zu halten, wie im Rahmen der vorbestehenden Persönlichkeitsstruktur und vorgängiger Konfliktszenarien der Patient »Gebrauch« von Aspekten des Traumas macht; so kann das Trauma Spielfigur in einem unbewussten Szenario der Nachträglichkeit werden und eine Abwehrfunktion im präödipalen oder ödipalen Familiendrama bekommen.

Gabriele Poettgen-Havekost erläutert Behandlungsschritte von körperlichen und handelnd prozeduralen Reinszenierungen zum verbal-symbolischen und dialogischen Verstehen von Traumatisierungen. Sie bezieht sich dabei auf Fonagys Mentalisierungskonzept, wobei die Fähigkeit zur Mentalisierung eng verwoben mit spezifischen Bindungserfahrungen konzeptualisiert wird. Im autodestruktiven Umgang mit dem Körper z. B. versucht der Patient, die damals schädigende interaktive Realität zu bewältigen, ohne dass diese im therapeutischen Dialog zunächst fühlbar, erlebbar oder reflektierbar wäre. Da die Benennung und Zuschreibung mentaler Zustände sich entwicklungstheoretisch aus deren »Verkörperlichung« heraus entwickelt, werden über Elemente der Körper-, imaginativen und Beziehungsarbeit die defizitäre Mentalisierungsfähigkeit angeregt.

Ralf Vogt führt ein in »psychodynamische Gratwanderungen« einer körperorientierten Psychotraumatherapie. Im Sinne einer externalisierten »Inneren Bühne« stellt er seinen PatientInnen in einer relativ aufwendigen Praxisgestaltung »beseelbare Therapieobjekte« als Trigger zu einem kontrollierten Zugang zu traumatischen Erleben, aber auch als externe »hilfreiche Wesen« zur Verfügung.

Ulrich Sachsse stellt die Frage nach der optimalen »Bühne« für die Arbeitsbeziehung, die Bearbeitung der Pathologie und die Nachreifung. Er setzt sich pointiert kritisch mit Indikationen und Kontraindikationen zur psychoanalytischen Therapie in ihren übertragungszentrierten und regressionsfördernden Aspekten auseinander. Seine Konsequenzen aus den neuen neurobiologischen Erkenntnissen und den Erfahrungen mit PatientInnen mit komplexen Traumafolgestörungen lassen ihn für eine *aktive* Etablierung einer antiregressiven Arbeitsbeziehung als therapeutische Beziehung und für die Bearbeitung von Symptomen und Pathologien plädieren– auch mit regressiven »States« – vorwiegend in einem unterschiedlich, d. h. imaginativ, szenisch, körperbezogen, etc. gestalteten *dritten* Raum, oder anders formuliert: für eine Spieltherapie mit Erwachsenen. Und er zeigt unter o.g. Perspektiven sehr übersichtlich die Eckpfeiler allgemeiner *veränderungsrelevanter* Rahmenbedingungen von Psychotherapie auf, für deren Informationsvermittlung an den Patienten und deren möglichen Gestaltung der Therapeut die berufsethische Verantwortung trägt.

Vor allem Bezug nehmend auf die Säuglings- und Bindungsforschung und dem damit verbundenen Amodalitätsansatz geht *Renate Hochauf* dissoziativen Vorgängen als frühes traumatisches Entwicklungsartefakt nach und stellt Interventionsmöglichkeiten zwischen Imagination und Körperarbeit im Gesamtrahmen traumarekonstruktiver Langzeitbehandlungen vor.

Mathias Hirsch schließt an Gedanken Ferenczis an: Aus dem undifferenzierten psychosomatischen Gesamtselbst (»Protopsyche«) entwickelt sich allmählich neben den Objekten der Außenwelt ein Körperselbst, das später in die Selbstrepräsentanz integriert wird. Frühe Traumata dürften diese Integration stören. Sich auf diese frühen später aufpfropfende Traumata führen zur Dissoziation des Körperselbst als *einer* Form der vielen posttraumatischen Dissoziationsphänomene. Der Zweck der posttraumatischen Dissoziation besteht in der Lokalisierung der traumatischen Gewalt, die in das Selbst eindringt, sodass das Gesamt-selbst überlebt. Es folgen Überlegungen zu Psychosomatik, Konversion und Selbstbeschädigung.

Nach *Reinhard Plassmann* laufen die Traumaforschungen auf eine neue For-mulierung der psychosomatischen Medizin im Sinne einer allgemeinen Theorie für Heilungsprozesse hinaus. Aus einer systemtheoretisch synergetischen Per-spektive stellt er fünf Prinzipien moderner Traumatherapien vor, die – ähnlich und ergänzend zum Ansatz im Sachsse-Beitrag – auch Grundlage einer solch all-gemeinen Theorie sein könnten. Eine zweite Entwicklung sieht er in der Hin-wendung zu aktuellen Triggerungsvorgängen in der therapeutischen Arbeit. Er nennt diesen Bereich »Mikrotraumatologie« und meint damit Mikroszenen in der therapeutischen Arbeit, die das Traumaschema enthalten. Ergänzend weist er auf die zunehmende Erkenntnis hin, welch große Bedeutung dabei den Körper-repräsentanzen als Teil der Traumaschemata zukommt.

Luise Reddemann schließlich, die Begründerin der psychodynamisch imagi-nativen Traumatherapie PITT, bezieht sich in ihrer Theorie der Ego-States auf den Psychoanalytiker Paul Federn, dessen Konzept vom Ehepaar Watkins weiter-entwickelt wurde. Das Konzept der Ego-States bietet eine Möglichkeit, be-sonders schwer traumatisierte PatientInnen mit dissoziativen Störungen zu ver-stehen und ihr problematisches Verhalten als Ressource zu nutzen. Innere Objekte, Symptome etc. werden als Ego-States konzeptualisiert und als Gestalten imaginiert. Der Bezug zur Arbeit auf der »inneren Bühne« wird erläutert.

Zwei Vorträge können wir in unserem Tagungsband in Artikelform leider nicht veröffentlichen, möchten aber kurz darüber berichten:

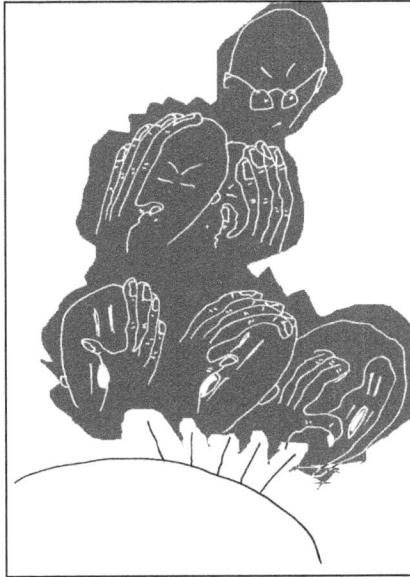

Die Zukunft der Vergangenheit
Großes Leiden entsteht dadurch, dass noch Generationen vom Terror traumatisiert sind, der ihren Vorfahren angetan wurde – und großes Leiden steht bevor, wenn wir, die Unversehrten, weiterhin so tun, als sei es nicht auch unser Trauma!

David Vyssoki ist Mitbegründer und ärztlicher Leiter der Ambulanz ESRA in Wien, die zunächst Überlebenden der NS-Verfolgung geholfen und jüdische MigrantInnen und deren Familien, die in den letzten Jahrzehnten nach Österreich zugewandert sind, in ihrem Integrationsprozess unterstützt hat. Seit einiger Zeit steht sie aber auch nichtjüdischen PatientInnen mit Trauma-Folgestörungen zur Verfügung. Vyssoki berichtet über den Zusammenhang traumatischer Erlebnisse und der *Fibromyalgie*, einer medizinisch sehr gut erforschten generalisierten somatoformen Schmerzstörung. Es handelt sich um eine chronische Schmerzsymptomatik bei zumeist unauffälligen medizinischen Laborwerten, die trotz vorwiegend »zentralnervöser« Genese von den PatientInnen als peripher lokalisiert erlebt wird. Als besonders bedeutsame Risikofaktoren gelten frühe Bindungsstörungen (insbesondere desorganisierte Bindung), sowie körperliche und/oder sexuelle Gewalt bzw. Misshandlung. Typisch für diese PatientInnen ist das »Doctor-Shopping«, wobei bis zu 30 Fachärzte konsultiert werden. Im

Durchschnitt dauert es 11 Jahre, bis diese PatientInnen den Weg in die Psychotherapie, bzw. zu einer mehrdimensionalen Therapie, also Psychotherapie, Physiotherapie und Medikation finden. Leider gibt es noch immer nicht wenige Ärzte, die diesen Patienten vorhalten, dass ihnen nichts fehle, was deren innere Katastrophenstimmung nur verstärkt. Das realistische Ziel ist Schmerz*reduktion*, nicht Schmerz*freiheit*. Neben dem neurobiologisch begründbaren Chronifizierungsprozess hat der Schmerz auch einen psychologischen Sinn: er schützt vor dem traumatischen Erleben, d. h. er steht im Dienste der Dissoziation. Besonders hilfreich erwiesen hat sich für diese PatientInnen laut Vyssoki Gruppentherapie.

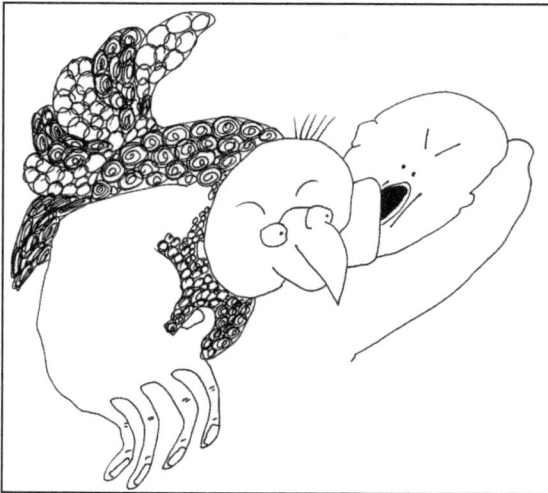

Vogelfrei
Unter den Millionen traumatisierter Menschen auf unserem Planeten gehörte Mr. Fivehair zu den wenigen glücklichen, aber schrägen Vögeln, die den letzten Flug in ein sicheres Land erwischten und dort ihr Trauma hätten ausheilen können … schrien ihnen die hiesigen Gesunden nicht entgegen: »Vogelfrei! Vogelfrei!«

Gruppentherapie erweist sich auch hilfreich in bestimmten Fällen in der Flüchtlingsarbeit. So werden im Rahmen des von *Klaus Ottomeyer* gegründeten »Forschungs- und Beratungszentrums für Opfer von Gewalt« (ASPIS) tschetschenische Frauen ressourcenorientiert gruppentherapeutisch behandelt – mit gutem Erfolg. Über dieses Setting ist es möglich, viel mehr Menschen als im Einzel-Setting zu erreichen und es berücksichtigt zudem den großfamiliären Hintergrund dieser Frauen.

In der Flüchtlingstherapie bei ASPIS wird Traumatherapie für Gewaltopfer verschiedener Kulturen geleistet, wobei methodisch Psychodrama »mit Elementen von Reddemann und Sachsse« (Zitat Ottomeyer, z. b. wird die Baumübung nach Reddemann bei den tschetschenischen Frauen szenisch so dargestellt, dass jede Teilnehmerin einen Teil des Baumes verkörpert und anschließend diese Erfahrung in der Gruppe besprochen wird), sowie Kreative Medien, v. a. Malen zum Einsatz kommen. Ebenso geht es um die Begleitung bei alltäglichen Dramen, wie z. B. Ablehnung des Asylantrages und drohender Abschiebung. Ottomeyer scheut sich nicht, seine abstinente psychotherapeutische Rolle aufzugeben im Sinne einer »parteilichen Abstinenz« (Fischer / Riedesser 1999), mit Beamten zu reden und engagiert Öffentlichkeitsarbeit zu leisten (z. B. in Form von Zeitungsberichten). Er beschreibt zwei eigene »Ego-States«, die er nicht immer leicht integrieren kann: den State des »beruhigenden Therapeuten« und den State des »Aufgebrachten« angesichts des Umganges mit Asylanten und skandalöser politischer Zustände in Kärnten (Versprechen des dortigen Landeshauptmannes: »In einem Jahr ist Kärnten tschetschenfrei«).

Innerhalb der Therapie wird die traumatische Erfahrung häufig mit Hilfe von gemalten Bildern symbolisiert – was hilft. Und beim »sicheren inneren Ort« wird als Besonderheit, wohl als Symbol ihrer Hoffnungen, von vielen Asylanten Europa gewählt. Ottomeyers bevorzugte Technik der Traumaexposition: die Bildschirmtechnik, ergänzt um je einen zusätzlichen imaginierten sicheren Ort rechts und links des Bildschirms, auf den man sich sofort bei Überflutung zurückziehen kann.

Durch die Verbindung von ASPIS mit der Universität Klagenfurt ist es möglich, die Projekte wissenschaftlich zu validieren. Zu beachten ist, dass Symptome bzw. Traumaverarbeitung u. U. kulturspezifisch sehr variieren. Während die intrusive Symptomatik kulturübergreifend zu sein scheint, sind es sekundäre und tertiäre Verarbeitungen nicht. Die posttraumatische Belastungsstörung äußert sich also kulturspezifisch, was in westlich geprägten Diagnosekonzepten (z. B. DSM IV) jedoch bisher nicht ausreichend berücksichtig wird und so zu verfälschten Ergebnissen führen kann. WestafrikanerInnen unterscheiden sich z. B. deutlich von TschetschenInnen. Die Nichtberücksichtigung dieser kulturellen Besonderheiten kann dann bei der Erhebung einer etwaigen Traumatisierung im Zuge eines Asylverfahrens schwerwiegende Folgen haben. Ottomeyer lokalisiert diesbezüglich, ebenso wie Vyssoki, ein nicht unerhebliches Begutachterproblem im medizinisch-psychiatrischen Feld.

Vier *spezielle Beiträge* ergänzen das Buch: *Petra Rau* fasst Aspekte zur psychologischen Diagnostik von Traumafolgestörungen zusammen, die sie im

Rahmen eines Workshops auf dieser Tagung vorgestellt hat. Ebenfalls als Essenz ihres gemeinsamen Workshops berichten *Wolfgang Milch* und *Silvia Janko* zur transgenerationalen Weitergabe traumatischer Erfahrungen aus psychoanalytisch-selbstpsychologischer Sicht. *Karl-Klaus Madert*, den ich (P. G.) vor knapp zwanzig Jahren bei einem David-Boadella-Workshop in der Schweiz kennen gelernt habe, versucht, unter Rückgriff auf neurowissenschaftliche Befunde, nachzuweisen, dass Traumatherapie *notwendigerweise* um körpertherapeutische Aspekte erweitert werden muss. Und schließlich stelle ich (P. G.) in einem eigenen Beitrag und anhand von Beispielen – u. a. einer Patientin mit einer somatoformen Störung, die ihren Vater durch Suizid verloren hatte – einige Überlegungen zur Konzeptualisierung des Körpers in der analytischen Körperpsychotherapie an.

Wir wünschen anregende Lektüre!

Geißler, Christine, Dr. phil., Dipl. physikal. Assistentin, Psychoanalytikerin, Psychotherapeutin in freier Praxis, Mitglied im AKP. Wien (A)
E-mail: ch.geissler@aon.at

Geißler, Peter, Dr. med. et phil., Psychologe, Psychodiagnostiker, Psychotherapeut in freier Praxis, Gründer des Wiener Symposiums »Psychoanalyse und Körper« und Gründer/Herausgeber der gleichnamigen Zeitschrift. Obmann des AKP. Wien (A)
E-mail: geissler.p@aon.at

Hofer-Moser, Otto, Dr. med., Arzt für Allgemeinmedizin, Psychotherapeut (Integrative Gestalttherapie, Analytische Körperpsychotherapie), Ausbildner für Ärzte im Bereich Traumatherapie, Mitglied im AKP. Rosegg (A)
E-mail: otto.hofer-moser@aon.at

Ich, der ganze zerbrochene Krug

Georg Engeli

Trauma und Menschenbild

Kesselflicker besitzen ein Bild vom heilen Gefäß, nach dem sie, was zerborsten ist, rekonstruieren – sind wir Kesselflicker? Welche Bilder leiten uns, wenn menschliche Identität in Frage steht? Nach welchen Vorstellungen vom Menschen und der Welt erkennen und beurteilen wir Verletzung und Wiedererlangung von Ganzsein? Verstehen wir Ganzsein als Rückkehr in einen Vorzustand oder als kontinuierliches Wechselspiel zwischen Festigkeit und Fliessen, Bruch und Aufbruch, Form und Transformation?

Und wenn der Krug in Scherben liegt und das Wasser frei zu fließen beginnt, wer ist die Instanz, die nun – sich selbst beobachtend und ihrer selbst gewahr – sagt: »Ich liege in Scherben?«

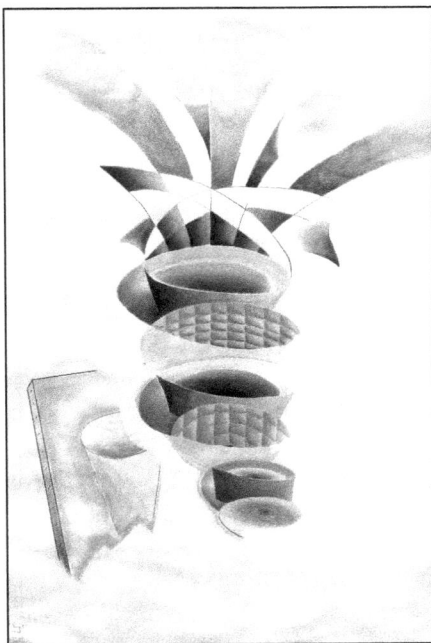

Am 6. Wiener Symposium »Psychoanalyse und Körper« vom 21.–24. September 2006 reflektierten Fachleute aus Psychoanalyse, Psychotraumatologie und anderen psychotherapeutischen Methoden das Thema Trauma vor dem Hintergrund neuster wissenschaftlicher Erkenntnisse, darunter der Neurobiologie. Am Dialog der Sparten nahm dieses

Jahr auch die *Kunst* teil. Als deren Vertreter gestaltete ich eine Ausstellung zum Thema »Trauma, Menschenbild und Bewusstsein« und fing während des Symposiums Aussagen der Referate, Workshops und Aussprachen in Zeichnungen ein, die sich laufend in die Galerie integrierten. So entstand im Chor der Teilnehmer ein Gewebe von Stimuli für die weitere Erkundung von Neuland.

Der folgende Beitrag schildert einige der in diesem Dialog von Wissenschaft, Praxis und Kunst entstandenen Bildern und Überlegungen – mag sie jeder, wie am Symposium selbst, aus seinem Blickwinkel betrachten und nach seiner Erfahrung und Neigung beurteilen, um daraus den einen oder anderen Anstoß für die eigene Suche und Arbeit zu finden.

1 Bilder der Wahrheit – Wahrheit der Bilder?

Bilder der Verletzung und Verletzung der Bilder

Traumatisches Erleben und seine individuellen und kollektiven Auswirkungen führen uns an Grundfragen unseres In-der-Welt-Seins. Der Begriff *Verletzung* verweist auf Bilder von einem gesunden und heilen Menschen in einer »an sich«

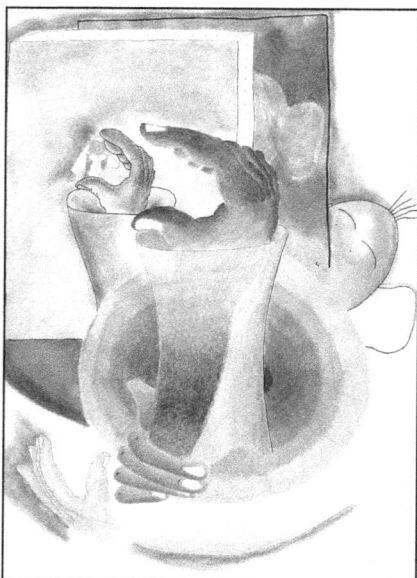

vollkommenen Schöpfung. Diese Bilder dienen uns als Referenz auch in zeitlicher Hinsicht: Verletzung impliziert immer ein Vorher und ein Nachher, also eine Zeitachse, längs derer wir Veränderungen wahrnehmen, beurteilen, einordnen und – im Fall einer Verletzung – behandeln. In unserer Kultur ergibt sich eine dritte Basisreferenz dadurch, das nach unserer kosmologischen Vorstellung der Mensch Gott »nachgebaut« ist und dessen Ebenbild – aber nicht Gott selbst – darstellt. Diese existentielle und unauflösbare Dualität von menschlicher Gottesgleichheit und Gottesfremdheit prägt unser Selbstverständnis und in der Folge auch unseren Umgang mit Verletzungen.

Insoweit wir uns der uns prägenden Grundannahmen bewusst sind, nennen wir sie Kosmos-, Welt- und Menschenbilder. Sind wir ihrer indes nicht gewahr, schlagen wir sie der Wahrheit zu: So werden sie zu Inhalten, von denen wir weder wissen noch glauben, dass es Bilder sind, sondern die wir für das So-Sein schlechthin halten. Unternehmen wir nun einen kleinen Rundgang durch unsere Welt- und Menschenbilder. Uns leitet die Frage, was und wer bei einer Verletzung eigentlich verletzt ist – ein Weltbild? Ein Menschenbild? Ein Mensch?

2   Ich, mitleidvoller Zeuge meiner selbst

Bilder des Gewahrseins

Traumatische Erlebnisse führen zu dissoziativen Bewusstseinszuständen und einem schmerzhaften Empfinden von Teilung und Spaltung. Die Scherbenstücke des zerbrochenen Kruges scheinen jede Verbindung untereinander verloren zu haben, sie liegen ordnungslos und beliebig durcheinander und das in Fluss geratene Wasser schiebt sie, wie es scheint, willkürlich hin und her. Doch wer ist es jetzt eigentlich, der Schmerz empfindet und unter dieser Verletzung leidet? Wer ist die Instanz, die jetzt von sich selbst – bewusst oder unbewusst, sprachlich oder in einer anderen Ausdrucksform – konstatiert: *Ich liege in Scherben?*

Angenommen es spräche hier *eine einzelne* – irgendeine – der unzähligen Scherben, dann wäre sie ja die Sprecherin *aller* Scherben, gewissermaßen die Repräsentantin des ganzen Scherbenhaufens. Das wiederum bedeutete, dass noch das winzigste Teil eine Erinnerung ans vormalige Ganze besäße. Dieses Bild entspricht dem Fraktalprinzip der Chaostheorie oder dem Hologramm, das u.a. in der Quantentheorie erscheint: Selbst die ins Infinite fortgesetzte Zerlegung in unendlich kleine Teile vermag das Ganze niemals auszulöschen; das Ganze ist noch im minimalsten Fragment immer vollständig enthalten. So gesehen täte das Zerbersten

des Kruges seiner eigenen Existenz gar keinen Abbruch – wir könnten die Scherben auch noch durch eine Steinmühle schicken und fänden doch im feinsten Staubkörnchen noch den ganzen Krug enthalten.

Wir können aber zweitens auch annehmen, dass hier nicht eine einzelne Scherbe spricht, sondern der in Brüche gegangene Krug selbst. Dann bestünde er also auch nach seinem Zerbersten. Das bedeutete, dass er eine Qualität besitzt, deren Existenz unabhängig davon besteht, in welcher Form er sich befindet oder wir ihn wahrnehmen. Dann wären Ganzes *oder* Teil verschiedene Manifestationen ein und desselben »Kruges«.

Und wir können uns drittens sogar fragen, ob hier vielleicht das Wasser zu sprechen beginnt, jetzt wo es nicht mehr von einer festen Hülle umfasst stillsteht, sondern dank ihrem Auseinanderbrechen seines natürlichen Weges dahin fließt. Denn dass wir Wasser und Krug als zwei getrennte Dinge ansehen, ist genau das: Ansichtssache. Die Wissenschaft im atomaren und subatomaren Bereich oder das mystische Denken besitzen über dieses Eins-Sein oder Getrenntsein eine ganz andere Ansicht (Erkenntnis), als unsere Augen es uns weismachen. Das würde bedeuten, dass stilles Wasser *und* Krug, fließendes Wasser *und* Scherben immer eins sind – ein einziges »etwas«, das von einem in einen andern Zustand übergegangen ist, aber darum nicht auch seine eigentliche Qualität verloren hat.

Wir könnten solche Fragen als philosophische und erkenntnistheoretische Haarspalterei vergnüglich weiterverfolgen oder mangels praktischer Relevanz im klinischen Alltag unwirsch beiseite legen – wäre da nicht der Schmerz der traumatisierten Menschen! Dieser Schmerz ist real. *Es ist die Realität des Leidens, das uns vor die Notwendigkeit stellt, die Beschaffenheit von Krug und Scherben, stillem und fließendem Wasser – und ihr Verhältnis untereinander – zu hinterfragen.* Denn im Kern geht es um die Frage nach dem menschlichen Bewusstsein und unserer Seele. Bleiben die beiden von den Verletzungen ihrer »Trägersysteme« unberührt, oder sind ihr Bestand und ihre Beschaffenheit unauflösbar mit dem Schicksal ihrer Träger verbunden? Die Naturwissenschaften geben uns darauf noch keine Antwort – zwar ziehen moderne Mathematik, Physik oder Neurologie heute die Existenz eines Bewusstseins als unerlässliche Größe in Betracht, doch was es ist, wissen sie nicht. Noch fällt die Beantwortung dieser Fragen in die Domänen etwa von Philosophie, Religion, Mystik; also von Domänen, die sich im Kern ihrer Suche mit Welt- und Menschenbildern befassen.

So stehen wir im Alltag vor einer Aufgabe, deren Erfüllung maßgeblich von der Beantwortung der Grundfrage abhinge: Existiert eine von der momentanen Beschaffenheit von Krug und Wasser unabhängige Instanz – vielleicht eine, deren Stimme wir erst dann klar vernehmen, wenn der Krug birst und das Wasser fließt? Dabei mag uns weiterhelfen, dass wir ja eigentlich sehr wohl wissen, dass wir ein Bewusstsein besitzen und »beseelt« sind. Genau dieses

Wissen müsste uns aber auch zögern machen, fraglos daranzugehen, Scherben zu leimen: nach welchem Vorbild denn? Vielleicht liegt gerade auch in diesem Zögern eine heilende Kraft.

3 Verlass ich es, empfängt es mich – verharre ich, verstößt es mich

Bilder des Ich

»Ich«! – Seit der Aufklärung ist der Begriff der Identität unauflösbar ans Subjekt gebunden – und Subjekt bedeutet: Individuum. Die Formel »Identität > Subjekt > Individuum« ist in unserem kulturellen Kontext die Grundlage der Entfaltung des Menschen, seiner Freiheit und Würde, seiner Menschenrechte und auch seiner Ansprüche gegenüber anderen Menschen, der Welt, dem Leben und sich selbst. Sie ist die Basis politischen, gesellschaftlichen und weltanschaulichen Pluralismus, und eine der zentralen Antriebsenergien für die großen Fortschritte unserer Gesellschaften. Diese Fortschritte haben uns viel Erleichterung, Wohlbefinden und Wohlstand verschafft und tragen auch wesentlich zu einem friedlichen Zusammenleben von Menschen, Gesellschaften, Religionen und Kulturen bei. Doch die Formel hat auch eine Kehrseite. Sie bedeutet die Spaltung von *Ich* und *der Welt*, von Subjekt und Objekt, vom Einzelnen und allen andern.

Das »Ich« des Menschen wird zur Königsburg eines erfüllten, sinnvollen Lebens, aber gleichzeitig auch zum Bunker, in dem wir – abgetrennt und bezugslos – stecken. Das betrifft nicht etwa nur das Ego des Einzelnen, sondern auch die Vorstellung vom Selbst: auch dieses rechnen wir in unserer Kultur gemeinsam mit dem Bewusstsein und der Seele dem einzelnen Menschen zu. So ist uns etwa die Vorstellung recht fremd, dass es so etwas wie das

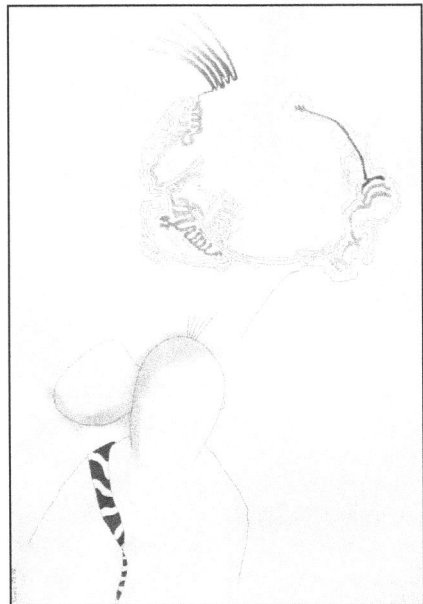

einzelne Ich oder das individuelle Leben gar nicht gäbe, sondern nur *Das Große Ich, Das Große Selbst, Das Bewusstsein, Die Seele*, die sich im einzelnen Menschen zeigen, ohne ihr oder ihm »eigen« zu sein – Vorstellungen also, die das Welt- und Menschenbild anderer Kulturen bestimmen und in denen »Selbst«, »Bewusstsein«, »Ich« oder »Geist« etwa der Luft entsprechen: Es gibt nur eine auf der Welt, aber sie durchdringt alle und alles. Für uns dagegen ist der volle Wasserkrug ein wasserundurchlässiger Krug voll mit *seinem* Wasser: das einzelne Ich. Mit dieser Vorstellung liegen wir weder richtig noch falsch, aber sie führt zu einer ganzen Kaskade von weiteren Bildern, die unseren Umgang mit Verletzungen bestimmen. Jetzt, wo wir uns unsere Vorstellungen wie von außen betrachten, stellen sich Fragen: Was geht eigentlich in die Brüche –Identität oder ein Menschenbild? Was sind unsere Identitätsvor- und -ebenbilder, die uns zu fraglosen Grundannahmen darüber hinführen, was es bei einer Verletzung zu heilen gäbe? Woraufhin zielen wir bei der Heilung einer Verletzung: auf die Rekonstruktion einer dem Einzelnen innewohnenden Identität oder auf eine Renaissance des Menschen? Bedeutet Verletzung eine Beeinträchtigung des *Königspalastes des Ich* oder eine Befreiung aus dem *Ich-Bunker*? Und wenn es uns um eine Rekonstruktion gehen sollte: Verschaffen wir dann dem Menschen Freiheit oder drängen wir ihn erneut in eine Zwangsjacke aus Ich-Bildern? Und nach welchen Bauplänen handeln wir?

Wohl könnten wir auch diese Fragen als »weltanschaulich« und, wie man heute sagt: ›subjektiv‹ beiseite schieben; umso mehr, als wir es in modernen Gesellschaften mit einem regelrechten Tsunami wachsender Bildervielfalt des einzelnen Menschen zu tun haben. Von der Selbstdarstellung im Internet bis zur kosmetischen Operation, Pharmakologie, Verpflanzungen von Zellen und Organen bis hin zu ganzen Gesichtern, oder einer durch unsere sozialen Wertorientierungen noch begünstigte Kultur des Wandels und der zweiten und dritten Chance – all das erlaubt es dem Einzelnen, sich ein ganzes Portefeuille von Identitäten mit größter Diversität und hohen Halbwertszeiten zuzulegen. Das ist weder eine begrüßens- noch beklagenswerte Entwicklung, nur eine, die uns noch näher an die Frage nach der Identität führt – eine Frage, die sich dann im Verletzungsfall auf hinterhältige Weise stellt: Wer ist das Ich? Wenn wir sagen: »*Wir lassen die Frage offen, schließlich wollen wir einem Hilfesuchenden ja keine Identität verpassen*«, dann müssen wir so tun, als gäbe es eben doch irgendeine diesem speziellen Menschen mit seinem Ego und seinem Selbst übergeordnete Identität – und die Bejahung deren Existenz läuft unseren Grundvorstellungen zuwider. Wenn wir sagen: »*Also gut, richten wir uns nach der Identität*«, dann läuft auch das uns gegen den Strich, denn wir stoßen den Einzelnen dann in ein großes existentielles Ganzes, ohne zu wissen, woraus es bestünde. Bildlich gesprochen heißt das im Alltag: Wenn da jemand mit schmerzenden und geschwollenen Füßen Hilfe sucht, dann folgen wir meist ganz unwillkürlich einem bestimmten Grundbild – entweder behandeln wir den Körper, bis die Füße wieder in die Schuhe passen; oder wir verpassen neue Schuhe, die nicht drücken; oder wir gehen davon aus, dieser Mensch bedürfe des Barfußlaufens, oder sei des Gehens müde. Das ist keine Frage der Qualität der Analyse, sondern unserer Welt- und Menschenbilder: Haben wir uns für die einen oder andern entschieden, dann sind unsere Analysen immer folgerichtig und stimmig.

Theorie? Ja, wenn auch hier der Schmerz nur nicht wäre! Und auch hier: Vielleicht wohnt ja unserem Zögern eine heilende Kraft inne.

4   Der Mond im Tautröpfchen

Bilder vom Ein-Ich und Viel-Ich

Ein einziger Mond tausendfach gespiegelt in Tautröpfchen: In jedem einzelnen Tropfen immer der ganze Mond – wie viele Monde gibt es? Wir legen zugrunde, dass ein Mensch *ein* Ich besitze (nach der oben dargestellten Formel), und nicht tausende. Andere Kulturen – nicht weniger entwickelt und komplex – besitzen andere Grundannahmen. Natürlich ist es von Vorteil, dass wir in Verwurzelung und Übereinstimmung mit dem jeweils eigenen Kontext handeln, der ja auch immer ein sozialer ist und darum Eingebundenheit und Gemeinschaft bedeutet – zwei zentrale Voraussetzungen für Heilung und Selbstheilung.

Doch auch hier können wir die Frage, ob ein Mensch ein Ich oder viele Ichs besitzt, nicht einfach als philosophische Erbauung im Wahlfach abtun – denn diese Frage zielt ja auf den Kernbereich unseres Menschenbildes und damit ins Herz unserer Hilfe für einen Menschen in Schmerz und Not. Wenn wir die Scherben des zerbrochenen Krugs als Bestandteile eines Kruges ansehen, den es nun wiederherzustellen gilt, dann ist

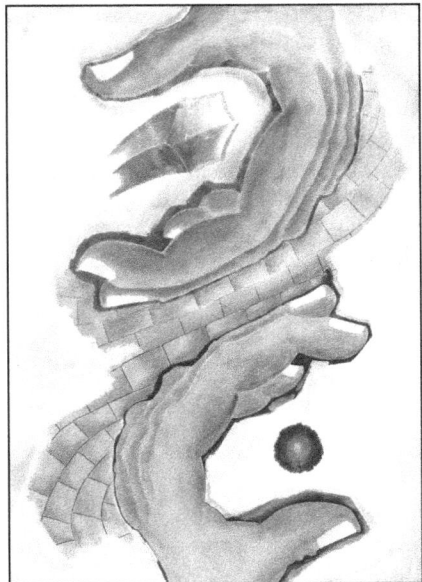

die Aufgabe solange nicht erledigt, bis nicht jedes Teil wieder an seinem alten Platz steckt, alle verleimt sind und der Wassertest die Undurchlässigkeit bescheinigt. Wenn wir umgekehrt jeder einzelnen Scherbe nicht nur eine Scherbenidentität, sondern zugleich auch die *ganze* Krugidentität attestieren, stehen wir vor einer existentiell anderen Aufgabenstellung! Und wenn wir drittens auch noch das Wasser in die Identitätsfrage mit einbeziehen, dann haben wir uns einer ziemlichen Knacknuss verschrieben. Dass eine Aufgabe absonderlich oder schon in ihren Prämissen unmöglich erscheint, heißt nicht, dass sie falsch gestellt ist: Die Antwort auf die Frage nach dem Ein-Ich oder Viel-Ich setzt nämlich zunächst weder einen Erkenntnis- noch einen Glaubensakt voraus, sondern einen Blick auf unsere eigenen Menschenbilder – da wir wissen, dass es sich um Bilder und nur möglicherweise auch um Wahrheiten handelt, sind wir frei, sie mit Distanz ins Auge zu fassen.

Spielerei? Es steht doch – sind wir versucht zu sagen – fest, dass es nur *einen* »richtigen« Mond gibt und demzufolge die tausend Monde in den tausend Tautröpfchen »nur« Abbildungen dieses einen Mondes sind. Das steht aber eben nur unter ganz bestimmten Paradigmen fest – nach anderen Paradigmen würden wir wohl mit der gleichen Bestimmtheit einen umgekehrten Schluss ziehen und wären dann in unserer Überzeugung genauso gewiss und zufrieden. Belassen wir es einfach bei einer Vermutung: dass es sich bei der Frage von Ein-Ich oder Viel-Ich so verhält wie damals bei der Frage, ob die Sonne um die Erde oder diese um die Sonne kreist. Die Antwort hängt von unseren Welt- und Menschenbildern ab. Im Hinblick auf die Tagespraxis könnten wir jetzt sagen: »*Interessant – möglich – irrelevant*«. In der Tat, auch nach dem Paradigmenwechsel von Galilei und Kopernikus geht die Sonne weiterhin am Morgen auf und am Abend unter und krähen die Hähne nicht anders als zuvor. Nur die Welt ist eine ganz andere geworden. Darum – weil beim Trauma immer auch menschliche Identität in Frage steht – lässt uns die Frage nach dem einen oder den tausend Monden auch nicht los: Neugier ist hier auch Ausdruck von mitmenschlicher Verantwortung. Vielleicht hat ja schon die Tatsache eine heilende Wirkung, dass wir uns die Frage überhaupt stellen.

5   Kleiner als sein Inhalt – weiter als seine Grenzen

Bilder vom Raum

Raum ist Gegenstand vieler unserer Urkonzeptionen über das Leben, die Welt und uns selbst. Raumbilder versehen uns mit kosmischen und weltbezogenen Grundannahmen über unsere Reise durchs Dasein. Dabei sind in unserem kulturellen Kontext die existenziellen Vorstellungen über Nichtorte besonders prägend – etwa die Nichtorte eines *Vorher* (das verlorene Paradies, der verlassene Uterus), die Nichtorte eines *Nachher* (Auferstehung, Hölle, Himmelreich) und die Nichtorte der Gegenwart. Es geht hier um die Frage nach den inneren und äußeren Räumen unserer Realität, also kurz gefasst die existenzielle Frage: »*Wo bin ich – was bewohne ich?*«. Gekoppelt mit den zuvor dargestellten beiden Fragen: »*Was sind Bewusstsein und Seele?*« und »*Wieviele Ich bin ich?*« können wir eine zusammenfassende Raumfrage vielleicht so wagen: »*Wer von mir ist wo?*«. Der mit Wasser randvolle Krug hat ja ein anderes Raumverständnis als die verstreuten und wasserumspülten Scherben oder als das Wasser selbst in seinen verschiedenen Zuständen.

In praktischer Hinsicht fällt heute der große und immer noch weiter anwachsende Verlust gemeinsamer Anschauungsräume auf. Ob es einmal eine Zeit gegeben haben mag, in der alle Menschen die Frage: »*Wo sind wir?*« gleich und mit Gewissheit beantwortet haben, darf getrost offen bleiben: heute zumindest ist es nicht der Fall. Wir erleben quasi eine Explosion neuer Räume; und zwar umso stärker, als die Welt, wie wir sagen: zusammenwächst. Unsere Alltagsrealität ist in feinste Teile differenziert, von denen jedes sein politisches, wirtschaftliches, soziales, weltanschauliches, sprachliches, kulturelles und religiöses Eigenleben führt. Die Teile stehen in einem harten Wettbewerb untereinander, gerade so, als gäbe es ein Ganzes gar nicht und habe es auch nie gegeben. Von 200 Menschen in einer Straßenbahn in irgendeiner mittelgroßen Stadt in Westeuropa leben 200 in je einer eigenen Realität – und dies nicht sprichwörtlich, sondern ganz real: Sie bewohnen alle ihre eigenen Internetseiten und Chatrooms, fahren zu Stadtteilen mit sozialen Realitäten, die Welten auseinander liegen, nehmen Aufgaben in der ganzen Spannweite vom Weltkonzern bis zum Kiosk wahr, sprechen als Gruppe bestimmt mindestens 10 Sprachen, gehören kaum weniger als fünf Religionen an. Diese Straßenbahn befährt auch unsere nicht sichtbaren, aber darum nicht weniger konkreten Realitäten: Die Wissenschaft entdeckt Räume, die völlig außerhalb nicht nur unserer Wahrnehmung, sondern auch des menschlichen Vorstellungsvermögens liegen – hin ins Kleinste der Neuronen, der Moleküle und Atome, der Nanowissenschaft, der subatomaren Welt; und hin ins Größte etwa von Astronomie und Astrobiologie. Hier tun sich Räume auf, in denen wir auch zuhause sind, ohne im Entferntestens die Möglichkeit zu besitzen, diese Räume je zu erfassen. Wir leben in einer Welt, von der wir uns gar kein Bild mehr machen können. Unsere Realität besteht aus immer mehr Nichtorten – Utopien eben –, auf die wir weder als Einzelne noch in der Gemeinschaft einen Blick werfen können, und schon gar nicht einen gemeinsamen.

Was bedeutet dieser Gewinn von immer neuen Räumen, gepaart mit dem Verlust

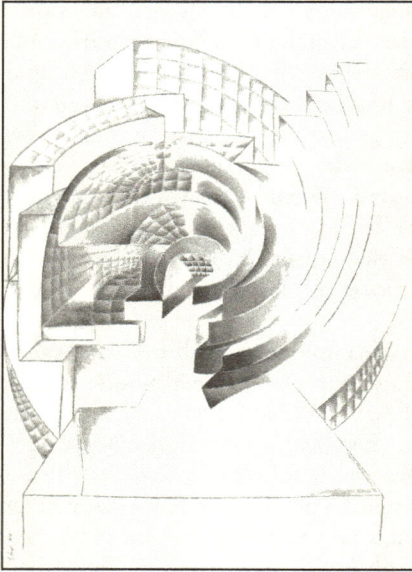

gemeinsamer Anschauungs- und Erfahrungsräume? Schon der Sachverhalt als solcher hat ja etwas Traumatisches an sich, wenn sich jede Scherbe ihren eigenen Platz sucht und sich dort im Mittelpunkt des Universums wähnt. Die Entwicklung unserer Realität besitzt – sei es als eigene Eigenschaft oder in unserer Wahrnehmung – einen stark dissoziativen Charakter; wenn wir uns unsere Welt als *ein* Lebewesen vorstellten, würden wir wohl keine Sekunde zögern, eine Therapie – eine umfassende Therapie! – zu empfehlen. Im Zuge dieser Therapie würden wir dann die Welt früher oder später dazu ermuntern, Vorstellungen über sich selbst zu entwickelt – also sich auf eine Art innerer Bühne oder einen inneren (Nicht-) Raum zu begeben, um von dort aus einen Blick auf sich selbst zu werfen und sich selbst zu ersinnen. Zurück zum Einzelnen: Welche Bedeutung haben vor diesem Hintergrund die inneren Räume, die wir uns erschaffen – stellen sie einfach weitere Räume in der sich verlängernden Kette aller Räume dar, oder sind sie eine Art allumfassender Raum? Führen sie uns hin zur Realität – die ja gerade kein einheitlicher Raum mehr ist, sondern eine Art expandierendes Universum aus immer noch mehr Räumen – oder nur noch weiter weg von ihr?

6 Kürzer als ihre Dauer – länger als ihr Leben

Bilder von der Zeit

Dass der Krug zerbricht, ist eine Frage der Zeit, aber einer ganz besonderen Zeit: der Krug bricht immer nur, er *ent*bricht nie. Wir kennen in der uns wahrnehmbaren Realität keinen Vorgang, wonach sich ein in Scherben gegangener Krug ohne fremdes Zutun wieder zusammensetzt oder ein geplatztes Ei wieder von selbst ganz wird. Auch wo wir natürliche Heilungsvorgänge beobachten – z.B. die Blutgerinnung, das Zusammenwachsen gebrochener Knochen oder Gewebeteile, die Vernarbung, das Wiedererwachsen von Zellen – handelt es sich um einen Fortschritt und nicht die Umkehr des (Verletzungs-) Vorgangs. Die Zeit ist unumkehrbar. Was unsere eigenen Wahrnehmungen, Erfahrungen und Erkenntnisse bestätigen – die Zeit ist ein Zeit*pfeil* –, findet seine Wurzeln in unseren Grundvorstellungen vom Kosmos, der Welt und dem Leben. Hier war ja ein Schöpfergott am Werk und markiert sein Schöpfungsakt den Beginn von allem (auch der Zeit selbst) – und was einen Anfang hat, kommt auch an ein Ende: die Schöpfung als ganzes, der einzelne Mensch, das individuelle Leben. Unser Lebensverständnis ist zutiefst geprägt von »Anfang und Ende«, Geburt und Tod, Vorher und Nachher; also von einer absoluten Zeit. Sie prägt unsere Auffassung von Verletzung und Heilung im Kern, und sie bestimmt unsere Vorstellungen über die Natur und die Eigenschaften des Gedächtnisses.

Unsere Vorstellung des absoluten Zeitpfeils beinhaltet auch bestimmte Eigenarten. Wir nehmen zum Beispiel an, dass der Pfeil selbst *und* seine Flugbahn erstens richtungsgebunden und zweitens gerade seien. *Richtungsgebunden* heißt, dass unser Zeitpfeil immer nur davonsaust und nie dort bleibt, wo er gerade ist. In diesem Sinn verstehen wir Zeitbewegung immer als Fortbewegung – andere Bilder lehnen wir dagegen in der Regel ab: Etwa dass der Zeitpfeil an Ort und Stelle auf und ab hüpft wie eine in der Mitte unbewegliche Schaukel, oder dass er sich nur um seine eigene Achse dreht, während er als Ganzes bleibt wo er ist. Diese Bilder stünden zwar in voller Übereinstimmung mit unserem Grundbild eines absoluten Zeitpfeils, aber wir finden sie trotzdem bizarr und unannehmbar. Wir glauben, der Zeitpfeil zische wie ein Weberschiffchen durch die Fäden des Universums – in immer nur eine Richtung. Das führt uns zum abgeleiteten Bild der Zeit als Linie, auf der wir alle Geschehnisse und Entwicklungen aufreihen und so in eine unumkehrbare Abfolgesequenz setzen. Unsere zweite Annahme betrifft die *Gradlinigkeit* von Zeitpfeil und seiner Flugbahn. Für den Pfeil bedeutet das, dass er nach unserer Vorstellung immer die exakt gleichen Eigenschaften aufweist und sich unterwegs auch nicht verändert – er ist also nicht wie ein Vogel im Flug, dessen Volumen abhängig von Flughöhe, Luftdruck, Ein- und Ausatmung oder körperlicher Abnutzung einmal größer oder kleiner ist. Für die Flugbahn bedeutet Gradlinigkeit, dass wir sie uns als absolut gerade Linie vorstellen. Wir glauben also etwa nicht, dass der Zeitverlauf spiralförmig verläuft, oder im Zickzack, oder im geschlossenen Kreis. Zwar hätten auch solche Bilder innerhalb unserer Grundvorstellung über die absolute Zeit durchaus Platz, aber sie scheinen uns völlig unsinnig, als widersprächen sie nicht nur der klassischen Naturwissenschaft, sondern auch jeder menschlichen Erfahrung. Das erste stimmt: Solche Bilder widersprechen der klassischen Wissenschaft (nicht aber, um es schon vorwegzunehmen, der modernen Wissenschaft). Das zweite stimmt nicht: Jeder hat schon Erfahrungen gemacht, die sich in diesem Zeitverständnis weder einordnen noch erklären lassen und die uns darum auch speziell absonderlich vorkommen. Solche Erfahrungen können wir in veränderten Bewusstseinszuständen machen – etwa im Traum, in der Meditation, in mystischen Erlebnissen; in Todesnähe, im Orgasmus, aber auch im kleinen Alltag, wenn es sich anfühlt, als verlaufe die Zeit weder in eine bestimmte Richtung, noch gerade, noch absolut, sondern bestünde gar aus mehreren Parallelzeiten gleichzeitig. Wenn uns solche Erfahrungen überfallen, ohne dass wir uns auf sie vorbereitet oder sie gesucht haben, sind sie meist recht unangenehm. Sie können uns zutiefst erschrecken, verwirren und sogar in Panik versetzen. Wir behelfen uns dann in der Regel mit logischen Beschwichtigungen: »Einbildung«, »nicht real«, »rein subjektiv«, »rein psychisch«, »nur so ein Gefühl«. So bezeichnen wir, was unserer Zeitvorstellung widerspricht, als Fehlinterpretation, und halten an einer Deutung fest, die vielleicht nicht falsch ist, aber von der auch nicht feststeht, ob sie die einzige ist.

Kosmologisch und weltanschaulich ist unser Zeitbild ein absolutes, gerades. Psychologisch und seelisch kennen wir jedoch auch noch ganz andere Zeiten. Die exakten Wissenschaften haben bis Anfang des 20. Jahrhunderts das erste Zeitbild als »richtig« bestätigt – eine Bestätigung, die, obwohl sie die exakten Wissenschaften vor rund 70 Jahren widerrufen haben, noch immer an den Schulen unterrichtet wird und wohl mindestens noch die Generation der heute Adoleszenten prägen dürfte.

Mit unseren Bildern verändert sich die Realität. Nehmen wir an, die Zeit sei zwar immer noch absolut, aber der Zeitpfeil und seine Flugbahn seien nicht linear, sondern verliefen gekrümmt, spiral- oder kreisförmig. Dann bliebe unsere Zeit zwar schon in dauerhafter Bewegung, aber jetzt in einer, die immer wieder in die Nähe des Ausgangspunktes zurückführt. Das würde natürlich unser klassisches Verständnis von Vergangenheit, Gegenwart und Zukunft in ziemliche Unordnung bringen. Ein bestimmtes Ereignis wäre dann wie der Radrennfahrer auf der ovalen Bahn eines Sechstagerennens: Ganz gleich in welche Richtung wir blicken, dieser Radfahrer wird früher oder später wirklich auftauchen. Das verhielte sich auch mit traumatischen Ereignissen so: Sie würden dann nicht auf einer absoluten Zeitgerade in der Vergangenheit abtauchen und nur noch als Erinnerung gegenwärtig sein, sondern immer wieder aufs Neue erscheinen. Ein anderes Zeitbild würde also auch unser Verständnis von Erinnerung in seinen Wurzeln modifizieren. Sie ist dann nämlich nicht mehr ein Vorgang des »Vergegenwärtigens« von etwas, das gar nicht mehr ist und auch nie mehr sein wird, sondern ein Wiedererkennen von etwas, das uns wegen des Zeitverlaufs erneut vor Augen kommt. Damit bekommen die Wiederholung oder die Gleichzeitigkeit realer Geschehnisse einen völlig andern Charakter.

Gewiss, auch hier befänden wir uns auf dem abschüssigen Pfad der theoretischen

Spielerei, wäre da nicht folgendes: Die moderne Physik hat längst bestätigt, dass unser eingangs beschriebenes klassisches Zeitverständnis wenn überhaupt nur für einen kleinen – sehr kleinen – Teil der Realität stimmt, in der wir leben. In anderen Teilen verläuft die Zeit ganz anders, als wir uns bislang vorgestellt haben; und hier unterliegt die Natur Gesetzen, die unsere Vorstellungen auf den Kopf stellen: Materie, die sich auf der Zeitachse rückwärts bewegt; Teilchen, die gleichzeitig an zwei verschiedenen Orten auftauchen und dabei ein und dasselbe sind; Verschränkungen von Teilchen, die in absolut keiner Verbindung zueinander stehen und doch ein und dasselbe Schicksal teilen und sich dabei wechselwirkend beeinflussen; Zeit, die sich krümmt; Zeit, die der Gravitation unterliegt und in schwarzen Löchern verschwindet. Müssen wir das alles verstehen? Nein. Ist es von Bedeutung? Ja.

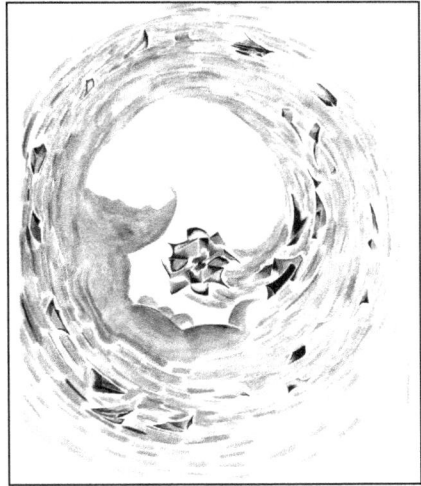

Natürlich hat die Erforschung unserer subatomaren Welt weder das Ziel noch den Anspruch, Auskunft zu erteilen über die unseren Sinnen zugängliche Welt, und schon gar nicht will sie Kernfragen der Psychologie, des Bewusstseins, der Seele und der Spiritualität erhellen. Aber was wir hier über unsere Zeit-Realität aus Sicht der exakten Wissenschaft erfahren, das rückt die »wissenschaftliche« und die »psychologische« oder »seelische« Zeit in eine ganz neue Nähe; und es lässt uns auch die Relativität unserer Zeit-Bilder erkennen. Und dies zu wissen ist entscheidend, wenn wir in der Arbeit mit dem Trauma – der Wirklichkeit überhaupt – die Frage stellen: »*Wo wir scheinbar Vergangenes als scheinbar Gegenwärtiges empfinden – handelt es sich um die Interpretation einer Wahrnehmung oder um die Wahrnehmung selbst? Sind Vergangenheit, Gegenwart und Zukunft eine Qualität der Wirklichkeit oder des Wahrnehmenden?*«

Dazu ein vereinfachendes Bild. Nach dem *klassischen* Verständnis war Zeit ein absoluter, gradlinig davonsausender Zeitpfeil. Unser Leben musste man sich vorstellen wie eine Bildersammlung: Jedes Bild ist auf einer eigenen Seite eines gigantischen Fotoalbums aufgeklebt. Unsere Erinnerung blätterte in diesem Album und holte sich – nach bestimmten Kriterien – einzelne Bilder »in die Gegenwart«: Von diesem seelischen Vergegenwärtigen blieb aber die objektive Bildersequenz völlig unberührt. Jetzt stellen wir uns vor, dass die Seiten des Albums in einer durchsichtigen Schachtel stecken, und dabei zudem folgende Eigenschaften aufweisen: Sie stehen nicht parallel (wie im Album), sondern schräg zueinander, und sie sind genauso durchsichtig wie die Schachtel selbst. Das ist das *moderne wissenschaftliche Zeitbild* – je nachdem, wo wir uns befinden und aus welchem Winkel wir in die durchsichtige Schachtel voller angewinkelter durchsichtiger Fotoseiten blicken, sehen wir die einzelnen Bilder nebeneinander, hintereinander, in einer ganz neuen Reihenfolge ... also »wie im Traum«, wo ja auch viele Zeiten durcheinanderwirbeln. Wir könnten nun dieses Bild verfeinern und den neuen wissenschaftlichen Erkenntnissen weiter annähern – die Seiten sind in Bewegung, die Schachtel ist in Bewegung und wir selbst sind in Bewegung. Das gäbe uns eine erste grobe Vorstellung davon, wie die neuen Zeitbilder (Erkenntnisse) der Naturwissenschaften sich auf unsere Bilder über die Realität auswirken werden, sobald dieses Wissen auch in den Schulen zum normalen Unterrichtsstoff gehört. Aber schon wir vermögen abzuschätzen, dass sich die psychologische und seelische Zeit einerseits und die naturwissenschaftliche Zeit andererseits annähern – und wenn wir es auch nicht wagen, das Folgende schon als Hypothese zu formulieren, so schließen wir es doch auch nicht mehr aus: Vielleicht wird schon bald einiges, was uns heute noch (folgerichtig) als »dissoziativ« erscheint, morgen als Erkenntnis erscheinen.

7 Behütet von dem, was ich hüte, präge ich das mich prägende Bild – Gestärkt durch meine Schwäche lass ich's ziehn.

Bilder vom Heilungsziel

Als aufgeklärte Menschen haben wir einen permanenten Forschungsauftrag. Wir sollen erkennen, verstehen, wissen. Wo uns die eigene Ignoranz vom Lernen abhält – etwa dort, wo wir nicht »Spezialisten« sind –, sind wir gut dran. Erstens versteht das jeder und zweitens betrifft es alle Bereiche mit Ausnahme dessen, in dem wir schon Bescheid wissen. Nicht gut dran sind wir, wenn uns Angst, Schmerz, Wut, Hader oder Trauer den Weg zur Erkenntnis verbauen – und dann geht es erst noch meist um uns selbst. Therapie ist einer der wenigen Räume, in denen wir unwissend sein und gleichzeitig frei von bestehenden Wissensgrenzen lernen dürfen: etwas, das uns betrifft, interessiert und hilft. Hier lernen wir frei vom Druck des permanenten Forschungsauftrages.

Aber selbst hier sind wir nicht immer frei vom existenziellen Erkenntnisimpera-

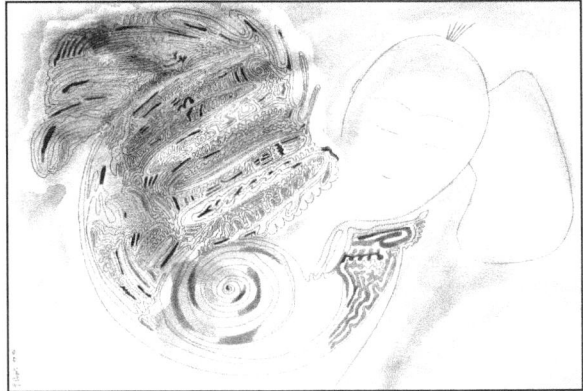

tiv unserer Kultur. Auch hier kann die unausgesprochene Grundannahme, dass uns Erkennen vom Leiden befreie, als dominierende Dritte im Raum präsent sein, und zwar ganz unabhängig davon, nach welcher Schule und Methode die Hilfestellung für den leidenden Menschen gerade erfolgt und welcher Ausdrucksmittel Hilfesuchender und Helfer sich bedienen. Es liegt im Wesen solcher Grundannahmen, dass sie uns nicht bewusst sind – selbst dann nicht, wenn wir sie in Worte fassen! Ins Repertoire des Erkenntnisimperativs gehören etwa folgende Bilder: Verstehen lindert Angst, Erkenntnis lindert Schmerz, Wissen lindert Verzagtheit. Noch tiefer liegt die Annahme, dass im Leben – im Universum – »jedes Ding seinen Platz« habe und dass wir darum Ruhe dadurch fänden, dass wir diese Plätze erkennen und richtig einschätzen können. Wir sagen zu dem auch »Einordnen«. Bildlich gesprochen handelt es sich darum, die Scherben des zerbrochenen Kruges – je nach Welt- und Menschenbild – wieder zusammenzuleimen oder als Teilstücke in ein Verhältnis zueinander zu setzen.

Hier stoßen wir aus einer anderen Richtung erneut auf die Frage des Heilungsziels, bzw. der Vor- und Ebenbilder, nach denen wir solche Ziele formulieren. Geht es ums Ordnen oder ums Verändern? Zielen wir auf ein mentales, emotionales, seelisches und nicht selten auch moralisches Neuordnen dessen ab, was uns plagt? Oder streben wir – zumindest auch – eine Veränderung der Welt- und Menschenbilder an? Bedeutet Heilung eine Um- und Neubewertung im bestehenden Rahmen unserer Grundannahmen, oder auch deren Entwicklung selbst? In nicht wenigen Kulturen – einige von ihnen unmittelbare Nachbarn unserer Gesellschaften – gilt ein Gesetz der »Vererbung moralischer Positionen und Ansprüche«, zum Beispiel die Blutrache. Wer Opfer einer schrecklichen Tat wird, gerät gleich in mehrfaches Leiden, denn zum erlittenen Trauma kommt nun auch das Mandat, dieses einem anderen Menschen zufügen zu müssen. Noch in den modernsten Gesellschaften leben wir nach solchen Rachemechanismen, nur sind sie hier meist raffinierter und darum weniger sichtbar. Welches Heilungsziel steht hier im Vordergrund? Ein schmerzlinderndes Zurechtrücken, aus dem das Opfer gewissermaßen »gestärkt« sein Rachemandat antreten kann – oder auch ein Überdenken und Verändern der moralischen und sozialen Paradigmen? Bei dieser Frage geht es nicht, wie es vielleicht den Anschein haben mag, um politische oder soziale Dimensionen einer Heilung – wir bleiben im Kernbereich der Entwicklung menschlicher Identität, wenn wir fragen, ob im Trauma nicht auch der Ansatz für den Aufbruch zu einer größeren Reise als der bisherigen liegen kann.

8 »Aber deshalb bin ich in diese Stunde gekommen«
(Johannes, 12:27)

Bilder vom wachsenden Bewusstsein

Das Bild des Lebens als Reise ist mit einem anderen verbunden: Dem Bild des wachsenden Bewusstseins. Es besteht aus konzentrisch sich vergrößernden Ringen um den gleichen Mittelpunkt. Jeder Ring stellt eine erweiterte Stufe unseres heranwachsenden Bewusstseins dar und schließt gleichzeitig alle vorhergegangen mit ein. Da es sich um eine poetische Annäherung an einen überdies rein rational nicht fassbaren »Gegenstand« handelt, mangelt es den Namen der einzelnen Ringe auch an wissenschaftlicher Präzision, und sie könnten von der Mitte her etwa wie folgt lauten:

➤ Der Ring des magischen Bewusstseins, wo alles Eins ist und wir in einem adualen Meer schwimmen: die ganze Welt ist eine organische Extension unserer selbst;

➤ Der Ring des mythischen Bewusstseins, wo wir schon das eine vom andern unterscheiden, aber ohne es darum voneinander zu trennen, und wo in allem ein mythischer Gehalt liegt: der Fluss *ist* der Flussgott. Wir wissen, dass wir nicht die Welt sind, und gerade darum suchen wir die Allianz mit der Allmacht, damit sie uns gegen die Welt beistehe;

➤ Der Ring eines operativ-ritualen Bewusstseins, wo wir lernen, die Dinge zu benützen und sie uns nutzbar zu machen; nun wird die Welt zu unserem Verbündeten gegen die Allmacht, und indem wir die Welt »opfern«, stimmen wir uns die Allmacht wohlgesonnen;

➤ Der Ring des symbolischen Bewusstseins, wo Welt und Geist getrennt sind, aber wir in der Welt Verweisungen auf den Geist erkennen;

➤ Der Ring des rationalen oder repräsentativen Bewusstseins, das historisch der Aufklärung und gesellschaftlich unseren heutigen modernen Gesellschaften entspricht; also eine Welt aus Systemen und nur insoweit real, als unser Verstand sie schon durchdrungen hat;

➤ Der Ring des seelischen Bewusstseins, und danach ohne Grenze;

➤   Der Raum des mystischen oder spirituellen Bewusstseins.

In jedem Ring schaffen wir uns ein ganz bestimmtes Kosmos-, Welt- und Menschenbild. Diese Bilder sind wahr, denn
sie stellen nicht die Eigenschaften der
Außenwelt dar, sondern die gestaltende
Wahrnehmung des Menschen in
diesem Stadium des wachsenden Bewusstseins. Es ist eine vorübergehende
Wahrheit, doch – solange sie dauert –
auch eine absolute. Jede Bewusstseins-
stufe hat nun ihre ihr innewohnenden
Traumas. Sie entstehen durch den natürlichen Wachstumsprozess selbst, na-
mentlich durch den Übertritt aus
einem Ring in den andern. Dieser
Übertritt bedeutet das Erleben von
Verlust eines bisher bekannten, sicheren, geschützten Raumes, und einen
von großer Ungewissheit begleiteten
Eintritt in einen zunächst noch unend-
lichen, strukturlosen und gänzlich unbekannten Bewusstseinsraum. Diese
Übertritte sind auch darum »traumatisch«, weil sie einen Bruch der bisherigen
Bilder bedeuten. Bis wir neue geschaffen haben, müssen wir lange Etappen von
Zweifel, Desorientierung und Ängsten durchwandern und einen Prozess durchleben, der mit seinen kreativen Turbulenzen etwa dem Umkippen von Systemen
vom Ordnungs- in den Chaoszustand und zurück entspricht.

Zu solch natürlichen »Entwicklungstraumata« kommen Fußangeln – teils auch
selbstgelegte. Wir können auf unserem Weg steckenbleiben oder versuchen, uns
dem Wachstum durch Steckenbleiben zu verweigern; dann sind wir in endlosen
Wiederholungsschlaufen gefangen. Oder wir können kehrt machen und uns
fluchtartig in frühere, uns bereits bekannte und vertraute Bewusstseinsräume zurückziehen; wohl kann es uns bei dieser Regression aber nie sein, denn der Blick,
den wir in die neuen Räume geworfen haben, hat uns auch mit Bildern versehen,
die uns jetzt in der Fluchtburg des Bekannten weiter verfolgen. Oder wir
können die Räume des wachsenden Bewusstseins durcheilen, ohne in einem je
zu verweilen und ihn »in Besitz« zu nehmen; ohne Integration aller vorherigen
wird dann auch der jeweils nächste Raum kein Zuhause werden können. Und

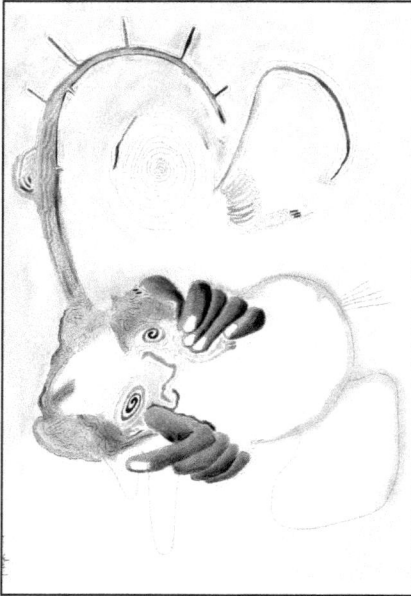

schließlich können wir uns auch über unseren momentanen Aufenthaltsort täuschen – das ist etwa der Fall, wenn wir glauben, einen spirituellen Raum erreicht zu haben, während wir in Tat und Wahrheit im magischen Ring verhaftet sind. Magie und Mythik einerseits und Mystik andrerseits sprechen nämlich mit zum Verwechseln ähnlicher Stimme, obwohl sie Bewusstseinsalter auseinander liegen.

Das Bild der Wachstumsringe des Bewusstseins ermöglicht uns, zunächst versuchsweise und spielerisch in Beziehung zu setzen, was sonst getrennt bleibt: Psychische mit spirituellen Entwicklungen und Störungen zum einen und therapeutische mit seelsorgerlicher und spiritueller Begleitung zum andern. In diese Richtung harrt noch viel der Erforschung. Sie mittels solcher Bildkarten an die Hand zu nehmen, erlaubte uns eine Art von kreativem Experimentieren in der Verknüpfung von Trauma, Bewusstsein und Spiritualität.

9 »Rede ich, mein Schmerz wird nicht gelindert, und schweige ich, was weicht von mir?«
(Hiob, 16:6)

Bilder des Begreifens in Wissenschaft, Heilpraxis, Kunst

Wir können unsere eigenen Lippen nicht küssen, unser eigenes Gehör nicht hören und unsere eigenen Augen nicht sehen. Aber wir erforschen das Gehirn mit unserem Gehirn. Wir erforschen die Psyche mit unserer Psyche. Wir sind davon überzeugt, mit unseren eigenen Gedanken über uns selbst nachdenken und dabei auch Dinge in Erfahrung bringen zu können, die außerhalb der Reichweite unseres Denkens liegen – wir messen unserer Erkenntnisfähigkeit eine sich selbst transzendierende Potenz zu. Wortspielerei? Wer weiß. Immerhin erschließen wir mit unserem Denken Bereiche, die jenseits der Möglichkeiten von Wahrnehmung und Erfahrung liegen. Ja, wir haben sogar die Fähigkeit, unsere eigenen Erkenntnisse willentlich in Frage und Zweifel zu stellen – was, nebenbei gesagt, unsere Neigung, ihnen Glauben zu schenken, oft nur fördert. Und zuletzt: Wir können uns sogar vorstellen, dass es Realitäten gibt, die aufgrund ihrer Natur außerhalb unserer menschlichen Vorstellungskraft liegen. Etwas allerdings behindert uns: Wie exotisch und außerplanetarisch die Erkenntnisschmetterlinge auch sein mögen, die unser Geist einzufangen meint, sie gelten uns wenig, solange sie nicht in den »National Geography Societies« unserer Zeit aufgespießt auch von andern bewundert werden können. Wissen ohne Form, Erfahrung ohne Gewand, Erkenntnis ohne Ausdruck – das ist, nach unserem Verständnis, weder Wissen, noch Erfahrung, noch Erkenntnis. Sollte sich unser Denken in der Tat selber transzendieren können, dann liegt eine gravierende Erkenntnisgrenze nicht im Denken, sondern in der Darstellung. Wir legen hier nicht den Maßstab der »Allgemeinverständlichkeit« an – aufgrund ihrer Spezialisierung, Komplexität und Abstraktheit sind viele Wissensbereiche schon längst nicht mehr einem breiten Publikum zugänglich, aber verfügen innerhalb ihres Wirkungsbereiches sehr wohl über rationale und nicht-rationale Repräsentationssysteme, die ihre Inhalte abbildbar machen. Das Problem der Darstellbarkeit stellt sich uns heute grundlegender. Es geht um die Darstellbarkeit des Menschen, unserer Realität und unserer eigenen Deutungsmuster, mit denen wir die Welt wahrnehmen und gestalten. Hier sind wir an eine Grenze gestoßen – und zwar an die Grenze unserer eigenen Darstellungsverfahren.

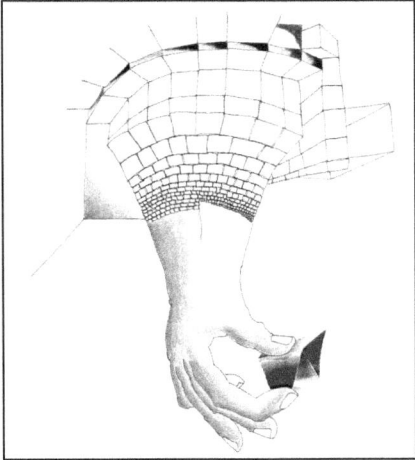

In den rund 250 Jahren seit dem Beginn der Aufklärung haben wir ein Darstellungsverfahren entwickelt und verfeinert, das seinerseits eine existentielle Grundannahme über uns und die Welt ausdrückt – die Annahme nämlich, dass die Wirklichkeit objektiv und absolut bestünde, das heißt in ihrer Existenz völlig unabhängig von ihrem Wahrgenommenwerden durch uns Menschen sei. Dieses Kosmos- und Weltbild ist unauflösbar mit einem bestimmten Menschenbild verwoben, wonach wir als Subjekte von der Welt getrennt in ihr stehen und sie – die auch ohne uns existierte – als eine sich uns präsentierende »Realität« sehen, erforschen und erkennen können. Die Konsequenz ist klar: Wir meinten, dass unser Darstellungsverfahren – vom Kontoauszug bis zur Philosophie, von der Armbanduhr bis zur mathematischen Formel, von der topographischen Karte bis zum sozio-ökonomischen Flussdiagramm, von der Bevölkerungsstatistik bis zur Flugsverlaufbahn eines Spaceshuttle – eine von dieser Darstellung selbst gar nicht berührte Wirklichkeit abbildeten. Unsere klassischen Abbildungssysteme beinhalten darum nie auch den Abbildner selbst – wir bleiben immer außerhalb unserer eigenen Bilder von der Welt. Dieses Verfahren hat sich als sehr nützlich erwiesen und wird es in mancher Hinsicht wohl auch weiterhin bleiben: aber es geht, wie wir heute wissen, an der Wirklichkeit vorbei. Unser klassisches Abbildungsverfahren bildet nicht die Welt ab, sondern unsere Auffassung von ihr! Heute wissen wir, dass die Realität nicht etwas von uns getrenntes ist, sondern maßgeblich durch unsere Beobachtung gestaltet wird. Unser Blick, den wir in die Welt werfen, macht die Welt: Beobachtung und Beobachtetes, Wahrnehmende und Wahrgenommenes stehen in einem sich gegenseitig gestaltenden Wechselspiel; keines existiert unabhängig vom andern. Was wir heute über uns und die Welt zu lernen begonnen haben, das vermögen wir in unseren bisherigen Repräsentationssystemen nicht abzubilden. Wir stehen vor der enormen Aufgabe, grundlegend neue Dimensionen des Ausdrucks zu entwerfen – grundlegend, weil wir heute am Übertritt aus einem Ring unseres wachsenden Bewusstseins in einen nächsten stehen.

Wir sind in eine Etappe der tiefgreifenden Turbulenz unserer bestehenden Welt- und Menschenbilder und damit auch unserer Abbildungssysteme eingetreten. Dass sich hier Wissenschaft, Heilpraxis und Kunst zusammentun, ist sicherlich von großem Nutzen. Alle drei ringen um Ausdruck, alle drei haben unmittelbar oder mittelbar unsere eigenen Welt- und Menschenbilder zum Gegenstand ihrer Suche, und allen dreien ist gemeinsam, dass sie sozusagen von Natur aus Grenzgänger an der Linie von Erkenntnis und Darstellung sind.

Dabei lohnt es sich, die Felder der gemeinsamen Suche zumindest provisorisch abzustecken.

Soweit wir um Ausdruck ringen, wo es etwas Bestehendes abzubilden gilt, verfügen Wissenschaft, Heilpraxis und Kunst je über ihre eigene, hochentwickelte und ausdifferenzierte »Sprache«. Sie ist dem jeweiligen Gebiet angemessen, unterliegt speziellen Gesetzmäßigkeiten, die sich aus der Natur des Gebietes selber ergeben, und kann darum auch nicht unbesehen von einem Gebiet aufs andere übertragen werden. Im Gegenteil: Die in der Populärkommunikation teils ausgeprägte Neigung, sich den Jargon fremder Ontologien zueigen zu machen, erweitert bestenfalls das Glossar des Volksmundes, aber es trägt zu einer nachteiligen Verwischung von Begriffen und Inhalten bei, aus der nichts Nützliches und schon gar nicht weitere Erkenntnis entsteht. Das gilt natürlich auch für den künstlerischen Ausdruck: Er ersetzt gerade nicht die klare Begrifflichkeit eines Fachgebietes mit seinen notwendigerweise scharfen und präzisen Abgrenzungen. Wo sich das Ringen um Ausdruck und Darstellung also auf Bestehendes bezieht, dort sind die Sprachen nicht austauschbar. Aber sie können sich gegenseitig unterstützen. Kunst kann hier wissenschaftliche Arbeit illustrieren mit dem Ziel, nicht nur zu veranschaulichen, sondern die Inhalte auch der emotionalen Intelligenz zu »servieren«. Oder wo es einem in der Therapie »die Sprache verschlagen hat«, kann ein kreativer nicht-verbaler Ausdruck die fehlende Sprache substituieren.

Anders liegen die Dinge, wo Wissenschaft, Heilpraxis und Kunst auf etwas hinzielen, das *außerhalb* des schon Bekannten liegt, vor allem dann, wenn wir die jeweiligen Paradigmen und Axiome des Gebietes selbst erforschen und uns über sie hinausbewegen wollen. Hier *kann* Kunst mehr sein als Illustration oder Sprachersatz – hier kann sie die eigentliche *Muttersprache* werden, jedenfalls in den ersten Etappen der Forschungsreise. Denn es handelt sich hier ja um Gebiete, die sich – jedenfalls zunächst noch – kraft ihrer Natur einem rein mentalen Zugriff entziehen. Hier ist die Ambiguität des künstlerischen Ausdrucks kein Hindernis, sondern ein Vehikel.

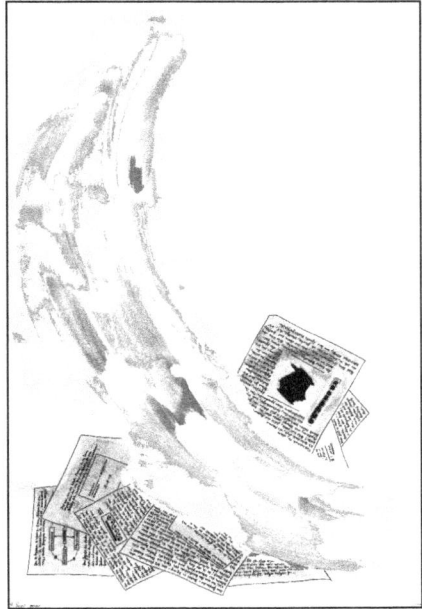

Engeli, Georg, Dr. iur., Advokat, freiberuflich tätig im Bereich vernetzender Forschung (Konfliktlösung, Kultur, Kunst, Religion), Künstler. Buenos Aires (ARG)
E-mail: georgengeli@hotmail.com

Die Bilder des 6. Wiener Symposiums können in elektronischer Form bei GE angefordert werden.

Traumatherapie zwischen Körper-, imaginativer und Beziehungsarbeit

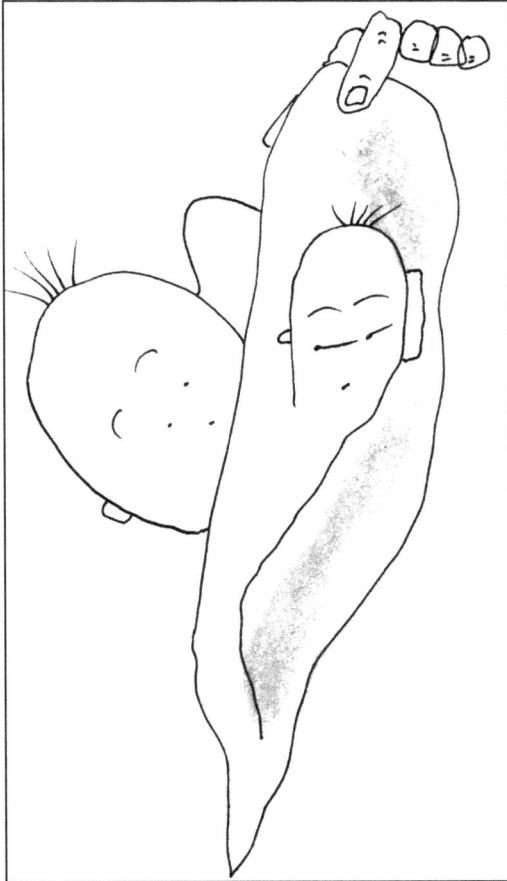

Flüssiger als Wasser

»Du bist flüssiger als Wasser«, war die Patientin als Kind von den eigenen Eltern verhöhnt worden. Mr. Fivehair fragt sich, ob in dieser Kränkung nicht auch der Kern der Heilung lag: Flüssiger als Wasser ⇨ überflüssig ⇨ nicht im Gefäß gefangen ⇨ frei im Fluss ⇨ frei von der Gefahr der Vereisung und Erstarrung … steckt im elterlichen Hohn auch kindliche Hoffnung, führt Verachtung hin zu Freiheit?

Die Borderline-Pathologie

als Ausdruck einer atmosphärischen Traumatisierung in der Kindheit

Thomas Reinert

Nach Kreisman und Straus (1992, S. 21) ist die Borderline-Pathologie die am häufigsten auftretende aller Persönlichkeitsstörungsformen, die Diagnose werde bei 15–25 % aller Patienten, die sich in den USA in psychiatrische Behandlung begeben, gestellt. Diese Zahlen werden, gestützt auf diverse Studien, von Gunderson (2005, S. 27) bestätigt, der für den Zeitraum von 1975–1990 eine »zunehmende Etablierung« und »immer häufigere Verwendung dieser Diagnose« beschreibt, die früher, so Herpertz und Saß (1999, S. 123) »eine Sammelbezeichnung für schwierige Patienten« war, inzwischen aber »eine der empirisch am besten belegten Persönlichkeitsstörungskategorien der gegenwärtigen Klassifikationen« darstellt. Hinsichtlich der Ätiologie der Störung dominierten lange Zeit die Theorien von Kernberg die Diskussion, der 1975 (deutsch: 1978) in seinem dann zum Klassiker gewordenen Buch »Borderline-Störungen und pathologischer Narzißmus« (1978 / 79, S. 48 / 49) eine »konstitutionell bedingte mangelhafte Angsttoleranz« und »vor allem … eine übermäßige Stärke aggressiver Triebanteile«, also in klassischer psychoanalytischer, aber auch psychiatrischer Sichtweise, innerpsychische Defizite des Patienten als Ursache annahm. In den letzten ca. 15 Jahren hat sich jedoch die Sichtweise der Störung grundlegend geändert: Wer heute ein einigermaßen aktuelles Lehr- oder Handbuch zur Borderline-Pathologie aufschlägt, wird obligatorisch damit konfrontiert, dass bei deren Entstehung nicht binnenpsychische Fehlentwicklungen von entscheidender Bedeutung sind, sondern schwere Störungen in den sozialen Beziehungen des Patienten bereits seit frühester Kindheit, explizit: reale Traumatisierungen. 1993 (S. 175) berichtete Herman von schweren Kindheitstraumata bei 81 % ihrer Borderline-Fälle. Nach einer ganz aktuellen Auswertung zahlreicher mittlerweile zum Thema erschienener Studien sind nach Wöller (2006, S. 4) bei Borderline-Patienten »in Zweidritteln bis Dreivierteln aller Fälle« körperliche oder sexuelle Traumatisierungen nachgewiesen worden. Wöller zitiert insbesondere eine Untersuchung von Zanarini et al. aus dem Jahre 2002, wonach sich bei 62,4 % der Borderline-Patienten sexueller Missbrauch, bei 86,2 % andere Formen der Kindesmisshandlung und bei 92,1 % Vernachlässigung in der Vorgeschichte hatten finden lassen. Ähnliche Zahlen nennt in einer Studien-Übersicht Rohde-Dachser (2004, S. 127–129). Angesichts dieser überwältigenden Statistiken und auch angesichts der Tatsache, dass die »Kernsymptomatik« der Borderline-Persönlichkeitsstörung auch bei nachgewiesenermaßen schwer traumatisierten Patienten gefunden werden kann, wird diskutiert, ob nicht die Borderline-Pathologie insgesamt als eine »Trauma-Folge« konzeptualisiert werden sollte; diese Frage hatte Sachsse (1995, S. 50) bereits 1995 aufgeworfen.

(An übereinstimmenden Symptomen werden genannt: von Wöller, Siol und Liebermann (2001, S. 34): »emotionale Instabilität mit der Neigung zu plötzlich auftretenden affektiven Dysregulationen in Form von Wutausbrüchen und depressiven Einbrüchen«, von Hirsch (2004, S. 4)): »Spaltung der Objekt- und Selbstrepräsentanzen, Dissoziationsphänomene bis hin zur multiplen Persönlichkeit, Impulshandlungen, Selbstbeschädigungsagieren, Realitätsverlust wie Depersonalisation und Derealisation, psychotische Reaktionen, Selbstzerstörung durch Suchtmittel, Schwächung der Ich-Funktionen wie der kognitiven, intellektuellen und Gedächtnisfunktionen, Schwächung der reifen Abwehrmechanismen, z. B. der Verdrängung«).

Hirsch schreibt dazu (2004, S. 4): »Heute ist der Gedanke nicht mehr fremd, dass die Patienten, die uns in gewisser Weise am meisten beschäftigen, nämlich schwer gestörte, ›früh‹ gestörte oder Borderline-Persönlichkeitsstörungen, alle massive Traumata erlitten haben.« Eine derartige 1:1-Übertragung (also: Borderline- = Trauma-Patienten) erweist sich aber bei näherem Hinschauen als nicht haltbar! Zum einen ergaben, wie Wöller (2006, S. 5) berichtet, Meta-Analysen, wie z. B. eine groß angelegte von Fossati et al., in die 21 Studien einbezogen wurden, keine Bestätigung der (von Herman und anderen vertretenen) Hypothese einer spezifischen Korrelation zwischen sexuellem Missbrauch und dem Auftreten einer Borderline-Persönlichkeitsstörung. Zum anderen belegt auch die allenthalben zu beobachtende Tatsache, dass es im klinischen Alltag immer wieder Patienten mit eindeutig diagnostizierbarer Borderline-Persönlichkeitsstörung gibt, bei denen sich aber weder im Rahmen akribischer Anamneseerhebungen noch im weiteren klinischen Behandlungsverlauf irgendwelche Hinweise auf stattgehabte Grob-Traumatisierungen in der Art der drei Haupt-Traumaarten (Gewalt, sexueller Missbrauch oder Vernachlässigung) finden lassen, dass die Entstehungsbedingungen einer Borderline-Persönlichkeitsstörung also offenbar komplizierter sind! Nun hat bereits Adler (1931 / 1979, S. 103) darauf hingewiesen, dass es nicht die konkreten realen Erfahrungen sind, die das darauffolgende Handeln eines Kindes bestimmen, sondern die subjektiven Schlussfolgerungen, die es (bewusst oder unbewusst) aus seinen Erfahrungen ableitet. D. h., bezogen auf unser Thema, dass auch eine Traumatisierung, also ein konkretes Erlebnis, eine subjektive Beantwortung der Psyche erfährt, die bei mikroanalytischer Betrachtung hochindividuell ist. Genau in diesem Sinne kritisiert Tenbrink (2003, S. 271) die neueren psychotraumatologischen Ansätze in ihrer Einseitigkeit und hebt hervor, »dass das Trauma immer eine relative Größe darstellt, in Abhängigkeit von der Art des Übergriffs seitens des Nicht-Ich einerseits und den Verarbeitungsmöglichkeiten des Ich« andererseits. Auch Hillebrandt (2004, S. 53) bemerkt, »dass der Traumatheorie eine eigentümlich undialektische Vorstellung der Wechselwirkung zwischen Subjekt und Objekt zu eigen ist« und zitiert in Ergänzung Van der Kolk, einen ausgewiesenen Traumaexperten, mit den Sätzen: »Kernproblem beim Trauma ist die Realität. Das entscheidende Element, das ein Geschehnis traumatisch macht, bleibt aber die persönliche Einschätzung der Opfer bezüglich dessen, wie hilflos und bedroht sie sich fühlen. Daher ist, obwohl ein real stattgehabtes außergewöhnliches Geschehnis der PTBS im Wesentlichen zugrunde liegt, die Bedeutung, die das Opfer dem Geschehnis zuschreibt, ebenso wichtig wie das Trauma selbst.« In gleichem Sinne definieren Fischer und Riedesser (1998, S. 79) die traumatische Erfahrung als ein »vitales Diskrepanzerlebnis zwischen bedrohlichen Situationsfaktoren und den individuellen Bewältigungsmöglichkeiten, das mit Gefühlen von Hilflosigkeit und schutzloser Preisgabe einhergeht und so eine dauerhafte Erschütterung von Selbst- und Weltverständnis bewirkt.« D.h. aber auch: Dass die Intensität eines Trauma-Erlebens wesentlich davon mitbeeinflusst wird, wie stabil in sich das davon betroffene Individuum zum Zeitpunkt des Eintritts des Traumas war. Bohleber (2000, S. 809) weist in diesem Zusammenhang auf Untersuchungen hin, die Fairbairn (1943) und Rosenberg (1943) an Menschen mit einer Kriegsneurose vornahmen und dabei zu dem Schluss kamen, »dass äußere Ereignisse, unabhängig davon, wie überwältigend sie gewesen sind, nur dann eine Neurose auslösen können, wenn sie spezifische unbewusste Konflikte berühren«.

Von der Grundpersönlichkeit und den situativen Rahmenbedingungen hängt offensichtlich auch in starkem Maße ab, wie ein Trauma, während es stattfindet, erlebt wird: So schildert Reemtsma (1998 / 2005, S. 170) mit »Selbstekel«, wie er wörtlich schreibt, in seinen Erinnerungen über seine Zeit als Entführungs-Opfer, dass er zwischenzeitlich durch die Isolation, unter der er ungeheuer litt, nicht mehr die Kraft gehabt habe, seinen Entführer, der ihn ja immerhin mit dem Tode bedrohte, zu hassen, sondern sich auf dessen Stimme gefreut habe, weil sie »eine menschliche Stimme und ein Stück Außenwelt im Keller außerhalb der Welt« repräsentierte. Das Erleben des Traumas und die psychischen Folgen einer Traumatisierung sind also hochindividuell. Auf keinen Fall kann man zwingend aus einer zu beobachtenden Konstellation klinischer Phänomene bei Borderline-Patienten konkrete Rückschlüsse ziehen auf bestimmte stattgehabte Traumatisierungen. Bohleber (2000, S. 807) schreibt dazu: »Eine Rekonstruktion von traumatischen Erfahrungen aus ... wiederauftauchenden sensorischen Eindrücken, Bildern, Enactments, affektiven Zuständen durch den Therapeuten, die dann beim Patienten Erinnerungen an vergessene sexuelle Missbrauchserfahrungen hervorruft, ist, wenn sie nicht durch außertherapeutische Bestätigung abgesichert wird, mit vielen Unwägbarkeiten und ungesicherten Annahmen verbunden: 1. Es kann keine genaue Passung zwischen dem expliziten, autobiographischen und dem impliziten Gedächtnis geben. 2. Das Gedächtnis ist anfällig für suggestive Beeinflussungen, die gar nicht bewusst ausgeübt werden müssen.« Dies scheint eigentlich selbstverständlich zu sein, ist es im klinischen Alltag aber keineswegs unbedingt. Ich möchte das deutlich machen an einer Fallvignette:

Laura, eine bei Therapieantritt 28-jährige Patientin, wies eine sehr komplexe Borderline-Störung auf mit u. a. einer vollkommenen Isolation im Leben, keinerlei privaten Beziehungen, einer zunächst recht kompletten Gefühls-Unfähigkeit, mit der Neigung zu Selbstverletzungen durch Schneiden in den Genitalbereich, mit der Eigenart, sich in bestimmten Zuständen große Mengen des eigenen Blutes abzuzapfen und sich mit selbigem dann von Kopf bis Fuß einzureiben. Nach Aufnahme der Therapie berichtete sie, sie sei zuvor bereits in stationärer Behandlung gewesen in einer psychiatrischen Klinik. Ich bat sie daraufhin, mir die Erlaubnis zu geben, den Entlassungsbericht über diesen stationären Aufenthalt in der genannten Klinik anzufordern. Die Patientin reagierte auf meinen Wunsch erschreckt und überraschenderweise sofort vehement ablehnend. Das stand in einem krassen Gegensatz zu ihrer sonst gezeigten Bereitschaft zur Kooperation und zu ihrer hohen Behandlungs-Motivation. Auch beim wiederholten Nachfragen wollte sie mir den Grund für ihre Verweigerung nicht nennen, den ich erst sehr viel später erfuhr: In die Klinik war die Patientin gegangen im Rahmen einer erheblichen Zuspitzung ihrer Problematik mit akuter Suizidalität und dem Gefühl, mit dem Leben überhaupt nicht mehr zurecht zu kommen. Die Klinik war für sie ein Ort, an dem sie sich zunächst sicher und geborgen und damit entlastet fühlte. Sie wurde dort behandelt von einem jungen Assistenzarzt, der ihr, nachdem er einige Gespräche mit ihr geführt hatte, eröffnete, die Symptomatik, ihr Verhalten und das ganze Erscheinungsbild, das sie biete, sprächen eine eindeutige Sprache: Sie sei in ihrer Kindheit sexuell missbraucht worden. Die Patientin konnte sich bei bestem Bemühen absolut nicht an derartige Vorfälle erinnern und widersprach. Es entstand zwischen ihr und dem Arzt ein Disput, den der Therapeut mit der Drohung beendete: Wenn sie nicht bereit sei, den offensichtlichen Missbrauch zuzugeben, dann werde sie entlassen. Laura geriet dadurch in eine erhebliche Not, da sie sich überhaupt nicht stabil genug fühlte, um bereits außerhalb der Klinik zurechtkommen zu können. In ihrer

Verzweiflung rief sie, da sie keinerlei sonstige Kontakte hatte, ihre Mutter an, der sie ihr Problem schilderte und die sie nun um ihren Rat fragte, wie sie sich am besten verhalten solle. Die Mutter riet ihr: Wenn denn der Arzt das unbedingt hören wolle, so möge sie ihm das doch sagen. In der nächsten Sitzung mit dem Therapeuten gab sie dann »den Missbrauch zu«, worauf der Arzt mit Zufriedenheit reagierte.

Selbstverständlich stand nun auch im Entlassungsbericht, die Patientin habe nach längerem Widerstand einen sexuellen Missbrauch durch den Vater in der Kindheit zugegeben. Durch mein Begehren, den Arztbrief bekommen zu wollen, war Laura nun erneut in ein Dilemma geraten: Entweder würde ich beim Lesen des Briefes dann ebenfalls einen stattgehabten sexuellen Missbrauch als Tatsache aufnehmen und ihr, so ihre Phantasie, vorwerfen, mir den bisher ja vorenthalten zu haben oder aber, sie stehe nunmehr als »Lügnerin und Betrügerin« da, der ich jetzt, in Lauras Augen mit Recht, vorwerfen könnte und sicher auch würde, sie belüge ja ihre Therapeuten. Auf jeden Fall rechnete die Patientin damit, ich würde sie nicht mehr weiterbehandeln wollen und »rausschmeißen«.

Das Beispiel weist einmal mehr auf eine Gefahr hin, der, zumindest in der Vergangenheit, fast alle psychotherapeutischen Schulen immer wieder ausgesetzt waren, vielleicht auch heute noch sind: Nämlich dazu zu neigen, die jeweils eigenen, in einer Vielzahl von Fällen durchaus zutreffenden, Forschungsergebnisse zu verabsolutieren und nicht mehr zu versuchen, die bei deren Erarbeitung gewonnenen Positionen und Überzeugungen mit denen anderer Untersucher in Verbindung zu bringen. So wurden bei der Diskussion der Genese der Borderline-Störung zeitweise die genannten triebpsychologischen, zu anderen Zeiten (und werden bis heute) eher die grobtrauma-theoretischen Betrachtungsweisen in den Vordergrund gerückt. Parallel dazu führten jedoch bereits seit den 50er Jahren objektbeziehungstheoretisch orientierte Untersuchungen, ich nenne hier die Namen Greenacre, Kris und Balint, zu einer veränderten und erweiterten Sichtweise von Traumatisierung: Trauma wurde in vielen Fällen erkannt als »weniger die Folge des Erlebens eines plötzlich eintretenden überwältigenden Ereignisses …«, sondern verstanden »vorwiegend im Kontext eines traumatogenen Beziehungsgeschehens« mit »pathogenen Folgen für den weiteren Aufbau der Selbst- und Objektrepräsentanzen und die allgemeine Ich-Entwicklung« (Hillebrandt 2004, S. 93). Khan begründete aus solchen Erkenntnissen heraus das Konzept des »kumulativen Traumas« (Khan 2004, S. 50 ff), als dessen Hauptursache er ein »Versagen der Mutter in ihrer Rolle als Reizschutz« sah mit der Folge vor allem einer Störung der Entwicklung des Körper-Ich beim Säugling und Kleinkind (S. 65). Diese Konzeption führte dazu, dass die Grenze zwischen traumabedingten und nicht-traumabedingten psychischen Störungen kaum noch scharf zu ziehen war, wodurch die klassische psychoanalytische Krankheitslehre, nach der innerseelische Vorgänge maßgeblich für die Entstehung psychischer Pathologien verantwortlich sind, massiv erschüttert wurde (vgl. Hillebrandt, S. 94).

Konzepte wie das des »kumulativen Traumas« (Khan), des »strain trauma« (Kris) oder auch des »silent trauma« (Hoffer) trugen sicher dazu bei, die Erkenntnisse über traumatogene Faktoren bei der Entstehung der Borderline-Störung zu differenzieren. Aber auch sie blieben der konventionellen wissenschaftlichen Vorgehensweise verpflichtet, in objektivierender Perspektive von außen zu beobachtende Entstehungsbedingungen der Borderline-Störung benennbar, auflistbar und kategorisierbar machen zu wollen. Dabei werden »Besonderheiten traumatischer Belastungen in ihrer Vielfalt nicht erfasst«, so Streeck-Fischer (2006, S. 75), und sie fügt erläuternd hinzu: »Der Hinweis etwa, dass eine versagende, mangelhaft versorgende, willkürliche und unberechenbare Mutter beim Kind zu archaischen, bedrohlichen und überwältigenden Über-Ich-Vorläufern führt, bildet nicht ab, wie die faktische Erfahrung der Kinder und die mangelhafte Versorgung im Detail ausgesehen haben … .« Wir stoßen hier auf das grundsätzliche Problem »objektivierender« Betrachtungsweisen, das bereits 1964 von Benedetti (S. 48 / 49) angesprochen wurde, der dieser objektivierenden eine »personale« Haltung des Arztes entgegensetzt, in der sich letzterer quasi in die Empfindungswelt des Patienten hineinbegibt, um ihn zu verstehen; selbstverständlich unter gleichzeitiger Aufrechterhaltung einer »zweiten Ebene«, auf der das dabei Wahrzunehmende parallel objektivierend registriert wird. Konsequent war eine solche Haltung zuvor bereits ähnlich vertreten worden von Adler, der (1928 / 1982, S. 224) den Therapeuten auffordert »mit den Augen (des Patienten) zu sehen, mit (seinen) Ohren zu hören und mit (seinem) Herzen zu fühlen«, damit m.E. über die Forderung nach »Empathie«, als einer »gefühlsmäßigen« Identifikation mit dem Patienten hinausgeht und dessen gesamtes Welterleben anspricht, in das es gelte, sich hineinzuversetzen.

Ich werde etwas später darauf zurückkommen.

Bei der Befassung mit den Entstehungsbedingungen einer Borderline-Störung ist es unabdingbar, sich wenigstens kurz auch mit den Ergebnissen verschiedener Richtungen der »Psycho-Forschung« aus den letzten 10–15 Jahren zu beschäftigen, in denen sich insgesamt unser Wissen über die frühe Lebenszeit explosionsartig vermehrt hat.

So ist es durch die Entwicklung der verschiedenen Bildgebungsverfahren und deren Kombination heute möglich geworden, sehr differenziert die hirnorganischen Abläufe bei der Persönlichkeits-Entstehung sichtbar zu machen. Es ist danach fest davon auszugehen, dass sich unser »emotionales« Gedächtnis bereits sehr früh ausbildet. Roth (2001, S. 10): »… beginnt das limbische System seine Arbeit bereits im Mutterleib und setzt sie verstärkt in den ersten Wochen, Monaten und Jahren unseres Lebens fort – in einer Lebensphase also, in der die für uns wichtigsten Dinge passieren. Es bewertet alles, was Körper und Gehirn tun, entsprechend den Regeln des impliziten (unbewußten) assoziativen Lernens nach ›gut / lustvoll / erfolgreich‹ und damit zu wiederholen bzw. ›schlecht / schmerzhaft / erfolglos‹ und damit zu vermeiden und legt diese Bewertungen im emotionalen Erfahrungsgedächtnis ab. In dieser Weise formt sich das, was man Charakter oder Persönlichkeit nennt, sehr früh und weitestgehend unbewußt und wird zunehmend resistent gegen spätere Erfahrungen […]«. Störeinflüsse sind in dieser Zeit von nachhaltiger Wirkung: »Je früher während der Individualentwicklung […] stabilisierende oder destabilisierende Erfahrungen strukturell im Gehirn verankert werden, desto tiefgreifender und nachhaltiger bestimmen sie die weitere Nutzung und Ausformung der bis dahin bereits etablierten neuronalen Verschaltungen und damit auch die in der Vorstellungswelt einer Person verankerten Erfahrungen und die von ihr gehegten Erwartungen«, schreibt Hüther (2003, S. 33) und fährt fort: »Die mit Abstand wichtigste Erfahrung, die jeder Mensch während seiner frühkindlichen Entwicklung machen kann, ist, dass er in einem sozialen Umfeld Schutz und Geborgenheit findet. Die zweite wichtige Erfahrung ist, dass er durch eigenes Handeln in der Lage ist, eine Bedrohung oder Störung seines inneren Gleichgewichts unter Kontrolle zu bringen. Nur wenn es gelingt, diese beiden Grunderfahrungen fest im kindlichen Gehirn zu verankern, kann im weiteren Leben eine optimale Balance zwischen Bindungsfähigkeit und Selbstvertrauen entwickelt werden.«

Die Säuglingsforschung, die in der heutigen Form ja erst durch die Entwicklung der Videotechnik möglich wurde, erbrachte u. a. den für unsere Thematik ganz wichtigen Befund, dass offenbar die Kontinuität der Zuwendung und die Regelmäßigkeit von Lebensrhythmen für die kindliche Entwicklung von wesentlicher Bedeutung sind, Rodulfo (1996, S. 84) spricht hier von einer notwendigen »Oberflächenbildung« des Lebens. Dornes betont, dass in »interaktiven Situationen niederer Spannung« zwischen Mutter und Kind wesentliche Lernprozesse stattfinden, was früher immer unterschätzt worden ist, und geht davon aus, dass bei Brüchen in der Kommunikation »kontinuierliche Erfahrungs*muster* eher als *spezifische* Erfahrungen die Vorläufer und Ursachen von Pathologie« sind (Dornes 1993, S. 74).

Auch die Pränatalpsychologie, die 1924 von zwei unabhängig voneinander arbeitenden Psychoanalytikern, nämlich Gustav Hans Graber und Otto Rank begründet, aber eigentlich wissenschaftlich nie ganz ernst genommen wurde, ist durch die Ultraschall-Technologie in den Stand versetzt worden, recht präzise Aussagen über die pränatale Entwicklung des Fetus zu machen. Dabei wurden Vermutungen Grabers bestätigt, dass nicht nur das konkrete Verhalten der Mutter während der Schwangerschaft, sondern auch »Erwartungen und Hoffnungen« der Eltern für die Entwicklung des Fetus eine Rolle spielen: »Der Kinderwunsch kann vorwiegend positiv oder negativ besetzt sein und ist auf jeden Fall ambivalent. Nicht selten finden wir auf der bewussten Ebene einen Kinderwunsch, auf einer tieferen aber eine starke unbewußte Ablehnung. Es wird vielfach angenommen, dass eine starke emotionale Besetzung die pränatale Entwicklung entscheidend beeinflußt und die weitere Entwicklung mitbestimmt. [...] Sobald eine Frau schwanger ist, hat sie oft eine lebhafte Phantasiebeziehung mit dem Fetus [...], die von Projektionen ihrer Wünsche bestimmt wird. Wie die spätere reale Beziehung zum Kind, so wird auch die Phantasiebeziehung bereits beeinflußt von der unbewußten Bedeutung, die diese spezielle Schwangerschaft für die Mutter hat [...]«, schreibt W. E. Freud (2003, S. 301 / 302).

Wesentliche Beiträge zum Verständnis frühkindlicher Entwicklung lieferte auch die Bindungsforschung. Aus Platzgründen möchte ich hier auf Einzelheiten nicht eingehen, sondern nur eine Beobachtung hervorheben, die für unsere Thematik von besonderer Bedeutung zu sein scheint: Milch (1998, S. 12) weist unter Berufung auf Untersuchungen von Fonagy et al. darauf hin, dass eine Befragung schwangerer Erstgebährender mit dem AAI (= Adult Attachment Interview), das Erwartungen gegenüber eigenen Kindern einschließt, »Vorhersagen von hoher Wahrscheinlichkeit zu(läßt), welches Bindungsmuster das Kind mit einem Jahr zu seiner Mutter aufbauen wird«.

Alle diese Ergebnisse führen übereinstimmend zu der Erkenntnis, dass es zwischen dem Kind und der Umgebung, insbesondere der Mutter, in der ersten Lebenszeit ein vielfältiges Beziehungsgeflecht gibt, das natürlich auch sehr irritierbar ist und auf kleinste Signale positiver wie negativer Art reagiert. (vgl. ausführlichere Darstellung in Reinert, 2006b, S. 269).

Bei der Arbeit mit schwer-gestörten Borderline-Patienten, mit deren Behandlung ich mich seit ca. 20 Jahren mit besonderem Interesse beschäftige, halte ich mich, in Fortsetzung der bereits zitierten Adler'schen Aufforderung, die Welt mit Augen, Ohren und dem Herzen des Patienten zu betrachten, an drei elementare Adler'sche Therapieprinzipien:

1   Jede Denk- oder Verhaltensweise eines Patienten hat ihren inneren, privatlogischen Sinn und verfolgt das Ziel einer wie immer gearteten subjektiven Befindlichkeits-Verbesserung. Adlers Betrachtungsweise ist prinzipiell intentional.

2   Der Mensch reagiert und handelt jederzeit als eine körperlich / seelische Einheit. Er ist nicht nur in seinen Worten zu verstehen, sondern auch in Affekten, Symptomen, Bewegung, Mimik, Gestik, Szene, Handlung und Phantasien. Alles, was ein Patient hervorbringt, ist für Adler »Ausdrucksbewegung« und »kann zur Interpretation und zum Verstehen des Menschen und seines Verhaltens herangezogen werden. [...] Für Adler ist auch

eine körperliche Reaktion als eine sprachliche Äußerung zu verstehen, er spricht hier dann vom ›Organdialekt‹« (Reinert 2004, S. 29; siehe auch Schmidt 1995, S. 65). Adlers Lehre ist also konsequent ganzheitlich.

3 Alles, was ein Patient in irgendeiner der genannten Weisen zum Ausdruck bringt, uns damit auch für die Therapie zur Verfügung stellt, folgt einem einheitlichen, gänzlich individuellen, in der Kindheit entwickelten »Lebensstil« und kann eigentlich nur in dessen Rahmen verstanden werden.

Die Anwendung dieser Prinzipien hat nachhaltige Konsequenzen:

➤ In dieser Perspektive gelange ich (ganz im Gegensatz zum im heutigen ICD-Zeitalter üblich gewordenen Co-Morbiditäts-Denken) zu einer Gesamtzusammenhangs-Betrachtbarkeit aller Phänomene, die ein Borderline-Patient zeigt: D.h.: Alle dauerhaft oder vorübergehend, parallel, nacheinander oder in Kombination beobachtbaren Pathologien (wie selbstverletzendes Verhalten, Essstörungen, Suchtverhaltensweisen, Beziehungsstörung, Suizidalität usw.) können verstanden werden unter einer gemeinsamen Zielrichtungs-Fragestellung; es wird vom Patienten unbewusst immer die im Augenblick, angesichts der aktuellen Gefühls-Befindlichkeit »brauchbarste« Ausdrucksform des Lebensstils gewählt.

➤ Unter dem teleologischen Aspekt ist auch jede Form von Pathologie eine kreative, individuelle Lösung des Menschen für ein subjektiv empfundenes Problem. Das wird heute auch außerhalb der Individualpsychologie so gesehen, ich möchte zwei Beispiele anführen: Zu dem häufig ausschließlich als pathologisch dargestellten Phänomen der Dissoziation schreiben Riedesser, Schulte-Markwort und Walter (2003, S. 23): »Auch Dissoziation ist eine Möglichkeit, emotional unerträgliche Wahrnehmungen und Erfahrungen zu bewältigen; jeder von uns, der einmal in einem schweren psychischen Schockzustand ›außer sich war‹, z.B. nach einem Unfall, hat diese Fähigkeit unseres psychischen Systems, Emotionen abzuspalten und sie so nicht mehr zu fühlen, schon als hilfreich empfinden können.« Und hinsichtlich des berüchtigten »selbstverletzenden Verhaltens« von Borderline-Patienten spricht Sachsse (1994, S. 41 / 42) von der meist »einzige(n) Möglichkeit der Selbstfürsorge« und an anderer Stelle von selbstverletzendem Verhalten als »Antidepressivum, besser als alle antidepressiven Medikamente«.

➤ Die Adler'schen Behandlungsprinzipien führen nahezu zwangsläufig dahin, dem Patienten in der Therapie-Situation die größtmögliche Freiheit zur Gestaltung der Situation in der Stunde zu geben, in der Erwartung, die Heisterkamp und Zanke (1984, S. 487) folgendermaßen ausgedrückt haben: »Wenn es also nicht immer wieder vom Therapeuten manipuliert wird, können wir beim Patienten davon ausgehen, dass er gar nicht anders kann, als seine lebensstiltypische Wirklichkeit auch in der Therapiesituation in Szene zu setzen.« Nach meiner Erfahrung mit Borderline-Patienten kommt dabei der bewusst oder meist unbewusst gesteuerten szenischen Darstellung gerade in der Anfangsphase einer Therapie die viel größere Bedeutung zu als dem verbalen Ausdruck.

Adler beschreibt (1937 / 1994, S. 57): »Das Kind sollte seinen Eintritt in die Welt wie eine freundliche Einladung empfinden.« Und er urteilt (S. 58 / 59): »Ein Kind, das sich nicht freundlich eingeladen fühlt, lebt wie in einem feindlichen Land. Es […] paßt sich […] einer ihm feindlich erscheinenden Umgebung an.« Ganz ähnlich sieht dies Rodulfo (1996, S. 47): »In erster Linie handelt es sich darum, wenn man auf die Welt kommt, einen physischen Raum zu besetzen, vor allem aber einen Ort im Wunsch des anderen. Denn ohne einen solchen verliert das Leben von Beginn an jede Sinnmöglichkeit. Damit das aber stattfinden kann, ist es notwendig, dass jemand einen Ort schenkt.« Unschwer lassen sich von hier aus auch Parallelen zu anderen Autoren wie z.B. Winnicott ziehen, der (1965 / 1974, S. 315 / 316) beschreibt: »Der Reifungsprozeß wird im einzelnen Säugling nur insofern wirksam, als eine fördernde Umwelt existiert.« Bezogen auf Borderline-Menschen sind diese Feststellungen von geradezu grundlegender Bedeutung: Denn hier und nirgendwo anders beginnt nach meiner sich ausnahmslos bei jedem neuen Borderline-Patienten bestätigenden Erfahrung das Elend dieser Menschen: Borderline-Patienten waren als Kinder unerwünscht, entweder
➤ leiblich-existentiell oder aber zumindest
➤ als »Individuum im eigenen Recht« (Ammon, in Anlehnung an Searles, 1998, S. 70f).

Es wird diesen Menschen also bei ihrer Ankunft und auch im weiteren Leben nicht im Rodulfo'schen Sinne ein »Ort geschenkt« (was nicht nur lokal gemeint ist, sondern auch als Zeit-Raum, als Ort mit Aufmerksamkeit, Fürsorge, Anteilnahme usw.), sondern diese Kinder fühlen sich in vielfältiger Weise bestenfalls geduldet, sind in der Regel Objekte eines offenen oder aber verborgenen Hasses und einer grundlegenden Ablehnung. Erst aus einer solchen Atmosphäre heraus erfolgen dann auch in einer großen Anzahl von Fällen (aber nicht obligatorisch) noch zusätzlich Grob-Traumatisierungen im oben dargelegten Sinne.

Die Unerwünschtheit lässt sich in drei verschiedenen Variationen in den Vorgeschichten von Borderline-Patienten erkennen, nämlich direkt, indirekt und versteckt:

Es gibt Familien, in denen aus der Unerwünschtheit des Kindes kein Hehl gemacht wird: »Die Mutter einer Borderline-Patientin, die von einer Kollegin in einer meiner Supervisionsgruppen vorgestellt wurde, hatte ihrer Tochter gegenüber immer wieder, wenn sie wütend auf sie war, gesagt: ›Du bist flüssiger als Wasser!‹ und dann hinzugefügt: ›Du bist nämlich *über*-flüssig!‹« (Reinert 2004, S. 115).

Schwieriger festzustellen aber letztendlich genauso eindeutig kommt Unerwünschtheit in Familien indirekt dadurch zum Ausdruck, dass diesen Kindern keinerlei Lob und Anerkennung zuteil werden darf: Erfolge der Kinder werden geradezu ignoriert. Immer schaffen es die Eltern, Leistungen des Kindes in einen negativen Kontext zu rücken: So hatte eine meiner Borderline-strukturierten Patientinnen auf Landesebene das zweitbeste Abitur abgelegt und erhielt dafür von der Mutter lediglich die Reaktion: Na ja, da sei ja dann doch noch einer besser gewesen! Erfolge dieser Kinder konfrontieren die Eltern immer mit ihren eigenen Schuldgefühlen hinsichtlich ihrer auf das Kind bezogenen Ablehnung, wenn nicht sogar früherer Abtreibungs-Wünsche und müssen infolgedessen entwertet werden. Rodulfo (1996, S. 47) spricht hier auch bildhaft von »metaphorischen Abtreibungen«.

Versteckt bildet sich Unerwünschtheit der Kinder ab z.B. in Form einer »Reaktions-Bildung«, auf die Poettgen (1987, S. 361) hinweist, er spricht von »Müttern, die sich aufgrund eines verdrängten Abbruchwunsches nach der Geburt dieser Kinder durch Reaktionsbildung als ›Over-Protective-Mothers‹ verhalten und ihre Kinder mit einer Angstglocke umgeben, […].« Oder aber diese versteckten Ablehnungsformen werden für das Kind spürbar in Mechanismen wie der von mir sogenannten »destruktiven Pseudo-Akzeptanz« (Reinert 2004, S. 129–131), einem Borderline-Familien-typischen Umgang, in dem die Wünsche des Kindes vordergründig erfüllt werden, wobei das Kind aber deutlich das Empfinden hat, dass dies gegen den eigentlichen Willen und Wunsch der Mutter oder der Eltern passiert.

Man darf dieses Phänomen der Unerwünschtheit nicht unterschätzen: Es ist nicht gleichzusetzen mit anderen »ungünstigen Startbedingungen« im Leben, sondern es geht hier, um einen Adler'schen Ausdruck zu verwenden, um das »Wurzeln schlagen« (1923 / 1982, S. 79) des Menschen im Leben: So wie bei der Pflanze von der Güte der Wurzel Gedeih und Verderb der ganzen Pflanze abhängen, so ist beim Kind die gesamte weitere Entwicklung von seiner Aufnahme in die menschliche Gemeinschaft abhängig. An anderer Stelle (Reinert 2006b, S. 266) habe ich das Bild verwendet, dass Unerwünschtheit dazu führt, dass das Kind sich von Anfang an konfrontiert sieht mit einer permanent abzuwehrenden Angst vor Tod, Zerstörung und Auslöschung, die sein Leben durchtränkt »wie ein Stück Brot vom Öl durchtränkt wird, in das es hineingelegt wurde«. Alle weiteren Entwicklungsschritte werden von dieser Angst beeinflusst. D.h., um das noch einmal deutlich zu differenzieren: Ist z.B. bei der narzisstischen Persönlichkeitsstörung in der Entwicklung kennzeichnend eine Familienatmosphäre, die das Kind bei Schwäche, Misserfolg usw. bedroht mit Ausschluss, Verlassen-werden, Demütigung, Abwertung usw., so entspricht im Unterschied dazu die Angst des Borderline-Menschen der vor Auslöschung und damit dem gewaltigsten Bedrohungsgefühl, das es überhaupt geben kann: Borderline-Menschen verspüren zumindest latent immer eine elementare Todesangst. Meiner Kenntnis nach hat auf dieses Gefühl der Existenz-Bedrohung als tragendes Element der Borderline-Krankheit erstmalig Wolberg (1973) hingewiesen, eine Autorin, die erstaunlicherweise (außer von Rohde-Dachser) weitgehend ignoriert wird, obwohl ihre Arbeiten zur Borderline-Pathologie m.E. von enormer Wichtigkeit sind.

Man hat versucht, die einzelnen Persönlichkeitsstörungs- und Neurose-Formen in ihrer Entstehungsgeschichte an bestimmte Entwicklungsperioden zu binden und spricht hier von z.B. »ödipalen«, prä-ödipalen« oder auch »Früh-Störungen«. So wurden von Mahler (1972) und anderen Autoren der Zeitraum zwischen dem 2. und 3. Lebensjahr als Entstehungszeitpunkt der Borderline-Problematik beziffert und die Pathologie von Mahler auf bestimmte Verhaltensweisen der Mutter im Rahmen der dann ablaufenden »Wiederannäherungsphase« zurückgeführt, nämlich darauf, dass das Kind nach Entfernung von der Mutter diese bei Rückkehr verändert vorfindet. Dies ist m.E. ein sehr geeignetes Beispiel, um deutlich zu machen, dass u.U. durchaus inhaltlich richtige Beobachtungen im Rahmen der psychotherapeutischen Forschung voreilig zu Grund-Tatsachen erklärt und deshalb in ihrer psychologischen Sinnhaftigkeit nicht mehr hinterfragt werden, damit dann letztlich irgendwo einerseits ätiologisch »in der Luft hängen bleiben«, andererseits aber lange Zeit von einem Buch zum nächsten fortgeschrieben werden und u.U. die weitere Forschung blockieren. Das gilt m.E. auch für die Bedeutung, die Kernberg der Spaltung als einem psychischen »Urphänomen« gibt und kommt tendenziell in neuerer Zeit ebenfalls zum Ausdruck z.B. in der grundsätzlich zwar unbezweifelbar richtigen Beobachtung von Linehan (1996, S. 38), die, ohne das ätiologisch herzuleiten, von der für die Borderline-Entwicklung kennzeichnenden Erfahrung einer »invalidierenden Umgebung« spricht: Wohl ohne sich dessen bewusst zu sein, beschreibt Linehan hier sehr anschaulich einen wesentlichen Teil-Bereich der Gesamt-Atmosphäre der Unerwünschtheit, in der Borderline-Kinder aufwachsen: »In einer entwertenden Umgebung wird auf das Mitteilen von persönlichen Erfahrungen und Gefühlen in unangemessener, sprunghafter und extremer Weise reagiert. Das Mitteilen persönlicher Erfahrungen wird demnach also nicht ernst genommen, sondern stattdessen häufig bestraft und / oder trivialisiert. Das Erleben schmerzlicher Gefühle sowie die Faktoren, die die betroffene Person für die Ursachen dieser Gefühle hält, werden ignoriert. Die Interpretationen des eigenen Verhaltens, die wahrgenommenen Absichten und Motive für das eigene Verhalten werden als falsch zurückgewiesen. [...] In jedem Fall werden persönliche Erfahrungen und Gefühlsäußerungen nicht als gültige Reaktionen auf Ereignisse akzeptiert.«

Ohne dass man hier fixierbare Einzel-Traumatisierungen erkennen kann, beschreibt damit auch Linehan aber doch eine für das Kind dauerhaft bedrückende und letztlich traumatisierende Atmosphäre. Ich möchte dafür ein Beispiel bringen, das von einer Patientin mit einer Borderline-Störung stammt, die von der Mutter ganz direkt gesagt bekommen hatte, dass sie bei ihrer Ankunft durchaus nicht erwünscht gewesen sei; sie habe wegen der Schwangerschaft mit ihr den Vater heiraten müssen, was sie sonst sicher nicht getan hätte. Nur ein Jahr nach ihrer Geburt war allerdings ein Bruder zur Welt gekommen, der dann als »Stammhalter« und, so der Vater, »Fortführer des Familiennamens« hochwillkommen geheißen und in der Folgezeit ihr permanent vorgezogen wurde, dies auch sehr wohl innerhalb der Familiendynamik auf ihre Kosten zu seinem Vorteil einzusetzen wusste. Das zu schildernde Ereignis vollzog sich, als die Patientin 13 oder 14 Jahre alt war.

Sie hatte sich mittels Nachhilfestunden und sonstiger Arbeiten mühsam ein Rennrad zusammengespart, auf das sie lange gewartet und dessen Kauf sie mit viel Freude getätigt hatte. Als sie mit dem Rad nach Hause kam, wollte ihr Bruder das Fahrrad ausprobieren. Da sie wusste, wie er mit ihren Sachen sonst umging, verweigerte sie ihm das. Am Abend wollte sie noch einmal eine Runde auf ihrem Fahrrad drehen, fand selbiges aber im Hof, in dem es gestanden hatte, nicht mehr vor. Voll Schrecken rannte sie zur Mutter, um ihr mitzuteilen, ihr neues Fahrrad sei gestohlen worden. Die Mutter »beruhigte« sie und erklärte, der Bruder sei damit unterwegs. Die Patientin schimpfte in aufwallendem Zorn los: Sie habe dem Bruder ausdrücklich verboten, ihr Fahrrad zu benutzen! Die Mutter erwiderte ungerührt, aber sie habe dem Bruder erlaubt, damit zum Kino zu fahren. Die Patientin entrüstete sich, wurde aber einmal mehr damit überhaupt nicht beachtet. Spät am Abend kehrte der Bruder zurück – ohne das Fahrrad! Er berichtete, er habe das Rad neben dem Kino abgestellt gehabt und »vergessen« es abzuschließen. Nach dem Film sei das Rad »weg« gewesen. Die Patientin mochte weinen und klagen, sie wurde damit überhaupt nicht angenommen, vielmehr erklärte ihr am nächsten Tag die Mutter, es sei ja wohl angezeigt, den Bruder zu bedauern; dem sei das ja »so unangenehm« gewesen mit dem Rad, dass er darunter sehr gelitten habe. Weder wurde der Bruder bestraft, noch wurde der Patientin der Verlust des Rades ersetzt, noch wurde sie in ihrem Leid getröstet. Das Fahrrad war weg und ab da »kein Thema mehr«.

Von jedem einzelnen meiner Borderline-Patienten könnte ich zahlreiche derartige Beispiele berichten. Neben dieser traumatisierenden Atmosphäre, die als solche bereits in hohem Maße Lebensenergie aufsaugend und zerstörerisch wirkt, existiert in derartigen Familien, im Ausmaß aber deutlich gebunden an das soziale Milieu, in dem die Familie lebt bzw. abhängig von der Pathogenität der Familie, eine katastrophale und fatale Neigung zu zusätzlichen Grob-Traumatisierungen. Auf die Häufung psychischer Erkrankungen auch bei den Eltern von Borderline-Patienten weist Links (1992, S. 45–66) hin. Hirsch (1996, S. 31–44) beschreibt eine besonders fatale Tendenz in solchen Familien: nämlich das Phänomen einer mehrfachen Traumatisierung: »So ist für den familiären sexuellen Mißbrauch typischerweise ein grundlegendes Nicht-Gewolltsein, ein Nicht-Akzeptieren des betreffenden Opferkindes schon längst als eine Art ›Muttertrauma‹ vorhanden, bevor in einem späteren Alter das ›Vatertrauma‹ in Form des sexuellen Mißbrauchs aufgepfropft wird.« Ich kann diese Beobachtung aus Erfahrungen mit meinen Patientinnen heraus bestätigen (vgl. Reinert 1997). Und m.E. existiert hier ganz häufig eine Gesamt-Dynamik, an der beide Eltern beteiligt sind: Derartige »Doppel-Traumatisierungen« kommen nach meiner Beobachtung oft dadurch zustande, dass das Kind seine Existenz einem vom Vater angestrebten oder sogar erzwungenen Koitus entstammt und von vornherein von der Mutter alleine schon deshalb auch abgelehnt und gehasst wurde als »Produkt« eines mehr oder weniger gewalttätigen, zumindest aber ungewollten Sexualaktes mit einem Partner, der nicht gemocht, als unangenehm, vielleicht sogar eklig empfunden wird; oft spielt hier auch Alkoholisierung eine Rolle. Die Mutter neigt in solchen Fällen dazu, sich dem Ehemann weitgehend sexuell zu entziehen, in Vielzahl handelt es sich auch um relativ psychopathologische Ehemänner. Eine Verlagerung der sexuellen Interessen des Vaters auf die Tochter (in einem Fall habe ich es auch als sexuellen Missbrauch einer Mutter an einem männlichen Borderline-Patienten erlebt) wird von der Mutter zumindest unbewusst u.U. gar nicht ungern gesehen: Für sie werden hier evtl. mehrere Dinge zugleich »abgehandelt«: Das gehasste Kind wird just mit dem »Übel« bestraft, dem die Mutter das »Unglück« dieser ungewollten Schwangerschaft mit allen Konsequenzen verdankte; der Vater wird durch sein Handeln, auch im Gesetzessinne, schuldig, und die Mutter hat folglich ihm gegenüber nunmehr ein Instrumentarium in der Hand, um sich seiner in beliebiger Art und Weise zu erwehren. Auch wenn dies als solches selten ausgesprochen und noch seltener in direkte Handlungen umgesetzt wird, gibt es der Mutter eine gewisse Macht dem Mann gegenüber. Hier findet sich auch die Grundlage für die in solchen Familien ganz oft anzutreffende, u.U. über Jahre hinweg fortgesetzte angebliche »Nicht-Wahrnehmung« des väterlichen Missbrauchs durch die Mutter.

Durch die geschilderte Atmosphäre der Unerwünschtheit in der Herkunftsfamilie und deren Konsequenzen und Folgen wird das Borderline-Krankheitsbild in all seinen Phänomenen und der gesamten Dynamik, die ihm inne wohnt, logisch und verstehbar: Das Kind *muss* sich in sich selbst spalten, es lebt, wie Wurmser schreibt, fürderhin in einer »doppelten Wirklichkeit«, mit einem offiziellen und »falschen« sowie einem verborgenen und »wahren« Selbst (Winnicott) bzw. mit Hilfe von in masochistischem Modus entwickelten »Identifikationsphantasien« wie sie Wolberg (1973) beschreibt. Es geht für diese Kinder darum, zu »überleben« in einer »feindlichen Welt«, und es ist geradezu tragisch und ich möchte hinzufügen: unerträglich, das Borderline-Krankheitsbild aus angeblich »binnenpsychischen« Defiziten (also quasi »Defekten und Mängeln« des Betroffenen) heraus erklären zu wollen: Wenn ich manche Veröffentlichung über Borderline-Patienten lese, habe ich den Eindruck, dass hier noch einmal traumatisiert wird: Und zwar auf eine besonders perfide Art, nämlich von angeblichen »Experten«, die sich dann auch noch mit der Aura wissenschaftlicher »Unantastbarkeit« umgeben. Auch wenn ich in diesem Beitrag die heutigen Traumatheorien z. T. doch auch sehr kritisch gesehen habe, eines haben sie mit Sicherheit bewirkt: Nämlich die Aufmerksamkeit zu lenken auf das real erlittene Leid, dem diese Patienten ausgesetzt waren und sind. Alleine dafür gebührt zahlreichen heutigen Trauma-Forschern und -Therapeuten Respekt und Anerkennung. Sie sollten nur nicht auf den Fehler verfallen, nun ihrerseits zu glauben, wie das manchmal klingt, alleine den »Stein der Weisen« gefunden zu haben und alle anderen therapeutischen Ansätze als »überholt« etikettieren zu können. Die Zukunft gehört der Kooperation und dem Austausch und ich freue mich auf richtungsübergreifende Diskussionen.

**Reinert, Thomas**, Dr. med., Psychoanalytiker, Lehranalytiker, gruppenanalytischer Teamsupervisor, Organisationsberater. Chefarzt der Fachklinik Langenberg (D)
E-mail: Dr. Th.Reinert@fachklinik-langenberg.de

Literatur

Adler, A. (1928): Kurze Bemerkungen über Vernunft, Intelligenz und Schwachsinn. In: Adler, A.: Psychotherapie und Erziehung, Bd. I. Frankfurt a. M. (Fischer), Neuausgabe 1982. S. 224–231

Adler, A. (1931): Wozu leben wir? Frankfurt a. M. (Fischer), Neuausgabe, 1979

Adler, A. (1937): Lebensprobleme – Vorträge und Aufsätze. Frankfurt a. M. (Fischer), Neuausgabe 1994

Ammon, G. (1973): Dynamische Psychiatrie. Eschborn (Klotz), Neuausgabe 1998

Benedetti, G. (1964): Klinische Psychotherapie – Einführung in die Psychotherapie der Psychosen. Bern, Stuttgart, Wien (Huber), 2., überarb. Aufl. 1980

Bohleber, W. (2000): Die Entwicklung der Traumatheorie in der Psychoanalyse. Psyche – Z psychoanal, 54: 797–839

Dornes, M. (1993): Der kompetente Säugling – Die präverbale Entwicklung des Menschen. Frankfurt a. M. (Fischer)

Fischer, G. und Riedesser, P. (1998): Lehrbuch der Psychotraumatologie. München, Basel (Reinhardt)

Freud, W. E. (2003): Remaining in touch – Zur Bedeutung der Kontinuität früher Beziehungserfahrungen. Frankfurt (Edition dé jà-vu)

Gunderson, J. G. (2005): Borderline-Diagnostik, Therapie, Forschung. Bern, Göttingen (Huber)

Heisterkamp, G. und Zanke, M. (1984): Zum Formenwandel des Lebensstils. Zeitschrift für personenzentrierte Psychologie und Psychotherapie: 483–496

Herman, J. L. (1993): Die Narben der Gewalt – traumatische Erfahrungen verstehen und überwinden. München (Kindler)

Herpertz, S. und Saß, H. (1999): Die Borderline-Persönlichkeitsstörung in der historischen und aktuellen psychiatrischen Klassifikation. In: Kernberg, O.F., Dulz, B., Sachsse, U. (Hg.): Handbuch der Borderline-Störungen. Stuttgart, New York (Schattauer) S. 115–123

Hillebrandt, R. (2004): Das Trauma in der Psychoanalyse – Eine psychologische und politische Kritik an der psychoanalytischen Traumatheorie. Gießen (Psychosozial-Verlag)

Hirsch, M. (1996): Wege vom realen Trauma zur Autoaggression. Forum Psychoanal, 12: 31–44

Hirsch, M. (2004): Psychoanalytische Traumatologie – Das Trauma in der Familie. Psychoanalytische Theorie und Therapie schwerer Persönlichkeitsstörungen. Stuttgart, New York

Hüther, G. (2003): Die Auswirkungen traumtischer Erfahrungen im Kindesalter auf die Hirnentwicklung. In: Koch-Kneidl, L. und Wiesse, J. (Hg.): Entwicklung nach früher Traumatisierung. Göttingen (Vandenhoeck & Ruprecht) S. 25–38

Kernberg, O. F. (1978): Borderline-Störungen und pathologischer Narzißmus. Frankfurt a. M. (Suhrkamp), 3. Auflage, 1979

Khan, M. M. R. (2004): Selbsterfahrung in der Therapie – Theorie und Praxis. Eschborn (Klotz)

Kreisman, J. J. und Straus, H. (1992): Ich hasse Dich – verlaß' mich nicht – Die schwarzweiße Welt der Borderline-Persönlichkeit. München (Kösel)

Linehan, M. M. (1996): Dialektisch-Behaviorale Therapie der Borderline-Persönlichkeitsstörung. München (Zip-Medien)

Links, P. S. (1992): Family Environment and Family Psychopathology in the Etiology of Borderline Personality Disorder. In: Clarkin, J.F., Marziali, E. und Munroe-Blum, H. (Hg.): Borderline Personality Disorder – Clinical and Empirical Perspectives. New York, London (Guilford Press): S. 45–66

Mahler, M. S. (1972): Symbiose und Individuation / Psychosen im frühen Kindesalter. Stuttgart (Klett)

Milch, W. (1998): Überlegungen zur Entstehung von Borderline-Störungen auf dem Hintergrund der Säuglingsforschung, Persönlichkeitsstörungen 98 / I: 10–21

Poettgen, H. (1987): Schwangerschaftskonfliktberatung. In: Fedor-Freybergh, P.G. (Hg.): Pränatale und perinatale Psychologie und Medizin – Begegnung mit dem Ungeborenen. Älvsjö (Saphir) S. 361–373

Reemtsma, J.P. (1998): Im Keller. Reinbek (Rowohlt), 4. Auflage 2005

Reinert, T. (1997): Ja, hab' ich ein Lebensrecht? – Widerspiegelungen eines überlebten Abtreibungsversuches in der Therapie einer Borderline-Patientin. Int. J. Prenatal and Perinatal Psychology and Medicine 9: 475–494

Reinert, T. (2001): Keiner versteht mich! Als rede ich chinesisch! Ich glaube, ich bin verrückt. – Die bizarre Welt des Borderline-Patienten. Methodik, Verlauf und Ergebnisse modifiziert-analytischer Langzeitbehandlung. Z. f. Individualpsychol 26: 99–115

Reinert, T. (2004): Therapie an der Grenze: die Borderline-Persönlichkeit – Modifiziert-analytische Langzeitbehandlungen. Stuttgart (Pfeiffer bei Klett-Cotta)

Reinert, T. (2006b): Zwischen Tiefenregression und (selbst-)mörderischer Destruktivität – Zur notwendigen Spannbreite des therapeutischen Rahmens bei der modifiziert-analytischen Behandlung von Borderline-Patienten. In: Springer, A., Gerlach, A. und Schlösser, A.-M. (Hg.): Störungen der Persönlichkeit. Gießen (Psychosozial-Verlag) S. 263–280

Riedesser, P., Schulte-Markwort, M. und Walter, J. (2003): Entwicklungspsychologische und psychodynamische Aspekte psychischer Traumatisierung von Kindern und Jugendlichen. In: Koch-Kneidl, L. und Wiesse, J. (Hg.): Entwicklung nach früher Traumatisierung. Göttingen (Vandenhoeck & Ruprecht) S. 9–24

Rodulfo, R. (1996): Kinder – gibt es die? – Die lange Geburt des Subjekts. Freiburg (Kore) (Neuausgabe 2004 Gießen, Psychosozial-Verlag)

Rohde-Dachser, C. (1979): Das Borderline-Syndrom, Bern (Huber), 7., vollständig überarbeitete und erweiterte Auflage 2004

Roth, G. (2001): Wie das Gehirn die Seele macht. Manuskript eines Vortrages bei den 51. Lindauer Psychotherapiewochen am 22.04.2001, S. 1–15

Sachsse, U. (1994): Selbstverletzendes Verhalten – Psychodynamik – Psychotherapie. Göttingen (Vandenhoeck & Ruprecht)

Sachsse, U. (1995): Die Psychodynamik der Borderlinepersönlichkeitsstörung als Traumafolge – ein Entwurf. Forum Psychoanal 11: 50–61

Schmidt, R. (1995): Kausalität, Finalität und Freiheit – Perspektiven der Individualpsychologie. München, Basel (Reinhardt)

Streeck-Fischer, A. (2006): Trauma und Entwicklung – frühe Traumatisierungen und ihre Folgen in der Adoleszenz. Stuttgart, New York (Schattauer)

Tenbrink, D. (2003): Das Trauma aus psychoanalytischer Sicht. Z.f.Individualpsychol, 28: 271–287

Wöller, W. (2006): Trauma und Persönlichkeitsstörungen – psychodynamisch-integrative Therapie. Stuttgart, New York (Schattauer)

Wöller, W. Siol, T. und Lieberman, P. (2001): Trauma assoziierte Störungsbilder neben der PTSD. In: Flatten, G., Hofmann, A. Lieberman, P., Wöller, W., Siol, T. und Petzold, E.: Posttraumatische Belastungsstörung – Leitlinie und Quellentext. Stuttgart, New York (Schattauer) S. 25–39

Wolberg, A.R. (1973): The Borderline Patient. New York (Intercontinental Medical Book Corporation)

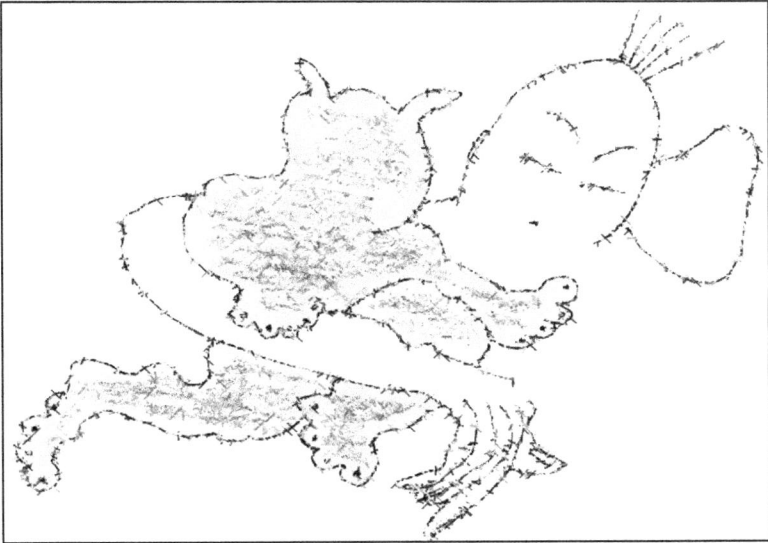

Äußere und innere Faktoren

Wenn Mr. Fivehair das Biest für alle sichtbar im Arm trägt, handelt sich um einen äußeren Faktor – sofern er dies aber unablässig tut, auch um einen innern.

Innere und äußere Faktoren bei psychischem Trauma

Jörg M. Scharff

1. Einleitung

Meine Gedanken zum Verhältnis innerer und äußerer Faktoren beim Trauma werde ich an einem Fallbeispiel erläutern. In Materialauswahl und theoretischer Aufarbeitung fokussiere ich dabei ausschließlich einige traumarelevante Aspekte, hier nur die Beziehung des Patienten zu seinem Vater betreffend. Das initiale Trauma ereignete sich im Leben des Vaters meines Patienten. Seiner Großmutter rutschte ein Topf kochenden Wassers aus der Hand, der sich über das etwa 4-jährige Kind ergoss und dieses schwer verbrühte. Insoweit dieses Trauma, dem weitere Traumatisierungen durch spätere Erfahrungen als junger Mann im Krieg folgten, unverarbeitet war, hatte es erhebliche Auswirkungen auf die Beziehungen dieses Mannes zu seinem eigenem Sohn, meinem Patienten. Vor allem die wiederholten »brennenden Schläge« des Vaters machten den Vater für diesen Sohn nun selbst zu einem traumatisierenden Objekt. Dies hatte erhebliche Folgen für die psychische Entwicklung meines Patienten. Insofern verstehen sich meine Ausführungen auch als ein Beitrag zur intergenerationellen Perspektive bei Traumatisierung.

2. Einige besondere Merkmale der Übertragung und Gegenübertragung

Aus verschiedenen Blickwinkeln werde ich zunächst einige überdauernde und insofern charakteristische szenische Besonderheiten aufzählen. Wie diese gemeinsam von einem traumatischen Hintergrund her strukturiert sind, wird erst am Schluss meiner Darlegungen evident werden.

Auffallend bei meinem Patienten ist eine gesteigerte Fremd- und Selbstbeobachtung. Es gibt kaum etwas, was dem Patienten entgeht. Seine Beobachtungen sind meist zutreffend. Gelegentlich geschieht es jedoch, dass der Patient an einem Detail hängen bleibt, dessen Bedeutung sich unter heftiger Affektentwicklung unverhältnismäßig vergrößert, was dann eine psychische Bearbeitung verhindert.

Wenn der Patient sich auf die Couch legt, synchronisiert er in präziser Abstimmung seine und meine Bewegung, mit der ich mich in den Sessel setze. Ich fühle mich dadurch in einer leicht unangenehmen Weise kontrolliert, aber auch vereinnahmt, als würde er mich wie in eine koitale Szene hineinziehen[1].

Sich selbst überscharf monitorierend, hält der Patient oft in seinen Einfällen unvermittelt ein, stellt seine Äußerungen in Frage und gibt sich dann selbst eine meist kritische Deutung. Es ist, als würde er sich in diesen Momenten quasi vom imaginierten Platz des Analytikers her selbst behandeln. Sage *ich* etwas, ist er als mein »Kollege« mir immer schon zuvorgekommen, und mit *seiner* Überlegung mir stets »überlegen«. Er konstatiert: »Das hatte ich mir auch schon gedacht.« Was sich bei seinen Einsichten im positiven Sinn zu einer Selbsterkenntnis entwickeln könnte, wirkt in der Interaktion mit mir deshalb häufig eher defensiv. Es scheint, als müsse der Patient dem Anderen, in dem er ihn mit Einsichten bedient, ständig zuvorkommen. Insofern als er sich hier primär auf den Anderen einstellt, kommt der Patient in der Selbsterkenntnis nicht wirklich voran. Im Gegenteil – er dreht sich im Kreis. Zugleich wartet er aber ab, bis der Andere sich in Widersprüche verwickelt und ihm gegenüber einen Fehler macht, die er ihm dann in erregter Empörung scharfsichtig nachweist. Mache hingegen ich den Patienten auf einen eigenen, von ihm unbemerkten Widerspruch aufmerksam, reagiert er mit affektiver Blockade und einer starken Überzeugung, man tue ihm unrecht.

Es kommt vor, dass der Patient, wenn ich etwas sage, mir schon nach den ersten Sätzen nicht mehr zuhört. Er hatte lange gebraucht, bis er sich und mir dies überhaupt eingestehen konnte. Allgemein hat er trotz anfänglich großer Motivation Schwierigkeiten, sich von anderen etwas sagen zu lassen; er reagiert auf alles, was ihm wie eine »Lehrmeinung« erscheint, ausgesprochen allergisch.

Obwohl der Patient in einem kleinen Dorf aufwuchs, in dem Dialekt gesprochen wurde, spricht er, besonders in affektiv aufgeladenen Situationen, in präzis artikuliertem Hochdeutsch. Im Gestus seines Sprechens artikuliert sich dabei eine stilrein überlegene, unangreifbare Autorität, die ihre Sicht der Dinge mit schneidender Schärfe verkündet.

---

1 Diese Weise des mich Kontrollierens über die sich unbewusst genau einpassende Bewegungsabstimmung erweckt hier in mir ein Gefühl von zu großer körperlicher Nähe, die aus unserer Bewegung eine intime »Paarbewegung« macht – deshalb »koital«.

3. Stundenausschnitt[2]

Mein Analysepatient beginnt die Stunde mit der Bemerkung, dass er mir immer noch keinen Überweisungsschein gebracht habe. (Als Kassenpatient ist er dazu alle drei Monate verpflichtet.) Es sei ihm wichtig, auf dieses Versäumnis hinzuweisen, bevor ich es tue. Zugleich denke er, er könnte mich ja auch fragen, ob es eigentlich eine Rolle spielt, wenn der Überweisungsschein am Anfang, in der Mitte oder am Ende des Quartals gebracht wird.

Bei diesem Auftakt fühle ich mich an alle die Situationen erinnert, in denen es immer wieder darum ging, dass der Patient die Erledigung einer Sache vor sich herschiebt. Ich habe den Eindruck, dass er diese uns bekannte Tatsache mit seiner letzten Bemerkung verharmlosen will. Entgegen meinem üblichen, sonst eher abwartenden Verhalten reagiere ich diesmal schnell:

»Verschieben Sie mit Ihrer Frage nach dem »wann« nicht den entscheidenden Punkt? Nämlich weg von der Tatsache, dass es letztlich doch in jedem Fall um Ihre Tendenz zum Verschieben geht?«

Der Patient stimmt dem (allzu?) schnell zu, kommt vorübergehend auf Weiteres zu sprechen, bemerkt nach einer Pause mehr beiläufig, er glaubte in meiner ersten Bemerkung einen Ton von leichter Gereiztheit gespürt zu haben. Der Patient schweigt eine Weile, wendet sich dann anderem zu, während ich darüber nachsinne, ob der Patient vielleicht Recht gehabt haben könnte. Dabei wird mir klar, dass ich tatsächlich ärgerlich gewesen war – allerdings zunächst in erster Linie auf mich selbst. Ich hatte nämlich die Tatsache, dass der Überweisungsschein fehlte, selbst mittlerweile völlig vergessen gehabt und mich einen kurzen Moment lang heftig über meine Vergesslichkeit geärgert und auch etwas geschämt. Nachdem ich, mit dieser Tatsache konfrontiert, mich fragte, warum ich denn so ärgerlich auf mein Vergessen gewesen war und mir schließlich meinen Fehler etwas besser zugestehen konnte, bestätige ich dem Patienten seinen Eindruck. In nachdenklichem Ton fahre ich fort:

»Vielleicht ist ein Versäumnis selbst ja gar nicht so schlimm – wirklich schlimm wird es erst, wenn so etwas gar nicht passieren darf.«

War die Atmosphäre zwischen uns bis dahin mit einer latent lauernden Spannung aufgeladen, so entspannte sich der Patient jetzt merklich und sagte, seinerseits in

---

2 Das gleiche Material habe ich, nicht spezifisch traumazentriert, unter dem allgemeineren Aspekt der »Subjektlogik« und der »Objektlogik« diskutiert in Scharff (2005).

einem nachdenklichen Ton sprechend: »Wenn ein Fehler passiert, egal ob bei mir oder bei jemand anderem, dann meine ich immer, jetzt triumphiert einer«.

Als hätten wir nicht so oft schon darüber gesprochen, stelle ich ebenso nachdenklich fragend in den Raum:

»Warum das nur so ist?!«

Er denke jetzt an seinen Vater, der für jede Alltagssituation einen Spruch – oft Zitate aus der Bibel – parat gehabt habe, so dass es für alles gleich eine Lösung zu geben schien. Damit stellte er eine unerschütterliche Überlegenheit zur Schau, als könne ihm nichts wirklich etwas anhaben. Der Vater habe sich auch oft auf Gott berufen. *Der* habe ihn nie wirklich im Stich gelassen. Der Patient hält nun inne: »Mir fällt jetzt das ein, dass ja mein Vater als kleiner Junge eine schwere Verbrennung erlitten hat...«[3] Für den Rest der Stunde bildet das alle Beteiligte betreffende Thema der Verletzbarkeit und ihrer Abwehr das Zentrum des Durcharbeitens.

4. Zusammenfassung der Sequenz

Mit einem für ihn typischen Versäumnis konfrontiert – nämlich Dinge, die zu erledigen sind vor sich her zu schieben – macht sich der Patient dadurch überlegen, dass er die Angelegenheit selber anspricht und sie anschließend bagatellisiert. Ich konfrontiere den Patienten mit seiner Tendenz alles zu verschieben. In die schnelle Zustimmung des Patienten mischt sich eine Anspielung auf meine Gereiztheit. Ich werde mir darüber klar, dass ich tatsächlich gereizt war, dies aber primär deswegen, weil mich der Patient an ein eigenes Versäumnis erinnert hatte. So war im Grunde zwischen uns eine Situation entstanden, in der sich jeder den anderen vom Leib hielt und zugleich in den anderen eindrang, jeder war Täter und Opfer zugleich. Ich gestehe mir und dem Patienten ein, dass ich in meiner schnellen Deutung den Patient auch zur Abfuhr eigener Spannung benutzt habe und kann nun sagen: »*Vielleicht ist ein Versäumnis selbst ja gar nicht so schlimm – wirklich schlimm wird es erst, wenn so etwas gar nicht passieren darf.*« Daraufhin entspannt sich die Situation, der Patient beginnt darüber nachzudenken, warum die Konstatierung eines Fehlers stets mit dem Gefühl eines Triumphes verbunden ist. In einer Atmosphäre weiterer Nachdenklichkeit fallen ihm die Sprüche

---

3 In einer späteren Stunde trägt der Patient nach, dass der Vater darüber so erzählte, als sei es eine lustige Geschichte gewesen, wenn er zum Wechseln des Wundverbandes auf einen Tisch gelegt wurde – nur sein Bruder sei vor lauter Angst unter den Tisch geflüchtet...

seines Vaters ein, die diesem eine unerschütterliche Überlegenheit zu geben schienen. Im dann folgenden Einfall verknüpft der Patient diesen agierenden Gestus zum ersten Mal mit dem Verbrennungstrauma des Vaters.

Die Entwicklung in der Stunde machte das Trauma des Vaters an signifikanter Stelle in der Erinnerung zugänglich. Vater und Sohn wurden in ihrer leidvollen Verstrickung füreinander neu verstehbar: der triumphale Gestus der Überlegenheit diente dazu, eine psychische Situation zu kompensieren, in der man Schmerz und Ohnmacht nicht entkommen konnte.

5. Zur Verschränkung innerer und äußerer Faktoren im Traumakontext

Im Folgenden werde ich mich zunächst vom Stundenmaterial lösen und nun (siehe Anm. 2) ohne weitere Materialbelege mein Hintergrundverständnis und die in ihm enthaltenen rekonstruktiven Annahmen, soweit sie traumabezogen sind, skizzieren.

5. A) ERSTE GENERATION, DER VATER DES PATIENTEN:

Obwohl auch die Schmerzempfindung ein inneres Erleben ist, liegt beim *Vater des Patienten der* äußere Trauma-Faktor in der Reizüberflutung durch einen unerträglichen, nicht zu lindernden Schmerz. Die Haut, die sonst vor Verletzungen schützt, wird zum Ort einer brutal angreifenden Schmerzempfindung (»ökonomischer« Aspekt[4]). Verlötet mit diesem körperlichen Notzustand ist zwangsläufig eine tiefe Sinn- und Vertrauenskrise, die im Unbewussten als Elternverlust figuriert, etwa in dem Sinn: »Wie konnten meine Eltern zulassen, dass mir dies geschah?« (»Objektbeziehungsaspekt«[5]).

Die dann folgenden Schritte psychischer Abwehr und kompensatorischer Fantasmen lassen sich bereits den *inneren Faktoren* zuordnen. Da der physische und psychische Ort des »Klein / da Unten-Seins« assoziiert ist mit einer lebensbedrohlichen Situation, versucht sich der Vater kompensatorisch in projektiver Identifikation am Platz des Überlegenen zu behaupten. Gleichzeitig bildet er im Sinne einer schützend-defensiven Zweithautbildung (vgl. Bick 1968) unbewusst

---

4 In dem von Freud entwickelten »psychökonomischen« Trauma-Modell steht das traumatische Durchbrechen des Reizschutzes und eine überstarke Erregung, die nicht seelisch gebunden werden kann, im Zentrum.

5 Das im Wesentlichen auf Ferenczi und Balint zurückgehende »Objektbeziehungsmodell« des Traumas betont den Zusammenbruch der inneren stützenden Objektbeziehungen; das Urvertrauen wird zerstört i. S. einer dauerhaften Erschütterung des Selbst- und Weltverständnisses.

die Maxime aus: »Mir wird nie etwas wieder unter die Haut gehen!« Eine Folge davon ist, dass er sich von den schmerzhaften Spannungen alltäglicher Lebenssituationen nicht mehr mental in der Weise berühren lässt, dass sie ihn zum Nachdenken bringen, sondern er hält sie sich mit vorgeformten Sprüchen, die er der Bibel entlehnt hat, buchstäblich vom Leib. Mit dieser »Bibelhaut« versucht der Vater auch die Folgen der Sinnkrise zu kompensieren. Das für ihn als Kind Unverstehbare, nämlich schutzlos einer lebensbedrohlichen Attacke ausgeliefert zu sein, beantwortete der Vater mit zwei naheliegenden unbewussten Fantasmen. Einmal fantasierte er sich in Kompensation der Vertrauenskrise als Gottes auserwähltes Kind. Er wiederholte ständig, dass Gott ihn nie im Stich gelassen habe, was sich auch als eine Art Wiedergeburtsphantasie verstehen lässt. Zum anderen war er gleichzeitig oder alternativ überzeugt, dass er wegen irgendeiner Missetat mit dem Feuerschmerz des Brennens grausam bestraft wurde. Der Widerspruch zwischen beiden Annahmen wie auch deren latente Ergänzung dürfte dem Vater ebenfalls unbewusst gewesen sein. In latenter Komplementarität muss es für ihn geheißen haben: Ich bin schuldig, weil ich mich so überlegen fühlte. Und: Wenn ich bestraft werde, ist *dies* Ausdruck meiner Auserwähltheit. Dies war die nachträgliche Sinngebung. Die Position unangreifbarer Überlegenheit wurde in Wahrheit durch die Wirklichkeit des realen Alltags permanent widerlegt. Da dies auch dem Vater nicht ganz verborgen bleiben konnte, trieb ihn dies dazu, sich seine aus der Not geborenen Fantasmen i.S. eines chronischen »mentalen Agierens« permanent erneut bestätigen zu müssen. Dazu gebrauchte er bevorzugt seinen Sohn und externalisierte die im Widerspruch liegenden Anteile auf ihn.

5. B) Zweite Generation, mein Patient:

Ich fokussiere nun darauf, wie sich diese Situation als *»äußerer«* z.T. selbst wieder traumatisierender *Faktor* auf *den Sohn*, meinen Patienten ausgewirkt hat. Der in vielem begabte Sohn war einerseits dazu ausersehen, im Sinne einer konkreten Verkörperung, wie ein wiedergeborener Doppelgänger, das Überlegenheitsfantasma des Vaters zu bestätigen. Mein Patient war als Kind ausgesprochen agil, motorisch höchst geschickt. Häufig widersprach er anderen und lernte bald, sich in Hochdeutsch zu artikulieren, das ihm, entsprechend der Bibelhaut des Vaters, zur zweiten Natur wurde, obwohl doch die dörfliche Umgebung sich im heimatlichen Dialekt verständigte. Im Kern des unbewussten Botschaft seitens des Vaters stand somit einerseits der Auftrag: »Sei stets überlegen!« Da aber auch die andere Logik greifen musste, aufgrund derer der brennende Schmerz auf der Haut die Folge einer strafbaren Handlung gewesen sein musste, wurde – durchaus i.S. eines »double bind« – der im Kind eben noch provozierte Gestus anmaßender Überlegenheit zum Anlass »verdienter« Schläge. In endlosen Wiederholungen erfuhren diese Sinnfiguren ihre Bestätigung. Zu betonen ist: All dies wurde nicht eigentlich »gedacht«, sondern es realisierte sich im Modus einer agierenden Kollusion. Deren permanente Wiederholung fungierte als ein Bollwerk gegen das eigentliche Gewahrwerden der traumatischen Hilf- und Sinnlosigkeit und ihrer psychischen Kompensation. Im Rahmen dieser pathologischen Traumabewältigung diente der Sohn nicht nur als Container des vom Vater psychisch evakuierten brennenden Schmerzes und wurde dadurch selber traumatisiert, sondern er wurde darüber hinaus in eine abwehrbedingte lügenhafte Fiktion eingebunden.

Letzteres hieß z. B., dass der Sohn als Zeuge falscher Rede herhalten musste. Was der Vater über das Leben, ob nun als Forderung oder Wunschvorstellung, dem Sohn vorgab, verschloss eher einen potenziellen seelischen Entwicklungs- und Arbeitsraum anstatt ihn zu öffnen: Denn das Gesagte sollte nicht eigentlich der Orientierung des Sohnes dienen, sondern galt im selbstaffirmativen Gestus der psychischen Stabilisierung des Vaters. Die Spätfolgen dieses Missbrauchs manifestieren sich darin, dass der Patient oft nicht zuhören, geschweige denn über ein formales Lernen hinaus vom anderen wirklich etwas annehmen kann: Es sind für ihn nur »Lehrmeinungen«.

Hinzu kommen die widersprüchlichen unbewussten Botschaften seitens des Vaters. Zwar soll sich das Kind einerseits jeder schmerzhaften Einschränkung gegenüber überlegen verhalten, doch ist dies genau das, was die schmerzhafte Erniedrigung und Strafe durch die Schläge des Vaters immer wieder provoziert. Eine Folge davon ist, dass der Patient nach einem anfänglich guten Start in zwanghafter Getriebenheit bei aufkommenden Spannungen, oft auch und gerade wenn er Recht hat, aus der unbewussten Haltung eines überlegenen Besserwissers Öl ins Feuer gießen muss. Immer wieder findet er gute Gründe, sich über aufreibende Szenen als Gestrafter ins Abseits zu stellen: Er ist in einem agierenden Wiederholungszyklus befangen, den er nicht selber entziffern kann.

Als nicht zu vernachlässigender *innerer Faktor* muss nun in diesem Kontext das jedem Kind natürliche Bestreben gelten, sich an die Stelle des vom Vater bevorzugten Liebesobjektes zu wünschen. (In psychoanalytischer Referenz wird dies u. a. formuliert als der Wunsch, einen privilegierten Platz in der Urszene einzunehmen.) Naturgemäß lädt der Patient seine Fähigkeiten mit einer grandiosen Komponente auf und bietet sich damit dem Vater als Liebesobjekt an. Diese von narzisstischen und triebhaften Tendenzen gesteuerte Bewegung, in der sich der Sohn dem Vater annähern möchte, bringt hier nun das Dilemma mit sich, dass der Vater, im Kontext der damit verbundenen (und unbewusst selbst geförderten!) anmaßenden Überlegenheit darauf in der Weise »einsteigt«, dass er sein Kind, nun seinerseits triebhaft-sadistisch, im Namen der Gerechtigkeit bestraft. Im Genuss des gewaltsamen Strafreizes – s. meine Gereiztheit in der Stunde – fühlt sich der Patient paradoxerweise und unglücklicherweise zugleich auch in einer privilegierten Position. (»Wenn du mich schlägst, habe ich dich wenigstens für mich«.) Auf diese Weise besetzt er den begehrten Platz, wenn auch in einer sado-masochistischen Szene, und das Paar ist in vibrierender Interaktion. Auch davon wird er im unbewussten Wiederholungszwang nur schwer lassen wollen.

Ein Grund für die Zuflucht zu dieser Form sexualisiert-gereizter Aufmerk-samkeit liegt aber darin, und hier kommt erneut ein *äußerer Faktor* ins Spiel, dass der Patient als Kind kaum erleben konnte, wie sein Erleben von Schmerz, Niedergeschlagenheit, Depression, Ungenügen angemessen (an-)erkannt und psychisch gehalten wurde.[6] Ob man es nun mit der Mentalisierungstheorie von Fonagy et. al. (2004) oder mit Bions (1962) Theorie einer hier defizitären elterlichen Alphafunktion[7] erklärt: Gefühle wie Angst, Schmerz, Schuld usw. konnten für den Patienten eine unmittelbare, »nackte«, überwältigende und damit verfol-gende Qualität annehmen, so dass eine Entlastung nur über projektive Externali-sierung möglich war. Gleichzeitig damit lernte der Patient seine eigene emotionale Befindlichkeit zu verleugnen, in dem er sich im Zugriff auf das vom Objekt an-gebotene Überlegenheitsfantasma selbst missrepräsentierte: »(Auch) mir kann nichts wirklich etwas anhaben«.

Ein weiterer äußerer Faktor schließlich, der die Fähigkeit des Ichs beeinträch-tigt, Schuldgefühle in angemessener Weise zur kritischen Introspektion und Ver-haltensregulation zu verwenden liegt darin, dass der Patient unbewusst ahnt, dass ihm in der Bestrafung ein Unrecht widerfährt. Er muss für etwas herhalten. Genau dieses Gespür korrumpiert aber die Ich-Funktion des Gewissens und die Fähigkeit, das eigene Tun auch in seinen fehlerhaften Aspekten angemessen zu repräsentieren und den damit verbundenen psychischen Schmerz tragen. Hier verbindet sich ein wohl ubiquitärer innerer Faktor, nämlich die Neigung, erst einmal schmerzliche Schuldeingeständnisse vermeiden zu wollen, mit dem Gefühl, dass der Erwachsene Unrecht hat, wenn er am Kind etwas kritisiert. Da dieses Gefühl nicht ganz falsch ist, bleibt der Patient quasi auf halbem Wege in einer interaktiv-projektiven Schleife hängen: »Es liegt nicht an mir, es liegt am anderen.« Er ahnt die Schuld des Erwachsenen und wird diese in seinem späteren Leben immer wieder ausfindig zu machen suchen, und sei es auch durch provo-zierende Handlungen. Er wird aber immer Schwierigkeiten haben, die eigene Schuld anzuerkennen. Dies auch deshalb, weil das Eingeständnis eigener Schuld

---

6 So wird es kaum ein Zufall sein, dass eine Blinddarmentzündung des Patienten trotz seiner vehementen Klagen bis zum allerletzten Moment übersehen wurde.

7 Bion erläutert die Alpha-Funktion folgendermaßen: »In der Situation, in der das Beta-Ele-ment, sagen wir die Todesfurcht, vom Säugling projiziert und vom Behälter in einer Weise aufgenommen wird, die es ›entgiftet‹, wird es von dem Behälter so verändert, dass der Säug-ling es in einer erträglichen Form in seine eigene Persönlichkeit zurücknehmen kann. Der Vorgang entspricht dem, der durch die Alpha-Funktion bewirkt wird.« (Bion 1963, S. 57)

dem anderen ja nur Gelegenheit geben würde, seinerseits schuldfrei davonzu-
kommen und über den Patienten zu triumphieren (s.d. Stunde). Es würde also
nicht eine rechtmäßige Situation geschaffen, in der der Wahrheit genüge getan
wird, sondern eine Lüge zementiert. Ich halte dies für ein sehr spezifisches Problem, das in seiner Komplexität angemessen verstanden sein will.

6. Kommentar zur Stundensequenz im Licht der vorangegangenen Ausführungen

Im Stundenverlauf ist der Analytiker zunächst einmal mit der Tendenz des Patienten, die Erledigung von Dingen zu verzögern, konfrontiert und spricht dies
nicht zu Unrecht an. Über ein gleichzeitig ablaufendes Gegenübertragungs-
enactment wiederholt sich aber für den Patienten die Situation mit einem traumatisierenden Objekt. Der Analytiker sagt zwar etwas Richtiges, eigentlich entscheidend ist aber für den Patienten, dass der Analytiker damit in agierender
Selbstentlastung von einem eigenen Zustand des sich mit sich selbst Schlechtfühlens
ablenkt und den Patienten als projektiven Container eigener Spannung und zur
Demonstration eigener Überlegenheit und Unverwundbarkeit benutzt. Über die
Gereiztheit des Analytikers, mit der dieser in den Patienten eindringt, inszeniert
sich zugleich eine sadomasochistische Szene. Denn statt zu deuten, »macht« der
Analytiker etwas mit ihm. Indem der Patient Reizobjekt des Analytikers wird,
kommt er, unter dem Aspekt eines trieb- und affektgesteuerten Enactments, in
eine »privilegierte« Situation. Zugleich kann der Patient im Verweis auf die Gereiztheit des Analytikers von eigenen Gefühlen des Mangels, der Schuld und der
Unterlegenheit ablenken.

Die Deutung könnte nun nur auf diese inneren Faktoren zentrieren und aufzeigen, wie der Patient den traumatischen Kontext benutzt für eigene Zwecke.
Meines Erachtens würde eine solche ausschließliche Fokussierung aber Wichtiges außer Acht lassen. Gleichermaßen bedeutsam für das Verständnis der Stunde
wie auch der Gesamtsituation des Patienten ist die Anerkennung der Intervention eines »äußeren Faktors«, der hier in der intrusiven und zugleich selbstent-
lastenden Gereiztheit des Analytikers liegt. Auch wenn der Analytiker etwas
Richtiges gesehen und formuliert hatte, war seine Deutung durch ein Element
projektiver Evakuierung aufgeladen. So kam eine wichtige Wendung in der
Stunde dadurch zustande, dass der Analytiker als »äußerer Faktor« in selbstkritisch-
introspektiver Wendung sich seinen eigenen Fehler eingestehen und verzeihen
konnte. Das eben konnte der Vater, selbst traumatisiert und traumatisierend,
nicht. Damit kann sich nun eine neue Objekterfahrung mit alternativen Möglichkeiten vom inneren Objekt differenzieren. Ein erster Weg ist gefunden, um

die mit dem Trauma verbundene Traumareaktion und Abwehr langsam in einen mentalisierenden Umgang mit psychischem Schmerz zu transformieren.

7. Zusammenfassung

Letztlich ist auch das Erleben bei psychischer Traumatisierung ein innerpsychischer Zustand. Dennoch macht es Sinn, unter dem Begriff »äußere Faktoren« eine Reihe von Phänomenen zu fassen, die bei Traumatisierung ubiquitär sind. Dies ist zuallererst eine (äußerlich / innere) Situation, die subjektiv mit dem Erlebnis der Durchbrechung des Reizschutzes einhergeht. Das reale Erleben, ohne rettende Hilfe einem Geschehen ohnmächtig ausgesetzt zu sein, ist zugleich psychisch unter Objektbeziehungsgesichtspunkten einer Elternlosigkeit gleichzusetzen und provoziert im Unbewussten das Fantasma, von den guten, schützenden Eltern verlassen zu sein. Dies ist eine zwar nicht unumgängliche, aber doch in den meisten Fällen eintretende Konsequenz, so dass ich dieses in meiner Systematik i.S. einer Traumaspezifität unter den »äußeren Faktoren« einordne.

Die diversen psychischen Abwehr- und Kompensationsleistungen nach psychischer Traumatisierung sind z.T. ebenfalls traumaspezifisch, wegen ihrer großen Variabilität und wegen ihres deutlicher reaktiven und auch individuelleren Charakters rechne ich sie zu den »inneren Faktoren«. Beispiele für diese das psychische Fort- und Überleben zunächst sichernden Anpassungsleistungen sind etwa die seelische Abtötung, die Dissoziation, Depersonalisation usw. Im dargestellten Fall ergab sich beim traumatisierten Vater in der ersten Generation als Abwehr eine psychische Zweithautbildung i.S. eines Unverletzbarkeits- und Überlegenheitsgestus. Im fantasmatischen Bereich sind es häufig reaktiv-omnipotente Annahmen des Auserwähltseins oder schwerwiegender Schuld. Diese ohnehin im unbewusst-familiären Drama bereitliegenden Fantasmen werden im Zuge der Traumabewältigung überbesetzt. Hier übt das Trauma als äußerer Faktor im Sinne der erwähnten Hilflosigkeit respektive Elternlosigkeit einen Druck aus in Richtung der Fixierung auf innere Omnipotenzfantasien. Im vorliegenden Fall waren, wie häufig, beide Fantasmen wirksam in Gestalt einer Überlegenheitsfantasie und gleichzeitig unabwendbarer Schuld / Strafe. Allgemein dürfte gelten, dass die Psyche, gelähmt durch das Trauma, erst dann wieder in Funktion treten kann, wenn in irgendeiner Weise wieder die Objekte und das Selbst mit triebhaften und narzisstischen Fantasmen besetzt werden können.

In intergenerationeller Perspektive wirkt sich ein unverarbeitetes Trauma i.d.R. so aus, dass das Opfer eines Traumas in dem Versuch, das Trauma psychisch zu kompensieren, für die nächste Generation partiell selbst zum traumatisierenden Objekt wird und damit ungewollt Tätereigenschaften bekommt. Der

Erwachsene gebraucht unbewusst in einem agierend / evakuierenden Modus das Kind zur eigenen psychischen Kompensation. Im vorliegenden Fall hatte der Sohn als Verkörperung unverletzbarer Überlegenheit und gleichzeitig schuldhafter Überschreitung zu dienen. Dadurch wird die psychische Entwicklung des Kindes in Mitleidenschaft gezogen, weil es, eingebunden in das Nicht-Denken des Elternteils, nicht auf den Weg zur Wahrheit über sich selbst kommt.

Zugleich bedient sich aber auch das Kind der im Trauma-Bereich angebotenen Missrepräsentierung, um den mit den eigenen psychischen Entwicklungsschritten – s. »depressive Position«, ödipaler Konflikt – verbundenen Schmerz zu vermeiden.

Unverarbeitete traumatische Ereignisse haben die Tendenz, sich wie Phantome[8] in der analytischen Situation zu verkörpern (vgl. Abraham 1978). Diese Inszenierungen sind unvermeidlich und müssen durchlitten werden, bis sie erkannt werden, wobei der inneren Arbeit des Analytikers eine besondere Bedeutung zukommt. Dabei halte ich die Rekonstruktion für wichtig, zumindest im Denken des Analytikers. Eine konsequent eingehaltene Doppelperspektive, die die »inneren« und »äußeren« Faktoren in ihrer komplexen Wechselwirkung sowohl in der Vergangenheit wie in der Gegenwart der Übertragungs-Gegenübertragungsbeziehung im Blick hält, wird dabei der psychischen Entwicklung des Patienten am ehesten förderlich sein.

Scharff, Jörg M., Dipl. Psych., Dr. phil., Psychoanalytiker in eigener Praxis, Lehranalytiker und Dozent am Frankfurter Psychoanalytischen Institut. Kronberg (D)
E-mail: joerg.scharff@dpv-mail.de

---

8 Bestimmte Worte und Szenen, so Abraham (1991), können die Gestalt eines »Phantoms« haben – es sind dabei nicht die Gestorbenen, die uns heimsuchen, »sondern die Lücken, die aufgrund von Geheimnissen anderer in uns zurückgeblieben sind.« »Diese Gräber der anderen sind es nämlich, die die Überlebenden in Form von Phantomen heimsuchen«, ein »unaussprechlicher Vorfall *im Objekt*« (ib., S. 692). Der Patient erscheint nicht »von seinem eigenen Unbewußten beherrscht, sondern besessen vom Unbewussten eines anderen«. Es handelt sich um »den Übergang aus dem Unbewußten eines Elternteils ins Unbewußte eines Kindes« (ib, S. 694).

Literatur

Abraham, N. (1978): Aufzeichnungen über das Phantom. Ergänzung zu Freuds Metapsychologie. Psyche – Z psychoanal 45, 1991: 691–698.

Bion, W. R. (1962): Lernen durch Erfahrung. Frankfurt a. M. (Suhrkamp) 1990.

Bick, E. (1968): Das Hauterleben in frühen Objektbeziehungen. In: Bott Spillius, E. (Hg.): Melanie Klein heute. Bd 1. München, Wien (Int. Psychoanal.) 1990, S. 236–240.

Bollas, C. (1987): The shadow of the object. London (Free Association Books) 1994.

Fonagy, P., Gergely, G., Allen, J., Target, M. (2004): Affektregulierung, Mentalisierung und die Entwicklung des Selbst. Stuttgart (Klett-Cotta).

Scharff, J. M. (2005): Zum Finden und Erfinden von Geschichte(n) in der psychoanalytischen Situation. Psyche – Z psychoanal 59, Beiheft, 51–64.

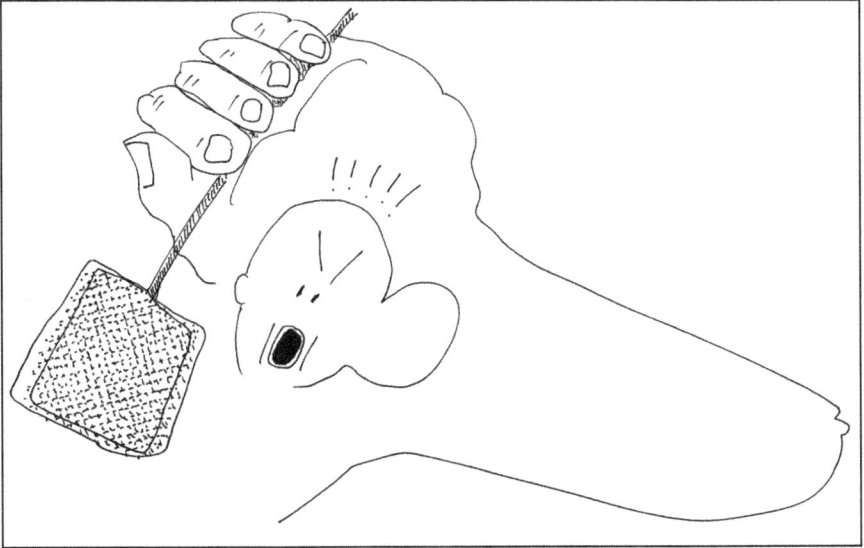

Mr. Fivehair auf der Jagd nach jenem Spiegelneuron, das ihn beim Anblick wütender Menschen stets in Wut versetzte

Behandlungsschritte von der körperlichen Symbolisierung zum dialogischen Verstehen von Traumatisierungen

Gabriele Poettgen-Havekost

In meinem Beitrag möchte ich behandlungstechnische Überlegungen aufzeigen, die ich aus meiner Arbeit mit einer Patientengruppe entwickelt habe, bei denen multiple und kumulative Traumatisierungen innerhalb ihres familiären Bezugssystems, auch im Sinne einer transgenerationalen Weitergabe, zu einer psychopathologischen Entwicklung geführt haben.

Ich nehme nicht Bezug auf Patienten mit akuten einmaligen Extremtraumatisierungen jeden Lebensalters, die eher zu posttraumatischen Belastungsstörungen führen.

Im aktuellen psychoanalytischen Diskurs wird dieser Form der Traumatisierung in der Entstehung von schweren Persönlichkeitsstörungen bzw. Borderlinestörungen ein zunehmendes Gewicht eingeräumt (Kernberg 2000; Bohleber 2004; Fonagy 2001, 2002, 2004; Hirsch 2004; Rohde-Dachser 2004).

Die pathologisierenden Beziehungs- und Bindungserfahrungen als Dauerbelastung stehen also im Mittelpunkt der ätiologischen und behandlungstechnischen Betrachtungen. Sie stellen das eigentlich traumatisierende Agens dar, was unter dem Begriff des »Attachment Traumas« (Hirsch 2004, S. 26 / 27) gefasst wird.

Die Beziehungsgeschichte dieser Patienten ist gekennzeichnet durch Vernachlässigung und / oder Überstimulierung, verschiedene Formen des Missbrauchs, durch einen Mangel an Reizschutz und Raum für die Entwicklung des eigenen Selbst. Sie sind mit der »Unmöglichkeit« konfrontiert, »eine überwältigende (*Beziehungs-*)Realität [...] seelisch zu integrieren« (Bohleber 2004, S. 62 / 63), was zu Schädigungen im psychischen und biologischen Gleichgewicht führt.

Die Bewegung zur eigenen Individuation »erstarrt« unter dem Eindruck der Bedrohung durch die oft selbst traumatisierten Bezugspersonen. Es entwickelt sich ein falsches Selbst, das als Anpassungsleistung an die äußeren Gegebenheiten dem eigenen psychischen und physischen Überleben dienen soll.

Die traumatisierenden Erfahrungen mit den dazugehörigen Affekten können nicht symbolisiert in die psychische Struktur integriert werden, sondern bleiben abgespalten, isoliert und eingekapselt. Reerink (2003) spricht von einem »Loch im seelischen Gewebe«, das »unablässig weiter« wirkt.

Auf einer neurophysiologischen Ebene hängt letzteres mit der Blockade einer corticalen Weiterverarbeitung zusammen, die Erfahrungen sind somit nicht oder nur unzureichend im expliziten Gedächtnis verfügbar und abrufbar.

Die traumatisierenden Beziehungserfahrungen leben weiter in *wortlosen*, dafür aber körpersprachlichen Inszenierungen, dissoziativen Handlungen am eigenen Körper in Form eines impulsiven selbstschädigenden Agierens.

Bevor ich auf die Bedeutung dieser körpersprachlichen Inszenierungen näher eingehe, möchte ich kurz die für mich essentiellen Aussagen der Londoner Forschungsgruppe um Fonagy skizzieren, die in ihrer detaillierten Beschreibung der Entwicklungsbedingungen dieser Patientengruppe die Hintergründe für den Rückgriff (so nenne ich es) auf das körperliche Agieren erhellen.

Grundsätzlich lässt sich davon ausgehen, dass die Fähigkeit zur Mentalisierung oft schwer beeinträchtigt ist. Das bedeutet, ein reflexives Selbsterleben, die Fähigkeit zur Einfühlung in andere im Hinblick auf Verursachung und Vorhersagbarkeit ihres Verhaltens sowie ein Erleben von Interdependenz stehen diesen Patienten als psychische Bewältigungsmöglichkeiten nicht hinreichend zur Verfügung.

Diese Fähigkeiten entstehen über die Affektspiegelung und die damit einhergehende Zuschreibung mentaler Zustände durch die Bezugspersonen. In der Entwicklung des Babys und Kleinkindes ist die mentale Sinn- und Bedeutungsgebung zunächst zentral auf die körperlichen Ausdrucksformen bezogen.

Die zur Selbstentdeckung und -orientierung notwendige empathische Beantwortung der intentionalen Äußerungen des Kindes ist durch die Pathologie der Eltern traumatisierter Patienten schwer beeinträchtigt.

Sie zeigen erhebliche Schwierigkeiten im Hinblick auf das Containment der affektiven Äußerungen des Kindes sowie eine Tendenz zur starken projektiven Verzerrung in ihren Reaktionen. Eine extreme Widersprüchlichkeit im Verhalten zwischen misshandelndem und liebevollem Reagieren macht es zudem auf die Dauer unmöglich, dieses zu antizipieren, was ein Gefühl basaler Unsicherheit und Hilflosigkeit hinterlässt.

Diese Erfahrungen werden internalisiert in Form eines Falschen Selbst, bringen eine Verkümmerung des eigenen Selbst mit sich und wirken als Fremdkörper in der psychischen Struktur, von dem der Patient ständig versucht, sich zu trennen (z.B. durch Selbstschädigendes Verhalten, projektive Identifizierung).

In einer traumatisierenden Beziehung ist somit der Symbolisierungsprozess, der Niederschlag der eigenen Erfahrung im Benannten, erheblich gestört. Fonagy weist in diesem Zusammenhang darauf hin, dass mit Worten die innere Verfassung dieser Patienten oft nicht mehr zu berühren ist.

Der Rückgriff auf die körperliche Mitteilung wirkt für mich in diesem Zusammenhang wie das Anknüpfen an eine ursprünglichere Mitteilungsform, in der ein Versuch liegt, einen Teil des Selbst zu retten.

In den Gedächtnisspuren des Körpers, die im impliziten Gedächtnis repräsentiert sind und den Körperinszenierungen zeigt sich die »arretierte, dissoziierte, bis dahin nicht seelisch empfunden [...] und somit nicht symbolisierte Erfahrung« (Volz-Boers 2001, S. 386).

Ich spreche im Folgenden von *körperlicher Symbolisierung*, wenn in einer handelnd leiblichen Inszenierung ein Beziehungswissen zum Ausdruck gebracht wird, das nicht oder nur teilweise sprachlich symbolisiert ist. So wie im Prozess der sprachlichen Symbolisierung etwas elementar interaktiv körperlich Erfahrenes zum »Begriff« wird, ist die körperliche Symbolisierung mit ihren verdichteten und mehrfach determinierten Bedeutungsebenen als eine andere Sprachform zu sehen.

Zum einen zeigt sie sich in den Manifestationen des *impliziten Beziehungswissens*. Damit ist in Anlehnung an die Arbeiten von Stern (2004 / 2005) das grundsätzliche, nicht sprachlich repräsentierte Erfahrungswissen über das Zusammensein mit anderen gemeint, das im präreflexiven Sinne unbewusst und in Form von sensumotorischen Schemata im prozeduralen Gedächtnis gespeichert ist.

Es manifestiert sich in gestischen, mimischen, motorischen Äußerungen, unterschiedlich ausgestalteten Bewegungen und Handlungsabläufen, in einer damit verbundenen »vegetativ-affektiven Aktivierung« (Ermann 2005, S. 8) innerhalb der Interaktion mit anderen.

Wir haben es mit Prototypen zu tun, die die Grundlage für spätere sprachlich symbolisierte Formen der interaktiven Beziehungs- und Selbstregulierung darstellen, jedoch nicht unbedingt im Zuge der Symbolentwicklung übersetzt werden. Assoziativ sind sie über Wahrnehmungskanäle erreichbar, die nach Beebe u. Lachmann (2004, S. 169) über »Bilder, Laute, Gerüche, Berührungen und Temperatur« aktiviert werden können.

So bleiben diese Erfahrungen das »ungedachte Bekannte«, um einen Begriff von Bollas (1997) zu verwenden.

Abgegrenzt davon verwende ich den Begriff der *Körperinszenierungen*, Handlungen am und mit dem eigenen Körper, wie z. B. das selbstverletzende Verhalten. Ein zentrales Thema aus der traumatisierenden Beziehungsgeschichte wird am und mit dem eigenen Körper aktiv in Szene gesetzt, ohne dass es den Patienten in seiner Bedeutung bewusst wäre. Der Körper fungiert in diesem Kontext als Teilobjekt. Dem anderen, so auch der Analytikerin, wird die Rolle des Zuschauers, nicht des Dialogpartners zugewiesen, da die traumatische Intensität dieser Beziehungsaussage weder einem anderen zugemutet noch in der Beziehung zu äußeren Objekten erlebbar ist.

Das sich manifestierende *implizite Beziehungswissen* und die *Körperinszenierungen* stellen wichtige und kreative Ausdrucksformen dar, die in der Behandlung eine spezifische Form der Beantwortung suchen lassen.

Meine These ist, dass in der körperlichen Symbolisierung Fragmente einer ursprünglichen Intentionalität, die traumatisierende Beantwortung sowie der Wunsch nach einer anderen Lösung enthalten sind.

Zunächst ein Beispiel für eine Körperinszenierung:

Eine Patientin mit selbstverletzendem Verhalten scheint mir zwischen den Stunden dramatisch ihren Konflikt zwischen ihren basalen Wünschen nach Kontakt, Halt, Begriffenwerden und die Abwehrbewegung gegen diese im Sinne eines Versuchs der Loslösung vom traumatischen Introjekt in Szene zu setzen.

Die Patientin schneidet sich in den Arm, der nach der guten Mutter sehnsuchtsvoll greifen will. Der schneidende Arm repräsentiert die »böse« Mutter, die in aller Härte gegen das sehnsüchtige Kind vorgeht. Der schneidende Arm repräsentiert aber auch zugleich das »böse« Kind, das die Mutter für ihre emotionale Vernachlässigung und ihre Härte strafen will. Mit dieser Körperinszenierung verbindet sich ein illusionäres Gefühl von Unabhängigkeit vom Objekt und Allmacht.

Die Bedeutung des Arms als Teilobjekt und die Handlung an ihm ist mehrfach determiniert, so dass sich hier verschiedene Aspekte einer zentralen Szene verdichten.

Dieses innere Drama ist zunächst nicht in der Übertragungsbeziehung zu erleben und zu bearbeiten und bedarf einer längeren analytischen Arbeit, um ein Verständnis für die Bedeutung dieser Handlung zu entwickeln, bzw. um die darin enthaltenen dialogischen Aspekte in der therapeutischen Beziehung erlebbar zu machen.

In den Begegnungen mit der Patientin manifestiert sich ebenso das implizite Beziehungswissen. So wie ich im Hinblick auf die Selbstverletzung zunächst in einer hilflosen Zuschauerposition bin, bin ich in den sich spontan inszenierenden Beziehungsmustern des impliziten Beziehungswissens u. U. mit meiner körperlichen Präsenz vehement einbezogen.

In der jetzt beschriebenen Begegnung steht eine Patientin mir zu Stundenbeginn gegenüber und sagt, dass »das Frontale« in ihr eine ungeheure Spannung auslöse, es fühle sich an wie ein Kampf, der kaum auszuhalten sei. Ich selbst merke einen Druck im oberen Bereich der Brust, Herzklopfen und ein Engegefühl. Während die Patientin noch damit beschäftigt ist, wie sie aus dieser unerträglichen Position herausfinden kann und ihr einfällt, dass es am besten zu lösen sei, indem sie auf die Knie gehe, sie dies aber auch nicht wolle, spüre ich auf einmal einen mächtigen Sog nach unten, der mich buchstäblich fast in die Knie zwingt, eine für mich völlig überraschende Reaktion. Die existenzielle Dimension des bisher gelebten »Schemas of being with«, wie Stern es nennt, das nur Unterwerfung oder Dominanz im Miteinander zulässt, wird auf einer körperlichen Ebene unmittelbar und ohne die Möglichkeit, sich dem zu entziehen, erlebbar.

Interessant scheint mir in diesem Zusammenhang der Hinweis auf die Forschungsergebnisse über die Spiegelneuronen. Das spontane Entstehen eines intersubjektiven Handlungs- und Bedeutungsraumes erschließt sich hier auf einer neurobiologischen Ebene.

Die neuronale Spiegelung passiert simultan, unwillkürlich und ohne jedes Nachdenken, die Beobachtung des Verhaltens eines anderen Menschen löst eine »innere Simulation« aus über die Erstellung einer neuronalen Kopie. So ereignet sich ein Verstehen – ohne Nachzudenken – was der andere tut (Bauer 2005, S. 26 / 27) und tun wird. Die Bewertung erfolgt über die Wahrnehmung der körpersprachlichen Zeichen, die Antizipation der Handlungsabläufe des anderen umfasst eine propriozeptive, motorische sowie eine Ebene der allgemeinen körperlichen Befindlichkeit.

> »Dies erklärt, warum die Gegenwart eines anderen Menschen [...], manchmal dazu führen kann, dass wir unterschiedliche, teilweise massive Veränderungen unseres körperlichen Befindens erleben.« (Bauer 2005, S. 46)

Die Begegnungen im intersubjektiven Feld, in dem kontinuierlich, reziprok und wechselseitig aufeinander Einfluss genommen wird und in dem die eine Person durch die andere kontextualisiert wird, wie Beebe u. Lachmann (2004) es beschreiben, lassen sich somit auf verschiedenen Ebenen begreifen.

Dieser Bewegungsdialog lässt sich in der Therapie u. U. zum ersten Mal bewusster wahrnehmen, ausdifferenzieren und verändern.

In meinem Behandlungsansatz versuche ich mich auf die beschriebenen Mitteilungsebenen mit den Patienten einzulassen.

In der zunächst basalen Beschreibung des Körperausdrucks der Patientin durch mich und unter Einbeziehung meiner körperlichen Antwort in der Szene wird ein Prozess der Wahrnehmung und der gemeinsamen Suche nach einer mentalen Bedeutungsfindung angeregt.

Es geht dabei um den therapeutischen Weg von den primären im Körper verankerten Affektzuständen zu einer sekundären Repräsentation, mit dem Ziel, den Kontakt zu den eigenen Emotionen zu finden. Fonagy nennt dies die Arbeit an der »mentalisierten Affektivität«. (Fonagy 2004, S. 21 / 22)

Es ist ein Bemühen, das darauf zielt, die »Sprache [...] mit den lebendig-affektiven triebhaft körperlichen Interaktionen [...]« wieder zu verbinden (Küchenhoff 1997, S. 45).

Die Integration der leiblich handelnden Dimension signalisiert dem Patienten zudem, dass der bis dahin instrumentalisierte Körper als ein »Dialogpartner« (Küchenhoff 1997, S. 46), der auf andere Weise wichtige Mitteilungen symbolisiert, gesehen und »berührt« wird. Der Körper, der bisher auch die Funktion hat, die Beziehung zum Anderen zu verdrängen (es wird etwas am eigenen Körper ausgelebt, das in der Beziehung zu einem anderen keinen Platz finden kann), wie wir dies bei vielen Formen der Selbstschädigung finden, wird so als »Dritter« in die Beziehung wieder hineingeholt.

Diese Art der Arbeit schließt eine Settingvereinbarung zu Beginn der analytischen Behandlung mit ein, in der die Möglichkeit eines szenischen Handlungsraumes, auch unter Zuhilfenahme der Beteiligung des Analytikers, als Möglichkeit integriert wird. Der Hinweis auf die Vielfalt von Ausdrucksformen psychischer Inhalte, auf die Einheit von körperlichen und sprachlichen Mitteilungen, wird so dem Patienten nahe gebracht. Somit wird der Behandlungsraum auch zu einem potenziellen Bewegungsraum.

Die gemeinsamen Schritte hin zu einer Mentalisierungsfähigkeit möchte ich zunächst in einer Zusammenfassung eines längeren Behandlungsabschnittes der vorhin erwähnten Patientin und dann anhand eines Stundenausschnitts demonstrieren.

Zu Beginn der Therapie teilt die Patientin mir mit, dass sie mir »ein Stück Arm dalassen« wolle, einige Stunden später zeigt sie mir die Verletzungen. Ihre Mitteilung löst in mir ein tiefes Erschrecken aus, weil sie sich nicht wie eine Metapher anfühlt und in ihrer Qualität so nahe an der Realität lokalisiert scheint. Ich sehe konkret-körperlich das Bild eines abgeschnittenen Arms, und der »Spielraum« für einen Umgang in der Phantasie mit diesem Wunsch scheint zunächst minimal.

Wir haben es hier nach Fonagy mit dem Modus der Äquivalenz zu tun, das bedeutet, dass die innere und die äußere Realität, das körperliche Handeln und die psychische Verfassung nicht voneinander getrennt sind. In der konkreten Beschäftigung mit dem verletzten Arm entwickeln sich Bilder und Metaphern.

Die Patientin wünscht sich von mir, ich solle ihren Arm »mit Liebe bedecken.« Die Vorstellung von Liebe ist an eine körperliche Verstümmelung gebunden, die wie ein archaisches Opfer wirkt. Das Greifen nach der Mutter und der Wunsch von ihr begriffen zu werden ist von einem tiefen Hass, der mit der Unerfüllbarkeit dieser Sehnsüchte einhergeht, durchdrungen. Sie opfert ihren Arm, um ihr Selbst zu retten.

Im weiteren Verlauf beschreibt sich die Patientin als Hund mit humpelnder Pfote, der so die Aufmerksamkeit auf sich lenkt, aber niemals genesen darf, weil er dann verlassen wird.

Sie hält ihren Arm »wie ein Baby«, das in Mutters Schoß (Schoß der Analytikerin) liegen möchte. Bei der Begrüßung legt sie den Arm auf den Rücken, »wie ein Page«, der sich servil nähert, aber doch etwas verborgen hält. Der Arm steht somit für Teile ihres Selbst, die sich so auf einen Kontakt mit mir einlassen. Während die grausamen archaischen Opferbilder den Anfang der Kontaktaufnahme bestimmen, zeigt sich in dem Bild des humpelnden Hundes und des Babys etwas nicht zerstückeltes und ganzes in der Beziehung zu mir.

Diese Bilder und Metaphern entwickeln sich aus einem körperlichen Ausdruck, einem handelnden Kontext, auf den ich den Blick zusammen mit der Patientin lenke, über das Eingehen auf ihre körperlichen Mitteilungen im Sinne eines »körperlichen Spiegelns« unter Einbeziehung des eigenen Körperempfindens.

Die Symbolisierung oder Mentalisierung entwickelt sich an dieser Stelle wie auch innerhalb der Entwicklung des Kindes über die Kommentierung und die damit verbundene Markierung eines intentionalen Ausdrucks. In der therapeutischen Arbeit ist dabei bemerkenswert, wie sich aus der Handlung und den Gesten die Worte unwillkürlich und zwangsläufig entwickeln.

In diesem Zusammenhang bietet es sich an, auf die Entwicklung während des ersten Lebensjahrs zu verweisen, in der eine Parallelität von motorischen Abläufen, Rhythmen, Gesten, Lautbildung und Benennung zu beobachten ist. Allmählich verdrängt dann die Sprache die Gestik. Die Sprache hat somit ihre Wurzeln in den handelnden sensorischen interaktiven Erfahrungen.

Als die Patientin in einer Stunde in einen dissoziativen Zustand gerät, ist es möglich über eine Inszenierung herauszufinden. Die Patientin kann eine andere Ausdrucksform für diesen Zustand, der sonst zum Auslöser für selbstverletzendes Verhalten wird, finden. Sie stellt szenisch ihr zentrales Gefühl des Verlassenseins und der nicht vorhandenen inneren Beantwortung durch ein Objekt dar, indem sie sich zusammengekrümmt, von der Analytikerin abgewandt, auf die Couch legt. Aus der Situation formen sich Bilder und Worte. Dann verändert sich die Szene, die ihre Einsamkeit und Isolation darstellt, indem sie sich mir zuwendet, ihren verletzten Arm ausstreckt und mich bittet, sich zu ihr zu setzen und so aktiv einen hilfreichen und unterstützenden Kontakt herstellt. Diese Begegnung und meine handelnde Antwort kann sie als veränderten Umgang mit einem zunächst unerträglichen seelischen Zustand introjizieren.

Viele Stunden später bemerkt sie zum ersten Mal, dass ihr diese Erfahrung als inneres Bild zur Verfügung stehe und ihr über viele kritische Situationen, in denen sie die Gefahr einer autodestruktiven Entgleisung spürte, hinweggeholfen habe.

Dies beinhaltet, dass ihr in ihrer jetzigen Situation andere Möglichkeiten zur Verfügung stehen, als in früheren traumatisierenden; sie wendet sich aktiv innerlich von der harten unempathischen, strafenden Mutter ab und einer anderen Mutterqualität zu. Die Szene wandelt sich damit zu einer entwicklungsmäßig frühen haltenden und auf den Schmerz des Kindes antwortenden Mutter-Kind Interaktion. Die Patientin traut sich ihren basalen Wunsch nach dieser Mutter zu äußern, die an ihrem Bett sitzen und ihren verletzten Arm halten möge. Dies bedeutet die Anerkennung der Abhängigkeit von einem guten tragenden Objekt. Der verletzte Arm als Symbol für den Hass und das Abschneiden von diesen Objektqualitäten ist dabei auf einer konkret-körperlichen Ebene integriert, was zu dem von der Patientin geäußerten heilenden Körperbild führt.

Die Patientin bemerkt, dass es aus ihrem Leben so »ganz ausgeschaltet« gewesen sei, »so *einfach* berührt zu werden ohne Angst und Ekel«.

An dieser Stelle scheint mir ein Zitat von Britton sehr passend. Er sagt:

> »Die Erfahrung einer inneren Leere [...] stammt aus der Berührung mit einem potentiellen Raum im Selbst, der nie ausgefüllt worden ist, einer angeborenen und nie erfüllten Hoffnung, einer ungeformten Erwartung, die nie Gestalt gewonnen hat. Ein Gefühl für Gestalt und Wissen wird wiederhergestellt, wenn diese Leere des Nicht-Seins Bedingung, vorstellbar wird« (Britton 1998, zit. n. Rohde-Dachser 2004, S. 56).

Über die handelnde Erfahrung mit der Analytikerin kann ein leerer Raum mit einer tragenden neuen Erfahrung belebt werden.

Erst auf der Ebene genügend positiver Interaktionserfahrungen wird es möglich, die aggressiv destruktiven Anteile in der Therapiesituation zu entfalten. Wichtig ist mir auch hier wieder, wie sich in einer hochexplosiven Szene ein implizites Beziehungswissen der Patientin ausgestalten kann, dieses für sie mental zugänglich wird und sich gleichzeitig eine neue Erfahrung mit der Analytikerin ereignen kann.

Zu diesem Zeitpunkt geht es in der Analyse um heftige Konflikte der Patientin in Bezug auf ihre Weiblichkeit und damit verbundene Erinnerungen an das Verhalten ihrer Mutter während ihrer Pubertät. Die Reaktionen auf ihre sexuelle Entwicklung erlebt sie einerseits verteufelnd andererseits voller obszöner Anspielungen.

Ihre Wut ist für mich schon im Hineinkommen zu Beginn der Stunde körperlich spürbar und ich habe die Phantasie, dass sie mir ein Messer in den Unterleib stechen könnte.

Die hochexplosive Stimmung entlädt sich dann, in dem sie wie wild auf die Couch einschlägt. Dabei kniet sie davor und das Schlagen wird von heftigen vor und Zurückbewegungen des Oberkörpers und des Kopfes begleitet. Ich stehe währenddessen von meinem Sessel auf und stelle mich zunächst neben sie, weil sie mir in ihrer Wut ohne ein körperlich spürbares und präsentes Gegenüber verloren zu gehen droht.

Sie schreit außer sich vor Wut: »Ich möchte etwas in mir töten oder die Mutter«.

Ich gehe auf die andere Seite der Couch, die nun zwischen uns steht, auch wie ein Schutz, um sie direkt anschauen zu können.

Für einen Moment hört sie auf zu schlagen und sinkt in sich zusammen.

Ich frage sie: »Können sie mich anschauen?«, denn in der erschöpften Resignation scheint sie mir wieder verloren zu gehen und innerlich kein Gegenüber zur Verfügung zu haben. Sie schaut mich an und die Wut wird wieder stärker. Sie schreit mich an: »Ich bin wütend auf sie, weil sie eine Frau sind und Spaß haben daran, gesund sind.«

Nach dieser Szene, die hier sehr verkürzt dargestellt ist, ist die Patientin völlig erschöpft und etwas schwindelig, der Kopf schmerzt.

Die folgende Stunde beginnt sie mit der Bemerkung, dass sie sehr froh sei, mich zu sehen. Dann berichtet sie: »Mir tat alles weh, mein Kopf hing herunter, ich musste ihn stützen auf dem Rad, als ich nach Hause fuhr und konnte ihn nicht mehr drehen. Dann hab ich den ganzen Tag geschlafen und musste kämpfen, um mich nicht selbst zu verletzen, mich nicht bis auf die Knochen aufzuschneiden. Was mich davon abgehalten hat, war ihr Blick voller Verständnis, ich kann dies kaum mit Worten beschreiben, der ging so tief in mich hinein er hat mich gehalten, als ich so wütend war und sie anschaute, den habe ich immer vor mir gesehen. Auf dem Nachhauseweg fiel mir zu meiner körperlichen Verfassung ein, dass meine Mutter mich manchmal ganz furchtbar durchschüttelte, das kann gefährlich werden für kleine Kinder. Es war so, als hätte ich mich selbst so durchgeschüttelt.«

Die Patientin inszeniert zunächst diese gewaltvolle körperliche Erfahrung mit der Mutter, und zwar mit dem eigenen Körper, wendet aber dann ihre Wut, die sie nie im Kontakt ausleben und mit einem Gegenüber regulieren konnte, gegen mich, indem sie auf meine Couch schlägt und mich verbal angreift. Sie spürt durch ihr körperliches Agieren, dass sie dieses gewaltsame Miteinander in sich trägt.

Meine körperliche Präsenz und mein Blick ermöglichen ihr eine Veränderung des ursprünglichen impliziten Beziehungswissens, das ja beinhaltet, dass die Wut gegen die Mutter eine existenziell bedrohliche handelnde Antwort nach sich zieht. Ihre Wut darf und muss sich zeigen und lässt uns beide überleben.

Meine Phantasie zu Stundenbeginn weist für mich darauf hin, dass der Patientin kein Spielraum zur Verfügung stand, ihre Wut in einem spielerischen Als-Ob Modus (Fonagy u. a. 2004) auszuleben. Ich denke dabei an kleine Kinder, die wütend mit ihrem Kopf oder den Fäusten in den Bauch der Mutter boxen und wie wichtig es ist, dass dies in Grenzen zugelassen wird.

Nach der Stunde träumt die Patientin, dass Metallteile unter der Haut zum Vorschein kommen und herausfallen. Wir verstehen diese Mitteilung als weitere Veränderung ihrer bisherigen, auch körperlichen Panzerung, die durch diese ge-

meinsame entängstigende Erfahrung möglich wird, in der der Hass nicht zwangsläufig zur Vernichtung führen muss.

So kann das drohende Verlorengehen in der Wut, wie zu Anfang beschrieben,
das einer interaktiven Fehlregulierung entspricht, durch meine handelnde
Antwort verändert werden und in Folge zu einer verbesserten Selbstregulierung
führen. Der interaktive Regulationsprozess kann an dieser Stelle wiederhergestellt werden (s. Beebe u. Lachmann 2004: Unterbrechung und Wiederherstellung).

Abschließend möchte ich meine Überlegungen zur Entwicklung des Behand-
lungsprozesses bei traumatisierten Patienten mit Persönlichkeitsstörungen bzw.
Borderlinestörungen als Bewegung darstellen, die von der Körpersymbolisierung
zur Mentalisierung führt. In Anlehnung an die Ausführungen von Fonagy u. a.
(s. o.) haben wir es zunächst in den körperlichen Handlungen mit dem Modus
der psychischen Äquivalenz zu tun; das bedeutet, dass der körperliche Ausdruck
für den mentalen Zustand steht, so wie dies ursprünglich in der Entwicklung des
Babys und Kleinkindes der Fall ist.

Der Behandlungsprozess lässt sich charakterisieren als eine Abfolge von
wichtigen Schritten, die mit dem Patienten gegangen werden müssen, um diesen
Ausdruck als Seelisches erleben und begreifen zu können. Aus der Handlung
des Patienten, die nicht mental repräsentiert ist, lässt sich auf der Seite des Analytikers über einen identifikatorischen Prozess, der im Wesentlichen auch über
die eigene Körperwahrnehmung und die szenisch handelnde Beteiligung läuft,
auf den möglichen affektiven Zustand des Patienten schließen.

Diesem Prozess, dem die Fähigkeit zugrunde liegt, aus Handlungen auf mentale Zustände eines anderen zu schließen, ermöglicht es dem Analytiker über das
Agieren des Patienten einen Zugang zu seiner seelischen Befindlichkeit zu
finden. Das Handeln des Patienten setzt ein intersubjektives Erleben beim Therapeuten in Gang, dem »… die Fähigkeit zugrunde liegt […], Affekte, Aufmerksamkeit und höherrangige Kognitionsaspekte, z. B. Überzeugungen mit anderen
zu teilen« (Fonagy u. a. 2004, S. 43). Die Fähigkeit lässt sich auch unter dem
Begriff des »Resonanzphänomens« subsumieren.

Es sind, auch neuronal erforschte Möglichkeiten, die mit der Aktivität der
Spiegelneuronen zusammenhängen.

Durch seine Kommentare wird die Körperwahrnehmung, die Wahrnehmung
der inneren Befindlichkeit und allmählich auch der interaktionellen Realität
beim Patienten angeregt. Im Laufe des Prozesses stellt das Gesagte und das Verhalten des Therapeuten eine sekundäre Repräsentation der Ausdrucksmöglich-
keiten des Patienten dar, die wiederum internalisiert werden kann.

Ein zweiter wichtiger Schritt im Umgang mit den »Körperinszenierungen«
traumatisierter Patienten besteht darin, diese szenisch im affektregulierenden

Sinn aufzugreifen und als ein »Als-Ob-Spiel«, als markierte Externalisierung innerer Zustände aufzunehmen und sie handelnd-spielend weiter auszugestalten.

Im spielerischen Umgang können Wünsche und Ängste sowie Abwehraspekte »folgenlos« ausgelebt und modifiziert werden, was das Gefühl der Kontrolle und Bewältigung verstärkt. Dies verändert die Qualität der inneren Repräsentation.

Das Spiel in der Therapie ermöglicht eine »korrigierende emotionale ›Umschrift‹ der negativen Affekterinnerung [...], indem diese im markierten ›Als-Ob-Modus‹ mit einem modifizierten emotionalen Inhalt noch einmal erlebt wird« (Fonagy 2004, S. 303).[1]

Über die Bewusstwerdung der körperlichen Botschaft kann sich eine sekundäre Repräsentation beim Patienten etablieren, die ihm die Reflexion und die Regulation in Bezug auf seine innere Welt ermöglicht.

Das bedeutet, dass auch auslösende Situationen, die bisher durch impulsive autodestruktive Reaktionen beantwortet wurden, besser handhabbar werden. Das bisherige damit verbundene Erleben von Verwirrung, Desorganisation und Dissoziation ist im Sinne eines nicht ausreichend repräsentierten mentalen Erlebens und somit als Mentalisierungslücke zu verstehen.

In der Behandlungstechnik zeigt sich somit ein grundlegender qualitativer Unterschied zu einem deutenden Vorgehen in einem herkömmlichen Setting.

Diese Arbeit kann zu einer Nachreifung des »reflektierenden Modus« führen, wie Fonagy und Target (s. o.) ihn nennen, und damit zu einer Bewegung aus einer traumatischen Erstarrung heraus werden.

Poettgen-Havekost, Gabriele, Dipl. Psych., Psychologische Psychotherapeutin, Psychoanalytikerin (DPG/DGPT), Gruppenanalytikerin, niedergelassen in freier Praxis, Dozentin und Lehranalytikerin am Institut für Psychoanalyse und Psychotherapie. Hannover (D)
E-mail: Poettgen-Havekost@t-online.de

---

1 Heisterkamp (2002) weist an anderer Stelle zu Recht auf den irreführenden Charakter des Terminus »*korrigierende* emotionale Erfahrung« hin im Sinne einer translativen Fehlleistung. Die neue Erfahrung ereignet sich im Sinne einer impliziten Wandlung, sie wird nicht über eine »gezielte Einwirkung (Erziehung)« induziert. Insofern müsste es an dieser Stelle »korrektive emotionale Umschrift« heißen.

Literatur

Bauer, J. (2005): Warum ich fühle, was Du fühlst. Intuitive Kommunikation und das Geheimnis der Spiegelneurone. Hamburg (Hoffmann u. Campe)

Beebe, B.; Lachmann, F. M. (2004): Die Säuglingsforschung und die Psychotherapie Erwachsener, Stuttgart (Klett-Cotta)

Bohleber, W. (2004): Trauma und Persönlichkeitsstörung in: Rohde-Dachser, Ch.; Wellendorf, F. (Hg): Inszenierungen des Unmöglichen. Stuttgart (Klett-Cotta)

Bollas, C. (1997): Der Schatten des Objekts. Stuttgart (Klett-Cotta)

Dornes, M. (2004): Mentalisierung, psychische Realität und die Genese des Handlungs- und Affektverständnisses. In: Rohde-Dachser, Ch.; Wellendorf, F. (Hg.) Inszenierung des Unmöglichen. Stuttgart (Klett-Cotta), S. 297–338

Ders.: Über Mentalisierung, Affektregulierung und die Entwicklung des Selbst. In: Forum der Psychoanalyse 2 / 2004, S. 175–199

Ermann, M. (2005): Explizite und implizite psychoanalytische Behandlungspraxis. In: Forum der Psychoanalyse, Band 21, Heft 1

Faimberg, H.: Die Ineinanderrückung (Telescoping) der Generationen. In: Jahrbuch Psychoanalyse 20, S. 114–142

Fonagy, P.; Target, M.: Mit der Realität spielen. Zur Doppelgesichtigkeit psychischer Realität von Borderline-Patienten. In: Psyche – Z psychoanal 55. Jahrg., Sept. / Okt. 2001: 961–995

Dies.: Neubewertung der Entwicklung der Affektregulation vor dem Hintergrund von Winnicotts Konzept des ›falschen Selbst‹. In: Psyche Sonderheft 56. Jahrg., Sept. / Okt. 2002: 839–862

Fonagy, P. (2004): Das Versagen der Mentalisierung und die Arbeit des Negativen. In: Rohde-Dachser, Ch., Wellendorf, F. (Hg.): Inszenierung des Unmöglichen, S. 163–186, Stuttgart (Klett-Cotta)

Fonagy, P.; Gergely, G.; Jurist, E. L.; Target, M. (2004): Affektregulierung, Mentalisierung und die Entwicklung des Selbst. Stuttgart (Klett-Cotta)

Freud, S. (1893): Über den psychischen Mechanismus hysterischer Phänomene. In: Hysterie und Angst, Studienausgabe Bd. VI, (Fischer) 1971

Gergely, G.: Ein neuer Zugang zu Margret Mahler. Normaler Autismus, Symbiose, Spaltung und libidinöse Objektkonstanz aus der Perspektive der kognitiven Entwicklungstheorie. In: Psyche – Z psychoanal Sonderheft, 56. Jahrg., Sept. / Okt. 2002: 809–838

Heisterkamp, G. (1993): Heilsame Berührungen. Stuttgart (Pfeiffer)

Ders. (2002): Basales Verstehen. Stuttgart (Pfeiffer)

Hirsch, M. (2002): Der eigene Körper als Symbol? Gießen (Psychosozial-Verlag)

Ders. (2004): Psychoanalytische Traumatologie. Das Trauma in der Familie. Stuttgart (Schattauer)

Kernberg, O.; Dulz,B.; Sachsse, U. (Hg.) (2000): Handbuch der Borderlinestörungen, Stuttgart (Schattauer Verlag)

Küchenhoff, J. (1997): Körper, Sprache, Krankheit. In: Rodewig, K. (Hg): Der Kranke Körper in der Psychotherapie. Göttingen, Zürich (Vandenhoeck & Ruprecht)

Ders. (Hg., 1999): Selbstzerstörung und Selbstfürsorge. Gießen (Psychosozial-Verlag)

Ders. (2000): Körpersymptome als Beziehungsinszenierung. In: Psychoanalyse, Texte zur Sozialforschung, 4. Jahrg., Heft 6

Poettgen-Havekost, G. (2004): Die Bedeutung von Körperinszenierungen in der analytischen Psychotherapie-Überlegungen zur Modifikation des Settings. In: Psychoanalyse u. Körper, Nr. 5, 3. Jahrg, Heft II

Dies. (2006): »Traurigkeit wie Tinte im Wasser, sie überrollt mich wie eine wortlose Welle«, Entwicklungsschritte zur Mentalisierungsfähigkeit im Behandlungsprozess von Borderline-Störungen. In: Springer, A.; Gerlach, A.; Schlösser, A.-M. (Hg.): Störungen der Persönlichkeit. Gießen (Psychosozial-Verlag)

Dies. (2007): Traumatisierung als erstarrte Lebensbewegung. In: Geißler, P.; Heisterkamp, G. (Hg.): Psychoanalyse der Lebensbewegungen Wien, New York (Springer)

Reerink, Gertrud (2003): DPV Katamnesestudie zur Behandlungstechnik von traumatisierten Patienten. Psyche – Z psychoanal 57. Jahrg. (Klett-Cotta) S. 121-139

Rodewig, K. (Hg., 1997): Der kranke Körper in der Psychotherapie. Göttingen (Vandenhoek & Ruprecht)

Rohde-Dachser, Ch., Wellendorf, F. (Hg., 2004): Inszenierung des Unmöglichen. Stuttgart (Klett-Cotta)

Roth, G. (2003): Aus der Sicht des Gehirns. Frankfurt (Suhrkamp)

Volz-Boers, U. (2001): Mit Leib und Seele. In: Schlösser, A.; Gerlach, A. (Hg.): Kreativität und Scheitern, Gießen (Psychosozial-Verlag), S. 385–396

Schlösser, A.; Höhfeld, K. (Hg., 1998): Trauma und Konflikt. Gießen (Psychosozial Verlag)

Stern, D. N. (1996): Die Lebenserfahrung des Säuglings. Stuttgart (Klett-Cotta)

Ders. (2005): Der Gegenwartsmoment. Frankfurt a. M. (Brandes und Apsel)

The Boston Change Study Group (2004): Das Implizite erklären: Die lokale Ebene und der Mikroprozess der Veränderung in der analytischen Situation in Psyche, 58. Jahrg., Sept. / Okt., Stuttgart, (Klett-Cotta)

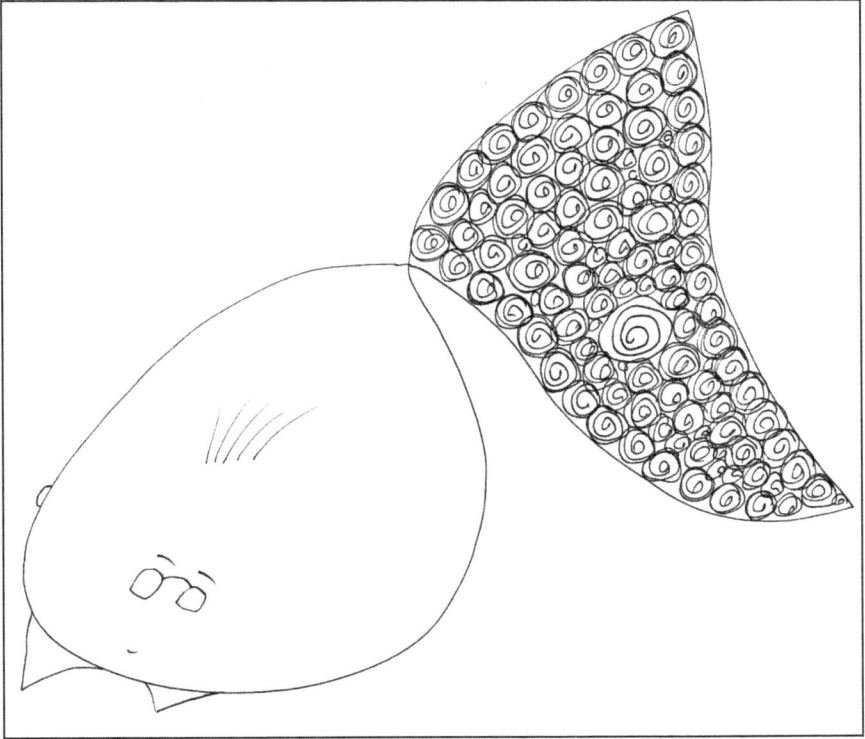

Symbolisierung

Wenn Mr. Fivehair merkt, dass er kein Fisch ist, hat er etwas Wichtiges gelernt. Wenn er weiß, warum er sich selbst als Fisch vorstellen kann, hat er etwas Bedeutsames verstanden. Und wenn er zuletzt die Gemeinsamkeiten zwischen sich und dem Fisch erkennt, dann – aber auch erst dann – fühlt er sich wie ein Fisch im Wasser.

Psychodynamische Dimensionen in der körperorientierten Psychotraumatherapie

Ralf Vogt

1. Hintergrund

Die Einbeziehung des Körpers in die Psychotherapie ist seit längerer Zeit eine anerkannte therapeutische Methodikdiskussion in der psychotherapeutischen Fachwelt (vgl. Geißler 1994, 1998, 2003, 2005).

Im Spezialgebiet der Psychotraumatologie haben körperorientierte Verfahren aber derzeit noch nicht so großen Praxiseinfluss gewonnen, obwohl die enge Verbindung von Körperwissenschaften und Psychotherapie nahezu einhellig anerkannt wird (vgl. Hüther 2005; Gottwald 2006 u. v. a.). Bestimmte weitverbreitete körperorientierte Formen von Entspannungsverfahren und körperorientierte Imaginationsformen sind hiervon ausgenommen (vgl. Huber 2003; Reddemann 2001, 2004). Der Unterschied zur breiten Palette der Körperpsychotherapie (vgl. Vogt 2004, S. 28–45) ist jedoch, dass hier sich in der Regel der Körper in einer Bewegungsruhe befindet und mit der Körperinnenwahrnehmung gearbeitet wird. Auch beim EMDR (vgl. Hofmann, 1999) gibt es schließlich Körperreaktionen, bspw. als kurze traumabedingte Abreaktionen, die deswegen nach meiner Auffassung noch keine Körperpsychotherapie als Ganzes sind.

Solcherart körperorientierte Psychotherapien wären im engeren Sinne eben nur solche Verfahren, welche neben der Beachtung und Wahrnehmung körperlicher Prozesse mit dem Ziel der psychophysischen Entlastung auch solche Dimensionen einschließen, die bewusst experimentelle und intendierte körperliche Reaktionen, Handlungen sowie Interaktionen auslösen, strukturieren und lenken wollen bzw. lenken können.

Die Forderung nach der Beherrschbarkeit der therapeutischen Prozesse zum Wohle des Patienten ist bei Psychotraumapatienten ethisch gesehen noch nachdrücklicher zu stellen als bei anderen Patienten. Hierzu gibt es nach meiner Recherche aber derzeit noch mehr Forschungsbedarf als fundierte und im Langzeitprozess erprobte Verfahrensangebote.

Aus diesem Grund beschäftigten sich meine Frau und ich seit Jahren mit der Entwicklung und Vervollkommnung eines trauma- *und* körperorientierten Behandlungsansatzes für komplextraumatisierte Patienten in der Einzel- und Gruppenpsychotherapie. Der Extrakt dieser fachlichen Erfahrungen und theoretischen Modellentwicklungen führte zum aktuellen SPIM-20-KT-Ansatz (Somatisch-Psychologisch-Interaktiven-Modell in der Standard 20 Version zur Behandlung komplextraumatisierter und anderer Störungen), den wir in unserer ambulanten Praxis zur Anwendung bringen (Vogt 2007). In diesem Ansatz geht es um ein sehr komplexes Verständnis und Einbeziehen des Körpers in die notwendige Psychotraumabehandlung. Denn der Körper verfügt über ein Bewegungsgedächtnis, dass einerseits bei der Trauma*diagnostik* nützlich sein kann, andererseits ist es ebenso Ort der Psychotrauma*schädigung* selbst und bedarf von daher auch spezifischer Behandlung. Außerdem ist der Körper in seinen größtenteils unbewussten und teilbewusstseinsfähigen Funktionen ein Quell für Heilungsressourcen bei der Reaktivierung psychisch gesünderer Regulationsstates.

Im SPIM-20-KT-Konzept werden sowohl *körperinterne* Stoffwechsel-, Wahrnehmungs- und Bewegungsabläufe als auch *körperexterne* Interaktions-, Wahrnehmungs- und Handlungsabfolgen berücksichtigt und therapeutisch initiiert.

Die sehr strukturierte Vorgehensweise zur Körperprozessdiagnostik und Handlungsaktivierung stellt nach unserer Erfahrung eine Chance zur Psychotraumalinderung und -heilung dar. Körperpsychotherapeutische Settings bergen aber auch zwei Gefahren, die natürlich auch für andere Behandlungsverfahren relevant sind: Erstens besteht die Gefahr einer erneuten *direkten Retraumatisierung*, d. h. einer Psychotraumaöffnung ohne Linderung und Heilung oder der *indirekten Retraumatisierung*, d. h. einer Psychotraumaabwehrchronifizierung ohne Linderung und Heilung – z. B. in Form einer Chronifizierung von Täterintrojekten etc.

Nachfolgend sollen praktische Wege und theoretische Bausteine beschrieben werden, wie dieses therapeutische Dilemma berücksichtigt werden kann. Dadurch sollen auch andere Psychotherapeuten Mut bekommen, körperpsychotherapeutische Schritte bei Psychotraumapatienten fest ins Behandlungskonzept zu integrieren.

2. Psychodynamische Ableitungen und Konzepte in der körperorientierten Psychotraumatherapie

Neuere Erkenntnisse der Neurobiologie haben auf die Körperpsychotherapie im Allgemeinen und Psychotraumabehandlungen im Besonderen einen breiten Einfluss gewonnen (vgl. Hüther 1997, 2005; Bauer 2005; Nijenhuis, van der Hart, Steele 2004; Nijenhuis 2006, u.a.). Anhand dieser Forschungsergebnisse zu verschiedenen Kategorien der Informationsverarbeitung kann ein Psychotherapeut bei Psychotraumapatienten bestimmte psychodynamische Beziehungssetting-strukturen, wie sie in der tiefenpsychologisch analytischen Psychotherapie üblich sind, einfach nicht *traditionell* anwenden. Es ist bspw. zu verhindern, dass besagte Patienten unter größeren Beziehungsstress geraten, wie er zum Teil bei konfrontativen Beziehungsklärungen in der tiefenpsychologischen Behandlung üblich ist. Größerer interaktiver Druck bewirkt bei Psychotraumapatienten keine Abwehrreduktion, sondern unter Umständen eine maligne Regression, d.h. ein Zerbrechen der Abwehr und einen Rückfall in frühere Psychotraumazustände. Um das Hippocampus-System zu aktivieren, bedarf es atmosphärisch spannungs*armer* Beziehungsgestaltungsformen, die aber trotzdem einsichtsfördernd sind. Die Gestaltung solcher Therapiebedingungen bedeutet auch in der Erwachsenenpsychotherapie, dass mehr Nachnährungssettings zu gestalten sind, wo es genügend »Einwirkzeiten« für psychophysisches Wachstum bzw. Heilung gibt. Solche Settings können dann eben nicht nur verbal strukturiert sein, sondern sie benötigen ebenso eine körperliche Beruhigungs- und Befriedigungskomponente, weil ein traumabedingt regredierter Mensch gerade die Zuwendung benötigt, die er oder sie zum Zeitpunkt der Psychotraumatisierung gerade nicht bekommen hat. Wenn dieser Zeitpunkt, wie bei den meisten komplextraumatisierten Patienten, in der frühen Kindheit liegt, so bedeutet dies für die Settinggestaltung zwischen Patient und Therapeut, dass hier phasenweise sehr aktive kleinkindgemäße Nachnährungssettings angeboten werden müssen.

Nach der Theorie der Spiegelneurone (vgl. Bauer 2005) ergeben sich für uns Psychotherapeuten sowohl hoffnungsvolle als auch schwierige Konsequenzen. Problematisch ist, dass wir bedingt annehmen müssen, dass das Gehirn unserer Patienten im Sinne von Nachahmung automatisch alles speichert, was wir tun. Problematisch ist allerdings aus dieser Perspektive aber auch, wenn man nur in *einem* Setting verharrt und dadurch schon von Klienten »Entwicklungswunder« erwartet. Hoffnungsvoll finde ich es im Rahmen der Körperpsychotherapie nämlich, wenn wir davon ausgehen können, dass unseren interaktiven Bewegungsszenen offenbar eine größere Bedeutung zukommen kann als wir vor Jahren noch für möglich hielten. Insofern sind Beispiellösungen des Therapeuten bzw. gemeinsame Aktionen zwischen Patient und Therapeut doch unter Um-

ständen sehr nützlich; zumindest wenn entsprechende traumatische Entwick-
lungsdefizite vorliegen. Als sehr Erfolg versprechend leite ich außerdem aus
dieser Forschung ab, dass viele Formen von parallelen Bewegungen zwischen
zwei Menschen überhaupt einen Wachstums- bzw. einen Veränderungsprozess
in Gang bringen können. Weiterhin spricht diese komplexere Transferleistung
unter anderem auch für eine Einbeziehung von Gruppenpsychotherapiesettings
in die allgemeine Psychotraumabehandlung und vieles mehr.

Diese Erkenntnisse aus der Neurobiologie haben selbstverständlich auch
Auswirkungen auf das analytische Übertragungs-, Gegenübertragungskonzept.
Psychotherapeuten sollten nämlich jetzt nicht nur die Berichte ihrer Klienten als
symbolisierte Übertragung sehen, sondern mehr als Hinweise auf eine wahre
Begebenheit. Im Rahmen der psychotraumatischen Informationsverarbeitung
kommt es nämlich oft nur zu analogen und fragmentierten Situationsspeicherungen
eines Vorfalls. Wenn ein Klient bspw. sagt: »Dann fühlte ich mich erdrückt.«,
kann dieses ganz real, eventuell durch zwei Täter auf dem Brustkorb des Klienten
kniend, genauso geschehen sein. Tragisch ist mitunter, dass die »wahre Szene«
dem Klienten selbst oft erst viel später in einer Psychotraumaexpositionsarbeit
bewusst wird (vgl. Hochauf und Unfried, 2004). Wir benötigen als Psychotherapeuten also mehr Kapazität, um auf vielen Kanälen mitzuempfinden und mit-
zuspeichern und um ggf. auch handlungsorientierte Settings zu kreieren, wo
bestimmte analoge Informationen als Szene nachgestellt werden können (vgl.
Vogt 2004 und KSHP-Konzept in Vogt 2007). Ebenso vorsichtig sollten wir als
Therapeuten auf impulsive Beziehungsaggressionen unserer Patienten reagieren.
Hier geht es oft nicht um eine neurotische Abwehr, sondern evtl. um eine Spontan-
handlung, die aus einer traumatisch bedingten Introjektion oder Implantation
gespeist wird. Es ist oft fatal, hier im Sinne des tiefenpsychologischen »Hier und
Jetzt« möglicherweise schwer verbal aggressiv gegenzusteuern. Das könnte wiederum einen malignen Zusammenbruch (z.B. außerhalb der Therapiesitzung)
provozieren. Wenn es allerdings gelingt in dem beziehungsaggressiven Verhalten
das »verformte Opfer« vor sich zu sehen, so öffnet das andere diagnostische
Wahrnehmungs- und therapeutische Lösungsressourcen. Durch das Konzept
der »Beseelbaren Therapieobjekte« (Vogt 2004) wird gerade aufgrund dieser an-
dersartigen Übertragung und therapeutischen Beziehungsanforderung versucht,
aus dem intensiven »Verfitzen« in der Übertragungsbeziehung herauszukommen
und mit den o.g. Therapiemedien eher *an der therapeutischen Übertragung* zu
arbeiten.

Beseelbare Therapieobjekte »nutzen« die problematischen atmosphärischen
Momente von Trigger- und Teilübersetzungen bei Psychotraumapatienten
»gestalttherapeutisch aus«. Sie bringen schwierige seelische Erlebenskonstel-
lationen, wie bspw. riesige Ohnmachts-, Angst- und Verlorenheitskonstellatio-

nen (die bei Psychotraumapatienten überzufällig existieren) ins wahrnehmbare Projektionsbild. Sie sind aber gleichzeitig real existent und für gewisse Interaktionshandlungen universell handhabbar. Das ist ein entscheidender Unterschied zur menschlich therapeutischen Personenbeziehung. Der Therapeut kann also gegenüber dem Patienten mehr als Coach, Begleiter, therapeutischer Helfer auftreten und die Übertragungen zwischen beseeltem Therapieobjekt und emotional betroffenen Patienten im therapeutischen Raum bearbeiten. Das schafft eine sehr kooperative Behandlungsatmosphäre, Patienten können spannungsärmer und schneller die Mechanismen ihrer Informationsverarbeitung erkennen und ggf. bis zu den traumatischen Verknüpfungen allmählich zurückverfolgen. Außerdem können mit diesen Medien therapeutische Reizdistanzierungen (Vogt 2004) zur psychophysischen Stabilisierung und Triggerabschwächung vorgenommen werden, so wie es in der Phase I einer Stabilisierungs- und Psychoedukationsphase einer Psychotraumatherapie notwendig ist. In der Phase II einer solchen Psychotherapie wären dann durch die Verwendung der beseelten Assoziationsförderung dieser Therapieobjekte auch Chancen gegeben, bestimmte *konzentrierte und strukturierte Handlungsinszenierungen zur Psychotraumaexposition* (KSHP-Konzept in Vogt 2007) durchzuführen. Das Ende einer solchen KSHP-Arbeit stellen oft symbolische Probehandlungen dar, die dann das Schließen von finalen Handlungsbögen (s. u.) bedeuten und in die Therapiephase III, die Phase der Integration und Differenzierung, der Psychotraumatherapie münden.

Der Einsatz der beseelbaren Therapieobjekte ist sowohl bei Kindern als auch bei Erwachsenen sehr sinnvoll und relativ leicht einzuführen, da bestimmte Objekte sehr zur Kontaktaufnahme geeignet sind und ein beziehungsseitiges Pendeln zwischen Spiel und Ernst ermöglichen. Gerade mit den mannigfachen spielerischen Gestaltungsmethoden und Objektsettings sind wiederum wichtige Therapiefoci der Psychotraumatherapie verbunden. So benötigen wir als Psychotherapeuten oft Interaktionsräume zur kindgemäßen bzw. regressionsorientierten Psychodiagnostik von zwischenmenschlichen Erfahrungen bzw. zur Nachentwicklung von kommunikativen, symbolisierungsfähigen Begriffen einer interaktiven Beziehung. Dieser zweite Teil der Traumaintegration und Überwindung, der Interaktionsteil von mütterlicher und väterlicher Nachnährung, von Trost, Geborgenheit, Schutz und Sicherheit ist in einer rein verbalen Psychotherapie kaum befriedigend herstellbar. Jedes Kind muss meines Erachtens einmal *wirklich erlebt haben*, was diese positiven zwischenmenschlichen, atmosphärischen, tiefen Gefühle von paradiesischen Augenblicken wirklich sind, bevor sie rationalisiert auf höhere Symbolstufen gehoben werden können. Viele meiner komplextraumatisierten Patienten sind notgedrungen sowieso bereits »frühreif entwickelt«, ohne dafür eine solide innere Basis des Selbst zu besitzen. Aus dieser »Notreife« sollte meines Erachtens eine »notwendige Nachreifung« abgeleitet werden, auf die Klienten ohne echte Erlebensbeispiele für ihre Defizite unter Umständen gar nicht von selbst kommen. Oft haben die Patienten traumabedingt keinen Zugang zu ihren verborgenen Defiziten oder sie haben große Furcht vor »unstillbaren Sehnsüchten«, die sie auf der Realebene nicht selten tatsächlich mit gesundheitsschädigenden Leistungsansprüchen, Substanzmittelmissbräuchen oder gesteigerten sexuellen Aktivitäten unbewusst agieren.

Besonders die großen beseelbaren Objektinszenierungen wie die Riesentonne als Mutterbauch, das Gebärmutterei, das Klammerpferd und das Thronbett (vgl. Vogt 2007) stellen gerade für erwachsene Patienten zum Teil ideale Regressionssettings zur Nachnährung dar, weil sie Halt, Geborgenheit, Schwingung, Wärme, Sicherheit und asexuelle Berührungen vonseiten des Therapeuten ermöglichen, die mit realen menschlichen Körpern so nicht mehr bzw. nicht immer so leicht möglich sind (wenn man ca. 1,70 m groß und 70 kg schwer – wie ein Erwachsener ist und deshalb durch die Therapeuten nicht mehr wie ein Baby »bewegt werden kann«).

Entscheidend für die Wirkung des Therapiekonzeptes der beseelbaren Objekte ist aus lernpsychologischer Sicht, dass die schwierigen psychodynamischen Prozesse, Blockaden und Defizite in dieser Gestaltungsform nach außen gelegt, bewusst gemacht, gelöst oder befriedigt und wieder verinnerlicht werden können. Diese Externalisierungskonzepte sind u. a. von Lurija (1982) und von Piaget (1969) entworfen und wissenschaftlich postuliert worden. Sie finden hier in der Psychotraumatherapie wieder methodisch ihre Anwendung, weil es, ähnlich dem frühkindlichen Lernen, auch bei Psychotraumapatienten darum geht, sich anschaulich über eine innerpsychische Problemsituation ein äußeres Symbolisierungsmodell zu erschaffen, durch welches diese problematische Konstellation *allmählich verstanden, gelöst und neu verinnerlicht* werden kann, wobei innerpsychische Lösungsressourcen in einer spannungsarmen Lernatmosphäre in breitem Umfang genutzt werden.

Ziel dieser »geordneten und abgestuften Handlungsexperimente« ist dabei letztlich immer das Schließen der psychotraumabedingt unterbrochenen Handlungsbögen, welche dann wiederum die gesundende Voraussetzung für ein ganzheitliches Nachholen von psychischen Wachstum sind. Dass psychotraumatisch unterbrochene Handlungszirkel immer wieder durch unbewusst organisierte szenarische Handlungsimpulse an die Verhaltensoberfläche von psychotraumatisch geschädigten Menschen treten, hatte bereits Janet (1901) festgestellt. Auch die Gestaltpsychologen des 20. Jahrhunderts (vgl. Fuhr et al. 2001) postulieren das unabdingbare menschliche Bestreben nach »Schließen von offenen Gestalten« durch Reinszenierungen als allgemeines intrapsychisches und interaktionelles Handlungsprinzip. Dieses Schließen von offenen Handlungsbögen ist im Konzept des SPIM-20-KT (Vogt 2007) deshalb gleichfalls ein fest integriertes methodisches Vorgehen.

Hervorheben möchte ich neben der oben beschriebenen Konzeption der strukturellen Inszenierung mit beseelbaren Therapieobjekten noch, dass es nach der Phase der handlungsorientierten Psychotraumadiagnostik und der handlungsorientierten Psychotraumaexposition in Ergänzung zu anderen Expositionsverfahren auch in unserer Arbeit um diese offenen interaktiven Gestaltbögen der Traumaexpositionsnachfolgehandlung geht. Das heißt, dass es nach der Überwindung von Traumaschock, Traumastarre, Traumaohnmacht, Traumangst und -dissoziation regelmäßig zur *erwachsenen Antwortreaktion* auf den Psychotraumaverursacher kommt – besonders, wenn es sich um menschliche Täter aus dem näheren Umfeld des Traumaopfers handelt. Hier entsteht auf natürlichem Wege – nach einer Phase der Trauer und des Trostbedürfnisses – ein ebenso großes Wutgefühl und unter Umständen ein mörderischer Hassaffekt, für den wir in der Psychotraumatherapie ebenfalls einen Raum zum Schließen dieser Handlungsgestalten anbieten müssen. Erst durch entsprechende Inszenierungsräume, bspw. am »schwarzen Riesensack«, den man mit ganzer Kraft treten, schlagen und klein drücken kann, wird auch der finale Bogen des *sozialen Bindungstraumas* therapeutisch effektiv geschlossen. Eventuelle strafrechtliche Maßnahmen des Opfers gegen seine Täter sind neben juristischen Erfolgserwägungen meiner Erfahrung nach immer erst nach der Phase der »psychosozialen Gewaltvergeltung im Therapieraum« sinnvoll, damit hier eine vorschnelle uneffektive juristische Prozessführung vermieden wird bzw. nach stärkerer erwachsener Nachreifung und Ausheilung des Psychotraumas diese noch besser gelingt, weil die Patienten dann über das nötige Stehvermögen und die juristische Cleverness für solche Prozesse verfügen. Letztlich kann eine uneffektive Traumavergeltung wiederum Ausdruck eines selbstzerstörerischen Traumaintrojektes bzw. -implantates des Täters sein, das hier – auch noch in »letzter Behandlungsminute« – die Selbstvernichtung des Traumaopfers unbewusst mitorganisiert.

Diese Bemerkungen zu den Regulationsstates, die als verschiedene Verhaltenshintergrundkontexte eines Menschen zu sehen sind, habe ich im SPIM-20-KT-Konzept (Vogt 2007) zu einem »*Schweregradmodell der Regulationszustände*« zusammengefasst und modellhaft entworfen, auf das ich abschließend noch kurz eingehen will.

Das Schweregradmodell der Regulationsstates ist das Ergebnis meiner langjährigen beruflichen Erfahrungen in der Behandlung mit neurotischen und komplextraumatisierten Patienten.

Dementsprechend habe ich nicht, meinen Fachliteraturkenntnissen folgend bspw. den Begriff der Übertragungen als Oberbegriff zur Beschreibung psychodynamischer Beziehungsstörungen genutzt, weil hier Introjektionen letztlich auch als Übertragungsgeschehen interpretierbar wären. Ich habe ebenso nicht wie bspw. Hirsch (2004) den Begriff der Introjektion und Implantation historisch unabhängig vom Übertragungsbegriff platziert.

Vielmehr habe ich versucht, ein ganzheitliches Modell zu kreieren, in welchem gesunde wie pathologische Regulationsmuster nach einem Prinzip gestaffelt sind. Dieses Staffelungsprinzip glaube ich durch den Schweregrad der psychotraumatischen Prägung einer Erlebens- und Verhaltensregulation gefunden zu haben (s. Vogt 2007). Diese Schweregradstaffelung folgt wiederum dem differenzialdiagnostischen Selbstwahrnehmungserleben einer Reihe von fortgeschrittenen Patienten, die durch ihre genauen Erlebensbeschreibungen sehr zur Begriffsbestimmung der von mir systematisierten Regulationsstatekategorien beigetragen haben. Das Konzept, die menschliche Verhaltenssteuerung in Anteile und Zustände zu zerlegen (States) geht ursprünglich auf Federn (1956) zurück, der bereits die Existenz von unterschiedlichen Anteilsstates auch beim gesunden Menschen postulierte. Dieser Ansatz wurde danach meiner Kenntnis nach nicht weiter verändert und u. a. von Watkins und Watkins (2003) übernommen. Nach meiner Auffassung ist dieser Statebegriff sehr nützlich und kann nun im Rahmen eines Schweregradmodells sehr gut die qualitativen Übergänge von einem Regulationszustand in den anderen beschreiben helfen. In der Abfolge des zunehmenden Grades einer psychotraumatischen Prägung stehen die Übertragungszustände (States) unterhalb der Introjektstates und diese wiederum unterhalb der Implantats- und Programmierungsstates. Durch dieses Schweregradmodell sind die wichtigen Regulationskategorien einer neurotischen wie auch einer komplextraumatisierten Störung *in einem diagnostischen Begriffsschema* zu erfassen. Das wiederum erleichtert das Verständnis dieser Begriffe bei meinen Patienten als auch bei Diskussionen mit Kollegen, wenn wir über unsere Patientenbeispiele und Settingmodelle vergleichend sprechen.

Zur Illustration sollen die beiden folgenden Abbildungen dienen. Die Erläuterungen zu den einzelnen Kategorien können hier aus Platzgründen nicht angeführt werden (s. Vogt 2007).

Es geht aus dem Koordinatensystem zweifelsfrei hervor, dass diese Schweregrade der Psychotraumatisierungen patientenseitig verschiedene Grade von Bewusstheit als auch verschiedene Grade von willentlicher Beeinflussbarkeit (ohne therapeutische Hilfe) mit sich bringen. Das deckt sich auch voll mit meiner klinischen Beobachtung und Erfahrung bei der Behandlung von komplextraumatisierten und anderen Psychotherapiepatienten in meiner früheren klinischen und heutigen ambulanten Praxis.

Grafik 1:
Modell unterschiedlicher Regulationskategorien in der konzeptualen Bezogenheit mit den Achsen:
Bewusstheit/Wille und Nichtintegrierbarkeit/Fremdprägung

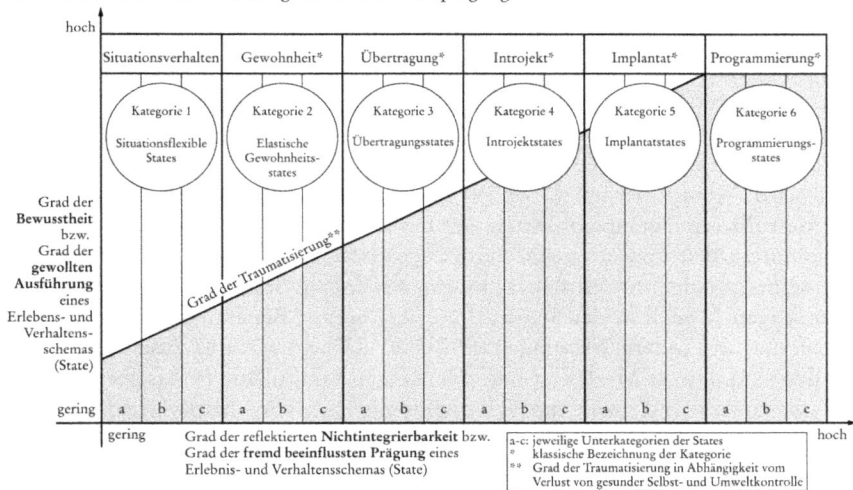

Grafik 2:
Allgemeines Auftreten von Regulationskategorien bei bekannten Hauptdiagnosegruppen von traumatisierten Patienten bezogen auf das Modell der Regulationskategorien im SPIM-20-KT

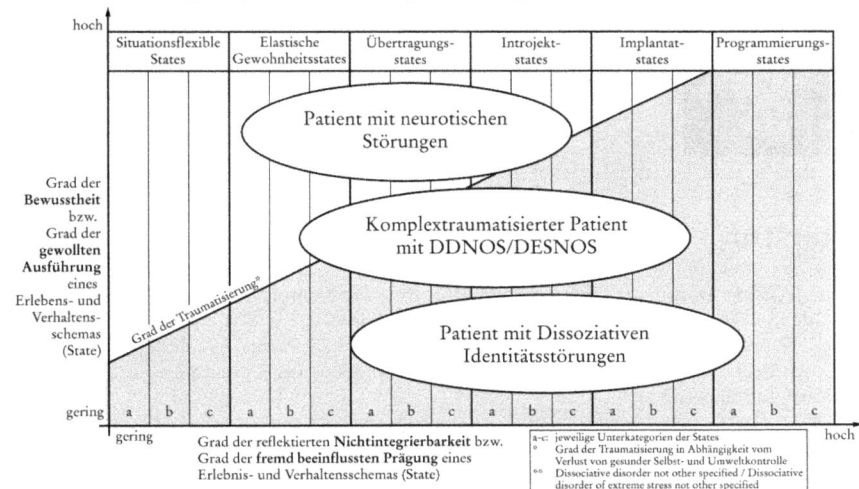

3. Zusammenfassung

Der vorliegende Artikel beschäftigt sich mit theoretischen Konzepten und praktischen Ableitungen zum Thema der effektiven ambulanten Behandlung von komplextraumatisierten Patienten. Es werden dabei ausgewählte Aspekte eines Behandlungsmodelles vorgestellt, in welchen sowohl somatisch-neurobiologische als auch psychologisch-psychotherapeutische Objekt- und Subjektaspekte des Menschen eine komplexe und wechselseitige Berücksichtigung finden. Referiert wird bspw. über effektive Psychoedukationsaspekte, die Zuhilfenahme von Beseelbaren Therapieobjekten zur Erweiterung der psychotherapeutischen Beziehungsarbeit und ein neues Schweregradmodell von Regulationsstates, die insgesamt zu einem neuen Behandlungsmodell, dem Somatisch-Psychologisch-Interaktiven-Modell in der Standard 20 Version zur Behandlung komplextraumatisierter und anderer Störungen (SPIM-20-KT), vom Autor zusammengefügt worden sind. Dieses Modell ist besonders für die ambulante Praxis geeignet und umfasst einzel- und gruppenpsychotherapeutische Vorgehensweisen; im Kern der Settinggestaltungen ist die Methodik schwerpunktmäßig trauma- und körperorientiert. Hervorzuheben ist bei diesem Ansatz, dass die theoretischen Ableitungen im Modell sehr konkret und strukturiert von der Theorie bis zur Settinggestaltung verbunden sind.

Vogt, Ralf, Dr. rer. nat., Dipl. psych., Psychoanalytiker, Therapeut für Familien- und lösungsorientierte Kurztherapie, EMDR-Therapeut, analytischer Körperpsychotherapeut. Leiter der Leipziger Akademie für Ganzheitliche Psychotherapie und des Trauma-Institut-Leipzig.
E-mail: info@ralf-vogt.com

Literatur

Bauer, J. (2005): Warum ich fühle, was du fühlst. Intuitive Kommunikation und das Geheimnis der Spiegelneurone. Hamburg (Hoffmann u. Campe)
Federn, P. (1956; dt. Hg. Weiss, E.): ICH-Psychologie und die Psychosen. Bern (Huber)
Fuhr, R.; Sreckovic, M.; Gremmler, F. (Hg., 2001): Handbuch der Gestalttherapie. 2. Aufl. Göttingen (Hogrefe)
Geißler, P. (1994): Psychoanalyse und bioenergetische Analyse im Spannungsfeld zwischen Abgrenzung und Integration. Berlin (Peter Lang Verlag)
Geißler, P. (Hg., 1998): Analytische Körperpsychotherapie in der Praxis. München (Pfeiffer)

Geißler, P. (2003): Körperbilder. Sammelband zum 3. Wiener Symposium »Psychoanalyse und Körper«. Gießen (Psychosozial-Verlag)
Geißler, P. (2005): Analytische Körperpsychotherapie: Eine neue Methode oder ein eklektischer Ansatz? In: Sulz, S.K.D.; Schrenker, L.; Schricker, C. (Hg.): Die Psychotherapie entdeckt den Körper. München (CIP Medien)
Gottwald, C. (2006): Körperpsychotherapeutische Perspektiven zur Neurobiologie. In: Marlock, G.; Weiss, H. (Hg., 2006): Handbuch der Körperpsychotherapie. Stuttgart (Schattauer)
Hirsch, M. (2004): Psychoanalytische Traumatologie. Das Trauma in der Familie. Stuttgart (Schattauer)
Hochauf, R.; Unfried, N. (2004): Frühe Traumata und Strukturentwicklung. Unveröffentl. Arbeitsscript. Altenburg (Eigenverlag)
Hofmann, A. (1999): EMDR in der Therapie psychotraumatischer Belastungssyndrome. Stuttgart (Thieme)
Hüther, G. (1997): Biologie der Angst. Göttingen (Vandenhoek & Ruprecht)
Hüther, G. (2005): Mein Körper – das bin doch ich … neurobiologische Argumente für den Einsatz körperorientierter Verfahren in der Psychotherapie. In: Psychoanalyse und Körper, Nr. 7, 4. Jg., 7–24
Huber, M. (2003): Trauma und die Folgen. Bd. I, und Wege der Traumabehandlung. Bd. II, Paderborn (Junfermann)
Janet, P. (1901): The Mental State of Hysterical. New York (Putnam & Sons)
Janet, P. (1919 / 25): Psychological healing. New York (Macmillan)
Lurija, A. (1982): Sprache und Bewußtsein. Berlin (Volk und Wissen)
Nijenhuis, E. (2006): Somatoforme Dissoziation. Paderborn (Junfermann)
Nijenhuis, E.; van der Hart, O.; Steele, K. (2004): Strukturelle Dissoziation der Persönlichkeitsstruktur, traumatischer Ursprung, phobische Residuen. In: Reddemann, L.; Hofmann, A.; Gast, U., (Hg.): Psychotherapie dissoziativer Störungen. Stuttgart (Thieme), S. 47–69
Piaget, J. (1969): Nachahmung, Spiel, Traum. Stuttgart (Klett)
Reddemann, L. (2001): Imagination als heilsame Kraft. Stuttgart (Pfeiffer bei Klett-Cotta)
Reddemann, L. (2004): Psychodynamisch imaginative Traumatherapie bei dissoziativer Identitätsstörung und DDNOS. In: Reddemann, L.; Hofmann, A; Gast, U. (Hg.): Psychotherapie der dissoziativen Störungen. Stuttgart (Thieme), S. 124–130
Sulz, S. K. D.; Schrenker, L.; Schricker, C. (Hg., 2005): Die Psychotherapie entdeckt den Körper – oder: Keine Psychotherapie ohne Körperarbeit. München (CIP Medien)
Vogt, R. (2004): Beseelbare Therapieobjekte. Strukturelle Handlungsinszenierungen in einer körper- und traumaorientierten Psychotherapie. Gießen (Psychosozial-Verlag)
Vogt, R. (2007): Psychotrauma, State, Setting. Psychoanalytisch-handlungsaktives Modell zur Behandlung von Komplex-Traumatisierten (SPIM-20-KT). Gießen (Psychosozial-Verlag)
Watkins, G.J.; Watkins, H.H. (2003): Ego-States. Theorie und Therapie. Heidelberg (Carl-Auer-Systeme Verlag)

Innere Bühne

Solange Mr. Fivehair sein Heldendrama auf der inneren und äußeren Bühne so spielte, als handle es sich dabei um zwei Schauspielhäuser in zwei Städten auf zwei Kontinenten, blieben auch Verstehen und Verändern meilenweit voneinander getrennt.

Was ist die optimale Bühne für die Arbeitsbeziehung, die Bearbeitung der Pathologie und die Nachreifung in der Psychotherapie?

Ulrich Sachsse

Einleitung

Die therapeutische Beziehung ist auch nicht mehr das, was sie mal war. Früher war alles einfacher und besser. »So ist Psychotherapie eben« war die gängige Begründung für merkwürdige Interaktionsstile, die ich als Student der 68er Generation kennen lernte und natürlich auch infrage stellte. Das waren noch Zeiten!

Rückblickend war es aber auch damals schon nicht so ganz einfach. Da standen sich beispielsweise die Sozialpsychiater und die psychoanalytischen Psychotherapeuten gegenüber. Die Sozialpsychiater verstanden jede individuelle Auffälligkeit als gesellschaftliches Symptom und vertraten das Extrem, dass eine humane Gesellschaft keine psychiatrischen Symptome mehr hervorbringen würde oder zumindest niemanden würde ausgrenzen müssen. Die Psychoanalyse war damals noch überzeugt, dass alles Wesentliche in den ersten fünf Lebensjahren geschah, und dass vermutlich doch die Mutter an allem Schuld trägt bis hin zum Konzept der schizophrenogenen Mutter. Beide Ideologien propagierten natürlich einen völlig inkompatiblen Umgangsstil mit PatientInnen. Die einen verstanden sich als Gesellschaftveränderer und konzeptualisierten Gemeindepsychiatrie als Gegengesellschaft zur real existierenden Gesellschaft. Die anderen propagierten hoch regressive Einzelbeziehungen in einem künstlichen Beziehungsraum mit hohem Exklusivitätscharakter und osmotischer seelischer Grenzdiffusion zur Heilung des Analysanden in und durch die therapeutische Beziehung.

Heute ist alles ganz kompliziert und verwirrend. 2007 erscheint ein Buch mit mindestens 800 Seiten, das sich nur der therapeutischen Beziehung widmen wird. Niemand kann heute also noch vertreten »Therapie ist nun mal so«. Jeder muss sein Beziehungsangebot jedem einzelnen Patienten gegenüber begründen und vertreten. Denn zu jedem Beziehungsangebot gibt es gut begründete Alternativen. Hinter jedem Angebot steht eine Heilungsideologie, und im Sinne des

»informed consent« muss die Patientin wissen, was dieser Therapeut warum auf welchem theoretischen Hintergrund mit ihr therapeutisch machen wird, und welche Alternativen es gibt. Alles andere ist in der Bundesrepublik juristisch unvertretbar und ethisch unkorrekt.

Zur Gestaltung der therapeutischen Beziehung in der Körpertherapie kann ich nichts beitragen. Ich bin in keinem körpertherapeutischen Verfahren ausgebildet. Ich kann hier nur generelle Überlegungen anstellen. Dabei wird mein zentrales Ziel sein, die latenten, impliziten Heilungsideologien der Therapierichtungen etwas transparenter zu machen. Das wird und soll subjektiv und auch provokant-polemisch sein. Die Therapierichtungen besetzen ihre Heilungsideologien hochgradig narzisstisch. Nicht selten sind sie Identität stiftend und unterliegen geradezu Sakralisierungen (Sachsse 2005). Nicht wenigen ist »die therapeutische Beziehung« quasi »heilig«. Das ist verständlich, wenn der feste Glaube besteht, eine bestimmte Beziehungsform sei »heilend«.

Weil ich in diesem Beitrag meine ganz persönliche Entwicklung zur Grundlage nehme, muss ich mit einigen Daten zu meiner beruflichen Entwicklung beginnen. Zwischen Oktober 1968 und Sommer 1973 habe ich in Göttingen Medizin studiert und dabei kontinuierlich Vorlesungen bei Heigl, Heigl-Evers, Leuner und Sperling besucht. Mir war bald klar, dass ich im Bereich der PsychoFächer ärztlich arbeiten wollte. Von 1972 bis 1980 habe ich meine Doktorarbeit bei Leuner über den Themenbereich Katathym Imaginative Psychotherapie KIP in Gruppen geschrieben (Leuner, Kottje-Birnbacher, Sachsse und Wächter 1986). Von 1976 bis 1982 war ich Assistenzarzt, die letzten beiden Jahre Oberarzt der Fachklinik Tiefenbrunn und bin im Wesentlichen von Karl König als Oberarzt und Franz Heigl als Direktor der Klinik geprägt worden. Von 1973 bis 1984 habe ich am Göttinger Psychoanalytischen Institut meine Weiterbildung zum Psychoanalytiker absolviert und bin seit 1993 Lehr- und Kontrollanalytiker (DGPT). Seit 1982 bin ich am Niedersächsischen Landeskrankenhaus Göttingen. Bis heute hat mich Ulrich Venzlaff stark beeinflusst, der in der Nachkriegszeit wesentliche Arbeiten zur nationalsozialistischen Verfolgung und zum bleibenden Persönlichkeitswandel nach Extremtraumatisierung geschrieben hat (Venzlaff 1958).

Bereits seit 1978 interessierte mich die mir anfangs schwer verständliche Symptomatik selbstverletzenden Verhaltens SVV. Bis 1994 habe ich diese Klientel nach den Empfehlungen Kernbergs (Kernberg 1978; Rohde-Dachser 1983) und des interaktionellen Vorgehens von Heigl und anderen (Heigl-Evers, Ott 1994) beziehungszentriert behandelt und meine Erfahrungen 1994 im Buch »Selbstverletzendes Verhalten« zusammengefasst (Sachsse 1996).

Die Bedeutung von Realtraumata für die Entwicklung schwerer Persönlichkeitsstörungen wurde Anfang der 90er Jahre intensiv diskutiert, unter anderem in der Arbeitsgruppe Artifizielle Erkrankungen des Deutschen Kollegiums für Psychosomatische Medizin DKPM (Hirsch 1989; Willenberg, Hoffmann 1997). 1994 lernte ich von Luise Reddemann die Psychodynamisch Imaginative Traumatherapie PITT (Reddemann 2004) und habe 1996 in unserer Klinik eine erfolgreiche Spezialstation für komplex traumatisierte Frauen aufgebaut (Sachsse, Schilling und Eßlinger 1998; Sachsse, Vogel und Leichsenring 2006). Seit 1994 hat sich meine Beziehungsgestaltung mit den Patientinnen völlig verändert, und auch die Grundüberzeugungen und Glaubensannahmen, mit denen ich arbeite, sind völlig anders geworden.

Die therapeutische Arbeitsbeziehung

Zum Einstieg in das Thema mache ich es mir leicht: Ich verstehe Psychotherapie als eine Arbeit, die einen Arbeitsinhalt mit einem Arbeitsziel hat, und diese Arbeit geschieht in einer Zweierbeziehung oder als Gruppenarbeit ambulant oder in einer Klinik. Eigentlich beginnt die Diskussion hier schon: Zumindest latent betrachten viele Patientinnen und Patienten Psychotherapie gar nicht als eine Arbeit. Vielmehr sind sie auf der Suche nach Ersatzfamilien (Gildemeister 1989).

Typische Arbeitsinhalte wären etwa der Umgang mit Symptomen wie Selbstverletzendem Verhalten SVV oder Depressionen, mit Beziehungsstörungen im Privat- und Arbeitsleben, mit Alkohol oder mit illegalen Drogen, mit Medikamenten oder mit Schulden. In dieser Arbeitsbeziehung gibt es eine Arbeitsatmosphäre, die der Arbeit förderlich oder hinderlich ist. Als erstes Zwischenergebnis halte ich fest: Es ist zumindest in jeder Form zeitlich befristeter Psychotherapie sinnvoll, gemeinsam einen Arbeitsinhalt und ein Arbeitsziel explizit zu formulieren (König, Sachsse 1981). Dies mag für unendliche Analysen anders ein.

Die Arbeitsbeziehung in der Psychotherapie ist in der Psychoanalyse seit langem in der Diskussion. Zurück geht diese Diskussion überwiegend auf Sterba, der herausgearbeitet hat, dass eine Psychoanalyse eine Arbeitsebene einerseits und eine Übertragungsebene andererseits beinhaltet (Sterba 1934). Da bei der Psychoanalyse beide Beziehungsebenen permanent interagieren, muss die Analysandin oder der Analysand in der Lage sein, sich zwischen beiden Ebenen frei bewegen zu können (König 1997). Diese Fähigkeit wird als Fähigkeit zur »therapeutischen Ich-Spaltung« konzeptualisiert. Die Arbeitsbeziehung auch in der Psychotherapie ist eine inhaltliche Arbeit zweier oder mehrerer erwachsener Menschen, jedenfalls dann, wenn es sich nicht um eine Kinder- und Jugendlichen-Psychotherapie handelt.

Arbeitsbeziehungen sind auch außerhalb einer Psychotherapie belastungsanfällig. Auch im üblichen Arbeitsleben und in erwachsenen Beziehungen tendieren Menschen dazu, unter Stress zu regredieren. Dann wird die Arbeitsatmosphäre plötzlich adoleszent, jugendlich oder infantil, und per Schuldzuweisung wird zu klären versucht, wer denn nun an dieser unerwachsenen Arbeitsatmosphäre die Schuld trägt: Die Klinikleitung, die Vorgesetzten, die Untergebenen, die Gesellschaft, die Eltern oder die unguten Arbeitserfahrungen bei der vorletzten Inkarnation? Weil die Arbeitsleistung unmittelbar mit der Arbeitsatmosphäre zusammen hängt, werden in jedem Betrieb Personalführung und Personalmanagement reflektiert.

In unserer Klinik haben Mitarbeiter der Leitungsebene beispielsweise eine Schulung in Personalführung hinter sich. Von dieser Schulungsfirma wird das Konzept des so genannten »Situativen Führens« gelehrt und vertreten. Dieses Personalführungsprogramm, wie sicherlich auch viele andere, differenziert Personalführung danach, auf welcher Ebene der Eigenständigkeit und reifen Arbeitsfähigkeit sich der Mitarbeiter selbst aktuell, situativ präsentiert, und nicht, auf welcher er aufgrund seiner Funktion und seiner Erfahrung in der Institution oder Firma generell anzusiedeln ist. Dieses Modell des situativen Führens ist mir auch für die Arbeitsbeziehung in vielen Psychotherapien sehr hilfreich geworden.

Sehr viel mehr als im Alltagsleben ist das Problem der Psychotherapie darin zu sehen, dass die Arbeitsbeziehung oft zum Arbeitsinhalt wird. Sehr viele unserer Patientinnen und Patienten sind permanent, zumindest häufig nur schwer in der Lage, im Rahmen einer Psychotherapie eine erwachsene Arbeitsbeziehung aufrecht zu erhalten. Für manche MitarbeiterInnen von Psychotherapiestationen mit chronischer Selbstreflexionssucht gilt das übrigens genauso.

In der Psychoanalyse ist Regression hochgradig erwünscht. Sigmund Freud hatte ja entdeckt, dass viele Symptome des Erwachsenenlebens gut verstehbar sind als unzeitgemäße Manifestationen von Erlebnis- und Verhaltensweisen, die in einer bestimmten Kindheitsphase einmal normal waren (Freud 1905). Diese zweifelsfrei richtige Entdeckung wurde verabsolutiert. Es entwickelte sich eine schon axiomatische Glaubensgewissheit, dass alles das, was ein Erwachsener an Pathologie entwickeln oder erleben kann, irgendwann in der Kindheit einmal normal gewesen ist. Dies hat rückblickend zu grotesken Vermutungen darüber geführt, was ein Säugling in der präverbalen Zeit erlebt und empfindet (Segal 1974; Mahler, Pine et al. 1978; Dornes 1993). Die gängigen und lange Zeit im psychodynamischen Denken gültigen Konstrukte sind natürlich nicht in toto widerlegt, sondern nur relativiert. Die Entwicklung eines Symptoms wird oft begleitet von einer Regression und einem regressiven Verhalten. Wesentlich ist es mir, dass mit dem Reflex Schluss ist: Seelische Symptomatik und Pathologie ist stets regressiv, Ausdruck einer »frühen Störung«; je schwerer die Störung, umso früher. Aktuell gibt es sicherlich auch gerade in der Körpertherapie eine neue

Auseinandersetzung darüber, welchen Einfluss pränatale Erfahrungen auf die seelische Symptomatik eines erwachsenen Menschen haben können.

Die entscheidende Konsequenz für mein therapeutisches Selbstverständnis und mein therapeutisches Handeln ist sicherlich, dass ich die Hypothese von der Nachreifung in der therapeutischen Beziehung sehr stark relativiere. Auf der Basis der festen Überzeugung, dass Pathologie stets Regression ist, hat die Psychoanalyse gerade der Londoner Schule angestrebt, Regressionen in frühkindliche, sogar präverbale Prägungsphasen durch langfristige, hochfrequente Psychoanalysen zu ermöglichen. Durch solche Regressionen sollte an den Ursprüngen der Entwicklungsstörung gearbeitet werden. Die Beziehungsverzerrungen und Beziehungstraumata sollten sich als Beziehungsstörung in der konkreten therapeutischen Beziehung zur Analytikerin oder zum Analytiker inszenieren und aktualisieren, um gedeutet werden zu können und damit und danach eine Nachreifung in und an der Übertragung, besser noch der konkreten therapeutischen Beziehung zu ermöglichen (Ermann 1993). Erforderlich geworden war dieser Schritt, weil mit der traditionellen Deutungstechnik Persönlichkeitsstörungen, Grundstörungen, psychosomatische Erkrankungen und psychotische Erkrankungen unbehandelbar waren.

Dieses Behandlungsexperiment war in den 50er, 60er und 70er Jahren uneingeschränkt indiziert und sinnvoll. Es ist bei großen Krankheitsgruppen aber gescheitert. Dies gilt sicherlich für die Psychosomatosen und Psychosen, meiner Überzeugung nach auch für die komplexen posttraumatischen Störungen.

Niemand hat heute mehr die Hoffnung, eine Colitis ulcerosa, ein Magengeschwür oder eine Allergie in eine Übertragungs-Psychosomatose umwandeln zu können, um etwa eine allergische Objektbeziehung aufzulösen und damit kausal die Allergie zu erreichen. Entwickelt hat sich vielmehr eine differenzierte, psychodynamisch reflektierte Coping-Therapie, die den Primat des Somatischen akzeptiert und eine möglichst fördernde, aber eben nicht auf kausale Symptomheilung abzielende Behandlung anstrebt. Erfahrungsgemäß ist mit diesem Vorgehen psychosomatisch Erkrankten sehr viel besser zu helfen, als wenn die therapeutische Beziehung permanent übertragungsbedingten Belastungen ausgesetzt wird (Wilke und Leuner 1990).

Gescheitert ist dieses Vorgehen ebenfalls bei den Psychosen. Heute arbeitet kaum noch jemand mit dem Konzept, psychotische Erkrankungen in Übertragungspsychosen zu verwandeln. Die Pionierarbeiten von Searles (Searles 1974), Rosenfeld (Rosenfeld 1981), Benedetti (Benedetti 1983) oder auch Laing (Sachsse 2004) sind faszinierende Zeitdokumente. Die geniale Fähigkeit Benedettis, psychotisch Erkrankte so umfassend zu erreichen und zu fördern, wie er das beschrieben hat, war wahrscheinlich an persönliche Fähigkeiten und Begabungen gebunden. In den letzten Jahren seines Wirkens hat er übrigens ein

Behandlungsmodell gelehrt, bei dem ausdrücklich mit einem dritten Raum gearbeitet wurde und die therapeutische Beziehung dadurch behandlungstechnisch bewusst entlastet wurde.

Für mich rational nicht nachvollziehbar hat die Erkenntnis, weder Psychosomatosen noch Psychosen übertragungszentriert erreichen und bessern zu können, bisher nicht dazu geführt, die Weiterbildung zum Psychoanalytiker infrage zu stellen. Der Schritt zur hochfrequenten Langzeitanalyse über viele Jahre war geschichtlich eine Antwort auf die ersten Ergebnisse mit Neuroleptika. Es wurde sehr bald unabweisbar, dass mit Haloperidol akut psychotisch Erkrankten um Klassen besser zu helfen war als mit einer analytisch reflektierten Psychotherapie an sieben Tagen in der Woche. Diese Kränkung und Erschütterung wurde dahingehend beantwortet, dass folgende Forderung erhoben wurde: »Selbstverständlich können wir floride Psychosen durch die psychoanalytische Beziehung bessern und heilen. Wir können es nur dann nicht, wenn wir selbst Angst haben, in der Gegenübertragung in unseren psychotischen Kernen mobilisiert zu werden. Wir müssen unsere psychotischen Kerne kennen, ertragen und für die Entwicklung der Patienten zur Verfügung stellen können. Das geht nur in einer hochfrequenten, langjährigen Psychoanalyse mit sehr tiefen regressiven Zuständen.« Wenn diese Hoffnung inzwischen begraben werden muss, dann bleibt zu fragen: Wem werden die jahrelangen hochfrequenten Lehranalysen einmal zugute kommen? Was hindert daran, den Vorschlag Kernbergs aufzugreifen, die Lehranalyse auf 260 Sitzungen zu begrenzen – von mir aus auch auf 270? Was ist die psychotherapeutische Indikation für eine hochfrequente Langzeitanalyse? Für wen ist sie indiziert, für wen ist sie kontraindiziert? Als die DPG ihre Weiterbildungsrichtlinien verbindlich veränderte und sich damit der DPV kaum noch unterscheidbar annäherte, bin ich aus der DPG ausgetreten. Meine wissenschaftlichen Zweifel an wesentlichen Axiomen der psychoanalytischen Theorie und meine Erfahrungen mit der traumazentrierten Psychotherapie (Sachsse 2004) haben dazu geführt, dass ich mich auch von der Denkkategorie analytisch versus unanalytisch verabschiedet habe. Diese Kategorie ist für mein wissenschaftliches und mein therapeutisches Arbeiten inzwischen irrelevant.

Arbeitsbeziehung und Regressive States

Ist schon im Alltagsleben eine Arbeitsbeziehung unter Stress regressionsanfällig, so gilt dies für eine Psychotherapie umso mehr. In Belastungssituationen tendieren wir dazu, in regressive Zustände, neudeutsch »States« zurückzuleiten. Mit einiger Übung werden auch Anfänger in der Psychotherapie bald merken, ob sie quasi einem Kind, quasi einem Schulkind, quasi einem Jugendlichen, quasi einem

Adoleszenten oder wirklich einem erwachsenen Vertrags- und Arbeitspartner gegenübersitzen.

Für die Therapieplanung ist es wichtig, dass wir uns einen kurzen Eindruck davon verschaffen, wie die Arbeit sich wohl inhaltlich gestalten wird und gestalten lässt. Indikation und Prognose müssen nicht mehr so ausschließend diskutiert werden wie zu der Zeit, als Psychoanalyse und Psychotherapie ein rares Gut waren. Die psychotherapeutische Versorgung hat sich verbessert. Dafür aber ist die Frage der Differentialindikation sehr viel gründlicher zu erwägen als in einer Zeit, als es nur sehr wenige und keine störungsspezifischen Psychotherapieangebote gab (Heigl 1978). Ein kurzer anamnestischer Rückblick auf den bisherigen Lebensweg unter Leistungsgesichtspunkten hat eine hohe prognostische Aussagekraft. Was ist der höchste, bisher erreichte berufliche Status gewesen? Hat die Patientin, der Patient einen Schulabschluss, einen Lehrabschluss, einen Studienabschluss, Zeiten der Berufstätigkeit? Wie war die Arbeitsleistung in zwischenmenschlichen Beziehungen? Auch in Partnerschaften und in der Erziehung von Kindern gibt es eine Arbeitsebene, und die Beziehungskonstanz in solchen Bezügen ist ein wichtiger Faktor für das, was auf der Arbeitsbeziehungsebene in der Therapie auf die Beteiligten zukommen wird. Wie war in den letzten Tagen, in den letzten Wochen überwiegend die Arbeitsfähigkeit? Womit muss ich als Therapeut aktuell rechnen? Mit welcher Belastungsfähigkeit und -bereitschaft kann ich mich therapeutisch also verbünden?

Auch die Arbeitsbeziehung und Arbeitsatmosphäre auf einer psychotherapeutischen Station muss so gestaltet sein, dass die Therapieziele optimal erreicht werden. Bei Stationen, die störungsspezifisch arbeiten können, wird auch für Außenstehende rasch eine spezifische Stationsatmosphäre deutlich. Die ist auf einer Station zur Entgiftung von illegalen Drogen anders als auf einer Station zur Behandlung Posttraumatischer Belastungszustände und anders als auf einer Station mit überwiegend jugendlichen Persönlichkeitsstörungen. Die Atmosphäre auf einer Station zur Behandlung chronisch psychotisch Erkrankter ist anders als die Arbeitsatmosphäre auf einer gerontopsychiatrischen Station oder einer Depressionsstation. Arbeits- und Therapieziele, Gestaltung der therapeutischen Beziehung, Stationsatmosphäre und Arbeits- und Beziehungsebene der Patientinnen und Patienten untereinander müssen auf Station kongruent sein. Wenn die Arbeitsbeziehung und die Arbeitsatmosphäre auf Station den Arbeitszielen zuwider läuft, bleiben alle inhaltlichen therapeutischen Bemühungen ergebnislos.

Bei den weiteren Ausführungen wird noch deutlich werden, dass es inzwischen Ziel fast aller psychotherapeutischen und psychiatrischen Behandlungsverfahren und -methoden ist, die Arbeitsebene in einem so erwachsenen State wie irgend möglich so lange wie irgend möglich aufrecht zu erhalten. In der

Gestaltung der Arbeitsbeziehung gilt für die meisten Therapieempfehlungen für unterschiedlichste Störungsbilder inzwischen übereinstimmend, dass diese Arbeitsebene eher antiregressiv zu gestalten, aufrecht zu erhalten und zu verteidigen ist.

Psychotherapie als State Dependant Learning

Es ist klinisches Alltagswissen, dass es veränderungsfördernde und veränderungshindernde States gibt. Alle primärpathologischen States wie Psychose, Major Depression, Posttraumatische States genau so wie die Intoxikations-States sind seelisch-hirnphysiologische Zustände, in denen Veränderung schwer bis unmöglich ist.

Die Hirnforschung und Psychotherapieforschung wendet sich in den letzten Jahren zunehmend der Frage zu, wie Veränderung prinzipiell erfolgt, und wie Veränderungen dauerhaft herbeigeführt werden können – bei Tier und Mensch. Ein besonders häufig vertretenes Modell hebt hervor, dass Psychotherapie als Veränderungsversuch wohl nur dann wirksam werden kann, wenn es state dependant learning ist. Es ist erwiesen, dass viele Lernerfahrungen und Beziehungserfahrungen sehr eng mit dem Zustand verbunden sind, in dem sie entstanden sind. Dies bedeutet, dass eine Veränderung nur möglich ist, wenn beides verändert wird: Die Erfahrung und der Kontext, die Erfahrung im Kontext, Stimulus und Kontextvariablen (Roth 2003).

Klinisch ist diese Erfahrung seit langem bekannt. Die Psychoanalyse hat frühzeitig vertreten, dass gerade der regressive State der Übertragung besonders veränderungsrelevant ist, und Sigmund Freud war überzeugt, dass es eben nicht möglich ist, den Vater in absentia ad effigie zu erschlagen. Es bedarf der atmosphärisch dichten, regressiven, spürbaren Vater-Übertragung, um in diesem State therapeutisch wirksam werden zu können und Veränderungen herbeiführen zu können. Verhaltenstherapeutische Methoden aktualisieren den zu behandelnden Angst-Zustand, weil praktisch alle Angst-Symptome nur behandelbar, desensibilisierbar sind, wenn die ängstigende Situation aufgesucht wird. Grawe spricht von »Problemaktualisierung«. Auch die traumazentrierte Psychotherapie beinhaltet als wesentliches Element die Traumaexpositionen, die natürlich nur wirksam werden können, wenn der Trauma-State aktualisiert wird.

Hier liegt das psychotherapeutische Dilemma. Viele pathologische States sind gerade dadurch gekennzeichnet, dass in ihnen die Arbeitsfähigkeit aufgehoben ist, der erwachsene State nicht mehr existiert und Arbeit und Lernen ausgeschlossen sind. Mit einem alkoholintoxikierten Patienten kann nicht sinnvoll an seiner Kindheitsgeschichte gearbeitet werden, auch wenn dieser das vielleicht vom Therapeuten wünscht und gerade in diesem Zustand am Kneipentresen schon viele tiefschürfende Gespräche geführt hat. Dies gilt auch für einen maligne regredierten Patienten in einer übertragungsfokussierten Therapie.

Verschiedentlich erproben Therapieverfahren, wie sie in diesem Dilemma einen Schritt weiter kommen können. Gerade die traumazentrierte Psychotherapie hat hier in den letzten Jahren Pionierarbeit leisten können. Durch differenzierte Techniken gelingt es, den pathologischen State bei der Traumaexposition zu aktivieren und gleichzeitig den Erwachsenen-State, die Arbeitsfähigkeit aufrecht zu erhalten. Dadurch sind Entwicklungen möglich geworden, die in der Vergangenheit so nicht erreichbar waren (Sachsse 2004). Aus den Traumaexpositionsbehandlungen lässt sich sagen, dass besonders wirksam offenkundig Vorgehensweisen sind, bei denen im Gehirn die Programme der präfrontalen und orbitofrontalen Cortexregionen für erwachsene Arbeit, Reflektion und Kognition und die limbisch-basalhirn-dominierten emotionalen Zustände gleichzeitig oder aber in rasch alternierendem Wechsel aktualisiert werden. Weniger wirksam scheint es zu sein, die pathologischen States gar nicht zu aktivieren und ausschließlich auf einer erwachsenen, kognitiven Gesprächs- und Arbeitsebene zu bleiben, oder erlebniszentriert bewusstlos in das Erleben einzutauchen, es erneut zu durchleben und dabei den Verstand quasi abzuschalten. Auf Hirnebene ist wahrscheinlich für diese Psychotherapie die dichte Interaktion von Frontalhirn und limbischem System unverzichtbar. Ob sich diese Erfahrungen irgendwann einmal auch auf die Arbeit mit anderen, schwer pathologischen States befruchtend auswirken wird, ist nicht zu sagen.

Gerade dieser Situation der gleichzeitigen Aktivierung der bewussten Erwachsenen-Ebene und der regressiv-erlebenden kindlichen oder pathologischen Ebene versuchen die Patienten auszuweichen oder sich zu entziehen. Sehr viele sind entweder erwachsen oder regressiv, entweder arbeitsfähig oder in einem pathologischen Zustand, denn die gleichzeitige Aktivierung und Wahrnehmung dieser beiden Zustände führt zu Schmerzen, Leid, Ambivalenz, Zwiespalt und anderen aversiven Empfindungen. Ein wichtiges Element der Indikation zur Psychotherapie war es früher, ob ein Patient »leidensfähig« oder »leidensbereit« war. Diese Worte sind in unserer überwiegend süchtig-hedonistischen Gesellschaft so unpopulär geworden, dass sie schon nicht mehr den Status eines wissenschaftlichen Begriffes beanspruchen können. Inhaltlich entscheidet es sich hier häufig: Ist eine Patientin, ein Patient leidensfähig und leidensbereit? Dann besteht eine gewisse Aussicht auf Erfolg, sonst wahrscheinlich nicht.

Ich habe dargelegt, dass es einige States gibt, in denen Veränderung sehr schwer oder gar unmöglich ist. Es gibt aber auch States, in denen Veränderungen wahrscheinlich oder sicher möglich sind.

Der erste psychotherapeutisch veränderungsrelevante State ist die Anwesenheit der therapeutischen Bezugsperson.

Wenn Sie Ihren Beruf nicht völlig verfehlt haben, dann wird Ihre Anwesenheit für die meisten Patienten fast immer primär beruhigend wirken. Dies hat biologische Wurzeln. Hüther weist auf Medikamentenversuche hin, bei denen ein Affe im Käfig einem Raubtier außerhalb des Käfigs ausgesetzt war. Der Affe hatte Todesangst, und diese Todesangst wurde durch Medikamente etwas geringer. Zum Vergleich wurde ein zweiter Affe ohne Medikamente in den Käfig gesperrt, und überraschenderweise hatte dieser auch nicht so viel Todesangst. Klugerweise wurde beim ersten Affen daraufhin das Medikament weggelassen, und das Ergebnis war eindeutig: Mit-Affe ist wirksamer als Medikament. Wir sind als Säugetiere Herdentiere, und die Anwesenheit befreundeter Anderer aus der Horde, Herde oder Familie wirkt primär beruhigend.

Die Anwesenheit eines anderen Menschen ist auch außerhalb therapeutischer Beziehungen eines der wichtigsten stabilisierenden oder verändernden Elemente. Wenn wir Probleme, Schwierigkeiten und Sorgen haben, wenn wir unseren Stress nicht alleine regulieren können, rufen wir einen guten Freund an. Frauen haben ihre beste Freundin, und mitmenschliche Anwesenheit und Austausch sind die natürlichsten Beruhigungs- und Veränderungsmittel des Herdentieres Mensch. Natürlicherweise steht dieses Mittel jederzeit zur Verfügung. Ein Kollege eines anderen Kulturkreises hat mir berichtet, er könne sich nicht erinnern, bis zu seinem 21. Lebensjahr jemals alleine gewesen zu sein. Er sei dann nach Deutschland gekommen, um zu studieren, und in dieser Lebenssituation sei er zum allerersten Mal damit konfrontiert worden, ganz allein zu sein. Der Rückgriff auf den vertrauten Anderen ist also natürlich.

Prognostisch ist es nun sehr hilfreich, mit einem Patienten zu erarbeiten, wie sich solche Kontakte und Gespräche in zwischenmenschlichen Beziehungen allgemein, aber auch in zurückliegenden Psychotherapien ausgewirkt haben. Einerseits wird es dann Patienten geben, die von solchen Gesprächen im Bekanntenkreis oder in zurückliegenden Therapien profitiert haben, und bei denen solche Austauschprozesse zu Veränderungen geführt haben. Diese Patientinnen und Patienten können wahrscheinlich internalisieren, symbolisieren, abstrahieren und generalisieren. Heute würden wir formulieren: Sie können mentalisieren. Im psychoanalytischen Sinne sind sie organisiert auf einem neurotischen Strukturniveau, und mit ihnen wird eine Psychotherapie gleich welcher Methode eine gute Erfolgsaussicht haben. Bei anderen wird rasch deutlich werden, dass die Inhalte solcher zwischenmenschlicher oder psychotherapeutischer Gespräche für etwa 24 bis 48 Stunden präsent und wirksam bleiben und dann quasi wieder weg sind. Dies werden Patientinnen und Patienten mit schweren Persönlichkeitsstörungen oder komplexen Posttraumatischen Störungen, mit dissoziativen Zuständen und anderen multimorbiden Störungsbildern sein. Bei ihnen kann nicht einfach vorausgesetzt werden, dass Inhalte der Kontaktsituation sicher mitgenommen und dann auch behalten werden können.

Gerade für diese Klientel, die in psychiatrischen und stationär psychotherapeutischen Behandlungen nicht selten ist und in psychiatrischen Kliniken einen Großteil des Klientels ausmacht, hat die Anwesenheit therapeutischen Personals den Charakter einer Beziehungsfalle. Diese Patienten behalten nur: Es geht mir schlecht, jemand war für mich da, da ging es mir besser. Das führt zu langfristigen, manchmal lebenslangen Abhängigkeiten von Therapeutinnen und Therapeuten, Stationen und Kliniken. Wahrscheinlich wird es nie ganz erreichbar sein, dass nicht eine Gruppe von Menschen in solcher Form behandelt, begleitet oder betreut werden muss. Nicht jeder ist veränderungsfähig, entwicklungsfähig, autonomiefähig; manche können nur betreut und begleitet werden. Gerade hier machen sich aber Patienten und Therapeuten oft gegenseitig etwas vor. Viele langjährige therapeutische Beziehungen sind längst zu langfristig haltgebenden Betreuungs-Verhältnissen geworden, in denen sich kaum noch etwas entwickelt. Diese Beziehungsstruktur wird aufrechterhalten in der Illusion, sie sei noch veränderungsrelevant. Mittelfristig könnte es sinnvoll sein, eine Behandlungsziffer einzurichten »Psychotherapeutische Betreuung«. Denn diese Beziehungsstruktur unterliegt entweder einem bewussten Etikettenschwindel oder aber einer gemeinsamen Verleugnung.

Der zweite veränderungsrelevante State ist der der Trance, des Hypnoids und der Suggestion.

Schamanen aller Kulturen, Priester und Psychotherapeuten arbeiten immer auch suggestiv. Dieses Element ist von der Hypnotherapie nach Milton Erickson und dem neurolinguistischen Programmieren NLP besonders intensiv bearbeitet und erforscht worden, und suggestive Elemente finden sich in fast allen psychotherapeutischen Vorgehensweisen (Fürstenau 2002).

Gesprochen habe ich bereits über den veränderungsrelevanten State der Regression.

In der Regression werden Kind- und Jugendlichen-States aktualisiert, in denen es zu Fehlentwicklungen gekommen ist. Übertragungs-Gegenübertragungs-Prozesse in der psychoanalytischen oder tiefenpsychologisch fundierten Psychotherapie lassen dies deutlich werden, und innerhalb der States kann sinnvoll gearbeitet werden, solange ein erwachsener Arbeitspartner sicher verfügbar ist.

Zu den veränderungsrelevanten States gehört auch derjenige der Reflektion, des Nachdenkens und der kognitiven Verarbeitung.

Was durch gute kognitive Arbeit verändert werden kann, hat insbesondere die kognitive Verhaltenstherapie reflektiert.

Der Umgang mit den States des Patienten liegt in der Verantwortung von uns Therapeutinnen und Therapeuten. Insbesondere dann, wenn wir in einer Psychotherapie nicht nur begleiten, stabilisieren oder betreuen wollen, sondern Veränderungen herbeiführen möchten, werden wir um die Aktualisierung veränderungsrelevanter States im Rahmen der Therapie nicht umhinkommen. Veränderung geschieht nur in einem Zustand eines mittleren Stress-Levels und einer gewissen Erregung (Hüther 1997). Sonst tut sich nichts. Die meisten psychotherapeutischen Verfahren verfügen auch über gute Techniken und Methoden, um States auszulösen, in denen Psychotherapie wirksam werden kann. Nicht alle psychotherapeutischen Verfahren haben in der Vergangenheit aber ausreichend reflektiert, wie solche States dann wieder sicher beendet werden können. Gerade im Umgang mit regressiven Zuständen gibt es hier eine weit verbreitete psychotherapeutische Fahrlässigkeit. Diese Zustände werden zwar induziert, aber sie können dann nicht sicher wieder beendet werden. Psychotherapeuten werden so zu Zauberlehrlingen, die jene Geister nicht mehr loswerden, die sie riefen. Dies gilt für unreflektierte Induktion regressiver Übertragungssituationen in Psychoanalysen und tiefenpsychologisch fundierten Psychotherapien genau so wie für nicht genügend vorbereitete und abgesicherte Traumaexpositionen, nach denen die Patientinnen und Patienten nicht mehr aus dem Trauma-State herauskommen, oder für schlecht vorbereitete Angstexpositionen oder Flooding. Der Umgang mit solchen States liegt ganz in der Verantwortung von uns Therapeuten. Wir können uns dieser Verantwortung nicht dadurch entziehen, dass wir auf den therapeutischen Prozess oder die Selbstheilungskräfte verweisen und damit die Verantwortung abgeben. Es gibt inzwischen Methoden, Psychotherapie antiregressiv zu gestalten und Menschen aus regressiven Zuständen herauszuholen (Bohus 2002). Diese Methoden müssen genau so bekannt sein wie das Vorgehen, regressive oder pathologische States auszulösen.

Arbeit im optimalen Stress Level

Ein Element der Veränderung durch Psychotherapie sind sicherlich Lernprozesse. Aus der Lerntheorie ist bekannt, dass es für kognitive Lernerfahrungen einen optimalen Stress-Level gibt. Unterhalb einer bestimmten Erregungskurve wird nicht viel gelernt, und im Spitzenbereich ebenso wenig. Besonders intensiv hat sich die dialektisch behaviorale Therapie Marsha Linehans (DBT) den unterschiedlichen Stress-Levels gewidmet (Linehan 1996; Bohus 2002). Unterschieden werden drei Level:

➤ Der Bereich niedrigen Stresses, in dem ich meditieren kann, achtsam bin, auftanke, gelassen und ruhig die Welt wahrnehme.

➤ Im mittleren Stressbereich bin ich in einem noradrenergen Zustand (Hüther), in dem ich Stress bewältigen kann und aus Schaden klug werde. In diesem Zustand muss ich mit mir selbst und meinen Emotionen umgehen können, um arbeitsfähig zu bleiben, und ich muss mit meinen lieben Mitmenschen umgehen können, um mein Arbeitsziel erreichen zu können.

➤ Im dritten Bereich, dem Hochstressbereich, habe ich nur noch die physische Empfindung: Gefahr! Ich kann kaum noch denken, schlecht wahrnehmen, meine Lernfähigkeit ist gering, und ich habe nur ein Ziel: Der Stress soll aufhören! Flucht, weg, raus, Schluss!

Im Hochstress kann ich als Therapeut inhaltlich nicht wirksam werden. Hier kann ich nur entstressen, beruhigen, herunterregulieren. Optimal für Veränderungen ist ein mittlerer Stress-Level. Optimal für Auftanken und seelische Verdauungsvorgänge ist der Bereich niedrigen Stresses.

Arbeit auf der optimalen psychotherapeutischen Bühne

Hilfreich bei der Regulation regressiver oder pathologischer States und des angemessenen Stress-Bereiches kann es sein, bewusst jene therapeutische Bühne zu wählen, auf der sich die Pathologie darstellen und inszenieren soll.

Am natürlichsten ist es sicherlich, wenn sich therapeutische Arbeitsbeziehung und Übertragungs-Gegenübertragungs-Beziehung wie in der Psychoanalyse und in sehr vielen tiefenpsychologisch fundierten Psychotherapien in ein und derselben Dyade darstellen. Diese Arbeit ist aber gleichzeitig auch besonders schwierig, weil es natürlich durchaus unterschiedliche Meinungen dazu geben kann, ob die zurückliegende Interaktion nun Ausdruck eines regressiven Übertragungsgeschehens oder Element einer erwachsenen Auseinandersetzung gewesen sei. Die therapeutische Ich-Spaltung, das Einnehmen einer Meta-Ebene und das distanzierte Betrachten des eigenen Interaktionsverhaltens erfordert viel seelische Reife und die Möglichkeit, sich vom aktuellen Interaktionsgeschehen zu distanzieren und eine kognitive Ebene einzunehmen. Die Fähigkeit zur Selbstreflektion und zum Einnehmen einer Meta-Ebene habe ich in Supervisionen übrigens auch nicht immer bei allen Therapeutinnen und Therapeuten vorgefunden.

Viele Therapieverfahren erleichtern sich diese Arbeit, indem sie ritualisiert und institutionalisiert einen Erlebnis- und Erfahrungsraum von einem Arbeitsraum in der Therapie trennen (Kottje-Birnbacher 1997). Diese Methoden greifen zurück auf das kindliche Entwicklungsmuster des Spiels. Im Spiel kann das Kind auch Beziehungserfahrungen, Wünsche, Hoffnungen und Erwartungen durchspielen, verändern, imaginativ herbeiführen oder zerstören und kaputt machen. Die Trennung der Therapie in einen Raum, in dem Regression und Pathologie sich kontrolliert reinszenieren können, und der getrennt bleibt vom Raum der erwachsenen Arbeitsbeziehung, erleichtert vielen Patienten die Arbeit.

Dieser Raum kann beispielsweise der Körper sein. Die konzentrative Bewegungstherapie KBT (Schmitz 2004) und die psychoanalytisch orientierte Tanztherapie wählen Körper und Bewegung als einen solchen dritten Raum. Qi Gong, Feldenkrais und Shiatsu erleichtern es, körperlich in den Zustand der Achtsamkeit und des niedrigen Stressbereiches zu gelangen.

Mit Imaginationen arbeiten Therapieverfahren wie die Katathym Imaginative Psychotherapie KIP (Leuner 1985) oder die Psychodynamisch Imaginative Traumatherapie PITT (Reddemann 2004), und mit dem Medium des Spiels arbeiten die Gestalttherapie und das Psychodrama. Die Gestaltungstherapie und die Kunsttherapie nutzen das Medium der künstlerischen Gestaltung. Psychotherapie mit einem solchen dritten Raum ist nichts anderes als die Anwendung der Erfahrungen der Spieltherapie für Erwachsene. Ich habe nie verstanden, warum die offizielle Psychoanalyse proklamiert hat: Ab 16 keine Spieltherapie mehr! Dies war sicherlich eine Fehlentscheidung.

Arbeit im optimalen Gedächtnissystem

Um die Arbeitssituation weiter zu komplizieren, aber auch erfolgreicher zu machen, muss auf einen weiteren Aspekt hingewiesen werden, der aus der Hirnphysiologie und ihren Ergebnissen abgeleitet werden kann. Wenn wir mit der inzwischen bewiesenen Hypothese arbeiten, dass frühere Erfahrungen die Gegenwart beeinflussen und die Gegenwartserfahrung bahnen, dann haben wir es mit den Gedächtnissystemen des Gehirns zu tun (Markowitsch 2002). Aus der Fülle der unterschiedlichen Gedächtnissysteme erscheinen mir zwei für die psychotherapeutische Arbeit besonders bedeutsam: Das episodische Gedächtnis und das prozedurale Gedächtnis.

Sehr viele Erfahrungen beginnen mit einer Episode. Eine solche Episode ist beispielsweise die erste Fahrstunde. Der Fahrlehrer sucht mit dem Fahrschüler am Spätnachmittag eine abgelegene Straße in einem Industriegebiet auf, wo im Umfeld von 2 km wahrscheinlich gerade niemand herumfährt. Dort gibt er seine ersten Anweisungen: »Ja, jetzt diesen langen Schalthebel etwas nach vorne schieben, dabei gleichzeitig mit dem linken Fuß auf das Pedal treten, jetzt leicht mit dem rechten Fuß auf das andere Pedal treten, und jetzt den linken Fuß leicht nach vorne nehmen vom Pedal weg – nicht so hastig! Ja, so was passiert am Anfang immer, den Wagen also noch einmal starten, bitte! Gut so. Und jetzt noch einmal den eben beschriebenen Ablauf. Und wenn Sie beim nächsten Mal auch noch die Handbremse mit der rechten Hand lösen, werden Sie viel fließender in Fahrt kommen.« Solche oder ähnliche Episoden sind uns viele im Gedächtnis, während die 7. Fahrstunde wahrscheinlich nicht mehr abgespeichert ist, es sei denn, an ihr sei irgendetwas bedeutsam, unroutiniert, eben bemerkenswert gewesen.

Nach und nach sind die Erfahrungen in solchen Einzelepisoden übergegangen ins prozedurale Gedächtnis. Dies gilt für Autofahren, Fahrradfahren, Schwimmen, Klavierspielen, Lesen und Schreiben und sehr viele Fähigkeiten und Fertigkeiten. Es ist sogar so, dass es die Abläufe stört, wenn ein inzwischen prozedural verfügbares Element wieder zur Episode werden soll. Man kann einen Autofahrer sehr gut dadurch aus dem Takt bringen, dass man ihn bittet, die Abläufe mal wieder ganz bewusst zu machen.

Wo sind Symptome abgespeichert? Der Charakter vieler Symptombildungen lässt mich vermuten, dass einige sich inzwischen zur Stressregulierung so gut bewährt haben, dass sie Bestandteil des prozeduralen Gedächtnisses geworden sind. Sie sind eine Gewohnheit, eine Lebensfertigkeit, ein Skill, der gar nicht mehr so einfach zu verlernen ist.

Psychotherapeutisch arbeiten wir aber überwiegend mit den Elementen des episodischen Gedächtnisses. Nun ist es zweifelsfrei sinnvoll, die wichtigen Episoden zu kennen, zu verstehen und gesteuert aufzusuchen, die zu einer Symptombildung oder einem dysfunktionalen Verhalten geführt oder beigetragen haben. Aber reicht das? Müssen nicht gleichzeitig neue Prozeduren, neue Rituale, neue Gewohnheiten eingeübt werden? Hier haben verhaltenstherapeutische und hypnotherapeutische Vorgehensweisen eine sehr viel längere Tradition in der Verordnung von Hausaufgaben, veränderungsfördernden Verhaltensweisen oder Ritualen, als dies psychoanalytische oder tiefenpsychologisch fundierte Methoden haben, die nicht selten die Aufarbeitung der Episode und das Verstehen oder Erkennen als Wirkelement überschätzen. Das Durcharbeiten ist in den psychodynamischen Therapien am wenigsten durchdacht und konzeptualisiert.

Fast alle stationären Behandlungsprogramme haben Elemente solch sinnvoller, ritualisierter Handlungsabläufe. Viele körpertherapeutische Angebote oder kunsttherapeutische Angebote sind neue Rituale. Hier wie bei den Elementen der therapeutischen Einzelarbeit stellt sich das Problem des Transfers, der Übertragung von Erfahrungen aus der therapeutischen Situation in den Alltag. Deshalb sind Hausaufgaben so wichtig und hilfreich, damit die Wirksamkeit einer Psychotherapie nicht beschränkt bleibt auf die psychotherapeutische Sitzung oder den immer kürzeren stationären Aufenthalt.

Schlussbemerkung

Niemand kann heute mehr vertreten: »So ist Psychotherapie eben.« Für alle Facetten der Psychotherapie gibt es sehr unterschiedliche Methoden, Vorgehensweisen, Wirksamkeitsüberzeugungen, Mythen und empirische Belege. Psychotherapie ist also inzwischen eine Sache von Entscheidungen. Damit wächst die Verantwortung von Psychotherapeuten dafür, Patienten zu informieren und für ihr therapeutisches Vorgehen eine gut informierte Zustimmung einzuholen. Alles andere wäre standesrechtlich und ethisch unvertretbar. Mit unseren Vorschlägen tragen wir Therapeuten inzwischen die Verantwortung für folgende Therapieelemente:

Die Gestaltung der therapeutischen Beziehung
Die Wahl der veränderungsrelevanten States
Die Aktivierung und die Kontrolle regressiver oder pathologischer States (Zauberlehrling-Syndrom)
Die Modulation des optimalen Stress-Levels
Die Arbeit im und am veränderungsrelevanten Gedächtnis-System
Die Wahl der therapeutischen Bühne für Prozesse der Aufarbeitung von Pathologie und der Nachreifung
Die therapeutischen Rituale

Das Einbeziehen hirnphysiologischer Erfahrungen in die Reflektion und Gestaltung der therapeutischen Beziehung relativiert und verändert bisherige Modelle. In der Vergangenheit ist sicherlich das Veränderungspotential der therapeutischen Beziehung idealisiert, romantisiert oder gar sakralisiert worden. Gegenwärtig gibt es die Gefahr, dass biologische Prozesse idealisiert und romantisiert werden. Dabei ist darauf hinzuweisen, dass zwischenmenschliche Beziehung ein genuin biologischer Prozess ist. Es gibt ein ganzes biologisches System für die Herstellung und Aufrechterhaltung von Bindungen (Panksepp 1998; Sprangler und Zimmermann 1999). Gerade bei der zwischenmenschlichen Beziehung fällt Biologie und Kultur quasi zusammen.

Sachsse, Ulrich, Prof. Dr. med., Facharzt für Psychiatrie, Psychotherapie und Psychotherapeutische Medizin, Psychoanalytiker, Honorarprofessor an der Universität Kassel. Publikationen und Fortbildungen im Bereich SVV, BPS und Psychotraumatologie. NLKH Göttingen (D)
E-mail: Ulrich.Sachsse@t-online.de

Literatur

Benedetti, G. (1983): Todeslandschaften der Seele. Psychopathologie, Psychodynamik und Psychotherapie der Schizophrenie. Göttingen (Verlag für Medizinische Psychologie im Verlag Vandenhoeck & Ruprecht)

Bohus, M. (2002): Borderline-Störungen. Göttingen (Hogrefe)

Dornes, M. (1993): Der kompetente Säugling. Die präverbale Entwicklung des Menschen. Frankfurt a. M. (Fischer Taschenbuch)

Ermann, M. (Hg., 1993): Die hilfreiche Beziehung in der Psychoanalyse. Göttingen, Zürich, (Vandenhoeck & Ruprecht)

Freud, S. (1905): Drei Abhandlungen zur Sexualtheorie. GW. Frankfurt a. M. (Fischer) 5: 27–145

Fürstenau, P. (2002): Psychoanalytisch Verstehen, systemisch Denken, suggestiv Intervenieren. Stuttgart (Pfeiffer bei Klett-Cotta)

Gildemeister, R. (1989): Institutionalisierung psychosozialer Versorgung. Eine Feldforschung im Grenzbereich von Gesundheit und Krankheit. Wiesbaden (Deutscher Universitätsverlag)

Heigl, F. (1978): Indikation und Prognose in Psychoanalyse und Psychotherapie. Göttingen (Verlag für Medizinische Psychologie im Verlag Vandenhoeck & Ruprecht)

Heigl-Evers, A., J. Ott (Hg., 1994): Die psychoanalytisch-interaktionelle Methode. Theorie und Praxis. Göttingen (Vandenhoeck & Ruprecht)

Hirsch, M. (1989): Der eigene Körper als Objekt. Zur Psychodynamik selbstdestruktiven Körperagierens. Berlin, Heidelberg, New York (Springer)

Hüther, G. (1997): Biologie der Angst: wie aus Streß Gefühle werden. Göttingen (Vandenhoeck & Ruprecht)

Kernberg, O. F. (1978): Borderline-Störungen und pathologischer Narzißmus. Frankfurt a. M. (Suhrkamp)

König, K. (1997): Therapien in Gang bringen und konzentrieren. Göttingen (Vandenhoeck & Ruprecht)

König, K., U. Sachsse (1981): Die zeitliche Limitierung in der klinischen Psychotherapie. Psychotherapie im Krankenhaus. Behandlungskonzepte und -methoden in der stationären Psychotherapie. In: F. Heigl, H. Neun. Göttingen, Zürich (Verlag für Medizinische Psychologie im Verlag Vandenhoeck & Ruprecht) S. 168–172.

Kottje-Birnbacher, L. (1997): Konfliktbearbeitung und Ressourcenaktivierung. Psychotherapeut 42: 170–177.

Leuner, H. (1985): Lehrbuch der katathym-imaginativen Psychotherapie. Bern, Göttingen, Toronto (Huber)

Leuner, H., L. Kottje-Birnbacher, U. Sachsse, H. M. Wächter (Hg., 1986): Gruppenimagination. Gruppentherapie mit dem Katathymen Bilderleben. Bern, Stuttgart, Toronto (Huber)

Linehan, M. M. (1996): Dialektisch-behaviorale Therapie der Borderline-Störung. München (CIP-Medien)

Mahler, M. S., F. Pine, und Bergman (1978): Die psychische Geburt des Menschen. Symbiose und Individuation. Frankfurt a. M. (Fischer)

Markowitsch, H. J. (2002): Streßbezogene Gedächtnisstörungen und ihre möglichen Hirnkorrelate. Körper, Seele, Trauma. In: Biologie, Klinik und Praxis.A. Streeck-Fischer, U. Sachsse und I. Özkan. Göttingen (Vandenhoeck & Ruprecht) S. 72–93.

Panksepp, J. (1998): Affective Neuroscience. The Foundations of Human and Animal Emotions. New York, Oxford (Oxford University Press)

Reddemann, L. (2004): Psychodynamisch Imaginative Traumatherapie. PITT – Das Manual. Stuttgart (Pfeiffer bei Klett-Cotta)

Rohde-Dachser, C. (1983): Das Borderline-Syndrom. Bern, Stuttgart, Wien (Huber)

Rosenfeld, H. (1981): Zur Psychoanalyse psychotischer Zustände. Frankfurt a. M. (Suhrkamp)

Roth, G. (2003): Denken, Fühlen, Handeln. Wie das Gehirn unser Verhalten steuert. Frankfurt a. M. (Suhrkamp)

Sachsse, U. (1996): Selbstverletzendes Verhalten. Psychodynamik-Psychotherapie. Das Trauma, die Dissoziation und ihre Behandlung. Göttingen, Zürich (Vandenhoeck & Ruprecht). 6. Aufl. 2002

Sachsse, U. (2004): Arbeit in und an der Übertragung bei Traumatisierten: Indikation oder Kontraindikation? In: A. Borkenhagen (Hg.). Sisyphus – Jahrbuch Colloquium Psychoanalyse: Psychoanalyse und Film – Psychoanalyse und Trauma. Frankfurt a. M. Edition Dejà-vu. 1: 131–152

Sachsse, U. (2004): Ronald D. Laing: Erinnerungen an einen demagogischen Wissenschaftler. Kontext 35 (2): 194–197

Sachsse, U. (2005): Abschied von meiner psychoanalytischen Identität. WIR. Psychotherapeuten über sich und ihren »unmöglichen« Beruf. In: Birger Dulz, Otto F. Kernberg, Jochen Eckert (Hg.): Stuttgart, New York (Schattauer): 444–459

Sachsse, U., L. Schilling, K. Eßlinger (1998): Ein stationäres Behandlungsprogramm für Patientinnen mit selbstverletzendem Verhalten (SVV). In: A. Streeck-Fischer (Hg.). Adoleszenz und Trauma. Göttingen (Vandenhoeck & Ruprecht) S. 213–223

Sachsse, U., C. Vogel, F. Leichsenring (2006): Results of psychodynamically oriented trauma-focused inpatient treatment for women with complex posttraumatic stress disorder (PTSD) and borderline personality disorder (BPD). Bulletin of the Menninger Clinic 70 (2): 125–144

Schmitz, U. (2004): Konzentrative Bewegungstherapie (KBT) zur Traumabewältigung. Ein handlungsorientierter Ansatz. Göttingen (Vandenhoeck & Ruprecht)

Searles, H. F. (1974): Der psychoanalytische Beitrag zur Schizophrenieforschung. München (Kindler)

Segal, H. (1974): Melanie Klein. Eine Einführung in ihr Werk. München (Kindler)

Spangler, G., P. Zimmermann (1999). Die Bindungstheorie: Grundlagen, Forschung und Anwendung. Stuttgart (Klett-Cotta)

Sterba, R. (1934): The fate of the ego in analytic therapy. In: Int J Psychoanal 15: 117–126

Venzlaff, U. (1958): Die psychoreaktiven Störungen nach entschädigungspflichtigen Ereignissen. Berlin (Springer)

Wilke, E., H. Leuner (Hg., 1990): Das Katathyme Bilderleben in der psychosomatischen Medizin. Bern, Stuttgart, Toronto (Huber)

Willenberg, H., S. O. Hoffmann (Hg., 1997): Handeln – Ausdrucksform psychosomatischer Krankheit und Faktor der Therapie. Frankfurt a. M. (VAS – Verlag für Akademische Schriften)

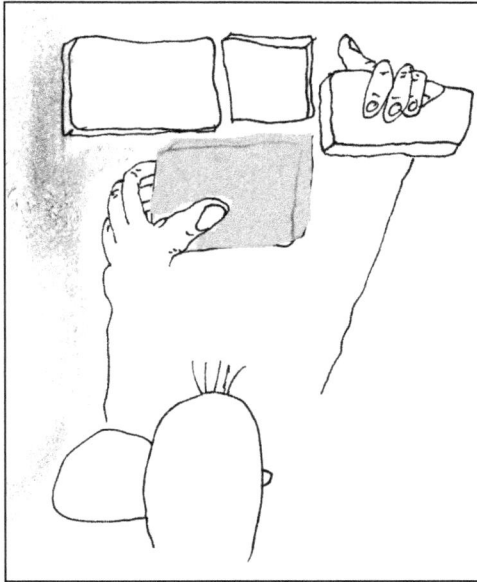

Rekonstruktion

Um sich bewusst zu werden, dass er vor einer unsichtbaren Mauer stand, musste sie sich Mr. Fivehair unbewusst immer wieder aufs Neue bauen – um sich seiner selbst gewahr zu werden, musste sich Mr. Fivehair zärtlich ent-steinern.

Rekonstruktion früher Traumata

Renate Hochauf

1. Einführung

Die Behandlung von Traumafolgen gewinnt nur zögerlich Platz in psychoanalytischen Therapieansätzen, entziehen sich derartige Erfahrungsspeicherungen doch in aller Regel klassischen Bearbeitungstechniken.

Im Rahmen meiner psychoanalytischen Arbeit versuche ich seit vielen Jahren, imaginative und körperbezogene Therapiezugänge zur Behandlung früher Störungen zu nutzen. Darüber eröffnet sich meist sehr rasch der Zugang zu frühen Traumata – des ungeborenen Kindes, der frühen Säuglingszeit und der frühen Kindheit.

Zum Verständnis der Entwicklungsbedingungen der frühen Lebenszeit hat die moderne Säuglingsforschung (Stern 1992; Dornes 1992) wichtige Grundlagen geliefert: Entgegen der klassischen psychoanalytischen Grundannahme, dass das frühe Kind erste Erfahrungen mit Hilfe einer quasi angeborenen Spaltung in gute und böse Aspekte ordnet, konnte eine grundsätzliche Fähigkeit zu ganzheitlichem Erleben gefunden werden. Dies gilt auch, um therapeutische Erfahrungen vorweg zu nehmen, wenn man in diese Betrachtung vorgeburtliche Lebenszeit einbezieht.

Infolge hirnorganischer Reifungsprozesse können etwa ab dem 18. Lebensmonat bis dahin implizit gespeicherte Erfahrungen über Generalisierungs- und Differenzierungsprozesse in symbolische Abbildungen überführt und diese nachfolgend angereichert werden. Damit beginnt das Kind über einen willentlichen Gedächtnisabruf zu verfügen. Die Symbolisierung von Erlebtem – ganzheitlich über das Eindrucksgedächtnis aufgenommen – ist Voraussetzung für ein verfügbares strukturelles Netz von Erfahrungen. Dissoziation und Spaltung innerhalb der Struktur stellen somit ein Artefakt dar, das eine Integrationsstörung von Erlebnissen in ein strukturelles Erfahrungsnetz anzeigt. Strukturelle Defizite und Persönlichkeitsstörungen aber verweisen auf eine sehr frühe Störung von Strukturbildungsprozessen – nämlich bereits vor der Fähigkeit zur Symbolisierung.

Ganzheitlichkeit des Erlebens zerreißt vor allem unter der Einwirkung von Traumata. Wirken diese vor der Reifung der Symbolfähigkeit ein, geht die damit verbundene Fragmentierung im Falle des Überlebens als Kernerfahrung in die Struktur ein. Frühe Traumata bilden sich als strukturimmanent ab, die nachfolgende Strukturbildung stellt eine traumakompensatorische Leistung dar.

Die Gesamtabbildung eines Traumas ist in sich zerrissen in verschiedenen Gedächtnissystemen aufbewahrt – jeweils in denjenigen, die zum Zeitpunkt der Eindrucksspeicherung reifungsbedingt und ereignisbezogen noch funktionieren. Der Kern eines Traumas ist bewusst nicht erlebensganz verfügbar. Bei späteren Traumata betrifft das die subkortikale Speicherung der zentralen Handlungssequenz, bei präsymbolischen Traumata eine unhinterfragbare Grunderfahrung, die nicht symbolisierbar ist.

Eine traumatische Erfahrung kann sich in der Gesamtstruktur nur dann integrieren, wenn die vollständige Trauma-Episode im bewussten Gedächtnis repräsentiert ist.

Damit ergeben sich für die Arbeit an Traumata zwei grundsätzliche Aufgaben:

Einerseits gilt es einen Prozess rekonstruktiv zu begleiten, über den letztlich die Trauma-Erfahrung in eine vollständige kortikale Repräsentation überführt werden muss, um diese integrieren zu können. Dafür bedarf es eines psychoanalytischen Prozessverständnisses.

Andererseits müssen methodische Zugänge für die in verschiedenen neurobiologischen Ebenen abgespeicherten Traumafragmente erschlossen werden, die diesen Informationsabruf leisten können. Deshalb ergibt sich die Reihenfolge des Einsatzes erlebnisorientierter Techniken vor allem aus der inneren Kodierung der Traumaaufzeichnung – und diese hängt auch vom Zeitpunkt der Einwirkung ab.

Die klassische Handhabung therapeutischer Interventionen orientiert auf die Erschließung dynamischer Muster. In der Traumatherapie geht es um die Exploration sensomotorischer Eindrucksqualitäten, des detaillierten konkreten Kontext einer Erfahrung.

Aus einem analytischen Ansatz heraus fokussiert sich die therapeutische Arbeit zwangläufig auf das Beziehungsgeschehen, dessen Traumaspezifik eine große Beachtung erfahren muss. Das scheint auch deshalb einer besonderen Problematisierung wert, weil für die Bearbeitung traumatischer Erfahrungen der gezielte Einsatz eines schulenübergreifenden Methodenrepertoires nötig ist.

Als Prozessmedium eignet sich die Imagination in ganz besonderem Maße, da sie gleitende Übergänge sowohl zu körpernahen Prozessen als auch zu verbaler Reflexion ermöglicht.

2. Zur Traumaabbildung

2.1. Traumaspezifische Reaktionslinien

Erreicht eine Stresseinwirkung transmarginale Qualität (Pawlow 1953, vgl. auch Dowling. In: Janus u. Haibach 1997, S. 212), kann das Geschehen schließlich in eine *Schockreaktion*einmünden, die das Ereignis als *traumatisch* definiert. Über eine Phase panikartiger Angst, verminderter Selbstwahrnehmung und selektiv-überidentifikatorischer Orientierung auf äußere Bedrohungs- und Rettungs-momente entsteht ein dissoziierter Zustand mit Verlust des ganzheitlichen Raum-, Zeit- und Selbsterlebens.

Solange noch Rettungschancen vorhanden sind, ermöglichen die neurobio-logischen Stresssysteme durch körpereigene Botenstoffe Angst und Schmerz soweit zu dämpfen, dass alle vorhandenen Überlebensreserven erschlossen werden können. Dabei sind sowohl eine extreme Steigerung der körperlichen Leistungsfähigkeit als auch beschleunigte Zeit-, Wahrnehmungs- und Denk-abläufe zu verzeichnen (Unfried 2005). Wenn das innere Suchprogramm keine Chance der Rettung mehr wahrnimmt, entsteht ein völliger Kontrollverlust über die Situation. Der damit verbundene verzweifelt-hilflose Zustand gegenüber der übermächtigen Bedrohung wird über eine hohe Ausschüttung von Kortisol und Endorphinen im Erleben betäubt. Über das Erschöpfen der Überlebensreserven tritt der Schock ein. Die Bezogenheit zur Situation zerreißt (Fischer u. Riedesser 1998).

Während der bis zum Schockausstieg aufgezeichnete Teil des Traumaschemas noch im Kortex fragmentiert-dissoziiert verfügbar ist, verbleiben nachfolgende Ereignissequenzen in subkortikalen Speichersystemen. Psychisch kann ein Zu-stand der Außerkörperlichkeit und Angstfreiheit bis hin zu depersonalisierten Erlösungszuständen entstehen – der Körper wird nicht mehr wahrgenommen. Das körperliche Reaktionsspektrum jenseits des Abschaltpunktes speichert des-halb das »Überlebensgeheimnis«.

Im Ablauf der äußeren Ereignisse wird sich irgendwann der Traumavorgang real beenden.

Subjektiv allerdings werden sowohl der Fortgang des Geschehens als auch die Beendigung des traumatischen Ereignisses ab dem Einsetzen des Schocks nicht mehr wahrgenommen.

Im Falle einer Erholung der Lebensfunktionen erfolgt der Wiedereintritt in das Erleben mit den Restwahrnehmungen des erlebten Traumas, dessen Abfolge in der Amnesie verbleibt – da subkortikal gespeichert. Der Wiedereintritt signa-lisiert quasi einen neuen Lebensbeginn, welcher das vorangegangene Ereignis ausschließt und mit der Wiederbelebung die Anbindung an das Danach schafft. Im Kontext mit den unterstützenden Eindrücken im Moment des Wiedereintritts fungiert diese in der weiteren Entwicklung als Kern von Rettungslösungen und -illusionen, aus denen sich das traumakompensatorische Schema (Fischer 2000) entwickelt.

Zwischen beiden Erlebenszuständen liegt der in der kortikalen Wahrnehmung nicht repräsentierte Teil der Traumahandlung. Deshalb werden die genannten Erlebenseinheiten als zwei prinzipiell verschiedenen Zustände gefühlt, aber gleichzeitig stets latent miteinander aktiviert: zwischen scheinbarem Tod und der Wiederbelebung – getrennt voneinander durch die Körpererinnerung an den sicheren Untergang, verbunden miteinander über die Rettungslösungen und Kompensationsmechanismen.

Die Ereigniskette dieser Erlebensblockierung ist in Interaktionen eingebettet, die zum traumatischen Abriss hinführen bzw. diesem nachfolgen. Insofern kann sie als Kern des damit verbundenen Defizits an Strukturbildung gesehen werden.

2.2. Täter-Opfer-Interaktion und Übertragung

Bricht im Fortgang der Traumahandlung die Wahrnehmungs- und Erlebensfähigkeit ab, wird damit auch der Aggressor emotional nicht mehr erkennbar. In der Selbstwahrnehmung kommt es zu einem inneren Beziehungsabriss, der den Kern der Beziehungsängste inhaltlich bestimmt.

Während sich das Kind nun im Zustand dissoziierter Entkopplung von der Situation befindet, fixiert sich die spätere »Übertragungsenergie« der ablaufenden traumatischen Interaktion. Das bedeutet, auch ein Teil der Beziehungserfahrung aus dem Trauma ist später nicht in das symbolische Gedächtnis integrierbar, sondern verbleibt subkortikal.

Auf der ersten (subkortikalen) Abwehrebene des Traumas, die vor allem die körperlichen Reaktionen betrifft, ist eine Fremdprägung über konkrete Täterhandlungen möglich. Diese geschieht, weil das Kind nicht mehr »besetzt« ist. Die Konfrontation mit der Täter-Aggression aktiviert nachfolgend besonders die körperlichen Überlebensprogramme. Damit können auf der Ebene von Körpererinnerungen eine eigene Psychosomatik und Impulse aus dem Überlebenskampf, aber auch Impulse und Handlungen des Aggressors an Stelle der dissoziierten Selbstwahrnehmung identifikatorisch als Täter-Implantate verankert werden. Dies beinhaltet die Gefahr, dass sie tranceartig wie eigene affektive Tendenzen (Impulse des Ich) aktiviert werden können.

Auf der (kortikal-bilateralen) Abwehrebene scheint sich gleichzeitig eine Anpassungsprägung zu verankern. Infolge des dissoziativen Ausnahmezustandes des Kindes scheint es möglich, dass in die eigene psychische Nicht-Besetzung Informationen aus der Täter-Beziehung zum Kind auf dieses ohne Abgrenzungsmöglichkeit übertragen werden – im Sinne einer Introjektion. Damit ist gemeint, dass die mentale Täterbesetzung des Kindes an dieser Stelle – infolge seiner völligen Dissoziation – so stark ist, dass es diese später bei Aktivierung (fast) von eigenen Sichtweisen nicht unterscheiden kann und – im Sinne eines Introjekts – das Über-Ich dominiert (vgl. auch Hirsch 2002).

Solche Projektionen werden oft über Familienideologie unterschwellig weiter konditioniert.

Im Gefolge der sich real beendenden traumatischen Handlung erlangt das traumatisierte Kind irgendwann seine Lebenswachheit und Selbstorganisation zurück. Dies geschieht entweder heimlich und aus eigener Kraft oder ggf. mit Unterstützung von Helferpersonen. Diese sind in vielen Fällen dem Tätersystem verpflichtet und können, da sie in die Abbildung der traumatischen Szene eingeschlossen sind, einerseits zur Fixierung von täterstützenden Retter- oder Helfer-Introjekten, allerdings auch zur realen Hoffnung auf wissende, bemühte Zeugen beitragen.

Das Kind nach dem Trauma wird aus dieser Quelle wichtige Aspekte seiner Traumakompensation entwickeln, und diese innere Instanz stellt auch einen wesentlichen Anknüpfungspunkt für Therapie dar.

2.3. Traumaspezifische Gestaltung der Widerstandsextreme

Strukturelle Widerstände stellen im Trauma-Kontext überlebensrelevante Beziehungsprägungen infolge der Täter-Opfer-Interaktion dar. Sie weisen eine hohe, der Frühtraumatisierung geschuldete strukturelle Ansprechbarkeit auf. Diese erfährt vielfach eine Verstärkung durch nachfolgende Traumata in der Kindheit. Die später darauf folgenden negativen therapeutischen Reaktionen können sich in den zwei gegensätzlichen Übertragungsextremen, der Übertragungsregression bzw. dem Übertragungswiderstand, ausdrücken. Diese Übertragungsextreme externalisieren jeweils einen der beiden Personenaspekte der Täter-Opfer-Interaktion und sind mit dem jeweils anderen Part identifiziert.

In der *Übertragungsregression* spiegeln sich Aspekte der Täter-Opfer- Interaktion über eine innere Fixierung im traumatisierten Kind, eine Projektion von Täter- und Retter-Introjekten in das Außen wider.

Folgt man dem Vorgang der Erstprägung im Traumageschehen, so endet die zunehmende Dissoziation folgerichtig im Traumaabriss, die dazugehörige Erlebenseinheit in der Implosion des Körpers und dem derealisierten Ausstieg. Über den nachfolgenden Wiedereintritt in die Wahrnehmung und nun fühlbare

Rettungs- und Retterbedingungen erfolgt die Ankopplung an die innere Erfahrungsstruktur, unter Ausschluss des Traumaerlebens.

Diese Abfolge prägt vermutlich zwei Erfahrungsakzente. Die existentielle Not erfolgte in völliger Auslieferung an den Aggressor, und die nachfolgende Unterstützung ist schützend.

Die aus den traumaimmanenten Introjekten entstehende Über-Ich-Struktur prägt sich ebenfalls analog dem Traumageschehen: Auf eine existenzielle Täter-Aggression folgt eine rettende Intervention, eine kindliche Hoffnung auf quasi Wiedergutmachung der vorangegangenen Qual. Öffentlichkeit ist schützend, Alleinsein bedrohlich und Trigger für die Aktivierung des Introjekts.

Strukturen, bei denen ein Übertragungswiderstand dominiert, sind durch die starke Dominanz einer scheinbaren Erwachsen-Repräsentanz gekennzeichnet. Sie stellen also die Täter-Opfer-Interaktion aus der Position des Aggressors oder erhofften Retters dar, mit denen der Patient identifiziert ist. Die Kind-Position ist oft anfangs nur formal oder gar nicht zu erarbeiten.

In der Anamnese von Strukturen, die durch Übertragungswiderstände dominiert sind, fehlen vor allem Retter- und Hilfserfahrungen. Der in der Traumahandlung abgebrochene Handlungsimpuls erfährt keine Anbindung über die unterstützende Wiederbelebung, sondern eine erneute Frustration. Diese verhindert einen hoffenden Wiedereintritt in das Erleben nach dem Trauma. Das Zurückwerfen des Rettungsimpulses kann nur über eine erneute Flucht in die Implosion abgewehrt werden. Die Abwehr der Regression kann so vielleicht als Versuch gesehen werden, die innere Berührung mit einer nicht abreißenden Traumatisierungskette zu vermeiden. Insofern stellt der Übertragungswiderstand auch den Versuch dar, sich über den Rückzug auf sich selbst und die eigenen Kompetenz vor der Gewalt der Introjekte zu retten.

Der generelle Widerstand: Es gibt kein Kind – also kein inneres Problem, kann auf der Über-Ich-Ebene auch bedeuten: Die Welt ist immer falsch – es gibt kein Gesetz, das schützt.

2.4. Traumaschichtung

Das Abwehrsystem gegenüber einer Traumaaktivierung kann man sich vielleicht über die Metapher eines Netzwerkes vorstellen: Wird ein Punkt dieses Gitters gereizt, bewegt sich das gesamte Netz als die Verknüpfung von Warnreizen und Gegenbalancen aller Traumata miteinander vor der Aktivierung des strukturellen Defizits. Die komplexe Verflechtung der kerntraumatischen Erfahrungen betrifft wesentliche Bezugspersonen, ähnliche Bedrohungskonstellationen oder Körpertraumatisierungen. Zusätzlich fällt ein späteres Trauma auf frühere sensomotorische Schemata. Die früheste Matrize in der Traumatisierungskette wurde meist bereits pränatal geprägt. Gelingt deren Exploration nicht, läuft sie stumm, aber fusioniert mit den übrigen Traumata im Prozess mit, ohne dass eine Differenzierung der Traumata endgültig gelingen könnte.

Zum Beispiel findet man im Rahmen der Rekonstruktion von sexuellen Missbrauchserfahrungen, in denen häufig der väterliche Part als Aggressor fungiert, oft bei der Aktualisierung der entsprechenden traumatischen Sequenz ein inkohärentes Reaktionsspektrum des Kindes. Dieses reicht von ereignisbezogenen Restwahrnehmungen bis zunehmenden Gefühlen von Auflösung, Zerfließen, Zerreißen, die Konturen verlieren, Abstürzen ff. Letztere Empfindungen erweisen sich in der Regel als zu frühen pränatalen Traumen zugehörig. Die Verkopplung zeigt sich in folgender Reaktionskette: Die Gewalteinwirkung durch den väterlichen Aggressor bewirkt Abschaltung, Anpassungsidentifikation und die Aktivierung von Rettungshoffnungen an die Mutter. Die versagenden Erfahrungen mit der Mutter assoziieren wiederum zu frühen, oft pränatalen traumatischen (Abweisungs-) Erfahrungen, also als in sich unerfüllbare Illusionen.

Pränatale Traumatisierungen konzentrieren sich um schwere biologische Krisen zwischen Mutter und Kind vor und unter der Geburt, drohende Fehlgeburten, Abtreibungsversuche und Zwillingstrennungen.

Besonders letztere sind ein noch wenig beachteter Beziehungsaspekt, der besonders bei symbiotischen Gestaltungen in Betracht gezogen werden sollte. Nach derzeitigem Erkenntnisstand existieren bis zu 40 % aller Embryonen als Zwillingsanlagen. Die Wahrscheinlichkeit, einen so frühen Wegbegleiter verloren zu haben, ist also ziemlich groß.

Zwillingsübertragungen zeichnen sich durch emotional heftige, symbiotisch gefärbte, paritätische und sehr am Eindruck statt an der konkreten Persönlichkeit orientierte Beziehungsgestaltungen aus. Die Aufzeichnung in so frühen Stadien der Entwicklung erfolgt nach heutigem Verständnis über das Körpergedächtnis. Diese therapeutische Erfahrung wird durch die kürzlich von Galiese und Rizzolatti entdeckten so genannten Spiegelneuronen unterstützt (Bauer 2006).

Der pränatal verstorbene Zwilling kann zu so frühem Zeitpunkt nur über das Eindrucksgedächtnis aufgezeichnet werden. Aus therapeutischen Erfahrungen heraus ist zu vermuten, dass diese innere Abbildung so empfunden wird, als wäre sie ein Alter Ego.

Diese und ähnliche Zustände entsprechen einer Identifikation vom Grade eines »Ich bin du« oder »Ich bin wie du«.

Zwangsläufig fließen diese Zwillingserfahrungen auch in die therapeutische Beziehung oft unreflektiert ein. Liegen komplexe Traumatisierungen in verschiedenen Lebensaltern vor, kann eine frühe Zwillingserfahrung die nahezu einzige Hoffnung auf eine nicht beschädigende menschliche Beziehung sein.

Darüber kann aber auch der Prozess angehalten werden, denn ein Weitergehen der therapeutischen Arbeit konfrontiert mit Trennung vom und Tod des Zwillings. Ist diese Übertragung nicht thematisierbar, kann auch die Unterschiedlichkeit des Abschiedes zwischen Therapie und früher Erlebenszeit nicht durchgearbeitet werden.

Früh abgelehnte Kinder weisen bereits eine prägenden traumatische Beziehungserfahrung auf. Sie entbehren meist auch nach der Geburt einer tragfähigen Dyade und lassen darum spätere Bindungsbemühungen nur begrenzt wirksam werden.

Damit erklärt sich oft die vorzeitige Flucht in die Dyade mit dem Vater oder einem ähnlichen Bezugspartner, in der das Kind im Falle einer Komplextraumatisierung zusätzlich gewalttätigen und missbräuchlichen Aktivitäten ausgesetzt ist.

Oft genug setzt sich auch auf verhängnisvolle Weise eine gestörte Beziehung zu Helfern fort: Als versagende Retterin ist die Mutter oft genug selbst in das Tätersystem verstrickt, sexuell ausgebeutet und mit Gewalt bedroht. Vielfach versagen außerfamiliäre Helfersysteme der Gesellschaft.

3. Dekompensation – Kompensation – Rekonstruktion

3.1. Kompensationskriterien

Traumaarbeit ist ein Balancierungsprozess, der in selbstheilende Versuche der Traumabewältigung unterstützend eingreift. Sie bewegt sich in einem Spektrum zwischen Kompensation und Rekonstruktion.

Dekompensationsreaktionen treten dann ein, wenn bisher nicht bewusste Reize aus dem Traumaschema aktiviert werden. Diese können meist nicht wieder aus dem Bewusstsein ausgeschlossen werden, sondern fördern weitere Informationen zu Tage. Darüber kommt es triggergeleitet zu einer Aktivierung des Traumaschemas.

Der Erarbeitung einer kompensatorischen Stabilität scheinen drei prinzipielle Balanceschritte zugrunde zu liegen.

Deren erster stellt den Versuch dar, eine *Distanz* (und damit eine Metaebene in Situation und Zeit) zum aktivierten Traumaschema wieder herzustellen, um die Triggerungen aus der aktuellen Realität zu mildern.

Dafür sind alle unspezifischen Interventionen geeignet, die zur aktuellen Stabilisierung und zum »Notfallkoffer« gehören, auch die Entlastung familiärer

Konflikte oder eine vorübergehende Herausnahme des Patienten aus seinem aktuellen Umfeld über das Vorschalten einer stationären Therapie.

Besonderen Stellenwert haben psychoedukative Interventionen, die Kompetenz und Eigenverantwortung des Patienten stärken und die Hoffnung auf Veränderung des Leidenszustandes fördern.

Darüber kann an frühere helfende Beziehungserfahrungen angeknüpft werden. Diese unterstützen eine *positive Übertragung*, die auch eine zeitliche Metaebene für die Beziehung herstellen kann.

Eine positive Übertragung zu erarbeiten, muss am individuellen Beziehungswiderstand ansetzen. Liegt eine strukturelle Übertragungsregression vor, ist auch die anfängliche Übertragung meist spontan positiv. In der Therapie kann meist problemlos an frühere Helfererfahrungen angeknüpft werden. Innere Kind-Repräsentanzen sind rasch explorierbar, Introjekte deshalb vielfältig über Außenprojektionen gebunden.

In der Übertragung dominiert die Suche nach einem Retter, der das innere Kind aus dem Damals erlöst. Es gibt häufig Tendenzen einer malignen Regression. Im ideologisierten Über-Ich-System der Patientin ist die Therapeutin als heimliche Helferin scheinbar allwissend, fähig zur heimlichen Lockerung von Täter-Übermacht und entlastend in einem Spektrum von Tröstung bis Zurechtweisung.

Da übertragungsregressive PatientInnen auch im Bild meist problemlos das traumatisierte Kind abrufen können, ist die parallelisierende Kern-Intervention auf eine Beelterung des Kindes gerichtet: das Kind »an die Hand nehmen«. Dies erfordert vom Patienten zwangsläufig eine Identifikation mit dem erwachsenen Anteil.

Die Fixierung der Täter-Opfer-Interaktion über einen Übertragungswiderstand erzwingt eine innere Dynamik aus der Introjektperspektive. Die doppelte Abwehr ohne kompensatorische Helferanbindung im Trauma akzentuiert anfangs den Therapieprozess vielfach über kognitive und körperbezogene Reaktionen. Innere Bilder sind durch das Abwehrsystem blockiert. Oft gibt es lange verborgene, stark verinnerlichte Verbote, sich äußeren Helfersituationen zu öffnen. Deshalb kann in diesem Fall die Intervention unterstützend wirken, dass der erwachsene Jetzt-Anteil »dem Kind die heutigen Kräfte zur Verfügung stellt«, ihm also zu frühreifer Wehrhaftigkeit verhilft.

Das dritte Kriterium für jede Arbeit mit traumatisierten PatientInnen, das die Möglichkeit einer Metaebene bezüglich der Traumaabbildungen unterstützen soll, stellt die Arbeit in einem Medium dar. Die Arbeit mit Repräsentanzen, die in einem Medium abgebildet werden können, ist in der Traumatherapie unterdessen unverzichtbar. Damit distanziert es einerseits vom Traumaschema – dessen Reize bekommen über das Medium eine Verdünnung und geminderte Direktheit der Interaktionalität. Außerdem unterstützt ein Medium sozusagen technisch die Aufrechterhaltung des inneren Zwischenraumes.

Ein besonderes Abbildungsmedium stellt für den traumatherapeutischen Prozess die Imagination dar. Sie scheint am differenziertesten und stets konsequent der inneren Kodierung zu folgen.

Allerdings sollten imaginative Interventionen nicht unstrukturiert, nicht mit tiefen Entspannungszuständen verbunden und keinesfalls unangeleitet zur »Selbsthilfe« angeboten werden, denn unter der Quasisymbolik der inneren Bilder läuft bei früh- und komplex traumatisierten PatientInnen das Traumaschema. Dessen unausweichliche Aktivierung muss in der therapeutischen Kontrolle verbleiben.

3.2. Setting: Parallelisierung der Beziehungsebenen

Aus einer hinreichend gelungenen Kompensation heraus lässt sich das Arbeitsbündnis für eine längerfristige Traumarekonstruktion schließen. Auch hier geht es wieder darum, die jeweilige, aus der Täter-Opfer-Interaktion entstandene individuelle Übertragungsspezifik zu reflektieren, um Methoden und Techniken für den subkortikalen Informationsabruf und die kortikale Integration sinnvoll einzusetzen.

Bei übertragungsregressiven Strukturbildungen erfolgt, wie schon erwähnt, in der therapeutischen Situation eine starke Besetzung des Therapeuten mit Retter-Erwartungen. Über die eigene Identifikation mit dem verletzten Kind wird unbewusst erhofft, dass in der Übertragung die Lösung des damaligen Traumas nachholend erfolgen kann. Infolge der Zeitfusionierung ist bei Aktivierungen die Kind-Repräsentanz im Erleben fixiert – die Patientin lebt damit strukturell weitgehend ständig im Damals. Deshalb ist für diese PatientInnen emotional oft schwer fassbar, dass das jeweils aktivierte innere Kind keine reale heutige Beziehungsposition darstellt, sondern ein Vergangenheitsrelikt. Unhinterfragt kann diese »Kind-Schaltung« im Selbstverständnis der Patientin so intensiv leben, als würde sie auch von außen so wahrgenommen. Aus diesem Überlebensmechanismus heraus ist auch eine erwachsene Repräsentanz für das Arbeitsbündnis schwer zu erarbeiten.

Dominiert ein struktureller Übertragungswiderstand, werden Kind-Repräsentanzen in der Übertragung externalisiert, sind aber oft lange nicht oder nur kognitiv thematisierbar. Sich deren Existenz zu erinnern, ist zusätzlich oft durch Verbote verhindert. Selbst wenn die Exploration von Kind-Repräsentanzen formal gelingt, ist eine starke Kontrolle über dieses innere Kind vordergründig. Die Lösung des emotionalen Problems wird vorrangig in das Jetzt transportiert,

Regression vom Abwehrsystem blockiert, eine eigene Lösung unter Vermeidung von Hilfe (und Helfern) versucht und – autark – im schlimmsten Fall jede Therapie oder anderweitige Unterstützung verweigert. In solcher Extremität wird diese Konstellation zum totalen Therapiewiderstand, der sich an der Identifikation oder Gegenidentifikation mit dem Tätersystem fixiert.

Unter Berücksichtigung dieser Spezifik und um langfristig eine Zeitparallele zu verinnerlichen, muss eine ständige Möglichkeit im Setting geschaffen werden, die aktuelle Personenwahrnehmung als verschieden von der des früheren Traumas fühlbar zu machen. Die Wahrnehmung des konkreten Heute parallel zum Früher soll im Prozess der Traumaarbeit entweder gleichzeitig fühlbar oder jederzeit wieder herstellbar sein.

Dazu bedarf es der Ankerung und ständigen Überprüfung der aktuellen Personenwahrnehmung im Heute. Das kann über die Aufforderung geschehen, mit geschlossenen Augen die Anwesenheit der Therapeutin zu fühlen. Mit dieser Frage wird die Fähigkeit angesprochen, die Jetzt-Situation, insbesondere die situative Präsenz der Therapeutin nicht nur kognitiv zu realisieren, sondern auch amodal wahrzunehmen.

Bei ganzheitlicher situativer Wahrnehmung hat die Patientin infolge der bisherigen gemeinsamen Erfahrungen eine Erlebensrepräsentanz der Therapeutin auch bei geschlossenen Augen abrufbar. Kann sie dies nicht realisieren, so ist dies als Abwehrvorgang anzusehen. Bei diesem muss von einer selektiv-dissoziativen Wahrnehmung der jeweiligen konkreten Situation ausgegangen werden. Dass heißt: Die aktuelle Situation wird von der Traumasequenz überlagert. In solchen Fällen unterliegt die Patientin in Abwehr der traumatischen Erfahrung einer defizitären Personenwahrnehmung im Jetzt.

Für eine Jetzt-Ankopplung des räumlichen und interpersonellen Bezugs im therapeutischen Rahmen eignet sich die konkrete therapeutische Situation. In diese kann die aktuelle Personenwahrnehmung integriert werden. Eine derartige Anbindung soll einen sicheren Ort schaffen, der nachprüfbar außerhalb des Traumas weil zeitlich nach diesem liegt – nämlich im konkreten Jetzt der therapeutischen Situation.

Dies lässt sich über imaginative Interventionen fördern. Diese bauen darauf auf, dass ein kognitives Verstehen des Sachverhaltes existiert und die Zeitebenen inneren Zuständen zugeordnet werden können. Deshalb wähle ich regelmäßig, wenn die erste Imaginationssitzung vereinbart ist, als Einleitungsmotiv und möglichst mit geschlossenen Augen das Therapiezimmer.

Abgebildet sollen sowohl der konkrete Raum als auch die anwesenden Personen (Patientin und Therapeutin) in ihrer Positionierung zu einander werden. Diese Aufforderung entspricht zunächst einer Kognition, also einer situativen Vorstellung. Allerdings fällt diese Imagination selten als eine solche aus. Vielmehr ergeben sich eine Reihe von Abweichungen von der realen Situationsabbildung wie farbliche Verzerrungen des Zimmers, veränderte Lage- und Anordnung der anwesenden Personen, derealisierte Körperwahrnehmung u.ä., die sich aus meiner Erfahrung durch emotionale Informationsaktivierung aus getriggerten früheren Räumen und Bezogenheit erklären.

Der sehr konkrete Bezug dieser Verzerrungen ist sehr klar als dissoziatives Phänomen zu problematisieren.

3.3. Imaginative Prozesseinleitung zur Rekonstruktion

Gelingt es, in die innere Bilderwelt einzutreten, setzt dies häufig einen vorher lange angehaltenen Selbstheilungsprozess in Gang, der aus seiner inneren Kodierung heraus die traumatischen Inhalte freigibt und langfristig integrieren kann. Mit Gewissheit wird es dabei zum Abrutschen in Kind-Zustände und Symptomaktivierungen kommen.

Derartige Regressionen treten ja deshalb auf, weil an dieser Stelle der Struktur infolge des traumatischen Bezogenheitsabrisses keine Weiterreifung der inneren Repräsentation möglich war. Vor und außerhalb der Therapie kommen diese unkontrolliert und sich wiederholend durch spontane Triggerungen im realen Leben zustande. Ihre Bearbeitung über eine Parallelisierung der Wahrnehmung wird zur Chance für diese Integration, gerade wegen ihres Auftretens in einem kontrollierten Setting.

Als Metapher für diesen inneren Kodierungs- bzw. therapeutischen Dekodierungsvorgang kann das Bild eines aus mehreren Farben bestehenden Wollknäuel taugen. Die verschiedenfarbigen Fäden sind verknotet und verschlungen. Wenn man versucht, jede der Farben wieder getrennt aufzuwickeln, kann man die Entwirrung nur vollziehen, indem man den einzelnen Fäden in der Abfolge nachgeht. Es wird eine nur wenig variierbare Folge von Schritten geben, die Verfilzungen aufzudröseln und die Knoten vorsichtig zu lösen.

Imaginationen schaffen in besonderem Maße ein therapeutisches Durchgangssyndrom, in dem innere Bewegungen an festgefügten Strukturen gefördert werden. Diese ermöglichen eine unterschwellige therapeutische Weiterarbeit außerhalb der Sitzungen, wie sie als Veränderungsprozess prinzipiell angestrebt wird. An die imaginativ zugänglich gewordene Sequenz schließen sich im Intervall vielfach Assoziationen, körperlich-emotionale Verknüpfungen, durchlaufende Psychosomatik und Beziehungsreinszenierungen an. Diese können als Vertiefung und imaginativer Anknüpfungspunkt der nächsten Sitzung genutzt werden.

Um einen traumafokussierenden Vorgang einzuleiten, hat sich eine Sitzungsfrequenz von einer, in Ausnahmefällen zwei Wochenstunde(n) bewährt.

In den wöchentlichen Sitzungen sollte deshalb nach Möglichkeit jedes Mal imaginativ gearbeitet werden, wenn dies vom Patienten als Prozess erlebt und genutzt werden kann. Dieser Rhythmus gewährleistet ein prozessorientiertes Zusammenspiel von Öffnung und Kompensation einer Erfahrungssequenz und das in Gang kommen der angesprochenen internen Selbstregulation. Allerdings können individuell auch größere Abstände, z. B. ein zweiwöchiger Rhythmus, für Imaginationen dann sinnvoll sein, wenn das nachfolgende therapeutische Durchgangsyndrom länger wirksam ist oder sich sehr starke Labilisierungstendenzen zeigen. Gleiches gilt für die jeweilige Sitzungsdauer. Längere Unterbrechungen der imaginativen Arbeit induzieren einen anderen Therapieverlauf. Sie verlagern den Schwerpunkt mehr auf kompensatorische Akzente und fördern eher einen verstehenden Umgang mit Traumareaktionen. Darüber wird nach meiner Erfahrung der regressive Prozess gestoppt. Das kann genutzt werden, wenn eine kompensatorische Balance angestrebt wird. Imaginationsarbeit kann also nicht nur inhaltlich, sondern auch in der Frequenz ihres Einsatzes gezielte Verschiebungen zugunsten entweder kompensationsorientierter oder regressionsorientierter Ziele möglich machen.

Milde Balancen des Übertragungswiderstandes und übertragungsregressive Akzentuierungen machen möglich, die Abbildung im imaginativen Prozess und die auftretenden Übertragungen aufeinander bezogen zu explorieren. Starke Übertragungswiderstände halten die Regression über die verfestigte Übertragung an. Diese setzt ja eine innere Instanz voraus, die sich einer therapeutischen Helferbeziehung – mit allen Übertragungen – hinreichend anvertrauen kann. Insofern muss die helfende Arbeitsebene im Heute über ein Problematisieren der unbewussten Introjektdynamik erarbeitet werden. In diesen Fällen lässt sich gut mit dem Ego-State-Ansatz (Watkins / Watkins 2003) arbeiten. Die über symptomatische Reaktivierungen separierten Ich-Zustände können exploriert und in Bewusstmachen der Kommunikation miteinander problematisiert werden. Ich benutze zur Exploration dieser Zustände vorrangig die gestalttherapeutische Technik des leeren Stuhls, um die Ich-Zustände aus einer erwachsenen Position heraus zu distanzieren. Über diesen Weg ist ihnen auch oft eine innere Vergangenheit zuzuordnen und damit Parallelität zu erarbeiten.

3.4. Prinzipieller Sitzungsablauf

In der Abfolge einer Sitzung, die sich an der klassischen Imaginationseinleitung orientiert, scheint günstig, zunächst die Zeit zwischen den Sitzungen zu besprechen und die aktuelle Symptomatik verstehend zu reflektieren. Davor und ggf. im Positionswechsel zum Liegen kann die Zimmer- und Personenankerung aktualisiert werden. Danach und mit der Maßgabe, vergangene Erfahrungen abzurufen, wird vor allem zu Therapiebeginn entweder ein konfliktneutrales Motiv vorgegeben, so dass sich zunächst eine innere Abbildung konstellieren kann, oder es wird in späteren Phasen der Therapie direkt die aktuelle Symptomatik mit ins Bild genommen.

Sowohl die Einleitung der Imagination als auch deren Beendigung sollten über die Zimmerankerung erfolgen. Die Einleitung sollte eine stete Kontrolle des perzeptiven Hier- und Dort-Bezugs nachfragen, die Rücknahme so erfolgen, dass der Patient sich mit geschlossenen Augen wieder in den Therapieraum fühlen sollte. Letzteres scheint deshalb sinnvoll, weil damit wieder ein amodales Hier-Gefühl unabhängig von der visuellen Kontrollmöglichkeit der geöffneten Augen induziert werden soll, dass hinter das früheste Trauma zurückreicht: »Fühlen Sie sich nun mit geschlossenen Augen wieder in unsere gemeinsame Realität zurück. Erst wenn Sie ein sicheres Gefühl für den Raum und meine Anwesenheit haben, öffnen Sie bitte die Augen«.

Ziemlich unabhängig vom Ausgang des imaginativen Spannungsbogens entwickelt sich innerhalb der Sitzung meist ein entlastendes Grundgefühl. Es ist zu vermuten, dass vor allem anfangs für diesen Effekt u. a. die über die Imagination ermöglichte erste Strukturierung verantwortlich ist.

Die anfänglichen Bildqualitäten fokussieren imaginativ spontan auf unterschiedliche Abbildungsebenen verschiedener traumatischer Situationen. Oft erfolgt ein stufenweise desymbolisierender Prozess. Dieser führt über Analogismen – also Bildmotive – zu konkreten Situationen der früheren Realität bis hin zu sensomotorischen Eindrucksqualitäten. Letztere weisen auf die Aktivierung des Körperschemas hin, in dem sich die eigentliche Traumaerfahrung verbirgt. Ebenso häufig scheint der Prozess scheinbar ohne Bilder abzulaufen. In diesen Fällen erfolgt der Einstieg in den Prozess über sehr frühe, häufig vorgeburtliche Traumatisierungen – nämlich auf der Ebene, auf der es noch kein visuelles Bild gab.

3.5. Imagination und traumaspezifische Übertragung

Für den konkreten Zugang zur traumatischen Realszene werden die triggernden Ersatzkonstellationen genutzt. Das Problem besteht für frühe Traumata darin, aus diesen Analogismen das konkrete Traumaerlebnis zu erarbeiten. Das ist über das aus dem subkortikalen Traumagedächtnis aktivierte Körperschema möglich.

Zunächst wird das Bildgeschehen bis zur Aktivierung von Negativ-Qualitäten im Bild und / oder Körpersensationen begleitet. Meist gehören diese Körperreaktionen auch zum vordergründigen Symptomkomplex des Patienten. Die nachfolgenden Interventionen sollen diese Symptomatik in die verstehende Aufmerksamkeit der Patientin rücken und kontrolliert intensivieren. Ist die Symptomatik fokussiert und gut wahrnehmbar, erfolgt die Aufforderung, die Körpersensationen festzuhalten, parallelisierend in den Jetzt-Raum zu ankern und das noch vorhandene Bild verlöschen zu lassen. Nun kann mit den ohne Bildkontext wahrnehmbaren Körperreaktionen der Körper klein / jünger werden, um die Umgebungsfaktoren, Situationsbedingungen von dort zu erspüren. Als Aufforderung erweist sich oft günstig, der Patient solle innen die Zeitstelle finden, in der die Symptomatik begonnen hat oder noch nicht vorhanden war. Diese Instruktionen gelingen meist problemlos.

Aus den darüber sich aufbauenden, meist sehr fest stehenden Bild- und Körperrekonstruktionen lässt sich die Realszene erarbeiten.

Eine modifizierende Möglichkeit, über imaginative Interventionen besonders die Situationsaspekte von Übertragungsfusionen zu erfassen, stellt das *Übertragungsbild* dar.

Diese Intervention scheint dann geeignet, wenn es dem Patienten auch bei entsprechenden Hilfestellungen nicht gelingt, die dissoziative Beziehungsentkopplung zu relativieren.

Die Intervention selbst beinhaltet die Aufforderung, der Patient solle außerhalb des bisher imaginierten Kontext ein Bild »zwischen« sich und dem Therapeuten entstehen lassen.

Regelhaft zeigt sich bei dem entstehenden Bild oder der möglichen Vorstellung eine situative Abfolgesequenz der gerade bearbeiteten Szene, also des konkreten Kontext zur perzeptiven Übertragungsverwechslung aus dem Trauma.

Das Übertragungsbild wird ebenfalls bearbeitet, indem die historische Szene besetzt, die Beziehung parallelisiert und der dazugehörige traumatische Kontext reflektiert wird. Dies lässt eine exakte situative Zuordnung der Übertragungs-Gegenübertragungsbesetzung in der traumatischen Abfolge zu.

4. Ausblick

Letztlich geht es am Ende dieses Prozessabschnitts darum, die ständige, der inneren Kodierung folgende Balance zwischen Kompensation und Regression allmählich zugunsten eines relativen Prozessstillstandes zu verschieben – auf einer neuen kompensatorischen Basis.

Im günstigsten Fall gelingt es dem Patienten, die erarbeitete Stabilität zu erhalten, zu vertiefen und in getriggerten Zuständen auf die erlernten Interventionen selbständig zurückzugreifen, die im Rahmen der Therapie parallelisierend wirkten.

Wenn der bis dahin abgelaufene Prozess eine kompensatorische Neubalance anstrebt bzw. erreicht hat, wird sich an dieser Stelle eine Therapiepause anbieten. Ein späterer Neuanfang wird mit verbesserter erwachsener Lösungskompetenz beginnen können. Die bisher erarbeitete Strukturanreicherung ermöglicht sogar oft, dass die innere Parallelität auch in der Pause für weitere strukturelle Anreicherungen fortbestehen kann. Die außenverlagerte »Hippokampusfunktion« des Therapiesettings wirkt über die innere Parallelität weiter. Damit können auch nachfolgende Aktivierungen selbständig in das jetzige erwachsene Gedächtnis eingearbeitet werden, Assoziationen sich verknüpfen und die Erwachsenen-Instanz weiter angereichert werden.

Die Aufgabe des nächsten Therapieabschnittes besteht darin, die Über-Ich-Pathologie intensiv zu bearbeiten, also an den Stellen der rechts-links-hemisphärischen Spaltung anzusetzen und den Traumariss im Kern zu schließen.

In der bisherigen therapeutischen Rekonstruktion konnten die Ereignisfolgen der Traumata soweit erarbeitet werden, dass Vor- und Nach-Erlebenszustand sich zumindest für das Verständnis der Traumagestalt sehr angenähert haben. An der Stelle des Traumaabrisses, der die Erlebenszustände trennt, steht allerdings unverändert das Introjektverbot der Existenz »über« dem heimlichen Überlebenskampf des Körpers. Dieses Introjekt bzw. der darauf aufbauende Über-Ich-Komplex verhindert immer wieder eine vollständige Verbindung der Erlebenseinheiten und eine wirkliche Integration der erarbeiteten Neuorientierungen in die Gesamtstruktur. Diese kompensatorisch aufrechterhaltene Spaltung im Dienste der heimlichen Anpassung an das lebensverbietende Introjekt ist ein gefährdender Faktor von Triggerungen. Komprimiert enthält es die Botschaft: Das körperlich geleistete Überleben darf nicht fühlbar wahr werden, weil es dem Introjektverbot zuwider läuft. Im Umkehrschluss heißt das: Nur wenn die inneren Täter-Introjekte wirklich durch ein normatives Über-Ich gegenreguliert werden, kann sich der innere Traumariss schließen und die Überlebenslösung mit dem dazugehörigen Kontext in der Struktur dauerhaft integrieren.

Die Arbeit an der Über-Ich-Deformation ist also Voraussetzung für die wirkliche Integration der Traumata, also auch der körperlichen Integrität. Nur über die Distanzierung von den Introjekten wird die Verankerung eines nicht dem Tätersystem verpflichteten Über-Ichs möglich. Darüber öffnet sich eine neue Positionierung zu den traumatischen Erfahrungen, die Erlaubnis zur Heilung und die Fähigkeit, aus kindlicher Traurigkeit erwachsene Trauerarbeit werden zu lassen.

Diese Problematik wird auch in der »technischen Umsetzung« besonders bei abreagierenden Prozesssequenzen sichtbar, und dies betrifft noch einmal besonders den Einsatz körpertherapeutischer Elemente. Da sich die Sequenzen um die Abschaltpunkte herum bewegen, entstehen Extreme zwischen Gefühlsblockierung und affektiver Aktivierung.

Diese nicht zur Affektabfuhr (dem Weinen des verzweifelten Kindes, der Täter-Aggression) zu nutzen, sondern in eine erwachsene kathartische Reaktion mit ihrem Kontrasterleben zu überführen, steht im Vordergrund. Diese zuzulassen, bedarf es der »Erlaubnis« des Über-Ichs, denn darüber wird die emotionale Wahrheit fühlbar. Diese Erlaubnis wird so lange ausbleiben, wie die Introjekt-projektionen das Über-Ich dominieren.

Es ist also notwendig, die aus den Täter-Introjekten entspringenden »Heilungsverbote« hinreichend zu entmachten. Letztlich geht es darum, die erfolgreichen körperlichen Notprogramme (deren sensomotisches Schema und die dazu gehörigen Affektqualitäten) imaginativ-körpertherapeutisch zu erarbeiten, denn: *nur der Körper kennt die jeweilige Überlebensrealität, auch wenn diese nicht wahrgenommen wird.* Dieses heimliche Überlebensprogramm aber darf immer erst zugänglich werden, wenn für die Abschaltstellen die bilaterale Derealisation (Rechts-Links-Spaltung) und nachfolgend die punktuelle subkortikale Depersonalisation (der innere Abriss) aufgehoben werden kann. Deshalb müssen die Introjekte entmachtet werden, bevor die körperliche Integration erfolgen kann.

Gelingt dies, schließt sich der Abschaltpunkt der Episoden, und es ist möglich, erwachsen über die kindliche Qual und Verletzung zu trauern.

Hochauf, Renate, Dipl. Psych. Dr. phil., Priv. Doz., Psychoanalytikerin (Mitteldeutsches Institut für Psychoanalyse Halle). Altenburg (D)
E-mail: 03447861906@t-online.de

Literatur

Bauer, J. (2006): Warum ich fühle, was du fühlst. Hamburg (Hoffmann u. Campe)

Dornes, M. (1992): Der kompetente Säugling. Frankfurt a. M. (Fischer)

Fischer, G., Riedesser, P. (1998): Lehrbuch der Psychotraumatologie. München, Basel (UTB Reinhard)

Fischer, G. (2000): Mehrdimensionale psychodynamische Traumatherapie. Heidelberg (MPTT Asanger)

Hirsch, M. (2002): Schuld und Schuldgefühl. Göttingen (Vandenhoeck & Ruprecht)

Hochauf, R. (2003): Zur Rekonstruktion früher traumatischer Erfahrungen. In: Persönlichkeitsstörungen 1, S. 44–55

Janus, L., Haibach, S. (1997): Seelisches Erleben vor und während der Geburt. LinguaMed. Neu-Isenburg (Verlags-GmbH)

Pawlow, I. (1953): Zwanzigjährige Erfahrung mit dem objektiven Studium der höheren Nerventätigkeit. Sämtliche Werke, Berlin (Akademie-Verlag)

Reddemann, L. (2004): Psychodynamisch imaginative Traumatherapie. PITT – Das Manual. Stuttgart (Pfeifer bei Klett-Cotta)

Stern, D. (1992): Die Lebenserfahrung des Säuglings. Stuttgart (Klett-Cotta)

Unfried, N. (2005): Bilder als Halt und Bindemöglichkeit am Abrisspunkt dem Fokus höchsten Schmerzes und größter Einsamkeit. In: Reiter, A. (Hg.): Vorgeburtliche Wünsche der Individuation. Heidelberg (Mattes Verlag), S. 89–96

Watkins J. G., Watkins, H. H. (2003): Ego-States. Theorie und Therapie. Heidelberg (Carl-Auer-Verlag)

Symptome

Um die Dualität von Materia und Geist, Körper und Seele zu überbrücken, sagte sich Mr. Fivehair: Das sind zwei wechselwirkende Systeme – aber welche Schlüsse sollte er nun daraus ziehen, kannte er doch das erste »System« nur erst in Anfängen und wusste er vom zweiten so gut wie nichts.

Körperdissoziation – Psychosomatik, Konversion, Selbstbeschädigung

Mathias Hirsch

Vorausschicken möchte ich einen Gedanken, der die eventuelle Frage vorweg-nimmt, wie denn Theorie mit der praktisch-therapeutischen Arbeit mit dem traumatisierten Patienten zusammenhängt. Meine Antwort wäre, anknüpfend an eine Diskussionsbemerkung Scharffs (Wiener Symposium »Psychoanalyse und Körper« 2006), auch der Therapeut brauche Mentalisierung des überwältigenden Trauma-Materials, mit dem er konfrontiert ist: Die Theorie ist unsere Mentali-sierung, die uns hilft, nicht ganz in die Trauma-Welt hinabgezogen zu werden und Vorstellungen, Bilder und Sprache zu finden, die dem Patienten eine anfäng-liche Symbolisierung des Undenkbaren anbietet.

Dissoziation bedeutet natürlich Spaltung, Abspaltung. Aber heute wird Dis-soziation eher im Sinne von *Zustand* der Dissoziation verwendet, auch dissozi-ierter Zustand (des Ichs), und zwar als nicht besonders gelingender Bewälti-gungsversuch traumatischer Erfahrung bzw. ihrer Entsprechung in späteren, die Dissoziation auslösenden Situationen. Der Begriff der Dissoziation trifft also eher die veränderten Bewusstseinszustände wie Amnesie, Trance bis hin zur Spaltung von Persönlichkeitsteilen, dabei wird der Körper zum Teil mit einbezogen, z. B. sind Depersonalisationserfahrungen meist ein Erleben einer Deformation des Körpers oder seiner Teile. Zu den Dissoziationsformen, die den Körper direkt betreffen, gehören Konversion und Somatisierung; eine ausführliche, auch kontroverse Diskussion ihrer Zusammenhänge und Verschiedenheiten findet sich im neuen Buch »Dissoziative Bewusstseinsstörungen« (Eckardt-Henn u. Hoffmann 2004). Hoffmann und Mitarbeiter (2004, S. 127) stellen zur Diskussion, ob dissoziative Störungen, Konversion und Somatisierung eher parallel im Sinne der Co-Morbidität auftretend verstanden werden können, oder aber, und dieser Sicht würde ich mich anschließen, ob nicht heute »das Bündel der über diese Dissoziation integrierbaren *Störungsbilder* (Konversionssymptome, dissoziative Symptome bis zur Dissoziativen Identitätsstörung) […] durch die Einbeziehung einer einheitlichen Genese im Sinne einer Trauma-Ätiologie um eine Reihe weiterer Störungen zu erweitern (ist). Dabei handelt es sich […] vor allem um die posttraumatischen Belastungsstörungen, die komplexe posttraumatische Belastungsstörung, die Borderline-Persönlichkeitsstörung und die Somatisierungsstörung. Die unterschiedlichen Störungsbilder (trauma related disorders) stellen dabei so etwas wie eine *phänomenologisch differente Endstrecke* unterschiedlicher, über eine gemeinsame Ätiologie entstandener nosologischer Untereinheiten dar, bei denen das Ausmaß des traumatischen Anteils allerdings variiert.«

Die Abspaltung des Körpers findet man bereits bei Janet: »Janets Theorie der Dissoziation […] unterstellt, dass sowohl somatoforme als auch psychische Bestandteile der Erfahrung, Reaktionen und Funktionen in psychische Subsysteme enkodiert werden können, die der Integration in die Gesamtpersönlichkeit entgehen.« (Nijenhuis 2004, S. 97). Hoffmann und Mitarbeiter sehen eine »Hierarchie, die von der Dissoziation als eine Störung der Bewusstseinsfunktionen über die Konversion (Störung von Bewusstseinsfunktionen und körperlichen Funktionen) bis zur Somatisierung als einer Störung ausschließlich körperlicher Funktionen reicht.« (Hoffmann et al. 2004, S. 126).

Kohuts (1971) Unterscheidung zwischen horizontaler und vertikaler Spaltung markiert noch einmal den Unterschied zwischen Freuds mehr dynamischer Auffassung der Verdrängung, sozusagen von oben nach unten, und der Auffassung der Dissoziation Janets, der sich eher deskriptiv nebeneinander bestehende dissoziierte Abteilungen der Persönlichkeit vorstellte (vgl. Hoffmann et al. 2004, S. 114f.). Für die Traumatisierung hat früh Shengold (1979) den Begriff der vertikalen Spaltung aufgenommen, er spricht von Compartmentierung als Bewältigungsversuch des Traumas. Das abgespaltene Körper-Selbst würde ich als ein solches Compartment bzw. ein Subsystem verstehen, dem das Trauma zugeschoben wird, damit das psychische Selbst von ihm verschont bleibt und überleben kann. So ist der Körper auch als Container, als Not-Container sozusagen, bezeichnet worden (Gutwinski-Jeggle 1995). Der Körper kann aber auch als *Objekt*surrogat herhalten: *Der eigene Körper als Objekt* im Rahmen einer psychoanalytischen Traumatologie hat mich seit langem (Hirsch 1989a) beschäftigt; dabei ist zu unterscheiden, ob er als ein begleitendes, sozusagen gutes Mutterobjekt dient, das die traumatische Leere füllen soll, auch wenn er schmerzt oder beschädigt ist; das ist mein zentraler Gedanke bei der Selbstbeschädigung und beim psychogenen Schmerzsyndrom. Oder ob er das misshandelte, missbrauchte Kind repräsentiert, das vom übrigen Selbst abgespalten, dieses von der Identität des Opfers entlastet; das ist eher Plassmanns (1989) Auffassung im Zusammenhang mit der artifiziellen Erkrankung. Eine weitere Funktion ist in der Grenzziehung durch den kranken oder beschädigt-dissoziierten Körper gegenüber zu bedrohlichen Objekten zu sehen, aber auch als artifizielle Körpergrenze (wieder bei der Selbstbeschädigung), die eine von Desintegration bedrohte Ich-Grenze wie eine Prothese ersetzen soll.

Dissoziationszustände können den Körper einbeziehen: In der peri-traumatischen Dissoziation trennt sich das Opfer mental vom Körper; bei der Depersonalisation sind die Körperformen verzerrt; die Konversion verwendet explizit den Körper und seine Funktionen. Der Körper kann aber auch zur Bekämpfung unerträglicher dissoziativer Zustände verwendet werden: Selbstbeschädigungsagieren wirkt wie ein Medikament (Sachsse 1994) gegen unerträgliche Spannungszustände, das Herstellen artifizieller Krankheiten und anfallsweises pathologisches Essverhalten haben beruhigende, stabilisierende Wirkung. Andere pathologische Erscheinungen beruhen auf der Abspaltung des Körper-Selbst bzw. der Repräsentanten von Körperteilen oder Organen, hier ist der Begriff Spaltung eher angebracht wie bei der Teilobjekt- oder Spaltung von Selbstanteilen. Ich würde hier die Hypochondrie, die Dysmorphophobie, fixierte Ess-Störungen wie die Anorexie im Jugendlichenalter, psychosomatische Erkrankungen und wohl auch Somatisierungsstörungen (wenn man sie nicht zu den dissoziativen Phänomenen zählt) ansiedeln.

Man kann wohl auch heute noch davon ausgehen, dass in der Selbst- und Körper-Selbst-Entwicklung anfangs ein Zustand psychophysischer Ungetrenntheit herrscht, und dabei stößt man auf sehr alte Vorstellungen: Bereits 1919 geht Ferenczi (1919) von einer solchen *Protopsyche* aus, so dass er das hysterische Körpersymptom als regressiven Rückgriff auf eine ursprüngliche »Gebärdenmagie«, eine anfängliche Körpersymbolik, verstehen kann. Inzwischen hat sich das geniale Konzept der Protopsyche überall durchgesetzt, jedoch wird sein Schöpfer Ferenczi nirgends erwähnt. Anna Freud (1966, S. 1960) schreibt z.B.: »Bei kleinen Kindern sind die Grenzen zwischen den physischen und den psychischen Prozessen noch fließend und alle Reaktionen und Äußerungen im wahren Sinn des Wortes ›psychosomatisch‹.« An anderer Stelle heißt es: »[…] dass in den frühesten Jahren eine Einheit zwischen Körper und Geist besteht, wobei seelische Erregung auf körperlichen Wegen abgeführt wird, hat Licht auf die späteren psychosomatischen Manifestationen sowie auf das so genannte somatische Entgegenkommen bei hysterischer Krankheit geworfen« (A. Freud 1978, S. 2912). Auch Bion (1961, zit. bei Gutwinski-Jeggle 1997, S. 142) nimmt diesen Gedanken (ohne Ferenczi zu berücksichtigen) wieder auf: »Das protomentale System stelle ich mir so vor, dass darin Somatisches und Psychologisches oder Mentales undifferenziert sind […] Da auf dieser Ebene das Somatische und das Mentale undifferenziert sind, leuchtet es ein, dass Störungen aus dieser Quelle sich ebenso gut in somatischen wie in psychischen Formen manifestieren können« (Bion 1961, S. 74). Gaddini »geht von einem Körper-Psyche-Funktionskontinuum aus« (Böhme-Bloem 2002). McDougall erweitert die Vorstellung dieser Fusion von Psyche und Körper noch um das primäre Objekt: Körper, Psyche und Mutter sind ununterschieden (McDougall 1989, S. 32). Kafka (1971; vgl. Hirsch 1989b; 1998)

spricht von einem »hypothetisch undifferenzierten Zustand«, von einem un-
getrennten Psychosoma. Mahler und McDevitt (1982) lassen die Selbst-Objekt-
Differenzierung mit einer ersten Selbstgrenzenbildung beginnen, die von einem
Konzept eines getrennten Körperselbst von dem anderen, dem Objekt, gefolgt
wird.

Einen ersten Begriff *von sich selbst* bekommt der Säugling durch die Entdeckung der Differenz von Tastempfindungen bei der Berührung des eigenen
Körpers im Vergleich zu der anderer Gegenstände. Am Anfang der Ich-Bildung
steht sowohl eine Grenzerfahrung, die einer Körpergrenze nämlich, als auch die
Entdeckung eines ersten äußeren Objekts im eigenen Körper, der sowohl zum
Selbst als auch zur Außenwelt gehört. Freud (1923b, S. 253) hat diesen Grund-
gedanken in *Das Ich und das Es* formuliert: »Das Ich ist vor allem ein körperliches.« Er beschreibt eine erste Selbstwahrnehmung des Säuglings als die des
eigenen Körpers, dessen Berührung eine doppelte Tastempfindung an dem
berührenden wie auch an dem berührten Körperteil hervorruft, die Berührung
eines anderen Objekts aber nur die eine Empfindung der tastenden Hand. Allerdings war Freud nicht der erste, der auf die Bedeutung der Grenze für die Ich-
Bildung hinwies, denn Tausk formuliert 1919 (S. 20) »Die Projektion des eigenen
Körpers wäre also auf ein Entwicklungsstadium zurückzuführen, in dem der
eigene Körper Gegenstand der Objektfindung war.« In seinem berühmten Auf-
satz (Tausk 1919) identifiziert Tausk den »Beeinflussungsapparat«, der die psychotisch Kranken verfolgt, als Projektionen eigener Körperteile nach außen,
insbesondere auch der Genitalien. Tausk fällt auf, dass solche Spaltungs- und
Projektionsphänomene alltäglich sind; mancher Mann nennt seinen Penis seinen
»lieben Freund«, wenn er mit ihm zufrieden war. Im selben Sinne sagt die Schau-
spielerin Scarlett Johansson: »Ich liebe meine Brüste. Ich nenne sie ›meine
Mädels‹.« Und wenn der eigene Körper in die Außenwelt projiziert werden
kann, muss er auch als vom übrigen Selbst dissoziiert gedacht werden.

Der Gedanke liegt nahe, die psychosomatische Pathologie mit der Störung
der Entwicklung des ersten Ichs, des Körper-Ichs also, und damit der ersten
Grenzbildung überhaupt, der Abgrenzung des Selbst von den äußeren Objekten,
des Selbst vom Körper-Selbst, auch des Körpers von den Affekten anzusehen.
Die letztere Differenzierung hat Schur (1955) als De-Somatisierung beschrieben,
das ist ein Prozess der Wahrnehmung und Repräsentierung der Affekte als seelische, nicht mehr wie vordem ungetrennt psycho-physische Vorgänge. Der
Gedanke, dass der psychosomatischen Erkrankung eine Re-Somatisierung
zugrunde liegt bzw. mit ihr einhergeht, also eine Rückführung der Affekte ins
Somatische weist auch auf die Grenzüberschreitung bzw. eine (partielle) Auf-
hebung zwischen Soma und Affekt hin.

Für die frühe Säuglingszeit ist also ein »hypothetisch undifferenzierter Zustand« (Kafka 1971, S. 233) anzunehmen, in dem Affekt und Körpersensation völlig ungetrennt sind (Ramzy u. Wallerstein 1958). Bereits Schilder (1935) hat erkannt, dass die Körper-Ich-Bildung von einer »genügend guten« (Winnicott) mütterlichen Umgebung abhängig ist. Es ist das intuitive Entgegenkommen der mütterlichen Pflegeperson erforderlich, die den Bedürfnissen und Körperzuständen von außen adäquat begegnet. Das bedeutet zum Beispiel, die Körperoberfläche mit guten taktilen Reizen zu versorgen oder durch den Druck des Körpers in den Armen der Mutter die Tiefensensibilität und durch sein Schaukeln die Orientierung durch Bewegungsreize zu fördern (Mahler et al. 1975). McDougall (1989) fordert den genügend guten Dialog mit der Mutter, damit die Körpergrenzen und insbesondere auch die Funktion der Körperöffnungen genügend symbolisiert werden können. Traumatische Störungen in der Zeit der Körper-Grenzen-Bildung lassen sich vorstellen als Vernachlässigung durch Unterlassen einer Regulation unerträglicher Spannungszustände von außen (Versagen des Containing) bzw. als traumatische Überstimulierung, also ein den kindlichen Bedürfnissen inadäquates übermäßiges Einwirken auf den Körper und seine Funktionen. Den Zusammenhang von Körper-Selbst-Bildung und Differenzierung von Affekten sowie zunehmender Symbolbildung fasst Kafka (1971, S. 233) wie folgt zusammen: »Es entsteht allmählich ein Bewusstwerden des Körpers, er ist getrennt von einer diffusen psychischen Erfahrung. Es folgt ein Bewusstwerden von differenzierteren Gedanken und Gefühlen, die von einer konkreten körperlichen Erfahrung abgesondert sind. Schließlich erscheinen Gedanken und die Fähigkeit, zwischen verschiedenen Typen psychischer Erfahrung zu unterscheiden, losgelöst von körperlicher Erfahrung.« Diese 35 Jahre alte Formulierung gilt auch heute noch, denn das Affektspiegelungsmodell Fonagys und seiner Mitarbeiter (Fonagy et al. 2002) »geht davon aus, dass der Säugling anfangs nur diffuse innere Körpersignale bemerkt«, die er zu gruppieren und zu differenzieren lernt »durch die elterlichen Stellungnahmen« (Dornes 2004, S. 179), also durch die sinngebende, symbolisierende Antwort der mütterlichen Umgebung.

In einer wünschenswerten Entwicklung bedeutet die Differenzierung von Selbst und Körper-Selbst nicht etwa eine bleibende Spaltung, sondern wird meines Erachtens von einer *Integration in eine Gesamtvorstellung* von »Selbst« abgelöst, in der Körper-Selbst und psychisches Selbst getrennt und doch verbunden sind. Durch diese Integration wird der Körper zu einer Art unauffälligem Begleiter (vgl. Hirsch 1989b), dessen Anwesenheit für selbstverständlich genommen wird. Ist die Bildung der Körpergrenzen in einer regulierenden mütterlichen Umgebung gestört, so gelingt die Unterscheidung zwischen Selbst, Körper und äußerem Objekt nicht oder nur unvollkommen, Körpersensationen wie Schmerz und »seelischer Schmerz«, affektive Reaktionen wie Angst, Trennungsschmerz, Trauer oder Wut werden nicht genügend differenziert, ebenso nicht der jeweilige Ursprung: innen oder außen, Körper oder Mutterobjekt. Die Selbst-Körper-Selbst-Integration ist nicht gelungen, die Folge ist eine bleibende potentielle Dissoziation von Selbst und Körper-Selbst, ähnlich einer Sollbruch-Stelle, auf die regressiv zu Abwehrzwecken zurückgegriffen werden kann und die in Belastungssituationen immer wieder aufbricht. Auf die frühen Vernachlässigungen folgen im Sinne einer zweizeitigen Traumatisierung (Hirsch 1987) erinnerbare Traumata wie Misshandlungen und Missbrauch, die sich ja auch immer gegen den Körper richten und die sowohl im aktuellen Trauma als auch in späteren Belastungssituationen zu einer Dissoziation von Körper-Selbst vom Gesamtselbst führen, welches so um so eher überleben kann, als die Destruktion gegen den Körper gerichtet wird oder in ihm gebunden bleibt.

Den Sinn der Dissoziation oder auch der Abspaltung von Körperrepräsentanzen hat Ferenczi (1921, S. 216) schon früh gesehen. Anhand von selbstdestruktiven Körper-Gewohnheiten wie Kratzsucht oder Selbstverstümmelungstendenzen vergleicht er (vgl. Hirsch 2002a) solche Behandlung von Körperteilen mit der »Autotomie« mancher niederer Tiere, die einen Körperteil opfern, um den ganzen Körper zu retten – ein Konzept, das später von Kutter aufgegriffen wurde. Kutter (1980) spricht von »amputierten Körper-Teilrepräsentanzen« und formuliert: »Teile der Körperrepräsentanz werden dem Objekt gleichsam als Opfer angeboten, um das Selbst zu retten« (Kutter 1981, S. 55). Kutters Patient sagt: »Ich habe gleichsam meinen Eltern meine Leber zum Fraß dargeboten. Damit habe ich mich selbst gerettet« (ebda). Franz Kafka, schwer an Lungentuberkulose erkrankt, wusste um die Körperspaltung und hat sie in dichterischer Sprache ausgedrückt: Er schreibt im April 1920 an seine Verlobte Milena, »dass die Erklärung, die ich mir damals für die Erkrankung in meinem Fall zurechtlegte, für viele Fälle passt. Es war, dass das Gehirn die ihm auferlegten Sorgen und Schmerzen nicht mehr ertragen konnte. Es sagte, *ich gebe es auf; ist aber hier noch jemand, dem an der Erhaltung des Ganzen etwas liegt, dann möge er mir etwas von meiner Last abnehmen, und es wird noch ein Weilchen gehen.* Da meldete sich die Lunge, viel zu verlieren hatte sie ja wohl nicht. Diese Verhandlungen zwischen Gehirn und Lunge, die ohne mein Wissen vor sich gingen, mögen schrecklich gewesen sein.« (Kafka, Briefe an Milena, 1994, S. 7)

Dissoziationsphänomene finden sich auch in der belletristischen Literatur; hier ein Beispiel aus Patrick Süskinds (1987) *Die Taube*: Jonathan hatte nach 30 Dienstjahren *einmal* versäumt, die Limousine des Chefs zu grüßen. Wieder ist er in dieser Gefahr, kann sie aber »mechanisch-gehorsam« (Ferenczi 1933) vermeiden: »Und er spürte, wie ohne sein Zutun das ausgestellte rechte Bein sich hin zum linken zog, der linke Fuß sich auf dem Absatz drehte, das rechte Knie zum Schritt sich winkelte, und dann das linke, und wieder das rechte ... Und wie er

Fuß vor Fuß setzte, wie er wahrhaftig ging, ja lief, die drei Stufen hinunter sprang, federnden Schritts die Mauer entlang zur Einfahrt eilte […], Haltung annahm, zackig die rechte Hand an den Mützenschirm führte und die Limousine passieren ließ. Er tat dies alles ganz automatenhaft, ganz ohne eigenen Willen, und sein Bewusstsein war nur insofern beteiligt, als es die Bewegungen und Hantierungen durchaus registrierend zur Kenntnis nahm.« (S. 83) Das Körper-Selbst und das beobachtende Selbst sind dabei getrennt. Dissoziation beherrscht weitgehend das zeitgenössische Denken; man sagt heute: »Mit der Trauer richtig umgehen«, anstatt einfach als Gesamt-Selbst zu trauern. Heute sagen Patienten schon einmal: »Ich merke jetzt an mir, dass ich wütend bin.« Sie sind nicht einfach wütend, sondern betrachten einen praktisch abgespaltenen Affekt. Eine Patientin sagte einmal: »Ich habe mir eine Tüte Äpfel gekauft, weil: Ich wollte meinem Körper etwas Gutes tun; an sich mag ich gar keine Äpfel.«

Und noch ein Abschnitt von Süskind (1987, S. 84): »Ihm war, als wären diese Augen gar nicht mehr die seinen, sondern als säße er selbst hinter seinen Augen und schaute durch sie hinaus wie durch tote, runde Fenster; ja, ihm war, als wäre dieser ganze Körper um ihn her nicht mehr der seine, sondern als wäre er, Jonathan – oder das, was von ihm übrig war –, nur noch ein winziger, verschrumpelter Gnom im riesigen Gebäude eines fremden Leibes, ein hilfloser Zwerg, gefangen im Innern einer viel zu großen, viel zu komplizierten Menschmaschine, die er nicht mehr beherrschen und nach eigenem Willen lenken konnte, sondern die, wenn überhaupt, von sich selbst oder von irgendwelchen anderen Mächten gelenkt wurde.« Das klingt wie die literarische Ausschmückung der DSM-IV-Kriterien der Dissoziativen Störung, »es wird dort festgehalten, dass sich das Individuum vom Körper losgelöst fühlen kann, als ob man den eigenen Körper oder Teile des Körpers von Außen beobachtet.« (Nijenhuis 2004, S. 94) Depersonalisation gehört also zu den dissoziativen Zuständen, in denen oft das Körper-Selbst entfremdet erlebt wird, um die Auflösung des Selbstgefühls zu verhindern, wie Ferenczi (1921, S. 221) bereits einen Zustand von Katalepsie beschreibt, »bei dem *sogar der eigene Körper als etwas Ich-Fremdes,* als ein Stück der Umwelt empfunden wird, dessen Schicksal seinen Besitzer vollkommen kalt lässt«.

Besonders eindrucksvoll sind Berichte von dissoziativen Körperphänomenen, die während der traumatischen Einwirkung auftreten. »In diesem Zuständen hätten sie [die Opfer] gewissermaßen ihren Körper verlassen und die Verletzung der körperlichen Integrität wie von außen betrachtet. Hierdurch seien diese Situationen erträglicher geworden, teilweise hätten die Opfer gar keinen körperlichen oder seelischen Schmerz empfunden, da die Aggression des Täters nicht ihnen, sondern nur noch der Hülle habe gelten können.« (Dulz u. Lanzoni 1996, S. 20) Die Autorin Giuliana Sgrena, die 2005 im Irak entführt und 28 Tage gefangen gehalten wurde, schreibt: »Ich spüre plötzlich meinen Körper nicht mehr, als wäre er vom Geist getrennt. Ich fange an, mich von außen zu beobachten. [...] Vielleicht brauche ich es, um den Tod auszutreiben, oder es ist ein Versuch, aus dem dunklen Zimmer zu fliehen, in dem mein Körper gefangen ist.« (Sgrena 2005, zit. nach Südd. Zeitung 2.2.06) Für den sexuellen Missbrauch gibt es eine Reihe von entsprechenden Literaturstellen (Hirsch 1987, S. 105 f.): »Aus der klinischen Beobachtung von Inzestopfern ist ein Phänomen bekannt, das als ›Abschalten‹ bezeichnet wird.« (›tuning out‹ bei Herman u. Hirschman 1977, S. 71) Eist und Mandel (1968) beschreiben eindrucksvoll das Erleben des Opfers: ›Ich kann das nicht aushalten … dieser Wahnsinn … und ich so klein … kann es nur geschehen lassen … Bruch … Zerstörung der Schwachen‹, das es mit einem ›black-out‹ in dem es seinen Sinnen nicht mehr trauen konnte [...] beantwortete. [...] Auch Wassmo (1981) beschreibt in ihrem Roman den Schutzmechanismus: ›Die einzige Hilfe [...] bestand darin, dass sie Zeit bekam, wach zu werden, sich zu wappnen, sich dem gegenüber gefühllos zu machen, von dem sie wusste, dass es kommen würde, und sich von ihrem Körper wie von einem benutzten Kleidungsstück im Bett zu trennen.‹« (S. 138) Drei Patientinnen aus meiner Praxis beschrieben dieses ›Abschalten‹: »Frau A. war ›passiv und regungslos‹ neben dem Vater, der sich an ihr zu schaffen machte, Frau D. ›machte sich steif wie ein Brett‹. Frau B. sagte: ›Wenn die Not zu groß wurde, war ich auf eine komische Art ruhig und leer.‹« (Hirsch 1987, S. 103 f.)

Ferenczi (1933, S. 309) spricht von einer traumatischen Trance, in der »der Angriff als starre äußere Realität zu existieren« aufhört. Das Ergebnis ist ein »mechanisch-gehorsames Wesen«; Shengold (1979, S. 538) bezeichnet diesen Zustand als »hypnotisches lebendig-tot-Sein, ein Leben ›als ob‹«. Eckardt-Henn (2004, S. 288) berichtet ganz in diesem Sinne: »Eine junge Frau [...] beschrieb ihren Vater, der sie seit dem 6. Lebensjahr zu oralem Geschlechtsverkehr gezwungen hatte, lange Zeit als lieben und fürsorglichen Mann. ›Er war doch auch so zärtlich [...] wenn es dann so eklig war [...] und in mir dieses eklige Zeug war [...], dann kamen diese Zustände, und ich konnte wie ein Vögelchen aus mir herausfliegen. Mein Kopf war abgetrennt, und das, was da passierte, passierte nicht mir. Ich fand es auch toll, dass er so zärtlich war, und es war doch in Ordnung.‹« Auch hier ein literarisches Beispiel: Georges-Arthur Goldschmidt wurde als jüdisches Kind von Deutschland in ein französisches Kinderheim gesteckt, dem sich deutsche Besatzungssoldaten nähern. »Angesichts der sich nähernden deutschen Soldaten ersetzt das Depersonalisierungsgefühl die Angst: ›Angst hatte er keine; die Beine waren ihm zu kurz geworden, als ging er auf Stümpfen, er fühlte genau den Umriss seines Körpers, wie er in der Luft ausgeschnitten sich nach vorne schob; er wurde gegangen, wie wenn ein anderer es ihm besorge‹ (Goldschmidt 1991, S. 172). – ›Er war wie körperlos geblieben. Er hatte seinen eigenen Körper vergessen‹ (Goldschmidt 1996, S. 138).« (Hirsch

2002b, S. 208). Und ganz drastisch sagt es Karl Phillip Moritz in seinem *Anton Reiser*: »Selbst der Gedanke an seine eigene Zerstörung war ihm nicht nur angenehm, sondern verursachte ihm sogar eine Art von wollüstiger Empfindung, wenn er oft des Abends, ehe er einschlief, sich die Auflösung und das Auseinanderfallen seines Körpers lebhaft dachte.« (Moritz 1785–1790, S. 29).

Konversion

Es ist hier nicht möglich, die vielen Aspekte und Konzepte der Konversion zu reproduzieren. Die Hysterie ist *die* Erkrankung, die sich der verschiedensten Dissoziationsformen bedient, und die körperlichen unter ihnen nennt man mit Freud (1895d) Konversion. Ursprünglich waren Konversionssymptome für Freud »Abreaktionen« von verdrängten, sexuell traumatischen Erlebnissen, die durch Phantasietätigkeit aufgrund von von Erwachsenen Gehörtem und zur Abwehr modifiziert, verdrängt und *nachträglich* durch entsprechende Situationen in oder nach der Pubertät virulent wurden. Das Körpersymptom – man denke an Lähmungen von Extremitäten voller phallischer Symbolik, an den Arc de cercle oder pseudo-epileptische Konvulsionen – teilte das Missbrauchstrauma sowohl symbolisch mit, als es es auch verbarg. Für Hoffmann und Mitarbeiter (2004, S. 119) sind Konversionssymptome wegen ihrer Symbolkraft auf einer höheren, neurotischen Ebene angesiedelt im Vergleich zu anderen Dissoziationsformen. Darüber kann man streiten, denn wer bewirkt die Symbolleistung, das Ich, oder vielmehr das Körper-Ich? Ferenczi dachte sich jedenfalls eine Regression auf die *Protopsyche*, verbunden mit einer archaischen Symbolfunktion des Körpers. Übrigens finden sich hier Formulierungen, die dem Körper ein gewisses Eigenleben konzidieren: Ferenczi (1985) meint, der Körper »handelt«; Bion (zit. bei Meltzer 1984, S. 79) und McDougall (1978, S. 336) finden, er »denkt«. Auch Gaddini (1982, S. 217; zit. bei Amati Mehler 2004, S. 121) schreibt, dass psycho-physische Reaktionen Phantasien *des Körpers* sind, die er *Protophantasien* genannt hat.

Ein Fallbeispiel:
Eine Patientin, die als Kind jahrelang von ihrem Vater sexuell missbraucht worden war, entwickelte ein Ekzem an der Innenfläche der rechten Hand. Sie genoss es, über die betreffende Hautstelle lauwarmes Wasser fließen zu lassen, wodurch angenehme sexuelle Gefühle entstanden. Die Patientin stellte in ihrer Phantasie also mit dem Hautsymptom deutlich eine Verbindung zu den positiven Anteilen der Beziehung zum Vater her, der damals viel weicher und zugewandter sein konnte als die Mutter, auch wenn er die Tochter sexuell missbraucht hatte, wobei

er ihr oft nahe legte, das Sperma auf der Handfläche zu verreiben, was ihr guttun sollte. Aber als sich herausstellte, dass das Ekzem dieser Patientin immer dann auftrat, wenn sie einen neuen Mann kennen gelernt hatte, musste ich daran denken, dass sie den mit dem Symptom auch auf Abstand halten konnte, dass das Ekzem also die phantasierte Verbindung zu dem einen wie auch die Abwehr eines anderen Objekts enthielt. Und tatsächlich, jedes Mal, wenn die Patientin sich wieder getrennt hatte, verschwand auch das Symptom.

Auch Asthma ist eine Krankheit, deren Symptom in psychodynamisch relevanten Zusammenhängen plötzlich auftaucht und verschwindet, so dass man sie in manchen Fällen in die Nähe der Konversion rücken möchte.

Eine Patientin litt jahrelang unter asthmatischen Beschwerden tagsüber; abends, ziemlich regelmäßig gegen 23 Uhr, verschwanden sie jedoch. Die Patientin dachte sich, dass das Symptom mit ihrer Angst vor Menschen zu tun habe, denn es verschwinde, wenn sie abends sicher sein könne, unbehelligt für sich allein den Tag ausklingen zu lassen.

Der Asthmaanfall ist also nicht nur ein »Schrei nach der Mutter«, sondern, wie schon F. Deutsch (1933, S. 142) erkannte, eine Zurückweisung der Mutter: Es »genügte schon [...], die drohende Annäherung an das verpönte Liebesobjekt [...], um den Atemkrampf hervorzurufen.« Schließlich handelt es sich ja beim Asthma um einen erstickten Schrei, denn die Luft ist ja gerade gehindert, herauszuströmen.

Ein anderer Patient erlitt häufig heftige Heuschnupfenanfälle, wenn er, vom Bahnhof kommend, mit dem Einspänner die Pappelallee entlangfuhr, die zum Gutshof der Mutter führte. Die Pollen, dachte er, sind schuld – bis ihm eines Tages auffiel, dass der Anfall ausschließlich bei der Fahrt zur Mutter auftrat, keineswegs aber, wenn er dieselbe Allee zurück zum Bahnhof fuhr ...

Körperagieren

In einer zweiten Gruppe ist nicht der Körper direkt in die dissoziativen Phänomene eingebunden, vielmehr soll die unerträgliche Bedrohung der dissoziativen Empfindungen, letztlich die drohende psychotische Desintegration, durch das Körperagieren in Schach gehalten werden. Das bedeutet eine zweiphasige Abwehr: Die Dissoziation wehrt die Psychose ab, das Körperagieren die Dissoziation (auch Eckardt-Henn, persönl. Mitt. 2006). Bei der Selbstbeschädigung ist es oft besonders deutlich: Der lädierte Körper, besonders seine äußere Grenze, die Haut, führt zu einem Sich-Spüren, Sich-lebendig-Fühlen, als ob ein liebendes Mutterobjekt durch innigen Körperkontakt einen vor Spannung und Vernichtungsdrohung außer sich seienden Säugling beruhige. Eine Patientin schrieb mir einmal: »Ich finde mich jetzt so schlecht, fühle mich so leer […] Wenn ich mich verletze, ist das für mich eine Möglichkeit, diese Angst und den Schmerz darzustellen, ich mache den Schmerz *sichtbar*, und dadurch ist er nicht mehr so bedrohlich […] Die Lust, mich zu verletzen, entsteht auch aus dem Wunsch, mich mehr mit mir und meinem Körper zu beschäftigen. Als ich mir den Arm aufgekratzt hatte, dachte ich: Mein Körper gehört mir, und ich kann damit machen, was ich will! Ich hatte extrem das Gefühl, etwas Eigenes, Selbstbestimmtes zu machen […]« Oft wird in diesem Zusammenhang auch dem warm über die Haut rinnenden Blut, dem Lebenssaft, beruhigende Funktion zugeschrieben, gar mit einem »security blanket«, einem übergangsobjektartigen Schlaftuch also, verglichen (Kafka 1969). Auch bei einem Selbstbeschädigungsverhalten des Kindesalters, der Trichotillomanie, ist die im Symptom enthaltene Verbindung zur Mutter deutlich, repräsentiert das weiche Haar doch Mütterliches, das sich das Kind einverleibt, inkorporiert, wenn es die ausgerissenen Haare schluckt. Das sind intermediäre Objekte (Buxbaum 1960) bzw. Brückenobjekte (Kestenberg 1971), Körperteile, die eine Brücke zwischen Mutter und Kind symbolisieren.

Plassmann (1989) ist zuzustimmen, wenn er bei der artifiziellen Erkrankung – d.h. der eigene Körper wird wahrlich wie ein äußeres Objekt be- bzw. misshandelt – den Körper in der Funktion des damals misshandelten Kindes sieht, das die Patientin selbst einmal war, die sich nun aber grandios zur Täterin macht. In einem Fall Plassmanns (1987) verband die Patientin, die wegen einer unklaren schweren Anämie mehrfach stationär behandelt werden musste, das nächtliche Blutabnehmen, in einer Art Autovampirismus, mit der Phantasie, sich aus sich selbst zu ernähren. (Das ist die Dynamik, die der Rumination der Säuglinge, die ihr Erbrochenes wieder verschlucken, zugrunde liegen dürfte; vgl. McDougall 1978, S. 351, dort heißt das Syndrom »Meryzismus«; Rumination bei Gaddini 1969). Ein Faktor unterscheidet die Dynamik der artifiziellen Krankheit von der der Selbstbeschädigung: Die Patientin, die sich heimlich krank macht, sucht den Arzt als triangulären Dritten auf, der Hilfe bringen und befreien soll von der im Symptom materialisierten zerstörenden Mutter – doch wehe, er nähert sich der wahren Diagnose, dann wird er zum Feind, der ihr die doch andererseits unbedingt benötigte »Mutter« wegnehmen will. So einfach zu verstehen wie schauerlich wahrzuhaben ist die Dynamik der *Munchausen-by-proxy*-Mutter, die das Böse nicht auf den eigenen Körper, sondern auf den ihres Kindes projiziert, den sie oft lebensgefährlich krank macht, um ihn zum Arzt zu bringen: »Bitte helfen Sie uns …«

Hypochondrie und Dysmorphophobie

Auch die Psychodynamik der dritten Gruppe, die ich vorstellen möchte, beruht auf einer Abspaltung des Körper-Selbst. Diese ist bei der Hypochondrie die Voraussetzung für die Projektion des bösen Objekts bzw. des schlechten Selbstanteils auf den Körper (vgl. Hirsch 1989c; 2003). In Krisen und Belastungssituationen, besonders in solchen der Identitätsveränderung, in Schwellensituationen der Identitätsentwicklung, kommt es zur hypochondrischen Projektion der Krise auf den Körper – »Gerade jetzt, wo ich alles erreicht habe!« – der Kranke wähnt sich todgeweiht, krebskrank oder Aids-krank. Aber dieses Erreicht-Haben bedeutet gerade die Identitätsfestlegung, die Unentrinnbarkeit, die Notwendigkeit der Anerkennung der Beschränktheit des Lebenslaufs und letztlich des Todes – Hypochondrie ist die Erkrankung der Lebensmitte. Als ein Auslöser unter vielen sei der Bau oder Kauf eines Hauses genannt – »In diesem Steingehäuse werde ich einmal sterben – nun kann ich nicht mehr weg« –, nicht umsonst sagt uns ein arabisches Sprichwort: »Wenn das Haus fertig ist, kommt der Tod.« (Thomas Mann, *Buddenbrooks;* vgl. Hirsch 2006).

Die *Dysmorphophobie* dagegen ist eine Reaktion auf die Identitätsbedrohung der Adoleszenz, hier vertritt die mit Panik verbundene fixe Idee, der Körper der oder des Jugendlichen oder Teile von ihm seien missgestaltet, die Angst vor dem vor dem Jugendlichen liegenden selbstverantworteten Leben, und da er in seiner sexuellen Identität gefordert und von ihr bedroht ist, sind es besonders die Geschlechtsmerkmale, die er missgestaltet wähnt. Die Brüste sind zu groß oder zu klein, der Penis *immer* zu klein, die Schambehaarung fehlt, der Stimmbruch ist nicht eingetreten … Sekundär wird der Körper, auf den Angst und Wut projiziert werden, als Begründung herangezogen, dass es nicht geht mit dem Leben, der Arbeit, den Prüfungen, der Sexualität, den Kontakten zu Menschen… Im Grunde geht es bei der Anorexie um dieselbe dysmorphophobische Dynamik, beschränkt allerdings auf die ängstliche Beobachtung des Körpergewichts, das als Maß für ein Gut- oder Schlecht-Sein verwendet wird. Die jugendliche Anorektikerin hat in diesem Sinne Erfolg, sie fühlt sich mächtig, herrscht über das Körpergewicht, als hätte sie ihr Leben bereits im Griff. Sie stellt in dem mageren Körper überdies eigenmächtig und pseudoautonom ein Mutter-Objekt her, das einer Anti-Mutter, einer Nicht-Mutter entspricht (Hirsch 1989d), in grandioser Abgrenzung zur eigenen Mutter, »die sich mit ihren fetten Brüsten gierig über die Wühltische der Kaufhäuser im Schlussverkauf beugt«, wie eine Patientin einmal verächtlich bemerkte.

Psychosomatik

Rätselhaft die psychosomatische Erkrankung – hier handelt der Körper tatsächlich selbst im Gegensatz zu den Selbstbeschädigungssyndromen. Da, wie wir gesehen haben, sich die Körper-Ich-Grenzen nur aufgrund von genügend guten mütterlichen Erfahrungen genügend gut etablieren, werden traumatische Erfahrungen Aggression, Angst und Schmerz in das Körper-Ich einbauen. Während bei den Selbstbeschädigungssyndromen durch das Agieren eine künstlich errichtete Körper-Ich-Grenze die bedrohten oder fehlenden Ich-Grenzen ersetzen soll, handelt es sich bei der psychosomatischen Reaktion um abgespaltene Körperbezirke, die das Negative binden, damit das Gesamtselbst in seinen dann stabilen Grenzen geschützt bleiben kann. Diese Körperbezirke, die Kutter (1980, S. 139) als »amputierte Körper-Teilrepräsentanzen« bezeichnet hat, werden geopfert, um das ganze Selbst zu retten. Ähnlich beschreibt Plassmann (1993) »tote Körperzonen«, die pathologische Phantasien über das Körper-Selbst enthalten (und binden) und die Projektion negativer Teilrepräsentanzen (von Selbst-Objekten und Körper) enthalten. Derartige Konzepte von deformierten Körperzonen, die negative Objekterfahrung binden, in Form einer Erkrankung in Erscheinung treten und eine Sicherung der Kohärenz der gesamten Ich- oder Selbst-Grenzen gewährleisten, scheinen mir unausgesprochen auf das letzte Konversionskonzept Felix Deutschs (1959) zurückzugehen. Deutsch hat dort eine frühe Symbolisierungsfunktion angenommen, mit der der Verlust eines Objekts, der als Verlust eines Teils des Selbst, also des Körper-Selbst in frühester Zeit, erlebt wurde, durch »Retrojektion«, Zurückholung in den Körper, repariert würde, allerdings um den Preis der Läsion des Körperteils, der das verlorene Objekt repräsentiert. Das lädierte Organ wirkt so einerseits als eine Plombe, die eine Ich-Lücke ausfüllt, wie Morgenthaler (1974) es für die sexuelle Perversion so anschaulich entwickelt hat; dadurch bekommt es eine Objektersatzfunktion. Ein anderer Gedanke Kutters (1980; 1981) drückt mehr die Funktion der Abwehr des symbiotischen Objekts, also die negative Seite der Ambivalenz von Objektbedürfnis und Objektangst aus: Der kranke Körper habe Triangulierungsfunktion. Er errichtet also eine Grenze, eine Barriere gegen ein zu bedrohliches, intrusiv erlebtes mütterliches Objekt auf.

Schlussbemerkung

Es ging mir um die Objektverwendung des eigenen Körpers, deren Voraussetzung seine Abspaltung vom Gesamt-Selbst ist, als Trauma-Äquivalent bzw. besonders als Versuch der Restitution: Wendung vom Passiven ins Aktive in einer Täter-

Opfer-Umkehr, auch wenn der eigene Körper dann das Opfer ist, also wiederum ein Teil des Selbst. Im eigenen Körper kann ein tröstendes Mutter-Objekt hergestellt werden, wie ein Übergangsobjekt, auch dieses aus eigener Kraft. Der dissoziierte Körper kann als Ort der Projektion für das Böse, d. h. das traumatische Introjekt, dienen, wie bei der Hypochondrie und Dysmorphophobie. Er kann aber auch verwendet werden zur Herstellung einer surrogathaften Ich-Grenze durch die Manipulation der Körpergrenze bei der Selbstbeschädigung. Alle Formen enthalten einen Selbstheilungsversuch durch Opfern eines (Körper-) Teils, um das Ganze (das Selbst) zu retten.

Hirsch, Mathias, Dr. med., Facharzt für Psychiatrie und Psychotherapeutische Medizin, Psychoanalytiker (DGPT), affiliiertes Mitglied der DPV, Gruppenanalytiker (DAGG, Sektion AG), Ehrenmitglied des Psychoanalytischen Seminars Vorarlberg, Zweig des Innsbrucker Arbeitskreises für Psychoanalyse. Düsseldorf (D)
E-mail: Mathias.Hirsch@t-online.de

Literatur

Amati Mehler, J. (2004): Der psycho-sensorische Bereich in Neurose und Psychose. Jahrbuch Psychoanal. 49, S. 113–135

Bion, W. (1961): Erfahrungen in Gruppen. Frankfurt a. M. (Fischer), 1990

Böhme-Bloem, C. (2002): Der Mensch ist, was er isst. Ess-Störung als Ausdruck gestörter Identität und mangelnder Symbolbildung. In: Hirsch, M. (Hg.): Der eigene Körper als Symbol? Der Körper in der Psychoanalyse von heute. Gießen (Psychosozial-Verlag)

Buxbaum, E. (1960): Hairpulling and fetishism. In: Psychoanal. Study Child 15, S. 243–260

Deutsch, F. (1933): Biologie und Psychologie der Krankheitsgenese. In: Int. Z. Psychoanal. 19, S. 130–146

Deutsch, F. (1959): Symbolization as a formative stage of the conversion process. In: Deutsch, F. (Hg): On the mysterious leap from the mind to the body. New York (Int. Univers. Press)

Dornes, M. (2004): Über Mentalisierung, Affektspiegelung und die Entwicklung des Selbst. Forum Psychoanal. 20, S. 175–199

Dulz, B., Lanzoni, N. (1996): Die multiple Persönlichkeit als dissoziative Reaktion bei Borderlinestörungen. Psychotherapeut 41, S. 17–24

Eckardt-Henn, A. (2004): Dissoziation als spezifische Abwehrfunktion schwerer traumatischer Erlebnisse – eine psychoanalytische Perspektive. In: Eckardt-Henn, A., Hoffmann, S. O. (2004): Dissoziative Bewusstseinsstörungen. Theorie, Symptomatik, Therapie. Stuttgart, New York (Schattauer)

Eckhardt-Henn, A., Hoffmann, S. O. (2004): Dissoziative Bewusstseinsstörungen. Theorie, Symptomatik, Therapie. Stuttgart, New York (Schattauer)

Eist, H. I., Mandel, A. V. (1968): Familiy treatment of ongoing incest behavior. Fam. Process 7, S. 216–232

Federn, P. (1952): Ich-Psychologie und die Psychosen. Bern (Huber) (1956)

Ferenczi, S. (1919): Hysterische Materialisationsphänomene – Gedanken zur Auffassung der hysterischen Konversion und Symbolik. In: Bausteine zur Psychoanalyse III,. Bern (Huber), 2. Aufl. 1964, S. 129–147

Ferenczi, S. (1921): Psychoanalytische Betrachtungen über den Tic. In: Bausteine zur Psychoanalyse I. Bern (Huber), 2. Aufl. 1964

Ferenczi, S. (1933): Sprachverwirrung zwischen den Erwachsenen und dem Kind. Bausteine zur Psychoanalyse III, Bern, Stuttgart, Wien (Huber), 2. Aufl. 1964

Ferenczi, S. (1985): Ohne Sympathie keine Heilung. Das klinische Tagebuch von 1932. Frankfurt a. M. (Fischer), 1988

Fonagy, P., Gergely, G., Jurist, E. L., Target, M. (2002): Affektregulierung, Mentalisierung und die Entwicklung des Selbst. Stuttgart (Klett-Cotta), 2004

Freud, A. (1966): Zusammenarbeit zwischen Kindergarten und kinderpsychiatrischer Beratungsstelle. In: Die Schriften der Anna Freud Bd. VII, München (Kindler) 1980

Freud, A. (1978): Antrittsvorlesung für den Sigmund-Freud-Lehrstuhl der Hebräischen Universität, Jerusalem. In: Die Schriften der Anna Freud Bd. X, München (Kindler) 1980

Freud, S. (1895d): Studien über Hysterie. G. W. I

Freud, S. (1923b): Das Ich und das Es. G. W. XIII

Gaddini, E. (1969): Über die Imitation. In: Das Ich ist vor allem ein körperliches. Beiträge zur Psychoanalyse der ersten Strukturen. Tübingen (Edition diskord) 1998

Gaddini, E. (1982): Frühe Abwehrphantasien und der psychoanalytische Prozess. In: Das Ich ist vor allem ein körperliches. Beiträge zur Psychoanalyse der ersten Strukturen. Tübingen (Edition diskord) 1998

Goldschmidt, G.-A. (1991): Die Absonderung. Zürich (Ammann)

Gutwinski-Jeggle, J. (1995): Das Körper-Ich als Kommunikationsmittel. In: Vom Gebrauch der Psychoanalyse heute und morgen. Frühjahrstagung der DPV, Heidelberg, Mai 1995

Gutwinski-Jeggle, J. (1997): Wenn der Körper – nicht – spricht. In: Herold, R., Keim, J., König, H., Walker, C. (Hg.): Ich bin doch krank und nicht verrückt. Moderne Leiden – das verleugnete und unbewusste Subjekt in der Medizin. Tübingen (Attempto-Verlag)

Herman, J. L., Hirschman, L. (1977): Father-daughter-incest. J. Woman Cult. Soc. 2, S. 735–756

Hirsch, M. (1987): Realer Inzest. Psychodynamik des sexuellen Mißbrauchs in der Familie. Berlin, Heidelberg, New York (Springer), 3. Aufl. 1994; Neuaufl., Gießen (Psychosozial-Verlag) 1999

Hirsch, M. (Hg.) (1989a): Der eigene Körper als Objekt. In: Hirsch, M. (Hg.): Der eigene Körper als Objekt. Zur Psychodynamik selbstdestruktiven Körperagierens. Berlin, Heidelberg, New York (Springer); Neuaufl. Gießen (Psychosozial-Verlag) 1998

Hirsch, M. (1989b): Psychogener Schmerz. In: Hirsch, M. (Hg.): Der eigene Körper als Objekt. Zur Psychodynamik selbstdestruktiven Körperagierens. Berlin, Heidelberg, New York (Springer); Neuaufl. Gießen (Psychosozial-Verlag) 1998

Hirsch, M. (1989c): Hypochondrie und Dysmorphophobie. In: Hirsch, M. (Hg.): Der eigene Körper als Objekt. Zur Psychodynamik selbstdestruktiven Körperagierens., Berlin, Heidelberg, New York (Springer); Neuaufl., Gießen (Psychosozial-Verlag) 1998

Hirsch, M. (1989d): Körper und Nahrung als Objekte bei Anorexie und Bulimie. In: Hirsch, M. (Hg.): Der eigene Körper als Objekt. Zur Psychodynamik selbstdestruktiven Körperagierens. Berlin, Heidelberg, New York, (Springer). Neuaufl. Gießen (Psychosozial-Verlag) 1998

Hirsch, M. (1998): Zur Objektverwendung des eigenen Körpers bei Selbstbeschädigung, Auto-erotismus und Ess-Störungen. Analyt. Kinder- Jugendlichen Psychother. 29, S. 387–403

Hirsch, M. (Hg.) (2002a): Der Körper im Werk Sándor Ferenczis. In: Hirsch, M. (Hg.): Der eigene Körper als Symbol? Der Körper in der Psychoanalyse von heute. Gießen (Psycho-sozial-Verlag)

Hirsch, M. (2002b): Trauma und Körper – Die Verwendung des eigenen Körpers im autobiographi-schen Werk Georges-Arthur Goldschmidts. In: Hirsch, M. (Hg., 2002): Der eigene Körper als Symbol? Der Körper in der Psychoanalyse von heute. Gießen (Psychosozial-Verlag)

Hirsch, M. (2003): Das hypochondrische Prinzip – zur Psychodynamik der Hypochondrie und verwandter Erscheinungen. In: Nissen, B. (Hg.): Hypochondrie. Eine psychoanalytische Bestandsaufnahme. Gießen (Psychosozial-Verlag)

Hirsch, M. (2006): Das Haus. Symbol für Geburt und Tod, Freiheit und Abhängigkeit. Gießen (Psychosozial-Verlag)

Hoffmann, S. O., Eckardt-Henn, A., Scheidt, C. E. (2004): Konversion, Dissoziation und So-matisierung: historische Aspekte und Entwurf eines Integrativen Modells. In: Eckardt-Henn, A., Hoffmann, S. O.: Dissoziative Bewusstseinsstörungen. Stuttgart, New York (Schattauer)

Kafka, J. S. (1969): The body as transitional object: a psychoanalytic study of a self-mutilating patient. Brit. J. Med. Psychol. 42, S. 207–212

Kafka, E. (1971): On the development of the experience of mental self, bodily self and self-cons-ciousness. Psychoanal. Study Child 26, S. 217–240

Kestenberg (1971): From object imagery to self and object representations. In: McDevitt, J. B., Settlage, C. F. (Hg.): Separation – individuation: Essays in honour of Margaret S. Mahler. New York (Int. Univers. Press)

Kohut, H. (1971): Narzissmus. Eine Theorie der psychoanalytischen Behandlung narzisstischer Persönlichkeitsstörungen. Frankfurt a. M. (Suhrkamp) 1973

Kutter, P. (1980): Emotionalität und Körperlichkeit. Prax. Psychother. Psychosom. 25, S. 131–145

Kutter, P. (1981): Sein oder Nichtsein, die Basisstörung der Psychosomatose. Prax. Psychother. Psychosom. 26, S. 47–60

Mahler, M. S., Pine, F., Bergman, A. (1975): Die psychische Geburt des Menschen. Frankfurt a. M. (Fischer) 1978

Mahler, M. S., McDevitt, J. B. (1982): Thoughts on the emergence of the sense of self, with par-ticular emphasis on the body self. J. Am. Psychoanal. Ass. 30, S. 827–848

McDougall, J. (1978): Plädoyer für eine gewisse Anormalität. Frankfurt a. M. (Suhrkamp), 1985

McDougall, J. (1989): Theatres of the body. A psychoanalytic approach to psychosomatic ill-ness. London (Free Association Books)

Meltzer, D. (1984): Traumleben. München, Wien (Verl. Int. Psychoanalyse) 1988

Morgenthaler, F. (1974): Die Stellung der Perversion in der Metapsychologie und Technik. Psyche – Z psychoanal. 28, S. 1077–1098

Moritz, K. P. (1785–1790): Anton Reiser. Ein psychologischer Roman. Stuttgart (Reclam) 1972

Nijenhuis, E. R. S. (2004): Somatoforme Dissoziation. In: Eckart-Henn, A., Hoffmann, S. O. (2004): Dissoziative Bewusstseinsstörungen. Stuttgart, New York (Schattauer)

Plassmann, R. (1987): Der Arzt, der Artefakt-Patient und der Körper. Eine psychoanalytische Untersuchung des Mimikri-Phänomens. Psyche – Z psychoanal. 41, S. 883–899

Plassmann, R. (1989): Artifizielle Krankheiten und Münchhausen-Syndrome. In: Hirsch, M. (Hg.): Der eigene Körper als Objekt. Zur Psychodynamik selbstdestruktiven Körperagie-rens. Springer, Berlin, Heidelberg. Neuaufl. Gießen (Psychosozial-Verlag) 1998

Plassmann, R. (1993): Organwelten: Grundriss einer analytischen Körperpsychologie. Psyche – Z psychoanal 41, S. 261–282

Ramzy, I., Wallerstein, R. S. (1958): Pain, fear and anxiety. Psychoanal. Study Child 13, S. 147–189

Sachsse, U. (1994): Selbstverletzendes Verhalten, Göttingen (Vandenhoeck & Ruprecht)

Schilder (1935): The image and appearance of the human body. London (Paul Kegan)

Schur, M. (1955): Comments on the metapsychology of somatization. Psychoanal. Study Child 10, S. 119–164 Deutsch in: Overbeck, G., Oberbeck, A. (Hg.): Seelischer Konflikt – körperliches Leiden. Reinbek (Rowohlt) 1978

Sgrena, G. (2005): Friendly fire – als Geisel zwischen den Fronten. Berlin (Ullstein)

Shengold, L. (1979): Child abuse and deprivation: Soul murder. J. Am. Psychoanal. Assoc. 27, S. 533–559

Süskind, P. (1987): Die Taube. Zürich (Diogenes)

Tausk, V. (1919): Über die Entstehung des Beeinflussungsapparats in der Schizophrenie. Int. Z. Psychoanal. 5, S. 1–33

Wassmo, H. (1981): Das Haus mit der blinden Glasveranda. München (Droemer)

Winnicott, D. W. (1960): Die Theorie von der Beziehung zwischen Mutter und Kind. In: Winnicott, D. W. (1965): Reifungsprozesse und fördernde Umwelt. München (Kindler) 1974

Zeuge unsrer selbst

Hier sehen wir Mr. Fivehair in drei existenziellen Situationen abgebildet:

➢ als Ganzer, der sich in eingebildete Teile zerlegt, um diese im Detail zu erforschen;

➢ als ein Haufen von Teilen, die sich auf ein eingebildetes Ganzes hin zusammenkombinieren möchten, und

➢ als achtsamer Zeuge, der – wie wir – beides gleichzeitig wahrnimmt.

Moderne Traumatherapie und Körper

Reinhard Plassmann

1. Einleitung

Herr Geißler bat mich letztes Jahr diesen Vortrag zu übernehmen. Ich habe gerne zugesagt, die integrativen Impulse darzustellen, die von der modernen Traumatherapie ausgehen. Beispielsweise ist in Bezug auf die Arbeit mit dem Körper eine Selbstverständlichkeit entstanden, die vor einigen Jahren noch nicht denkbar war.

Traumatisierte geraten in Situationen, in denen der seelische Verarbeitungsapparat eine *Verletzung* erfährt und infolgedessen dauerhaft in seiner Funktion beeinträchtigt bleibt. Nun leben wir offenbar in einer Welt allgegenwärtiger Gewalt und es wäre sehr deprimierend, sich nur mit dem Elend zu befassen, was dadurch in der menschlichen Psyche angerichtet wird, wenn sich nicht gerade in der Traumatherapie gezeigt hätte, über welche enormen Fähigkeiten zur Selbstheilung der menschliche Organismus verfügt. Von den Behandlungserfahrungen sind deshalb intensive klinische und modelltheoretische Impulse für unser Fach ausgegangen. Es ist, was in der Medizin eher ungewöhnlich ist, eine *Heilungsforschung* entstanden, die sich nicht nur mit der Pathologie, sondern mit den mentalen Heilungssystemen befasst. Ich werde das aus der Perspektive einer stationären Behandlungseinheit darstellen. Besonders interessant finde ich, wie die *Arbeit mit dem Körper* ganz neue Bedeutung gewinnt und wie uns die Traumatherapie das Prinzip der Arbeit mit dem Gegenwärtigen lehrt. Heilungsprozesse finden im Jetzt statt, nicht im Damals.

Was wir heute über Heilungsprozesse wissen, fasse ich zunächst kurz zusammen. Ich gebe dann ein Fallbeispiel über die Arbeit mit körperlich eingefrorenen Traumaschemata und zeige zum Abschluss einen Ausschnitt aus der Videoaufnahme einer Therapiestunde. Damit medias in res.

2. Was wissen wir über Heilungsprozesse?

Aus den Behandlungserfahrungen der modernen Traumatherapie, sei es mit EMDR oder anderen Verfahren, lassen sich folgende allgemeine Eigenschaften heilsamer mentaler Reorganisationsprozesse abstrahieren.

➤ Das Prinzip Selbstorganisation
➤ Das bipolare Prinzip
➤ Das emotiozentrische Prinzip
➤ Das Prinzip der Körperlichkeit
➤ Das Prinzip der Gegenwärtigkeit

2.1. Das Prinzip Selbstorganisation

Gerade die moderne Traumatherapie hat gezeigt, dass es nicht der Therapeut ist, der die Heilung bewirkt, sondern ein psychisches Selbstheilungssystem, welches blockiert war und unter geeigneten Bedingungen die Arbeit wieder aufnimmt.

Für die Beschreibung solcher selbstorganisatorischer Vorgänge steht uns mittlerweile ein Theoriekorpus zur Verfügung, die *Theorie komplexer Systeme*, wie das Kratky (1990) oder Haken und Schiepek (2006) nennen.

Zusammengefasst gilt das Prinzip Selbstorganisation: Das psychische Heilungssystem ist ein biologisches System, welches Übergänge von dysfunktionalen zu funktionalen Ordnungsmustern selbstorganisatorisch erzeugt, wenn bestimmte Voraussetzungen erfüllt sind. Therapie stellt diese her.

Das folgende klinische Beispiel soll zeigen, wie uns das Prinzip Selbstorganisation in der Traumatherapie begegnet.

Der 59jährige Herr K. hatte sein Berufsleben als Kunsthistoriker verbracht. Er liebt seinen Beruf, lehrt gerne, er ist ohne Frage ein begabter und tüchtiger Mensch. Er hatte gelernt, mit bestimmten Symptomen zu leben, unter denen er seit Jahrzehnten litt und von denen er selten sprach. Er war phasenweise schwer depressiv und litt seit 25 Jahren, seit dem Tod seines Vaters, an schweren Alpträumen, in denen er gejagt wurde und die regelmäßig mit seinem Tod endeten.

Eine nahe Angehörige, Psychotherapeutin von Beruf, empfahl ihm eine stationäre Psychotherapie. Sie, ebenso wie er, wusste von seinen schwersten traumatischen Kindheitserlebnissen. Er kam mit der Frage, ob ihm mit Psychotherapie zu helfen sei.

Wir erfuhren folgende Geschichte:

Auf der Flucht vor der russischen Front waren seine Eltern und er, noch kein Jahr alt, von Soldaten verfolgt worden. Die Eltern flüchteten in ein Gewässer, wo sie sich im Schilf versteckten. Der Vater drückte den Jungen, weil dieser vor Angst schrie, unter Wasser, um Entdeckung durch die Soldaten zu verhindern. Er berichtet: »Als die Soldaten weg waren, zog mich der Vater aus dem Wasser. Die Eltern hielten mich für tot. Der Vater wollte weiter und meine Leiche liegen lassen, die Mutter bestand darauf meinen Leichnam mitzunehmen, um mich anständig beerdigen zu können. Ich wurde in Tücher gewickelt, Stunden später kam ich zu mir, atmete wieder, lebte wieder. Ich habe mit meinem Vater nie darüber gesprochen. Er war ein harter Mann, der trank, schrie und brutal schlug.«

Diese Geschichte bildet einen Belastungspol von kaum erträglicher Intensität. Was uns (und dem Patienten) Mut gemacht hat, war die Bereitschaft dieses Mannes, alles was er hatte an Energie, Belastbarkeit und Vertrauen, einzusetzen. Dies war nicht wenig.

Bei Herrn K. folgte auf die Stabilisierungsphase eine 90minütige Traumaexpositionssitzung für das ihm bewusste Ertränkungstrauma. Er prozessierte dieses Trauma in mehreren Durchläufen, in der EMDR-Terminologie als Kanäle bezeichnet.

In den Pausen zwischen den einzelnen Sets sprach er sehr aufgewühlt von seinen Körpergefühlen: Wie Strom, eine Art Spannung, sehr unangenehm und dabei immer seine Gewissheit: Es ist gut so, ich lasse es geschehen.

Gegen Ende der Sitzung setzten sich zunehmend positive Empfindungen durch, er sprach von Wärme im Körper, atmete ruhig und frei, auch meine eigene Gegenübertragungsspannung ließ fühlbar nach. Er begann eher im Erzählton, d.h. aus sicherem Abstand, zu sprechen. Gegen Ende der Sitzung kehrte er nochmals zum belastenden Ausgangsmaterial zurück und ein tiefes befreiendes Lachen kam auf. Er atmete eine Zeitlang tief und ruhig durch, schaute uns dann direkt und klar an und sagte: Da bin ich wieder.

Ich sehe diesen Mann noch vor mir, am Ende dieser Sitzung: Etwas erschöpft, völlig ruhig, völlig präsent, wie er in tiefer Verwunderung seine Körpergefühle beschrieb: freie Atmung und warmes Gefühl im Bauch, ein Glücksgefühl. Den Schluss dieser Sitzung bildete die Vermessung beider Pole, er schätze die Stimmigkeit seiner positiven Kognition (auf der 1–7-Skala) auf 7, den Belastungsgrad auf der 1–10-Skala (SUD) auf 0.

Die folgenden Tage dienten der Nacharbeit und der erneuten Organisation des Ressourcenpols. Er malte viel, ging spazieren, genoss die Natur.

In einer zweiten Sitzung berichtete er, er empfinde die Arbeit an diesem Ertränkungstrauma als abgeschlossen. Er könne daran denken, ohne sich belastet zu fühlen. Er sagte: »Ich habe ein Recht zu leben, weil ich da bin.«

Weitere Expositions-Sitzungen haben nicht stattgefunden.

Die psychische Reorganisation findet selbstregulatorisch und selbstorganisatorisch statt. Nicht der Therapeut bewirkt die Veränderung, sondern ein endogenes System. Wir unterstützen es nur.

DIE ENTSTEHUNG DER SELBSTORGANISATIONSFORSCHUNG

Das Modell der Selbstorganisation ist faszinierend interdisziplinär und wurde entwickelt im Diskurs insbesondere zwischen Physikern, Mathematikern, Philosophen, Biologen und: Psychotherapeuten.

Der Grund ist Folgender: Alle diese Disziplinen standen vor dem gleichen Problem. Sie konnten das, was sie beobachteten, mit den Newton'schen Gesetzen der Mechanik nicht mehr erklären. Benötigt wurde eine *Theorie komplexer Systeme* (Kratky 1990). Herausgekommen ist das Modell der Selbstorganisation. Es wird gewiss nicht das letzte naturwissenschaftliche Modell sein, was wir entwickeln, scheint aber das Beste zu sein, was wir derzeit haben.

Die Geburtsstunde können wir ungefähr in das Jahr 1905 datieren, als Albert Einstein nach Vorarbeiten insbesondere von Maxwell zwei wegweisende Arbeiten verfasste, in denen beschrieben wurde, dass der Kosmos sich nach anderen Gesetzen organisiert, als man bislang geglaubt hatte. Raum, Zeit und Materie sind nicht konstant, sondern relativ, es sind Funktionszustände, Muster, könnte man sagen, die lediglich in jenem Bereich, in dem wir leben, dem so genannten makroskopischen Bereich, konstant scheinen, es aber nicht sind.

Damit war der Abschied von der linearen Mechanik, die wir auf der Schule gelernt haben, eingeleitet und es erfolgte der nächste Schritt: im Mikrokosmos, also der Welt der Atome, haben Max Planck und später Werner Heisenberg (1924) die *Quantenmechanik* begründet: Ihre Kern-These: Materie organisiert sich selbst und zwar in diskontinuierlichen Energiesprüngen. All dies deckt sich eindeutig mit den Erfahrungen in der Psychotherapie.

Damit können wir zwei Grunderkenntnisse der Selbstorganisationsforschung formulieren:

➤ Komplexe Systeme sind nicht linear, sondern diskontinuierlich. Sie bilden Muster auf verschiedenen Energieniveaus, zwischen denen unter bestimmten Bedingungen Phasenübergänge stattfinden.

➤ Dieses Prinzip gilt in allen komplexen Systemen: Der Makrokosmos des Universums, der Mikrokosmos der Atome, biologische Systeme und, wie wir sehen werden, das psychische Selbstheilungssystem, sind in ihrem innersten Wesen gleich (Isomorphie-Prinzip).

Zwischen 1960 und 1980 hat nun Hermann Haken, Physiker und Mathematiker in Stuttgart, sehr präzise herausgearbeitet, wie sich komplexe Systeme organisieren und zwar in seinen Untersuchungen am Laserlicht (Haken 1981).

Der Laser (Light amplification by stimulated emission of radiation) ist ein physikalisches System. Es zeigt mit großer Klarheit das Wesen der Selbstorganisation: den *Phasenübergang* von Chaos zu Ordnung durch die Anregung einer Schwingung, also durch *Phasenkoppelung.*

Eine normale Lampe, z. B. eine Neonröhre, befindet sich im chaotischen Zustand. Jedes um den Zellkern herumfliegende bzw. herumschwingende Elektron der Leuchtgasatome nimmt im normalen, chaotischen Zustand irgendwann Energie auf und gibt sie irgendwann wieder ab, so dass eine regellose Mischung von Lichtwellen entsteht.

Im psychischen System wäre analog hierzu das zufällige Entstehen von Lösungsideen, von denen sich aber keine durchsetzt. Es entsteht keine Neuorganisation.

Erhöht man im Laser nun die Energiezufuhr, also die Stromspannung, so beginnen jene Lichtwellen, die den zur Phasenkoppelung geeigneten Rhythmus haben, die also die Fähigkeiten haben, Ordnung zu schaffen (oder psychologisch: die Fähigkeit, das Problem zu lösen) die anderen Elektronen anzuregen und diese beginnen nun im gleichen Takt mitzuschwingen. Haken sagt dazu: mitzutanzen (Seite 66).

»Genauso wie ein leidenschaftlicher Stepptänzer den Rhythmus einer Band verstärkt«.

Das System hat dadurch einen Phasenwechsel vollzogen, dass ihm gleichsam geholfen wurde, seinen stabilen Eigenrhythmus zu finden. Voraussetzung dafür war die Erhöhung der Energie. Die psychische Entsprechung zur Elektrizitätsenergie wäre die Konzentration der emotionalen Energie auf das Bilden eines neuen Musters. In der Laser-Physik wie in der Psychotherapie verwendet man hierfür bestimmte Stabilisierungstechniken, mit denen eine Selbstchaotisierung verhindert und die Energie auf den Phasenwechsel konzentriert wird.

Einhundert Jahre nach ihrer wissenschaftlichen Begründung steht die Psychotherapie ganz offenbar nicht am Ende, sondern am Anfang ihrer Entwicklung. Wir dürfen uns dabei zugute halten, bei allem Respekt vor der Physik, dass biologische Systeme unendlich viel komplexer sind als ein Laser und das menschliche Gehirn das komplexeste System, was die Evolution hervorgebracht hat.

2.2. Bipolarität

Das zweite Grundprinzip der modernen Traumatherapie ist die *Bipolarität*. Heilungsprozesse scheinen nur in Gang zu kommen bei gutem Kontakt zu dem, was man Ressourcen nennen kann.

Den negativen Pol bildet das unverarbeitete emotionale Belastungsmaterial, bestehend aus schweren Konflikten oder traumatischen Erfahrungen oder, wie meist, einer Mischung aus beidem. Wir finden im Kern des negativen Materials überstarke negative Affekte, fragmentierte Sinneseindrücke, eine zerstörte Zeitordnung, eine zerstörte Fähigkeit zur Versprachlichung und stark wirksame negative Kognitionen. Dieses Material hat sich im so genannten heißen, sprachlosen Gedächtnis gleichsam eingebrannt und sich niemals mit den natürlichen, gesunden Verarbeitungsressourcen verbinden können, die für Integration und Mentalisierung sorgen können.

Stattdessen ist um dieses Negativ-Material herum gleichsam ein Ring provisorischer Bewältigungstechniken entstanden, die häufig exzessiv praktiziert werden, weil sie immer nur kurzfristig helfen und deshalb den negativen Bereich ständig vergrößern: Dissoziation, Selbstverletzung, Sucht, Essstörung und Anderes.

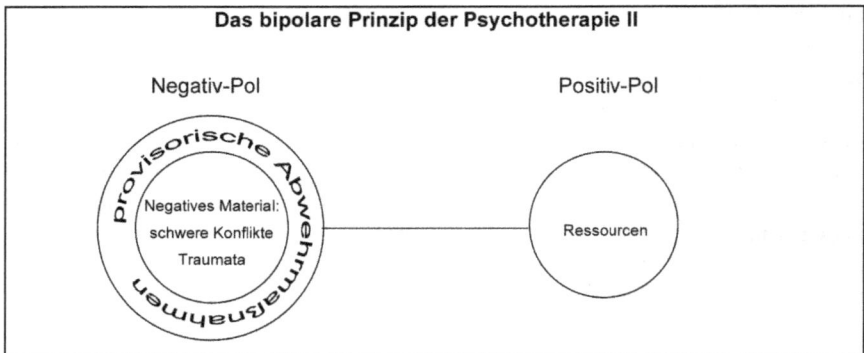

Das bipolare Prinzip der Psychotherapie II

Negativ-Pol   Positiv-Pol

provisorische Abwehrmaßnahmen

Negatives Material:
schwere Konflikte
Traumata

Ressourcen

Im positiven Pol finden wir die Ressourcen, die salutogenetischen, zur Selbstorganisation befähigten Persönlichkeitsanteile, kurz gesagt: die Inneren Helfer. Dass diese Inneren Helfer existieren, auch beim kränksten Patienten, ist offensichtlich, sie sind aber desorganisiert.

Ein zur Heilung geeignetes Gleichgewicht zwischen dem unverarbeiteten emotionalen Material im negativen Pol und den Heilungsressourcen im positiven Pol herzustellen, ist Grundprinzip der gesamten Traumatherapie, wahrscheinlich der Psychotherapie schlechthin. Der Heilungsvorgang zwischen diesen Polen hat offenbar oszillierenden, rhythmischen Charakter. Neuere neurobiologische Untersuchungen lehren uns, dass psychische Reorganisationsprozesse generell nicht linear ablaufen, sondern rhythmisch. (Basar et al. 2000)

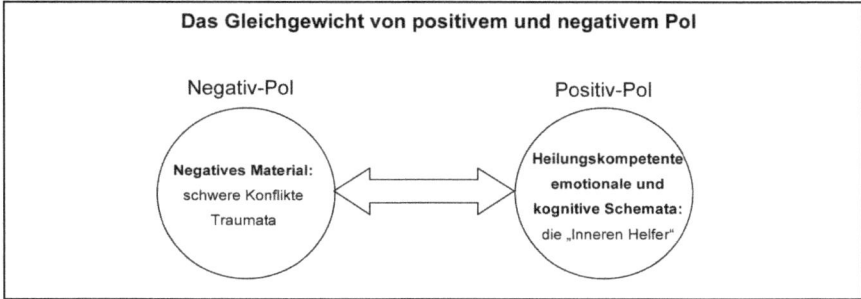

Im so genannten Prozessieren der EMDR-Behandlung scheinen deshalb die rhythmischen Stimulationen, Augenbewegungen oder ähnliches, den selbstorganisatorischen Heilungsprozess zu fördern. Wenn diese Schwingung zum Stillstand kommt, so erleben auch wir als Gesunde eine Stagnation, eine Blockade der Kreativität.[1] Auch Körpertherapeuten, insbesondere Cranio-Sacral-Therapeuten, wissen über die Rhythmen der Gesundheit viel Interessantes zu berichten.

Nun zum emotiozentrischen Prinzip.

2.3. Emotionale Präsenz: Vom logozentrischen zum emotiozentrischen Prinzip

Psychische Prozesse werden offenbar in größtem Ausmaß von Emotionen organisiert, nicht von Gedanken. Damit entsteht das dritte Prinzip der modernen Traumatherapie: *das Prinzip der emotionalen Präsenz.*

Dies ist der Wechsel vom *logozentrischen zum emotiozentrischen Modell.* Emotionen sind anscheinend das zentrale und unverzichtbare Organisationsprinzip aller mentalen Vorgänge, sowohl im Bereich der Traumaschemata wie auch im Bereich der Ressourcen (Roth, 1996). Sie bewerten alles, was erlebt wird, sie steuern das Abspeichern des Erlebten im Gedächtnis und damit das Lernen.

---

1 Die neurobiologische Forschung hat uns gezeigt, dass sich früh Erfahrungsmuster sowohl solche vom negativen wie vom positiven Pol nicht nur als psychische Inhalte im Gedächtnis der Person erhalten, sondern zu neuronaler Struktur werden (Hüther 2004).

Der Wechsel vom logozentrischen zu emotiozentrischen Modell, den uns die moderne Traumatherapie gebracht hat, hat äußerst weitreichende Konsequenzen. Krank macht offenbar ein unverarbeitbares Übermaß an negativen Emotionen, sie blockieren die mentalen Verarbeitungsprozesse. Oder etwas weniger mechanistisch gedacht: Unter dem Einfluss überstarker negativer Emotionen verändert sich der mentale Verarbeitungsprozess qualitativ. Der emotionale Erlebniskomplex wird dann im Dienst des Selbstschutzes wie ein Fremdkörper abgekapselt, die höheren Verarbeitungsprozesse sind blockiert. So negativ sich dies später auswirken wird, ist diese *traumatische Reaktion* doch im Moment des Geschehens notwendig, um das psychische Überleben in lebensgefährlichen Situationen zu sichern.

Auch der Ressourcenbereich organisiert sich um positive Emotionen, um das Kohärenzgefühl, das Gefühl des Gesundseins. Auch die Ressourcen werden nur wirksam, wenn sie *gefühlt* werden. Emotionale Präsenz ist erforderlich für psychische Reorganisation. Durch die genaue Beachtung dieses Prinzips der emotionalen Präsenz verbessern sich wiederum die Ergebnisse der Ressourcenorganisation und damit die Behandlungsergebnisse erheblich. Wir sehen dann sehr deutlich, wie die psychische Reorganisation des blockierten emotionalen Belastungsmaterials zielstrebig in Richtung auf gesunde emotionale Ordnungsmuster strebt. Mit einem Satz: Das psychische Heilungssystem ist ein aktives System. Es versucht kohärente emotionale Ordnungsmuster zu bevorzugen, die ein harmonisches spannungsfreies Ganzes, also eine Persönlichkeit ergeben.

Damit lässt sich die äußerst auffällige Zielsicherheit von Heilungsprozessen erklären. *Das Heilungssystem fühlt, wo es hin will.* Wir können uns in der Therapie auf den Heilungsinstinkt – den eigenen und den des Patienten – stets verlassen, wie ein Reiter auf sein Pferd. Es findet immer den Stall. Ich finde das sehr beruhigend.

2.4. Die Bedeutung der Körperrepräsentanzen

Damit nun zum vierten Prinzip der modernen Traumatherapie: *das Prinzip der Körperlichkeit.*

Man muss kein Neurobiologe sein um sich Folgendes klar zu machen: Emotionen sind nicht isoliert denkbar. Es genügt nicht, in den Zentren der emotionalen Intelligenz, also im limbischen System, eine Emotion zu haben und diese Emotion mit den zugehörigen Erinnerungsmustern, Sinneseindrücken und Gedanken zu verknüpfen. Heraus käme eine Art psychotischer Impressionismus. Wir würden, wie im Drogenrausch, irgendetwas fühlen und irgendetwas assoziieren, aber ohne, dass sich daraus eine Person, eine Persönlichkeit, kurz ein Selbst organisieren würde (Bauer 2002; Damasio 1997). Hierzu braucht es die Körperwahrnehmungen, also die nach Sherrington (1906) sogenannte *Propriozeption.*

Die Zentren emotionaler Intelligenz sind deshalb direkt verbunden mit den Wahrnehmungszentren für Körpergefühle im Hirnstamm und im Hypothalamus. Sie organisieren aus Emotion und Körpergefühl dasjenige, was uns die Gewissheit gibt: Das bin ich. Der portugiesische Neurobiologe Antonio Damasio (2000) nennt es das Selbst, genau wie wir Psychotherapeuten.

In den Heilungsprozess wollen deshalb alle Repräsentanzen des Traumaschemas integriert werden, auch und gerade die Körperrepräsentanzen. Das Körpergedächtnis reproduziert die überstarke negative emotionale Energie und ihre Begleiterscheinungen. Emotionales Belastungsmaterial taucht deshalb als Körperrepräsentanz, also als psychosomatisches Symptom auf, weil die Körperrepräsentanz Bestandteil des Traumaschemas war. Wir sehen schwere chronische Schmerzzustände, chronische Kopfschmerzen, sehr häufig Tinnitus und Allergien. Beides scheint übrigens mit traumatherapeutischer Methodik erstaunlich gut behandelbar (Erdmann 2006; Zengin 2006). Wir können sicher damit rechnen, dass zukünftig eine zunehmende Anzahl psychosomatischer Erkrankungen traumatologisch besser verstanden und behandelt werden kann als bisher.

Organe und Organsysteme reagieren, wenn sie von emotional belastenden Ereignissen betroffen sind, wie Lebewesen, die sie ja auch sind, mit einer Antwort, die vom emotional empfundenen Grad der Belastung abhängt.

Servan Schreiber unterscheidet auf Organebene den *kohärenten und den chaotischen Zustand* (Servan-Schreiber 2004). Zu ergänzen wäre noch der *traumatische* Zustand, in den Organe geraten können (Plassmann 2004).

Fühlt sich das Organ der Belastung, die auf es einwirkt, gewachsen, so reagiert es *kohärent,* seine ihm eigenen Rhythmen sind ungestört und harmonisch. Das Organ macht seine Arbeit, beklagt sich nicht, es fühlt sich wohl, könnte man sagen. Am Herzen sind diese Vorgänge besonders leicht beobachtbar, messbar und natürlich auch am eigenen Leibe wahrnehmbar. Wegweisend war hier die Erkenntnis, dass es nicht nur einen Puls-Rhythmus gibt, sondern mindestens zwei. Die so genannte *Herzschlagvariabilität* bildet eine Art Metarhythmus, der die Verfassung des Herzens anzeigt.

Chaos und Kohärenz

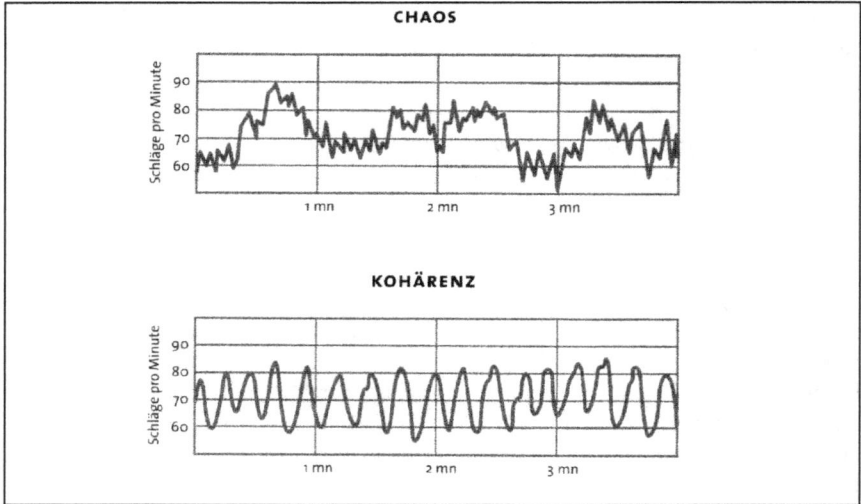

Im normalen, also im kohärenten Zustand, finden wir einen langsamen Rhythmus von etwa 4–5 Schwingungen pro Minute, der anzeigt, dass es dem Herzen, dem emotionalen System und dem gesamten Organismus gut geht.

Überschreitet die emotionale Belastung ein bestimmtes Maß, so wechselt das Herz in den so genannten *chaotischen* Zustand. Wenn hier angesagt würde: »Herr Meier, bitte ans Telefon, in ihr Wohnhaus ist eingebrochen worden«, dann könnte der Bedauernswerte diesen Wechsel unmittelbar bei sich selbst beobachten.

Aus der Psychotraumatologie wissen wir nun, dass es bei weiter ansteigender emotionaler Belastung den Übergang in den *traumatischen Zustand* gibt, in dem die Systeme sich im Ausnahmezustand befinden. Potentiell tödliche Affektstärken führen zur katastrophalen Destabilisierung des lebendigen Systems, die Tätigkeit der psychischen Systeme ist nur noch auf Überleben ausgerichtet. Gelingt es dem Betroffenen, sich emotional beispielsweise durch Dissoziation zu beruhigen, so bleiben auf Organebene die fast tödlichen Affektstärken dennoch weiter wirksam, wir sehen dann *traumatische Schockzustände* der Organsysteme, z.B. die hypertensive Krise, die schwere Herzrhythmusstörung, den Migräne-Anfall, den Asthma-Anfall.

Auch solche *organgebundenen Traumaschemata* frieren ein, sie bleiben zeitstabil über Jahrzehnte. In Triggersituationen mit spezifischer emotionaler Belastung wird das organgebundene Traumaschema aktiviert. Der kohärente Zustand geht in den chaotischen oder traumatischen über. Dabei wird die Emotion bewusst nicht mehr wahrgenommen. Eine psychosomatische Erkrankung hat sich gebildet.

Das Auftreten von Körperflashbacks in der Gegenwart macht klar: Die Traumatisierung hat in der Vergangenheit begonnen, sie wiederholt sich in der Gegenwart, und insbesondere: sie heilt in der Gegenwart oder sie heilt nicht.

Die Untersuchung der aktuellen Triggersituationen bildet den Bereich der *Mikrotraumatologie,* also die Arbeit mit dem Gegenwärtigen, wie ich es nennen möchte.

2.5. Das Prinzip der Gegenwärtigkeit

Diese Mikrotraumatologie ist bislang nicht genug beachtet worden. Wir brauchen sie aber, denn mit ihr beginnt die Behandlung. *Traumatische Mikroszenen* finden wir im aktuellen Umgang des Patienten mit sich selbst statt, also als *Selbsttraumatisierung,* besonders augenfällig beispielsweise im selbstverletzenden Verhalten oder in der magersüchtigen Schädigung der eigenen Weiblichkeit. Wir finden die Mikrotraumata aber auch in der therapeutischen Beziehung als *intratherapeutisches Traumamaterial.* Die Wiederholung alter Traumaschemata in der Gegenwart der therapeutischen Beziehung ist ein allgegenwärtiges Phänomen und es ist interessant zu sehen, wie sich auf dem Gebiet der *Mikrotraumatologie* die Psychoanalyse und die Traumatherapie begegnen, wechselseitig voneinander anregen lassen und integrieren. Zur Mikrotraumatologie gehören ferner die sogenannten *Mini-PTBS.* Dies sind Abkömmlinge der Ursprungstraumata mit geringerer Belastungsstärke. Die Gegenwart der Patienten ist voll von ihnen, beispielsweise der Ekel der Magersüchtigen vor dem Mittagessen. Ihre Auflösung erleichtert die Stabilisierungsarbeit der Patienten außerordentlich.

Die Begegnung mit dem Traumaschema, mit dem Ziel, es aufzulösen, findet *immer* im Jetzt statt. Mag die Entstehung des Traumaschemas auch in der Vergangenheit liegen, so ist der Heilungsprozess etwas absolut gegenwärtiges, er findet jetzt statt, oder er findet nicht statt.

3. Zur Behandlungstechnik: bipolares EMDR

Damit die mentalen Reorganisationsprozesse stattfinden können, ist eine der wichtigsten rahmensetzenden Funktionen der Therapeutin die Regulation der emotionalen Belastungsstärke.

In der konkreten Behandlungssituation können wir nie genau vorhersehen, wie mächtig das jeweils auftauchende Belastungsmaterial sein wird, wie viel Stabilisierung der Patient brauchen wird. Wir haben deshalb aus dem EMDR-Standard-Protokoll das so genannte *bipolare EMDR* entwickelt, mit welchem das jeweilige Optimum zwischen Stabilisierung und Exposition gut gesteuert werden kann.

Notwendig ist, hier das Prinzip des *Window of Tolerance* zu beachten, wie dies beispielsweise von Ogden u. Minton (2000) beschrieben wird.

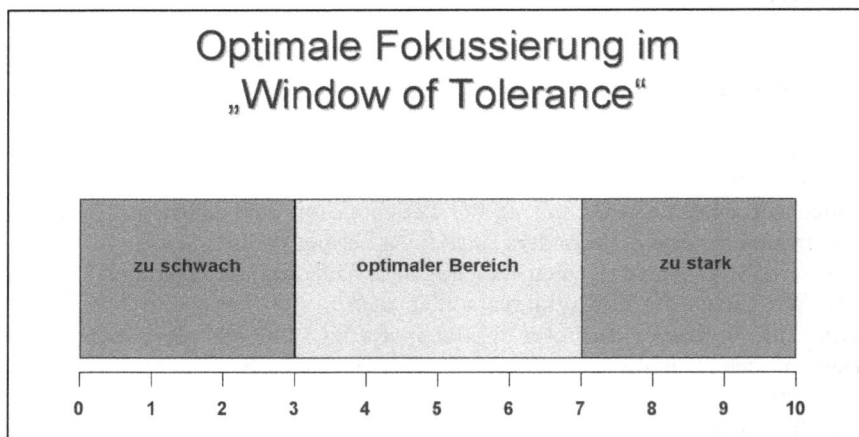

Zur Ressourcenaktivierung und damit zum Fortschreiten der Verarbeitungs- und Entwicklungsprozesse kommt es innerhalb eines bestimmten Bereiches, in dem die gefühlte emotionale Belastung weder zu schwach noch zu stark ist oder anders ausgedrückt: jenen Belastungsbereich, indem es zur mentalen Reorganisation kommt, nennen wir *Toleranzfenster*. Auf der oben abgebildeten Grafik ist dies unter zur Hilfenahme der SUD-Skala (subjective units of disturbance), die aus dem EMDR vertraut ist, dargestellt.

Ein SUD von 3 entspricht etwa einem deutlich fühlbaren Unbehagen mit beginnenden vegetativen Reaktionen (z.B. Herzklopfen) und ersten negativen Kognitionen (z.B. »ich kann nichts tun«). Ein SUD von 7 heißt stark fühlbare Belastung, starke vegetative Reaktionen (Schwitzen, Brustdruck, Zittern), starke negative Emotionen (Angst, Hass, Ekel etc.) und kognitive Einengung auf negative Kognitionen. Spätestens jetzt ist Gegenregulation notwendig, weil an diesem Punkt die mentalen Reorganisationsprozesse blockiert werden.

Therapeuten müssen die Arbeit mit diesem Prinzip trainieren. Therapeuten, die ihre Arbeitsweise als »Sprechen über Probleme«[2] definieren, fühlen sich angenommen und bestätigt, wenn die Patienten ihnen ihre Probleme anvertrauen. Sie werden mit ihren Patienten regelmäßig das Toleranzfenster verlassen und in der einzelnen Therapiestunde eine Retraumatisierung erzeugen. Auch eine phobische Scheu von Therapeuten vor dem emotionalen Traumaschema ist unangebracht. Sie verlassen dabei das Toleranzfenster nach unten. Weder sie selbst, noch die Patientinnen lernen dann angemessenen, d.h. heilsam starken Kontakt zum Traumaschema aktiv herzustellen und aktiv zu begrenzen.

Die bipolare Arbeitsweise ermöglicht es, mit Sicherheit im Toleranzfenster zu bleiben, in dem mentale Reorganisationsprozesse aktiviert werden.

Die bipolare Arbeitsweise zeigte uns einen Verarbeitungsvorgang, der vorher in der Psychotherapie nicht bekannt war, das so genannte *Absorptionsphänomen*. Man beschäftigte sich in der einen Therapiestunde mit Ressourcenorganisation, wollte in der nächsten Stunde das Traumamaterial durcharbeiten und stellte fest, dass es verschwunden war. Hier zeigte sich überdeutlich die bipolare Natur der Heilungsprozesse. Sobald der Ressourcenpol gut organisiert ist, nimmt das psychische Heilungssystem seine Arbeit wieder auf, es kommt zur Spontanauflösung des emotionalen Belastungsmaterials auf natürlichem Wege. Diese Auflösung ist nach allem, was wir derzeit über den Absorbtionsprozess wissen, stabil und dauerhaft.

4. Fallbeispiel

Der 43-jährige Herr S. ist unter einem totalitären Regime aufgewachsen. Er war bis zu seinem Verkehrsunfall, der seine Gesundheit und Existenz zerstörte, ein erfolgreicher Geschäftsmann. Er hat sein Herkunftsland als Gefängnis erlebt. Sein Vater war ein harter, systemidentifizierter Mann, das Lebensgrundgefühl des Patienten war: Ich versuche mich aufzurichten, versuche jemand zu sein, versuche stark zu sein, dann kommt jedes Mal ein Angriff, der mich niederwirft, zerstören möchte.

Offenen Angriff, Gegenwehr hat er nie gewagt, die Grundangst vor Vernichtung verlässt ihn nie. Seine Mutter sieht er als Opfer des harten Vaters und seines Regimes. Tief in ihm scheint es eine Retterphantasie zu geben. Wenn er, der Sohn, nur tüchtig genug ist, hart genug arbeitet, wird er seine Mutter, die schwach ist, schützen können.

---

2 Das »Sprechen über Probleme« würden wir aus psychotraumatologischer Sicht als *unsystematische Exposition* bezeichnen. Diese Arbeitsweise ist nur bei nicht traumatisierten Patienten mit stabilen Ressourcen möglich. Bei traumatisierten Patienten ist diese Arbeitsweise ein Kunstfehler.

Den Untergang seines Herkunftslandes hat er als Befreiung erlebt. Er zieht mit Frau und Kindern nach Deutschland und baut erfolgreich sein Handelsunternehmen auf. Es geht ihm gut. Eines nachmittags stoppt er sein Auto am Ende eines Autobahnstaus. Er schaut beiläufig in den Rückspiegel und sieht einen Sattelschlepper von hinten auf sich zu rasen, der offenbar nicht bremst. Er weiß im selben Moment, dass der Lkw ihn rammen wird, er sitzt hilflos gelähmt, bis der Lastwagen tatsächlich in ihn hinein kracht. Die bewusste Erinnerung setzt erst wieder ein, als Helfer ihn auf den Beifahrersitz zerren, um ihn aus dem Auto zu holen, er sieht ein anderes Auto brennen, sieht ein Feuerwehrfahrzeug. Er bekommt mit, wie er in einen Rettungswagen verladen wird, sieht durch eine Lichtluke den Himmel und es setzt etwas ein, was wir im Nachhinein als Nahtoderfahrung verstehen können. Er ist überzeugt zu sterben, sieht sich auf einer grünen Wiese, er scheint zu schweben, bis ihn die Stimme des Notarztes erreicht, der ihn fragt, ob er die Beine bewegen kann. Er versucht es und seine Sterbephantasie bricht ab. Diese Sterbeerfahrung hat offenbar eine schwerste psychische Traumatisierung hinterlassen.

Nach der Krankenhauseinlieferung wurde festgestellt, dass er körperlich nicht schwer verletzt war. Er hatte nur multiple Prellungen, aber praktisch von Anfang an schwere Dauerschmerzen im gesamten Rumpf, die bis heute anhalten. Wir können dies im Nachhinein als körperlich eingefrorene Schockerfahrung verstehen. Er muss sich während des Unfalls maximal verkrampft haben, was sich erst 1 $\frac{1}{2}$ Jahre später während der Traumatherapie langsam löste. Ich werde davon berichten.

Fünf Tage nach dem Unfall setzten schwere nächtliche Flashbacks ein, er sah brennende Autos, Feuerwehrwagen, stand unter panischer Angst und entwickelte massiv zunehmend Schmerzen. Er wurde aus dem Krankenhaus entlassen in lediglich körperlich stabiler Verfassung. Zu Hause verkroch er sich in sein Haus, das er kaum verließ, da die Straße von seinem Haus in die Stadt am Unfallort vorbeigeführt hätte.

Drei Monate nach dem Unfall begann er, mittlerweile schwer suizidal und hoffnungslos, eine Psychotherapie, die zu einer gewissen Stabilisierung führte.

Etwa 15 Monate nach dem Unfall kam er auf Anraten seines Therapeuten und der Berufsgenossenschaft zur stationären Psychotherapie. Die Alpträume waren etwas weniger geworden im Vergleich zur Zeit direkt nach dem Unfall. Weiterhin bestanden schwere Dauerschmerzen im gesamten Bewegungsapparat und Kopfschmerzen. Er war auffällig mental beeinträchtigt, chronisch unkonzentriert, vergesslich und in einer zum Dauerzustand gewordenen affektiven Grunderregtheit, sodass er sich nur wenige Stunden am Tag in seinem Unternehmen mit einfachen Dingen beschäftigen konnte. Ein Invalider.

In der Anamneseerhebung wurde deutlich, wie gut der ambulante Therapeut gearbeitet hatte. Der Patient ist visuell begabt, der Therapeut hatte ihm als Stabilisierungstechnik zahlreiche imaginative Zugänge zum sicheren Ort und zu inneren Helfern erschlossen. Er war nach wie vor sehr leicht triggerbar. Jedes laute Geräusch, wie z.B. Türenknall, bewirkte eine heftige Schreckreaktion und massiv zunehmende Schmerzen als somatisches Flashback der Unfallerfahrung.

Das emotionale Belastungsmaterial ist weiterhin extrem stark, ein stabilisierender Ressourcenpol ist vorhanden, aber schwach. Jederzeit ist eine Triggerung und ein psychischer und körperlicher Flashback möglich.

Ich schildere nun die Arbeit mit bipolarem EMDR anhand einer Behandlungsstunde.

Den Beginn bildet stets die vorsichtige Fokussierung des aktuell als Belastung empfundenen emotionalen Materials. Er erzählt nach kurzem Nachdenken, dass ihn ein aktuelles Ereignis an den Rand seiner Belastbarkeit brachte: Eine Mitpatientin stolpert direkt neben ihm beim Verlassen des Speisesaals, stößt sich am Türrahmen und schlägt sich dabei die Augenbraue auf. Eine schmale Blutspur rinnt ihr über die Wange.

Er erzählt, dass auch er direkt nach dem Unfall an der gleichen Stelle in seinem eigenen Gesicht eine Blutspur und Schwellung gefühlt hatte. Noch heute ist es so, dass im Zustand starker emotionaler Belastung die gleiche Stelle wieder anschwillt. Wir kennen dieses Phänomen mittlerweile von anderen Unfalltraumatisierten. Die Körper-Flashbacks wiederholen die Körperreaktion in der traumatischen Situation, manchmal bis hin zu spontanen Blutungen.

Das Fokussieren bedeutet bereits eine Wiederbegegnung mit dem traumatischen Material. Wir müssen deshalb sorgfältig die Belastungsgrenzen beachten. Herr S. schwitzte beim Fokussieren auf den belastendsten Moment derart, dass ich es in der Therapiesitzung sehen und riechen konnte, er hielt sich mit beiden Händen stark verkrampft an den Stuhllehnen fest. Sein Gefühl war: Ich bin hilflos, keiner glaubt mir. Den emotionalen Belastungsgrad bezifferte er an der Grenze zum Unerträglichen. Er sagte: »Es ist genug, ich bin am Limit.«

Wir schulen die Patienten systematisch, ihre eigene Belastungsgrenze zu erkennen und niemals zu überschreiten. Ohne die bipolare Technik hätte die Sitzung hier abgebrochen werden müssen, da evident war, dass er einem direkten Durcharbeiten nicht gewachsen gewesen wäre. Der nächste Schritt im bipolaren EMDR ist das Ausblenden des traumatischen Materials und die Fokussierung der Stabilisierungsressourcen. Dies gelingt bei vorher gut organisiertem positivem Pol rasch und zuverlässig. Der Patient visualisierte seinen sicheren Ort, er sah sich am Meer, nahm Verbindung mit allen inneren Helfern auf, dies ist für ihn das hilfreiche Naturelement Wasser, die Farbe blau, ein entspanntes ruhiges Körpergefühl. Diese EMDR-Ressourcenorganisation wird stimuliert durch langsame Augenbe-

wegungen oder taktile Stimulationen mit dem Neurotak-Gerät. Der langsame bilaterale Rhythmus der taktilen Stimulation unterstützt aus noch nicht völlig erforschten Gründen die Ressourcenorganisation, ein schneller bilateraler Rhythmus fördert das Reprocessieren, also das Durcharbeiten des Belastungsmaterials.

Im nunmehr guten Kontakt mit seinen Stabilisierungsressourcen tauchte sein positiver Heilungssatz auf: Es ist vorbei. Dieser Satz enthält das zentrale Heilungsziel des Patienten: Das Belastungsmaterial soll in der Vergangenheit verschwinden.

Herr S. war nun völlig ruhig, atmete tief, die Hände entspannt auf dem Oberschenkel.

Der nächste Schritt im bipolaren EMDR ist die Organisation seiner zentralen Heilungsphantasie: An welches Endlager, so fragte ich ihn, muss das Belastungsmaterial geschafft werden, um endgültig vorbei zu sein? Die Antwort war ihm sofort klar: In einer gemauerten Grube im Boden, mit einem schweren Deckel verschlossen, weit weg von hier. Der Patient war fast vergnügt bei der Vorstellung dieser Endlagergrube. Er erzählte ein wenig vom realen Vorbild dieser imaginierten Grube und schien sich auf den Abtransport des Belastungsmaterials dahin geradezu zu freuen.

Im sicheren Kontakt mit den Stabilisierungsressourcen ermöglicht bipolares EMDR nun den kontrollierten Zugang zum unverarbeiteten traumatischen Material und dessen Auflösung. Der nächste Schritt ist deshalb die kontrollierte Annäherung an das Traumamaterial. Die Anweisung lautet: »Gehen Sie in sicherem Kontakt mit dem positiven Pol auf das Belastungsmaterial zu, wenn es zu stark ist, gehen Sie zurück zum sicheren Ort, wenn es zu schwach ist, gehen Sie näher auf das Material zu, bis Sie die genau richtige gut verarbeitbare Menge an Belastung fühlen.« Die Patienten haben also völlige Kontrolle über die Belastungsstärke. Sie gehen aktiv handelnd damit um, statt dass sie wie bislang, davon überflutet werden.

Nach kaum einer Minute bestimmte der Patient: Ich bin soweit, ich habe es.

Der nächste Schritt war die Aufforderung, genau dieses Material auf seine individuelle Weise in der Endlagergrube zu verstauen, diese sicher zu verschließen und zurückzukehren.

Noch während ich ein paar Notizen machte, öffnete er die Augen, schaute mich direkt an und sagte: »Es ist vorbei, ich kann es fühlen.« Die Muskelschmerzen seien vorbei, er fühle sich wohl. »Ein wunderbares Gefühl«, wie er sagte.

Man schließt diese Arbeit stets mit genauer Quantifizierung des Ergebnisses ab. Er bestimmte seine Stabilität auf der 1–7 Skala auf 6, den Restbelastungsgrad des ausgewählten Materials auf der 0–10 Skala auf 0 und berichtete in der Schlussevaluation amüsiert, wie das Material im Moment des Verstauens in der Endlagergrube verschwunden war und die Schmerzen sich im gleichen Moment lösten.

Wichtig ist, Shapiro hat das stets betont, die sorgfältige Beobachtung des weite-
ren Verlaufs nach der Stunde: Ist die Auflösung des Materials stabil, welche Reste
sind noch aktiv, was muss noch nachbearbeitet werden.

Dieser Patient berichtete eine Woche später, es sei ihm intensiv klar geworden,
dass er seine eigene Aggressivität, die er im Hintergrund stets als Grunderregung
gefühlt habe, nicht länger fürchten müsse. Er sei deshalb zum Gerätetraining ge-
gangen, habe fast 2 Stunden auf dem Laufband gearbeitet, in den Tagen danach
keinerlei Muskelschmerz und albtraumfreier, ruhiger Schlaf.

5. Schluss

Ich fasse zusammen: Moderne Traumatherapie ist eine wissenschaftliche und
klinische Modellwerkstatt. Sie hatte ursprünglich begonnen, sich mit speziellen
klinischen Krankheitsbildern, den posttraumatischen Belastungsstörungen zu
befassen und wie unter der Lupe ließen sich das Prinzip Selbstorganisation, das
Prinzip Bipolarität und das emotiozentrische Prinzip beobachten. Weil Körper-
repräsentanzen des emotionalen Belastungsmaterials so häufig sind, entsteht nun
mit großer Entwicklungsdynamik eine *psychotraumatologisch fundierte Psycho-*
somatik. Der geheimnisvolle Sprung ins Körperliche (Freud 1895) hört auf zu
existieren.

Dadurch, dass die moderne Traumatherapie sich nun der Mikrotraumatologie
im Hier und Jetzt zuwendet, entsteht eine Synthese zwischen Traumatherapie
und Psychoanalyse. Es kann dabei durchaus der Behandlungssituation und der
Neigung von Patient und Therapeut überlassen bleiben, ob die intratherapeuti-
schen Mikrotraumata, also das, was zwischen Patient und Therapeut geschieht,
mit dem klassischen Repertoire der psychoanalytischen Übertragungsdeutung
oder mit den neu entwickelten Methoden aufgelöst werden. Für die Auflösung
der Mini-PTBS scheint EMDR optimal geeignet.

Klar scheint mir: nach 100 Jahren Psychotherapie stehen wir nicht am Ende,
sondern am Anfang der Entwicklung unseres Gebietes.

Plassmann, Reinhard, Prof. Dr. med., Facharzt für Neurologie, Psychiatrie und Psychotherapeutische Medizin, Psychoanalytiker, ärztlicher Direktor des Psychotherapeutischen Zentrums Bad Mergentheim (D)
E-mail: plassmann@ptz.de

Literatur

Basar, E. et al. (2000): Brain oscillations in perception and memory. Int J Psychophysiol 2000; 24: 113–125

Bauer, J. (2002): Das Gedächtnis des Körpers. Frankfurt a. M. (Eichborn)

Damasio, A. R. (1997): Descartes' Irrtum. Fühlen, Denken und das menschliche Gehirn. München (Deutscher Taschenbuch Verlag)

Damasio, A. R. (2000): Ich fühle, also bin ich. Die Entschlüsselung des Bewusstseins. München (List)

Erdmann, C. (2006): Allergie und EMDR. Der nächste Sommer kommt bestimmt. EMDRIA-Rundbrief 7, S. 20–43

Freud, S. (1895): Entwurf einer Psychologie. GW Nachtragsband, S. 373–486

Freud, S: (1940): Abriss der Psychoanalyse. GW XVII, S. 63–108

Haken, H. (1981): Erfolgsgeheimnisse der Natur. Stuttgart (Deutsche Verlagsanstalt)

Haken, H. (2004): Selbstorganisation komplexer Systeme. Wien (Picus Verlag)

Haken, H., Schiepek, G. (2006): Synergetik in der Psychologie. Göttingen (Hogrefe Verlag)

Heisenberg, W., Born, M. (1924): Zur Quantentheorie der Molekeln. AP 74, 4th ser., 1–31

Hofmann, A. (1999): EMDR in der Therapie psychotraumatischer Belastungssyndrome. Stuttgart (Georg Thieme Verlag)

Hüther, G. (2004): Biologie der Angst. Göttingen (Vandenhoeck & Ruprecht)

Kratky, K. W. (1990): Der Paradigmenwechsel von der Fremd- zur Selbstorganisation. In: Kratky, W., Wallner, F. (1990) Grundprinzipien der Selbstorganisation. Darmstadt (Wissenschaftliche Buchgesellschaft) 1990, S. 3–17

Ogden, P., Minton, K. (2000): Sensorimotor Psychotherapy: One Method for Processing Tramatic Memory. Tramatology, VI (3), article 3

Plassmann, R. (2004): Selbstorganisation und Heilung. Vortrag auf der überregionalen Herbsttagung des Psychotherapeutischen Zentrums Bad Mergentheim. In: Geißler, P. (Hg., 2005): Nonverbale Interaktion in der Psychotherapie. Forschung und Relevanz im therapeutischen Prozess. Gießen (Psychosozial-Verlag)

Plassmann, R. (2007): Selbstorganisation und Heilung. Gießen (Psychosozial-Verlag) in Vorbereitung

Reddemann, L. (2003): Imagination als heilsame Kraft. Zur Behandlung von Traumafolgen mit ressourcenorientierten Verfahren. Stuttgart (Pfeiffer bei Klett-Cotta)

Roth, G. (1996): Das Gehirn und seine Wirklichkeit. Frankfurt a. M. (Suhrkamp Taschenbuch Verlag)

Servan-Schreiber, D. (2004): Die neue Medizin der Emotionen. Stress, Angst, Depression: Gesund werden ohne Medikamente. München (Kunstmann Verlag)

Shapiro, F. (1998): EMDR. Grundlagen und Praxis. Handbuch zur Behandlung traumatisierter Menschen. Paderborn (Junfermann)

Sherrington, Ch. (1906): Development and plasticity of cortical processing architectures. Science 270: 758–763

Wietersheim, J. v., Kordy, H., Kächele, H. (2004): Stationäre psychoanalytische Behandlungsprogramme bei Essstörungen. In: Herzog, Münz, Kächele: Essstörungen. Stuttgart (Schattauer) 2004

Zengin, F. (2006): Behandlung von Hörsturz und Tinnitus mit EMDR-Therapie. EMDRIA-Rundbrief 7, S. 45–53

Innere Bühne

Solange Mr. Fivehair seine innere und äußere Bühne scharf trennte, jede eigenen Gesetzen unterwarf und erst noch glaubte, auf der einen sei er omnipotent und auf der andern Opfer – solange verschärfte er nur noch die Ursachen seines Leidens.

Zur Theorie der Ego-States und der Bezug zur Arbeit auf der »inneren Bühne«

Luise Reddemann

Pablo Neruda beschreibt auf eindrucksvolle Weise, was es bedeuten kann, sich als »viele« zu erleben. Ich wähle dieses Gedicht deshalb, dass deutlich werden möge, dass sich als viele zu erleben nicht etwas Pathologisches sein muss. Künstler haben das vermutlich schon immer gewusst. Wenn wir uns an polyphone Musik erinnern, etwa an Bachs »Kunst der Fuge« oder seine Kantaten, dann können wir uns daran erinnern, dass da immer gleichzeitig und *gleichberechtigt* viele Stimmen erklingen. Es hat mich immer wieder verwundert, dass in der Zeit des späten Bach und nach ihm Musik als schön galt, in der *eine* Stimme führt. Das kann man hören, wenn man so genannte Klassische Musik mit Barockmusik vergleicht. Dieser geistesgeschichtliche und kulturhistorische Prozess hat dann im philosophischen Denken des 19. Jahrhundert dazu geführt, dass die Idee eines konsistenten Ich immer wichtiger und »wahrer« zu werden schien. Tatsächlich ist natürlich sowohl das eine wie auch das andere nur eine Sichtweise und jede von beiden hat ihre Berechtigung. Sie können auch an Frida Kahlos Bilder von den zwei Fridas denken: Immer wieder hat sie diese Bilder gemalt, in denen sie ihre beiden Seiten darstellt, unabhängig davon, ob das dem Zeitgeist entsprach oder nicht.

Oder erinnern Sie sich an einen Ihrer letzten Träume. All die Gestalten, die da auftauchen sind letztlich Sie selbst, schon allein deshalb, weil Sie SchöpferIn Ihrer Träume sind. Die Beispiele wären beliebig fortzusetzen. Hier also Nerudas Gedicht:

> Viele sind wir
>
> Von so vielen Menschen, die ich bin, die wir sind,
> kann ich keinen einzigen finden:
> sie gingen mir unter den Kleidern verloren, sie gingen in eine andere Stadt.

Wenn alles angebahnt ist,
um mir den Dummen als gescheit vorzuweisen,
den ich heimlich in mir trage,
ergreift er das Wort in meinem Mund.

So manches Mal schlafe ich mitten in
der distinguierten Gesellschaft ein,
und such in mir den Mutigen,
beeilt ein Feigling sich, den ich nicht kenne,
mit meinem Knochengerüst tausend
reizende Vorsichtsmassnamen zu treffen.

Wenn ein geschätztes Haus in Flammen steht,
stürzt anstelle des Feuerwehrmanns,
den ich rufe, sich der Brandstifter hinein,
und der bin ich. Für mich gibt es keine Regel.
Was soll ich tun, um mich auszusondern?
Wie kann ich mich rechtfertigen?

Alle Bücher, die ich lese,
feiern strahlende, immer
von sich überzeugte Helden:
Ihretwegen vergeh ich vor Neid,
und in Filmen, ganz aus Stürmen und Kugeln,
beneide ich unentwegt den Reiter
bewundre ich unentwegt das Ross.

Doch wenn ich für mich den Unerschrockenen begehre,
erscheint der alte Faulpelz in mir,
und so weiss ich nicht, wer ich bin,
ich weiss nicht, wie viele ich bin oder wir sind.
Ich möchte so gern eine Klingel läuten,
um mein wahres Selbst hervorzulocken,
denn, wenn ich mich brauche,
darf ich mich nicht davonmachen.

Während ich schreibe, bin ich nicht da,
und wenn ich wiederkehre, bin ich schon fern:
ich muss einmal sehen, ob es den andern Leuten
ebenso geht wie mir.
Ob sie so viele sind, wie ich es bin,
ob sie sich selber gleichen,
und wenn ich es ausgemacht habe,

werde ich die Dinge so gründlich verstehen,
dass ich, um meine Probleme zu erklären,
ihnen von Geographie sprechen werde.

Nehmen wir ein anderes, alltäglicheres Beispiel:

Ein Manager, der montags bis freitags mit Schlips und dunklem Anzug in die Firma geht und sich dort sehr korrekt verhält, geht samstags auf den Fußballplatz, natürlich in anderer Kleidung, die er niemals im Büro tragen würde. Und dort auf dem Platz liebt er es, dass er herumbrüllen kann, sich in Begeisterung für seine Mannschaft hineinsteigern kann, usw. Der Montagbisfreitagmann ist sich des Samstagmannes bewusst und umgekehrt, trotzdem handelt es sich um energetisch völlig verschiedene Zustände. Es gelingt diesem Mann, diese Zustände gut getrennt zu halten, obwohl ihm sowohl der eine, wie der andere bewusst sind. Das wären dann im ego-state-Modell zwei ego-states, die mit Pathologie nichts zu tun haben.

Anders wäre es, wenn dieser Mann von seinen verschiedenartigen Existenzen nichts wüsste oder kaum etwas, wenn er also am Montag nicht mehr wüsste, was er am Samstag getan hat. Das haben wir früher nicht für möglich gehalten und die Patienten beschuldigt, sie würden lügen oder wir haben von ihnen zu früh gefordert, sie müssten die Verantwortung für dieses Verhalten übernehmen. Heute wissen wir, dass ein Patient, eine Patientin durchaus nicht lügen, wenn sie über bestimmte Zeiten ihres Lebens nichts sagen können und sich nicht erinnern. Diesen Patienten können wir mit herkömmlichen Konzepten nicht unbedingt verständnisvoll begegnen. Da finde ich das ego-state-Modell erheblich hilfreicher.

Was beinhaltet die Theorie der ego-states und die daraus abgeleitete Therapie?

Die ego-state-Therapie wird in den USA seit Jahrzehnten erfolgreich angewendet, insbesondere in der Behandlung von (schwer) traumatisierten Patientinnen und Patienten.

Sie fußt auf den Konzepten von Paul Federn (1952), der den Begriff ego-state eingeführt hat, da für ihn das Konzept der drei seelischen Instanzen – Ich, Es und Überich – die Komplexität der Persönlichkeit nicht ausreichend zu erfassen schien. Das Grundprinzip ist entscheidend: Verschiedene Aufgaben werden verschiedenen states zugeordnet. Das heißt, das Prinzip der inneren »Vielheit« ist leitend und Ressourcen generierend.

Watkins, der bei Federns Lehranalysand Edoardo Weiss in Analyse war, hat dann die ego-state-Therapie ausformuliert. Nach ihm steht sie auf »drei Beinen«: der Psychoanalyse, der Hypnose und den Erkenntnissen über dissoziatives Verhalten von Janet (Watkins, J. und Watkins, H. 2003).

Als wesentlich an der ego-state-Arbeit wird hervorgehoben, dass das Übertragungs- und Gegenübertragungsgeschehen auf verschiedenen Ebenen wahrgenommen und genutzt wird: Auf der Ebene der Beziehung der Patientin zur Therapeutin und auf der Ebene der Beziehung

Der einzelnen ego-states zur Therapeutin. So kann man sich vorstellen, dass die erwachsene Patientin eine gänzlich andere Beziehung zur Therapeutin pflegen möchte als ein kindlicher ego-state. Im Unterschied zu traditioneller Therapie wird man nun aber die kindlichen Ansprüche und Wünsche eher mit dem kindlichen ego-state bearbeiten und nicht in erster Linie mit der Erwachsenen. Bei diesem Vorgehen ist es mir wichtig, dies – wo immer möglich – mit Hilfe des oder der erwachsenen states zu machen, darauf komme ich noch zurück.

Schließlich gilt es auch, die Beziehung des erwachsenen Ich zu den Teilen zu berücksichtigen und die Beziehung der Teile untereinander.

Die ego-state-Arbeit ermöglicht zudem, nicht *formelle traditionelle Hypnose* als »Bein« zu nutzen, sondern *Alltagstrance und suggestive Interventionen* i.S. von Fürstenau (2001).

Nach unserem heutigen Wissensstand »entstehen« ego-states besonders häufig in belastenden, oder gar traumatischen Situationen. Forscher wie Myers und Nijenhuis sprechen in diesem Kontext von der *strukturellen Dissoziation* der Persönlichkeit (dazu z.B. Nijenhuis 2004).

Was heißt das? Aufgrund der überwältigenden Erfahrung durch das Trauma spaltet sich die Persönlichkeit in wenigstens zwei Teile, einen quasi normal funktionierenden Teil, der »anscheinend normale Persönlichkeit, ANP«, genannt wird und einen dem Trauma verhafteten Teil, der als »emotionale Persönlichkeit, EP« bezeichnet wird. Finden vielfältige Traumatisierungen statt, können sich sowohl mehrere ANPs wie auch EPs entwickeln. Der heute gebräuchliche Begriff der strukturellen Dissoziation hat m.E. sehr viel gemeinsam mit dem ego-state-Konzept, geht aber mehr von einem neurobiologischen Verständnis traumatischer Prozesse aus. Klinisch jedenfalls scheinen die beiden Konzepte weitgehend identisch.

Sehr eindrucksvoll hat das die Kinderbuchautorin Jutta Bauer dargestellt:

In einem kleinen bebilderten Text »Schreimutter«, heißt es vom kleinen Pinguin: »Heute hat Mutter so geschrien, dass ich auseinander geflogen bin. Mein Kopf flog ins Weltall. Mein Körper flog ins Meer. Meine Flügel verirrten sich im Dschungel. Mein Schnabel landete in den Bergen. Mein Po verschwand in der Stadt. Meine Füße blieben stehen, aber dann rannten sie und rannten. Ich wollte suchen, aber die Augen waren im Weltall [...] wollte schreien, aber der Schnabel war in den Bergen [...] wollte flattern, aber die Flügel waren im Dschungel.«

Das Wissen um dissoziative Prozesse als Schutz hilft, die Notwendigkeit von voneinander mehr oder weniger getrennten Teilen – states – anzuerkennen und nicht vorschnell beseitigen zu wollen.

Prinzipiell werden verschiedenen Erlebnisinhalten, Gefühlen und Aufgaben verschiedene states zugeordnet. Das heißt, das Prinzip der inneren »Vielheit« ist – wie oben im Gedicht – leitend und, wie schon erwähnt, auch Ressourcen generierend. Je nach Notwendigkeit kann die Therapeutin neben dem erwachsenen Ich, das ich stets zunächst anzusprechen versuche, auch fürsorgliche beelternde Teile einladen oder andere hilfreiche Teile. Vermittelnde Aufgaben können dann beispielsweise auch von der »inneren Weisheit« bzw. dem imaginierten weisen alten Menschen wahrgenommen werden.

Warum bezeichne ich dieses Modell als Ressourcen voll?

Auch in den neueren Veröffentlichungen zum Umgang mit Emotionen wird trotz der jetzt nicht mehr neuen Debatte über Trauma und Traumafolgestörungen auf das Problem der Gefühlsüberflutung selten eingegangen. Dabei wird immer wieder übersehen, dass das, was Herr Plassman als »emotiozentrisch« bezeichnet, keine Aussage über ein therapeutisches Vorgehen bedeuten muss, sondern, dass wir emotionsgetragen lernen. Nun gibt es aber Menschen, die fürchten sich bewusst oder unbewusst so sehr vor ihren Emotionen – Nijenhuis beschreibt das als Phobie für die eigene Emotionalität –, dass sie sich auf emotiozentrische Arbeit nicht einlassen können, ich meine, sie können sie sich einfach zum gegebenen Zeitpunkt nicht leisten. Und sie haben dafür eine Lösung gefunden: Sie verteilen ihre Emotionen auf verschiedenste ego-states. Ihre alltagstauglichen states sind hingegen relativ weit entfernt von den Emotionen, so dass sie relativ »normal«, aber auch oft gefühlskalt erscheinen.

Dazu schreibt der portugiesische Dichter Fernando Pessoa: »Die großen Ängste unserer Seele sind immer *kosmische Katastrophen*. Wenn sie über uns hereinbrechen, geraten um uns herum Sonne und Sterne aus ihrer Bahn. In jeder fühlenden Seele wird das Schicksal früher oder später zu einer *Apokalypse* übergroßer Angst, und Himmel und Welten brechen herein über ihre Untröstlichkeit.« (Pessoa S. 164) (Hervorhebungen L.R.)

Natürlich gibt es traumatisierte PatientInnen, die von einer gefühlsbetonten Arbeit profitieren, dann sollte man sie ihnen nicht vorenthalten. Aber viele verschlechtern sich durch stark gefühlsorientierte Arbeit, weil sie den damit verbundenen Kontrollverlust schlecht verkraften. Bei Pessoa habe ich den Eindruck, dass er durch sein Schreibenkönnen einen Weg gefunden haben könnte, sich zu entlasten und dadurch, dass er sich selbst als Viele definiert. Er hatte eine ganze Reihe unterschiedlicher Identitäten und schrieb unter verschiedenen Heteronymen. In »metaphysische Gedanken« stellt Pessoa tiefgründige Überlegungen an: »Die einzige Wirklichkeit sind für mich meine Wahrnehmungen. Ich bin eine Wahrnehmung von mir. Dennoch bin ich mir nicht einmal meiner eigenen Existenz gewiss […].« (S. 553), weil er sich seiner Wahrnehmungen nicht sicher ist oder sein kann. Daraus leitet Pessoa u.a. seine Vielheit ab. Und Imagination: »Ich vergolde mich mit vorgestellten Sonnenuntergängen, aber auch das

Vorgestellte ist in der Vorstellung lebendig. Ich freue mich über imaginäre Brisen, das Imaginäre aber lebt, wenn man es sich vorstellt. Verschiedenen Hypothesen zufolge habe ich eine Seele, aber diese Hypothesen haben ihre eigene Seele, und die schenken sie mir. Das einzige Problem ist das Realitätsproblem, es ist so unlösbar wie lebendig.« (S. 259) Wenn man Pessoa nicht pathologisieren will, was aus meiner Sicht vorschnell wäre, kommt man nicht umhin, das Viele-Sein als eine kreative Form des In-der-Welt-Seins anzuerkennen.

Die Traumaforschung hat uns darüber belehrt, dass Menschen nach einem Trauma »dicht machen«, ihre Gefühle nicht mehr spüren können und *dass das ein Schutz ist*. Andererseits leiden viele auch oder ausschließlich an der Überflutung durch Gefühle. Wie bekannt sein dürfte, reagiert dann der Mandelkern im Gehirn wie ein überempfindlicher Feuermelder, der schon auf eine brennende Zigarette hin Alarm schlagen würde. Wir wissen auch, dass wir insbesondere bei in der frühen Kindheit traumatisierten PatientInnen mit einer ineffizienten dämpfenden und modulierenden Funktion der orbitofrontalen Region auf den Mandelkern zu rechnen haben (Schore 2001), was dazu führt, dass der betroffene Mensch sich schlecht oder gar nicht selbst beruhigen kann.

Es gibt im Umgang mit Gefühlen von traumatisierten PatientInnen also ein Dilemma. Wir haben in früheren Jahren vielfach erlebt, wie ungünstig es sich auf traumatisierte Patientinnen ausgewirkt hat, wenn wir ihr Schutzbedürfnis des Dichtmachens nicht genügend be- und geachtet haben. Gleichzeitig ist es aber notwendig, dass traumatisierte Patienten – nach und nach – Vertrauen zu sich und ihren Gefühlen aufbauen.

Zu intensiver Ausdruck von Gefühlen ist in der Regel mit einer Überidentifikation mit dem Gefühlszustand verbunden. Dies aber fürchten die Menschen, die dicht machen und wahrscheinlich haben sie zuvor irgendwann erlebt, wie schrecklich es ist, von einem oder mehreren Gefühlen überwältigt zu sein. Nicht selten werden ja in diesem Zusammenhang auch Metaphern benutzt wie »in den Gefühlen ertrinken«, oder von einem »Dammbruch« u.ä.

Ein Ausweg scheint mir daher ein Umgang mit Gefühlen zu sein, der Schutzmechanismen aufgreift und diese Schutzmechanismen als Ressource nutzt.

➤ Das Konzept emotionale Intelligenz impliziert einen nicht »gefühlsbetonten« Umgang mit Gefühlen, d.h. Gefühle werden genutzt und geschätzt und sollten bewusst wahrgenommen werden, aber insbesondere die Kontrolle belastender Gefühle für das Selbst oder für andere wird empfohlen. Das Konzept »rauslassen« gilt als nicht funktional . Das heißt konkret: Der alltagstaugliche ego-state wird in seiner Distanziertheit und Kühle ausdrücklich anerkannt und gewürdigt.

➤ Die Vorteile eines »kühlen Kopfes« in bestimmten Situationen wird daher für klug gehalten und ebenfalls gewürdigt. Benard und Schlaffer (1999) sprechen in diesem Zusammenhang von »Gefühle in den Kühlschrank«, besser vielleicht sogar ins »Gefrierfach« geben.

➤ Fähigkeiten zur Distanzierung von Gefühlen werden daher ausdrücklich gefördert. Als besonders wirksam hat sich dabei die Arbeit an der Fähigkeit, sich selbst beobachtend wahrzunehmen, herausgestellt. Man kann den beobachtenden Teil als eigenen ego-state konzeptualisieren.

Laut Goleman et al. (2003) sind die Kompetenzen der Emotionalen Intelligenz (EI) nicht angeboren, sondern erlernbar. Infolgedessen können auch Menschen mit Traumafolgestörungen EI erlernen, für sie scheint mir das sogar besonders wichtig. EI beinhaltet die Kompetenzen der Selbstwahrnehmung, des Selbstmanagements, des sozialen Bewusstseins und des Beziehungsmanagements. Ego-states können anhand dieses Konzepts erkannt und beschrieben werden, die über einzelne dieser Fähigkeiten in unterschiedlichem Maße verfügen. Die therapeutische Aufgabe besteht darin, die verschiedenen Anteile einander begegnen zu lassen, sie miteinander bekannt zu machen und oft erst einmal um die *Bereitschaft zur Koexistenz* zu werben; ist diese erreicht, geht es darum, Kommunikation und schließlich Kooperation anzuregen. Ich nenne es auch »Brücken bauen« zwischen einzelnen states, so beschreibt denn auch der Ausdruck »Psychotherapie mit der inneren Familie« diese Art der Arbeit sehr plastisch.

Erwähnt sei auch, dass Menschen mit einer Traumafolgestörung ihrem oft gewohnheitsmäßigen Dissoziieren, d. h. dem Auseinanderhalten von verschiedenen Bewusstseinsinhalten, mit der »Übung in Achtsamkeit« wirksam begegnen können. Damit können dann auch die verschiedensten states genauer wahrgenommen werden.

Wird das Wahrgenommene als zu schmerzhaft empfunden, z. B. Gefühle bzw. Gefühle der states oder auch Körperempfindungen, nutzen wir die Fähigkeit vieler Menschen zur *Separation*, wie ich das lieber nenne als *Spaltung*, indem wir dazu einladen, dass die Patientin bewusst mit der Vorstellung ihrer »inneren Beobachterin« arbeitet und sich dadurch wiederum vom Wahrgenommenen distanzieren kann.

Viele traumatisierte Patientinnen praktizieren die Selbstbeobachtung bereits annähernd, sind sich aber nicht bewusst, dass man genau dies gezielt als Ressource verwenden kann. Klinisch wird das als Depersonalisation bezeichnet. Auch TherapeutInnen könnten meinen, dass allzu häufige Selbstbeobachtung ungesund ist. Wenn Achtsamkeit jedoch *bewusst* verwendet wird, hat dies andere Auswirkungen, als wenn die Patientin *unbewusst* »neben sich steht«, obwohl der Mechanismus vermutlich ein ähnlicher, wenn nicht der gleiche ist.

Ich möchte jetzt etwas zur »inneren Bühne« sagen:

In meinem therapeutischen Ansatz, ähnlich wie in der Gestalttherapie oder

z. B. im Konzept von Virginia Satir vom »inneren Theater«, um nur einige zu nennen, kann mit Gefühlen auch spielerisch umgegangen werden, indem man ihnen z. B. eine Gestalt gibt, mit ihnen spricht etc. Im Grunde genommen handelt es sich da um eine Art des Tagträumens. Wenn wir träumen, ist es für uns natürlich, dass verschiedenste menschliche und nicht-menschliche Wesen unseren Innenraum bevölkern. Ich verwende gerne das Bild eines Hauses mit vielen Zimmern. Jedes Zimmer wird von einem state bewohnt, gelegentlich treffen sich alle BewohnerInnen des Hauses für gemeinsame Konferenzen oder gemeinsame Aktivitäten. Jede/r Bewohner/in hat das Recht, so zu leben, wie es ihr entspricht, *so lange sie anderen damit nicht schadet.* Damit sind die Grenzen abgesteckt. Schadet ein Bewohner den anderen, so gilt es nach dem ego-state-Modell herauszufinden, inwieweit dieser Bewohner sein Verhalten als Schutz (miss-)versteht. Dies ist dann zu würdigen, um dann für gelingendere Kommunikation zu sorgen. Ist das noch psychodynamisch? Ich denke schon, weil wir mit einem psychodynamischen Blick des Verstehens schauen. Die Interventionen allerdings entsprechen eher Fürstenaus Idee vom suggestivem, sprich Ressourcen orientierten Intervenieren, gepaart mit psychoanalytischem Verstehen sowie systemischem, also Selbstorganisation berücksichtigendem Denken, oder auch der Progressionsorientierung, wie das jüngst von Pohlen mehrfach beschrieben worden ist. (Pohlen et al. 2001; Pohlen 2006)

Zurück zu den ego-states: Ich komme zur Arbeit mit dem inneren Kind als ego-state-Therapie.

Die Arbeit mit dem »inneren Kind« lässt sich sehr gut als ego-state-Arbeit konzeptualisieren. Allerdings sind aus Sicht der ego-state-Therapie in einem Menschen mehr Teile präsent, als das innere Kind, der Erwachsene und das Eltern-Ich, wie es in der Tranksaktionsanalyse zumindest früher hieß. Wenn Sie noch einmal daran denken, dass gerade extrem belastende Situationen die Bildung von ego-states fördern, so lässt sich vorstellen, dass es z. B. bei frühkindlicher Traumatisierung sehr viele kindliche states geben wird. Aber eben auch noch andere »HausbewohnerInnen«, z. B. sog. Täterintrojekte, darauf komme ich noch zurück.

Es sei betont, ego-states sind ein Konzept, selbstverständlich leben in der Patientin nicht verschiedene Menschen. Sie ist auch nicht schizophren, wenn sie sich vorstellt, dass es in ihr verschiedene Teile gibt, sondern sie versucht damit, etwas in sich zu benennen, das man genauso anders benennen kann. Der Wert des Konzeptes liegt in seiner klinischen Stimmigkeit, Handhabbarkeit und Einfachheit.

Wichtig erscheint auch, dass das sog. Innere Kind die Beschreibung eines energetischen Zustandes ist, der nicht dem Es entspricht.

Eine der mir am wichtigsten erscheinenden Prämissen der ego-state-Arbeit ist, dass jeder state eine adaptive Funktion hat bzw. hatte. States sind in unterschiedlicher Weise voneinander getrennt. Die Dissoziation mag schwächer oder stärker sein. Manche Autoren sprechen auch von einer »Membran« zwischen den states, die ganz durchlässig bis völlig undurchlässig sein kann, dann könnte man auch von einer Mauer sprechen.

Janet ging davon aus, dass verschiedene Aspekte der Persönlichkeit, die verschiedene Muster von Gefühlen und Kognitionen enthalten, nur durch Hypnose aktiviert werden können, eine Vorstellung, die man heute so nicht mehr unbedingt teilen würde. Es genügt fast immer, eine Patientin einzuladen, sich »ihr jüngeres Ich« vorzustellen und damit in Kontakt zu gehen.

C.G. Jung sah die Persönlichkeit ebenfalls als etwas Vielfältiges mit verschiedenen Teilen (Archetypen, Komplexen), die sowohl bewusst wie unbewusst sein können. So gibt es das Konzept des ewigen Jünglings, des göttlichen Kindes usw. Auf diese kann man, wenn man die innere Kind Arbeit einer Patientin näher bringen will, ebenfalls gut zurückgreifen.

Freuds Unterteilung der Persönlichkeit in Ich, Es und Überich könnte man beim ego-state-Ansatz gelegentlich auf jeden state anwenden, was sich manchmal sogar als nützlich erweisen kann, aber nicht muss, ebenso wie man jede Art von Psychotherapie mit den einzelnen Teilen durchführen kann.

Probleme können dadurch entstehen, dass verschiedene states verschiedene Interessen, Bedürfnisse, *Entwicklungsstadien* (das würde dann bedeuten, es gibt viele verschiedene kindliche ego-states) etc. aufweisen, die miteinander in Konflikt sind. So könnte z.B. ein jugendlicher state gänzlich andere Bedürfnisse haben als der state eines kleinen Kindes.

Symptome wie Angst, Panik, PTSD u.v.a.m. lassen sich häufig als Ausdruck verschiedener ego-states und deren Probleme verstehen. Oft handelt es sich um sog. kindliche states, die in der Zeit der Traumatisierung / Verletzung wie eingefroren sind.

Wenn man die verschiedenen states willkommen heißen und nutzen kann, hat man einen großen Reichtum zur Verfügung, der anders oft gar nicht zum Tragen kommt.

Eine gute Übung, um sich mit diesen verschiedenen states vertraut zu machen, ist das »innere Team« (Reddemann 2001). Bei dieser Übung wird rasch ersichtlich, wie die verschiedenen Teile dem Selbst dienen und wie die angeregte Kommunikation zu mehr Vollständigkeit führen kann. Ich empfehle TherapeutInnen diese Übung in meinen Kursen, um sie mit dem Konzept der ego-states vertraut zu machen. Bei PatientInnen ist darauf zu achten, dass der Patient jeweils zunächst – wenn möglich – gute Momente für seine jüngeren Ich's findet, also z.B. den Teenager *in guter Verfassung*. Erst wenn der Patient mit der Übung vertraut ist und sich in der therapeutischen Beziehung sicher aufgehoben fühlt, sollte man diese Übung auch mit belasteten Teilen erwägen.

Bei traumatisierten Patienten lässt sich die Schutzfunktion der states oft besonders gut erkennen und benennen. Das gilt sogar, wenn das manifeste Verhalten eines states destruktiv oder dysfunktional erscheint (z.B. bei Täterintrojekten).

Das wichtigste Ziel der ego-state-Therapie ist es, dass verschiedene Teile der »inneren Familie« zu konstruktiver Kommunikation und Kooperation angeregt werden, im Fall der inneren Kind Arbeit also, dass der kindliche und der erwachsene Teil lernen, miteinander zu sprechen oder nonverbal zu kommunizieren.

Eine Patientin berichtet, sie kümmere sich ganz viel um ihr inneres Kind. Als ich sie frage, wie sie das macht, berichtet sie, sie mache für es »Tonglen«, eine spezielle buddhistische Mitgefühlsübung. Ich frage sie, ob sie ihr Kind denn schon einmal gefragt habe, was es von ihr wolle. Sie schaut mich verblüfft an, nein, das habe sie nicht gemacht.

Ich nenne dies einen »*dialogischen Kontakt*« *mit dem inneren Kind.* Und es macht eben einen Unterschied, ob man diesen mit dem Kind herstellt oder ob man irgendetwas tut, von dem man nur *annimmt*, dass es gut für das Kind sei (ganz wie im »richtigen Leben«).

Eine Voraussetzung für ego-state-Arbeit ist ein stabiles Arbeitsbündnis mit dem Gesamtsystem, d.h. man braucht die Zustimmung *aller* Teile zur Psychotherapie wie auch zur ego-state-Arbeit. Geht das nicht, so kann man mit ablehnenden Teilen versuchen, Stillhalteabkommen zu schliessen, was meist gelingt.

Erst danach kann man anstreben, dass man ego-state-Arbeit mit dem inneren Kind zur Stabilisierung bzw. Ich-Stärkung und für mehr innere Sicherheit durchführt und dass man mit ego-states arbeitet, die mit Symptomen belastet sind. Das bedeutet in der Phase der Stabilisierung vor allem, diesen states ein Gefühl von Sicherheit und Geborgenheit zu vermitteln, häufig kann dies mittels der Imagination des »sicheren Ortes« und durch hilfreiche Wesen geschehen.

Die Lösung von Symptomen und die Neubewertung von traumatischen Erfahrungen mit einzelnen ego-states gehört im allgemeinen der Traumakonfrontationsphase an und erfordert besonders viel Interesse an den einzelnen states und deren spezifischen Bedürfnissen.

Da ego-state-Therapie *beziehung*sorientierte Arbeit ist, sollte auf vier verschiedene Formen der Beziehung geachtet werden:

1. Auf die Zusammenarbeit zwischen der Therapeutin und der Erwachsenen an erster Stelle,
2. Auf die Zusammenarbeit zwischen der Therapeutin und dem »inneren Kind«, wenn möglich über die Erwachsene,
3. Auf die Zusammenarbeit der Patientin mit ihren states, etwas, was sich besonders bewährt und das erwachsene Ich in der Regel stärkt,
4. Auf die Zusammenarbeit aller states.

Welche Indikationen für ego-state orientierte innere Kind Arbeit sind denkbar:

1. Der Patient spricht von sich aus von verschiedenen Teilen und von einem Kind.
2. Länger dauernde oder mehrere erfolglose Therapien laden geradezu dazu ein, das Konzept der ego-states und des inneren Kindes anzubieten, ebenso wie auffälliges widersprüchliches Verhalten, das auf »innere Kämpfe« hindeutet.
3. Schwere oder komplexe PTSD und / oder dissoziative Symptome sind eine wichtige Domäne für ego-state-Arbeit allgemein und für die Arbeit mit dem inneren Kind im speziellen.

Als Kontraindikation gilt es zu berücksichtigen:

➤ Der Patient lehnt die angebotene Sichtweise ab.
➤ Wenn die ego-state orientierte Arbeit mit dem inneren Kind mehr Fragmentierung schafft als vorher bzw. mehr Ganzheitlichkeit nicht in Sicht zu sein scheint, sollte man auf ego-state-Arbeit eher verzichten.

Ohne ein stabiles erwachsenes Ich bzw. genauer: Ohne einen stabilen erwachsenen state, kann aus meiner Sicht innere Kind Arbeit nicht gelingen. Das bedeutet nicht, dass der erwachsene Teil fähig sein muss, sich um das innere Kind selbst zu kümmern, denn das kann er auf der inneren Bühne auch idealen Eltern oder Helferwesen überlassen. Aber er muss im Alltag einigermaßen kompetent als Erwachsene agieren können. Ist das nicht der Fall, sollte immer erst an erwachsenen Alltagskompetenzen gearbeitet werden. Dabei mag es sich dann auch eher um sozialpsychiatrische Hilfe denn um Psychotherapie handeln, es mag aber auch um eher übende psychotherapeutische Arbeit im Sinn des skills-trainings nach Linehan (1996) gehen. In der Regel sind Patienten mit sehr instabilem erwachsenen Ich ohnehin nicht für psychodynamische Arbeit im engeren Sinn geeignet, jedoch kann auch die Ich-psychologische Arbeitsweise nach Blanck und Blanck (1978) ein Weg sein.

Die Trennung zwischen der Erwachsenen und ihrem inneren Kind entlastet PatientInnen deutlich. Nach und nach können dann Probleme der Erwachsenen, z.B. mit ihrem Partner oder als Mutter, von denen des Kindes immer genauer unterschieden werden. Dadurch kann dann die Erwachsene sich zunehmend kompetent fühlen, weil sie merkt, dass sie als Erwachsene über sehr viel Kompetenz in vielen schwierigen Situationen verfügt, ohne zu sehr von den kindlichen Anteilen darin verunsichert zu werden.

Im Weiteren kann es wichtig sein, dass sich der Therapeut immer wieder von sich aus nach dem Wohlergehen des Kindes / der Kinder erkundigt. So könnte eine Standardfrage sein: Wie geht es Ihrem kleinen Mädchen? Und wie geht es

Ihnen? Das heißt: In der ego-state-Therapie müssen wir eine Art *Allparteilich-keit* für alle Anteile aufbringen ähnlich wie in der Familientherapie. PatientInnen lernen dadurch mehr und mehr, *selbst* ihr Kind zunehmend wahrzunehmen und es zu schützen.

Häufig erleben TherapeutInnen, dass sie sich um dieses Kind kümmern soll-ten, sei es, dass die PatientInnen diesen Wunsch aktiv an sie herantragen, sei es, dass sich dies ihnen als Gegenübertragung vermittelt. Es ist eine Frage des Taktes, des Feingefühls und von therapeutischem Wissen und Erfahrung, dies – gelegentlich – zu tun oder auch nicht. Für mich gilt die Empfehlung, der Patientin so viel Autonomie wie möglich zu lassen, aber sie auch nicht hängen zu lassen. Vielleicht hilft hier das Bild großelterlicher Fürsorge. Gute Großeltern sind für ihre Kinder, die Eltern, da und machen ihnen Mut, wissend, dass diese tun, was sie können. Aber sie dürfen sich gelegentlich um die Enkelkinder kümmern und dann auch Dinge tun, die die Eltern so nicht täten.

In der Kindheit vernachlässigte PatientInnen brauchen in der Regel auch aktive Zuwendung durch vermehrtes Verständnis und Freundlichkeit, ein falsch verstandener Abstinenzbegriff führt da leider eher zu schädlichem Verhalten von Seiten des Therapeutin.

TherapeutInnen sind also AnwältInnen der Erwachsenen wie des Kindes und vermitteln zwischen beiden.

Eine Patientin hat es so formuliert: »Wenn ich jetzt merke, dass ich klein werde, dann sage ich mir, dass ich beides bin, die Grosse und die Kleine und dass ich, die Grosse, der Kleinen helfen kann. Dann geht es mir besser.«

Merke: Selbsttröstende Maßnahmen, wie sie die Arbeit mit dem »inneren Kind« beinhalten, sind sehr häufig zu machen. »1000 Mal« ist vermutlich eine gute Metapher. Freude, Humor und Lachen sind dabei sehr hilfreich.

Es kann vorkommen, dass bei der Arbeit mit dem inneren Kind eine starke Erregung, Panik, oder ein freezing, etc. auftreten. Dies weist darauf hin, dass es eine Affektbrücke zu einer traumatischen Situation gibt, bzw., dass die angedeu-tete Situation traumatischen Charakter hat. Dann sind distanzierende Techniken erforderlich, z. B. »stellen Sie sich vor, dass Sie sich die Szene von Weitem betrachten«. Auch das Wahrnehmen des Hier und Jetzt und Grounding sind dann notwendig. »Sie sind jetzt hier in meiner Praxis, heute ist der … 2006, Sie sind hier sicher, können Sie das wahrnehmen?«

Bei stärker dissoziativen PatientInnen sind zwar einige Modifikationen der Arbeit mit dem inneren Kind erforderlich, aber grade bei diesen PatientInnen ist das Konzept der ego-states besonders erfolgreich.

Es geht zunächst darum, dass die jüngeren Ichs sozusagen lernen, dass sie heute in Sicherheit sind. Das weiß zwar die erwachsene Person und Patienten sagen dann, »im Kopf weiß ich das«, aber die jüngeren Ichs wissen eben nicht, dass sie in Sicherheit sind, denn es handelt sich ja um traumatisierte Ichs, die im Trauma wie eingefroren sind. Es hat sich bewährt, wenn Patienten sich *konsequent* darin üben, ihren jüngeren Ichs zu erklären, *dass sie jetzt an einem anderen Ort, in einer anderen Zeit und in einer anderen Situation sind.* Manche Patienten finden diese Idee etwas seltsam. Es ist daran zu erinnern, dass dies alles nur Bilder, Metaphern sind, man kann sie verwenden, muss das aber nicht.

In Zukunft wird sich möglicherweise zeigen lassen, dass dissoziierte ego-states mit der Aktivierung anderer Gehirnregionen zu tun haben als der ego-state des »erwachsenen Ichs«. Da davon auszugehen ist, dass es Verbindungen zwischen diesen verschiedenen Regionen gibt, werden durch die ego-state-Arbeit vermutlich derartige neuronale Netzwerke verstärkt.

Eine weitere Domäne des ego-state-Modells ist die Arbeit mit *Täterintrojekten*, auch sie sind, sozusagen, Bewohner des Hauses bzw. eben der inneren Bühne.

Was ist ein Täterintrojekt?

Es sei darauf hingewiesen, dass Introjektion ein normaler psychischer Vorgang ist.

Die deutsche Übersetzung ist Verinnerlichung. Gefühle, Gedanken und Verhalten einer anderen Person werden ins Selbst hinein genommen. Normalerweise erfolgt eine Assimilation, so dass aus Introjekten Selbstanteile werden, die nicht als fremd erlebt werden.

Täterintrojektion ist ein *Schutzvorgang*, der während traumatischer Situationen hilft, sich vor überwältigender Ohnmacht zu schützen. Lebt der Täter im Selbst, ist die Tat richtig und damit gibt es quasi keine Ohnmacht. Täterintrojektion im Kindesalter schützt das Kind außerdem vor Objektverlust. Dieser Vorgang kann sich auch in Extremsituationen bei Erwachsenen abspielen (s. dazu Reemtsma: »Im Keller«).

Identifikation ist in der psychoanalytischen Neurosenlehre eine reifere Abwehrform. Wenn man sich mit jemanden identifiziert, verhält man sich so, wie der andere. Auch Identifikation gehört zur normalen Entwicklung. Täteridentifikation ist ebenfalls ein Schutz, nämlich vor allem vor schmerzlichen Gefühlen. Täteridentifizierte Teile verhalten sich also wie die Täter, während Täterintrojekte dazu führen, dass man denkt oder fühlt wie der Täter, wobei das eine mit dem anderen kombiniert auftreten kann.

Den Begriff Täterintrojekt sollte man nur verwenden, wenn eine Tat bekannt ist. Andernfalls sollte man von *malignen Introjekten* sprechen, oder auch nur von *malignen Teilen.*

Neuerdings lassen sich Introjektion sowie Imitation und Identifikation neurobiologisch als Niederschlag der Arbeit unserer Spiegelneurone erklären. Hierzu zitiere ich Joachim Bauer: »Warum können Menschen sich spontan verstehen, fühlen, was andere fühlen und sich intuitiv eine Vorstellung machen, was andere in etwa denken? Die Erklärung dieser Phänomene liegt in den Spiegel-Nervenzellen, einer vor kurzem entdeckten neurobiologischen Sensation [...] Spiegelzellen [...] melden uns, was Menschen in unserer Nähe fühlen und lassen uns deren Freude oder Schmerz mitempfinden.« Leider melden sie uns auch, wenn uns Menschen in unserer Nähe hassen und auch das bildet sich dann in uns ab. Die Übernahme von Gefühlen der Täter, wie das Ferenczi eindrücklich beschrieben hat, dürfte den Spiegelneuronen geschuldet sein. Das würde aber auch bedeuten: Besonders als kleine Kinder haben wir keine Wahl, ob wir etwas introjizieren oder nicht, denn dazu sind wir zu sehr angewiesen auf die Bezugspersonen. Biologen wie de Waal meinen, dass Spiegelung der Bindung dient. Und damit bekommt dann auch aus biologischer Sicht die Täterintrojektion einen Sinn. Das heißt: Die Meinung der ego-state-Therapeuten von der Nützlichkeit von ego-states steht damit auch auf einer neurobiologischen Grundlage, wenn man so will.

Mit Täterintrojekten sollte nur gearbeitet werden, wenn sie sich störend bemerkbar machen, man sollte sie nicht aktiv hervorholen.

Während es bei der Arbeit mit dem inneren Kind um die direkte Auseinandersetzung mit Angst und anderen schmerzlichen Gefühlen geht, »benehmen« sich Täterintrojekte wie die Täter, also scheinbar erwachsen, unangreifbar, stark. Dennoch sind sie zum Schutz des Kindes entstanden. Der kindliche Teil in der Patientin kann Angst vor dem Introjekt haben, während das Introjekt selbst keine Angst kennt, d. h. die Auseinandersetzung mit Angst, die letztlich auch hier die Quelle der Existenz des Introjektes darstellt, kann nicht direkt erfolgen.

Täterintrojekte kann man sich auch »als bösartige Erwachsene verkleidete Kinder« vorstellen, jedoch wissen diese Erwachsenen nicht, dass sie eigentlich Kinder sind.

Immer mehr habe ich in den letzten Jahren entdeckt, dass ego-state-Therapie orientierte Auseinandersetzung mit malignen inneren Objekten vielen Patienten sehr entspricht. Das Modell, auf der inneren Bühne als destruktiv wahrgenommene Anteil auf die eine oder andere Weise zu vernichten, habe ich in den letzten Jahren weitgehend zugunsten der ego-state-Arbeit verlassen, halte es aber nach wie vor für gelegentlich brauchbar.

Wie geht man bei dieser Arbeit vor? Dieses Protokoll eignet sich besonders gut für hoch dissoziative PatientInnen.

1. Den Teil benennen. Etwa: Kann es sein, dass es so ist, als gäbe es in Ihrem Inneren verschiedene Teile? Diese innere Stimme, von der Sie berichten, ist das wie ein anderer Teil?

2. Mit dem Teil Kontakt aufnehmen. Wenn möglich sollte das das Ich tun, das in Therapie kommt. Etwa: Können Sie sich vorstellen, dass Sie ein wenig nach innen schauen und diesen Teil wahrnehmen, der Sie für schuldig erklärt. Können Sie ihn fragen, warum er das macht?

3. Wenn das nicht geht, sollte es die Therapeutin / der Therapeut direkt tun. Etwa: Ich würde gerne einmal mit dem Teil sprechen, der immer sagt, dass X schuld an allem ist.

4. Der Teil sollte genauso willkommen sein, wie jeder andere auch, auch wenn er sich »böse« verhält.

5. Erklärungen anbieten, warum der Teil ist, wie er ist. Etwa: Es hatte sicher einmal einen guten Sinn, dass der Teil zu der Ansicht gelangt ist, dass Sie schuld sind. Können Sie ihn fragen, womit das zusammenhängt.

6. Immer wieder innere Kommunikation und Kooperation anregen. Siehe dazu die Übung »Inneres Team«. Hier wird deutlich, dass verschiedene Teile verschiedene Ansichten, etc. haben und dass man sie alle würdigt.

7. Unterstützen Sie jeden Anflug von Humor in der inneren Kommunikation, das erleichtert Vieles.

8. Gemeinsame Lösungen finden. Es ist wichtig, dass die Therapeutin eine Haltung vertritt, dass dies grundsätzlich möglich ist, vielleicht erst in der Zukunft. Solange keine gemeinsame Lösung gefunden ist, geht es um die Bereitschaft zu respektvoller Koexistenz.

Diese Arbeit erfordert Geduld und eine neutrale Haltung der Therapeutin. Dabei ist jeder Teil gleich wichtig und wertvoll.

Im Gegensatz dazu gibt es bei der Täterintrojektarbeit nach der »Drachentötermythosmethode« eine eindeutige Hierarchie und Wertigkeit. Das bedeutet, das erwachsene Ich entscheidet sich dafür, das maligne Introjekt zu vernichten.

Beide Wege haben ihre Indikationen und Kontraindikationen. Es gilt, gemeinsam mit der Patientin herauszufinden, welcher Weg zu einem gegebenen Zeitpunkt der günstigere ist. Ego-state-Therapeuten heben mahnend den Finger und meinen, man dürfe *nie* das maligne Introjekt vernichten. M. E. ist das genauso einseitig wie *immer* auf der Vernichtung zu bestehen.

Bei genauer Betrachtung geht es bei beiden Modellen um Ähnliches: Um eine Transformation der destruktiven Teile mit dem Ziel, dem Ich oder Selbst in konstruktiver Weise zu dienen.

Man sollte nicht zu schnell damit sein, mittels Trance auf ego-states einzuwirken, günstiger erscheint mir, wenn die Patientin das selbst tut. Aber man sollte auch nicht zögern, diese Funktion zu übernehmen, wenn die Patientin dazu (noch) nicht in der Lage ist.

Ich komme zum Schluss und möchte es nicht versäumen, auf den Körper Bezug zu nehmen. Dazu komme ich zurück auf die Geschichte vom Pinguin, dessen Mutter so furchtbar geschrien hat, dass er auseinander flog. Es gibt wohl wenig Zweifel daran, dass in einem lebenden Organismus alle biologischen Funktionen zutiefst beseelt sind, so hat es Joachim Bauer ausgedrückt. Wenn wir also mit körperbezogenen Bildern wie denen der inneren Bühne, des inneren Hauses etc. arbeiten, so hat das Wirkung auf Körper, Geist und Seele, was nicht bedeutet, dass Imagination nicht ergänzt werden kann und manchmal sogar sollte, durch direkte körpertherapeutische Arbeit. Denn der Körper ist auch der Ort der Traumatisierung und die Verkörperung der Traumaerinnerung (»Der Körper erinnert sich«, B. Rothschild 2002). Was tun wir also? Ich meine, dass Jutta Bauer das poetisch sehr schön ausgedrückt hat, wenn sie in der Pinguingeschichte sagt: »Ganz müde waren die Füße abends in der Wüste Sahara angekommen, als sich ein großer Schatten über sie legte. Schreimutter hatte alles eingesammelt und zusammengenäht, nur die Füße hatten noch gefehlt. Entschuldigung, sagte Schreimutter.« Diesen Prozess holen wir bei unseren »auseinander gefallenen« Patienten nach. Imaginativ, aber natürlich auch durch unsere Präsenz und unser Mitgefühl und unser fachliches Wissen und Können.

Reddemann, Luise, Dr. med., Fachärztin für Nervenheilkunde und Psychotherapeutische Medizin, Psychotraumatologin, Lehrtherapeutin und Supervisorin im Bereich Psychotraumatologie, Lehranalytikerin der DGPT und der DPG. Kall (D)
E-mail: L.Reddemann@t-online.de

Literatur

Bauer, J. (2000): Schreimutter. Weinheim (Beltz)

Bauer, J. (2005): Warum ich fühle, was Du fühlst. Intuitive Kommunikation und das Geheimnis der Spiegelneurone. Hamburg (Hoffmann u. Campe)

Benard, C., Schlaffer, E. (2002): Die Emotionsfalle. Vom Triumph des weiblichen Verstandes. Frankfurt a. M. (Fischer)

Blanck, G., Blanck, R. (1978): Angewandte Ich-Psychologie. Stuttgart (Klett-Cotta)

Ellis, A., Hoellen, B. (1997): Die Rational-Emotive Verhaltenstherapie. Stuttgart (Pfeiffer bei Klett-Cotta)

Federn, P. (1952): Ego Psychology and the Psychosis. New York (Basic Books)

Ferenczi, S. (1932): Sprachverwirrung zwischen den Erwachsenen und dem Kind. In: Ders.: Ges. Schriften, Band 3, Frankfurt a. M. (Fischer)

Fürstenau, P. (2001): Psychoanalytisch verstehen, systemisch denken, suggestiv intervenieren. 2., erw. Aufl. 2002, Stuttgart (Pfeiffer bei Klett-Cotta)

Goleman, D. (2003): Dialog mit dem Dalai Lama. Wie wir destruktive Emotionen überwinden können. München (Hanser)

Janet, P. (1901): The mental states of the hystericals. New York (Putnam's Sons)

Linehan, M (1996): Dialektisch behaviorale Behandlung der Borderlinestörung. München (CIP-Medien)

Nijenhuis, E., van der Hart, O., Steele, K. (2004): Strukturelle Dissoziation der Persönlichkeitsstruktur, traumatischer Ursprung, phobische Residuen. In: Reddemann, L., Hofmann, A., Gast, U.: Psychotherapie der dissoziativen Störungen. Stuttgart (Thieme)

Pessoa, F. (2006): Das Buch der Unruhe des Hilfsbuchhalters Bernardo Soares. Neuübersetzung von Ines Koebel, Frankfurt a. M. (Fischer Taschenbuch)

Pohlen, M. (2006): Freuds Psychoanalyse. Die Sitzungsprotokolle Ernst Blums. Reinbek bei Hamburg (Rowohlt)

Pohlen, M. u. Bautz-Holzherr, M.(2001): Eine andere Psychodynamik. Psychotherapie als Programm zur Selbstbemächtigung des Subjekts. Bern (Huber)

Reddemann, L. (1998 a): Umgang mit Täterintrojekten. In: Traumazentrierte Psychotherapie, Teil II, PTT 2 / 98, 90–96

Reddemann, L. (2001): Imagination als heilsame Kraft. Zur Behandlung von Traumafolgen mit ressourcen-orientierten Verfahren. 9. Aufl. 2003, Stuttgart (Pfeiffer bei Klett-Cotta)

Reddemann, L. (2004): Psychdynmaisch imaginative Traumatherapie. PITT. Das Manual. Stuttgart (Klett-Cotta)

Reemtsma, J. P. (1997): Im Keller. Hamburg (Hamburger Edition)

Rothschild, B. (2002): Der Körper erinnert sich. Essen (Synthesis)

Schore, A. N. (2002): Dysregulation of the Right Brain: A Fundamental Mechanism of Traumatic Attachment and the Psychopathogenesis of Posttraumatic Stress Disorder. Australian and New Zeland Journal of Psychiatry 36.

Watkins, J. G., Watkins, H. (2003): Ego states, Theorie und Therapie. Heidelberg (Carl Auer)

Spezielle Beiträge

Klinisch-Psychologische Diagnostik von Traumafolgestörungen auf Basis des Kassenvertrages für Psychologische Diagnostik in Österreich

Petra Rau

Die Erkenntnisse der Psychotraumatologie haben sich auf den Prozess und die Inhalte der Klinisch-Psychologischen Diagnostik ausgewirkt und es gibt Entwicklungen, die in diesem Beitrag vorgestellt werden.

1. Gesundheitspolitische Rahmenbedingungen in Österreich für die Versorgung der Betroffenen von Traumafolgestörungen

Der Kassenvertrag für Klinisch-Psychologische Diagnostik wurde in Österreich 1995 abgeschlossen. Gebietskrankenkassen, KFA und BVA übernehmen die vollen Kosten, SVA und Bauernkrankenkassen haben einen Selbstbehalt von 20%.

Die Liste der VertragspsychologInnen kann über das Internet (BÖP-Psychnet) oder die WGkk bezogen werden.

Seit dem Bestehen des Kassenvertrages besteht für die versorgenden ÄrztInnen und TherapeutInnen die Möglichkeit, durch Ausstellen von Überweisungen die Klinisch-Psychologische Diagnostik in die Behandlungsplanung zu integrieren.

Durch diese gesundheitspolitischen Rahmenbedingungen hat die Klinisch-Psychologische Diagnostik in Österreich in der ambulanten Versorgung der Betroffenen an Bedeutung gewonnen.

Aus der Forschung ist bekannt, dass Betroffene von Traumafolgestörungen oft ohne adäquate Behandlung viele Jahre durch das Gesundheitssystem irren und Fehldiagnosen häufig gestellt werden. Den Betroffenen wird dadurch die Chance auf eine effektive Behandlung versagt, durch Fehlbehandlungen besteht das erhöhte Risiko einer Zunahme der Beschwerden und der Entwicklung von Folgeerkrankungen.

Durch die Klinisch-Psychologische Diagnostik auf Kassenbasis erhalten die

Betroffenen ein erstes Angebot, auf dessen Basis die Weichen für eine weitere gezielte Versorgung gestellt werden können. ÄrztInnen und PsychotherapeutInnen nehmen dieses Angebot zunehmend in Anspruch.

Die Klinisch-Psychologische Diagnostik wird von behandelnden ÄrztInnen und TherapeutInnen auch für eine Verlaufskontrolle genutzt.

In dem folgenden Beitrag soll die Klinisch-Psychologische Diagnostik vor, oder zu Beginn einer adäquaten Behandlung, als Basisdiagnostik diskutiert werden.

2. Spezielle Probleme bei der Diagnosestellung von Traumafolgestörungen

Traumafolgestörungen unterscheiden sich durch ihre Schwere, Komorbidität und durch besonders komplizierte Behandlungsverläufe von anderen Störungsbildern.

Ein Hauptproblem der Differenzialdiagnostik von Traumafolgestörungen ist eine mit den Jahren zunehmende Komorbidität zur Trauma-Kernsymptomatik.

Komorbiditäten treten häufig so sehr in den Vordergrund, dass es schwierig sein kann, die dahinter liegende Traumafolgestörung zu diagnostizieren.

Dieser Umstand trifft besonders auf die komplexen Traumafolgestörungen zu und stellt hohe Anforderungen an die klinisch-psychologische Diagnostik.

Dissoziative Symptome (z.B. Amnesien), Ängste, »für verrückt gehalten zu werden«, sowie *Konstriktionen* (Vermeidung, über belastendes Material zu sprechen), begünstigen Fehldiagnosen.

Symptome der Intrusion können oftmals erst durch eine genaue Exploration auf ein traumatisches Erlebnis zurückgeführt werden.

Als weitere Besonderheit kommt hinzu, dass eine Traumafolgestörung, im Sinne einer erhöhten Vulnerabilität, nach traumatischen Ereignissen oft erst Jahre später im Zuge aktueller Belastungen ausbrechen können.

Dr. Lutz Besser bezeichnet die Posttraumatische Belastungsstörung (PTBS) daher als »Erkrankung mit eingebautem Zeitzünder«.

2.1. Typische Komorbiditäten bei Kindern und Jugendlichen

Typische Komorbiditäten bei Kindern und Jugendlichen sind: Aufmerksamkeitsstörungen, motorische Unruhe, Aggressionen, Leistungsabfall, Leistungsschwankungen, Ängste, Albträume, Einnässen, Schlafwandeln, Essstörungen, Somatisierungen, Amnesien (bleiben häufig unentdeckt), Selbstverletzungen, soziale Promiskuität, Unfallneigung, Kontaktvermeidung.

Besonders zu berücksichtigen sind Bindungsstörungen, die (unbehandelt) bis in das Erwachsenenleben wirken.

Formen der Bindungsstörungen (Kleinkind- bis Jugendalter): Soziale Promiskuität, Unfall-Risikotyp, übersteigertes Bindungsverhalten im Sinne von Trennungsangst, gehemmtes Bindungsverhalten im Sinne einer übermäßigen Anpassung, aggressives Bindungsverhalten, Bindungsverhalten mit Rollenumkehrung, psychosomatische Symptomatik (sichtbar als Ess- , Schrei- oder Schlafstörung bei Säuglingen).

Bindungsstörungen können nach dem bisherigen Stand des ICD 10 bisher nur unzureichend eingeordnet werden.

Möglich ist die begrenzte Einordnung unter den ICD-10 Diagnosen des Kapitel V: F91, F93, F94.

2.2. Typische Komorbiditäten bei Erwachsenen und Jugendlichen

Typische Komorbiditäten bei Erwachsenen und Jugendlichen sind: Depressionen, Ängste, Schlafstörungen, Albträume, innere Unruhe, Suchtverhalten, selbstverletzendes Verhalten, Störungen im Sozialkontakt, Beziehungsstörungen, Rückzug, sexuelle Störungen, Zwänge, Essstörungen, Persönlichkeitsstörungen (Borderline Persönlichkeitsstörung, emotional instabiler Typus, zwanghafte Persönlichkeitsstörung), Somatisierungen, Gedächtnisprobleme, insbesondere Amnesien.

Der Überblick über die breite Palette möglicher klinischer Störungsbilder veranschaulicht, dass als Grundlage für die traumaspezifische Klinisch-Psychologische Diagnostik ein breites Wissen über die klinischen Störungsbilder erforderlich ist.

3. Was ist ein Trauma im Unterschied zur »üblichen« Belastung?

Um eine deutliche Abgrenzung zwischen Trauma und Belastung zu ermöglichen ist die Definition von Trauma dringend erforderlich. Abgesehen von einer Hierarchie der Traumaereignisse muss Rücksicht genommen werden auf die individuellen Verarbeitungsmöglichkeiten. Nicht jeder Mensch entwickelt nach Traumaereignissen eine Traumastörung. Individuelle Resilienz, soziale Unterstützung, ob Vortraumatisierungen vorhanden waren und viele weitere Faktoren spielen eine Rolle, ob nach einem traumatisierenden Ereignis Traumafolgestörungen auftreten.

Traumadefinitionen sind zum Teil stark voneinander abweichend. Die Traumadefinition nach Prof. Dr. Gottfried Fischer nimmt auf die oben diskutierten Beobachtungen Rücksicht. Er beschreibt ein Trauma als:

»Vitales Diskrepanzerlebnis zwischen bedrohlichen Situationsfaktoren und individuellen Bewältigungsmöglichkeiten, welches mit dem Gefühl der Hilflosigkeit und schutzlosen Preisgabe einhergeht und so eine dauerhafte Erschütterung von Selbst- und Weltverständnis bewirkt.« (Fischer 2003)

Ergänzend kann bei Dr. Hüther nachgelesen werden:

»Ein Trauma ist zu verstehen als Angriff auf die gesamte biologische, psychische und soziale Existenz, der schon beim Säugling zu einer dauerhaften Dysfunktion nicht nur im intrapsychischen und interpersonellen Bereich sondern auch auf der körperlich-neurologischen Ebene führen kann.« (Hüther 2001).

Als traditionelle Traumafolgen (A. Hoffmann 1999) werden depressive Verstimmungen, anhaltende Ängste, sich aufdrängende Erinnerungen und Vorstellungen von den PatientInnen genannt.

Es zeigen sich mit zunehmender Forschung eine Verbundenheit und enge Zusammenhänge zwischen dem »Dissoziativen Symptomkreis« und dem »Posttraumatischen Symptomkreis«.

Sehr anschaulich stellt meines Erachtens die folgende Grafik die komplexen Zusammenhänge von Traumafolgen und deren Bewältigungsmöglichkeiten dar, die von Dr. Martin Sack im Jahre 2000 ausgearbeitet wurde.

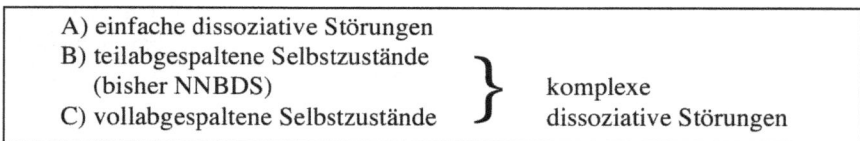

A) einfache dissoziative Störungen
B) teilabgespaltene Selbstzustände
   (bisher NNBDS)   } komplexe
C) vollabgespaltene Selbstzustände   dissoziative Störungen

Nach Lempa & Sack, Medizinische Hochschule Hannover, März 2000.

4. Schwierigkeiten der Einordnung von Traumafolgestörungen nach ICD-10

In Österreich wird die Internationale Klassifikation psychischer Störungen (ICD-10) als Diagnosesystem von den Krankenkassen und anderen Versicherungsanstalten verwendet. Die Möglichkeiten der Einordnung von Traumafolgestörungen entsprechen bei weitem nicht dem derzeitigen Stand der Wissenschaft und stellen ein unvollständiges Stückwerk an Diagnosen dar.

Besonders deutlich wird das im Bereich »Kinder und Jugendliche«. Bindungsstörungen, als Folge schwerwiegender Traumatisierungen, sind nur unzureichend im ICD-10 einzuordnen.

Die im ICD-10 definierten PTBS Kriterien für Erwachsene (F 43.1) entsprechen nicht dem Erscheinungsbild bei Kindern und können daher in dieser Form nicht auf Kinder übertragen werden.

4.1. Die Komplexe Posttraumatische Belastungsstörung

Für die Erwachsenen wird in ExpertInnenkreisen der dringende Wunsch nach einer weiteren Diagnose formuliert.

Schwere dissoziative Störungen können in bestimmten Phasen ihres Krankheitsverlaufes Symptome einer schweren posttraumatischen Symptomatik zeigen.

Daher wird als neue Diagnose die »Komplexe Posttraumatische Belastungsstörung« oder DESNOS (Disorder of extreme stress not otherwise specified) diskutiert. Sie erfasst eine Patientengruppe, die in der Kindheit schwer traumatisiert wurde (Typ-II Trauma). In der Psychologischen Praxis ist meiner Erfahrung nach dieses Störungsbild häufig vorzufinden, weswegen ich in diesem Beitrag darauf näher eingehen möchte.

Die Bezeichnung »Komplexe PTBS« wurde von der amerikanischen Traumaforscherin Judith Herman vorgeschlagen. Die zugehörigen Symptombereiche sind Störungen der Affektregulation, dissoziative Symptome, gestörte Selbstwahrnehmung und gestörte Wahrnehmung des Täters, Störungen der Sexualität und Beziehungsgestaltung sowie Veränderungen persönlicher Glaubens- und Wertvorstellungen.

Die Diagnose wurde bereits für den DSM-IV vorgeschlagen, aber nicht aufgenommen. Sie ist gut ausgearbeitet und wird vermutlich in den DSM-V eingehen. Störungsbereiche der Komplexen PTBS (nach Pelcovits).

I. Störung der Regulation von Affekten und Impulsen
II. Störung der Wahrnehmung und des Bewusstseins
III. Störungen der Selbstwahrnehmung
IV. Störung der Beziehung zu anderen Menschen
V. Somatisierung
VI. Veränderung von Lebenseinstellungen

Von Dr. Martin Sack wurde ein Interview zur Erfassung der Komplexen Posttraumatischen Belastungsstörung (IK-PTBS) entwickelt.

Herr Dr. Sack empfiehlt, die Störung derzeit im ICD-10 unter PTBS einzuordnen. Bei Erwachsenen ähnelt die Symptomatik der andauernden Persönlichkeitsveränderung nach Extrembelastung (F 62.0).

Die Symptomkriterien zwischen der komplexen PTBS und BP überschneiden sich erheblich.

Nach Van der Kolk (2004) stellen Störungen der Affektregulation das entscheidende Merkmal der komplexen PTBS dar, während bei Borderline-Persönlichkeitsstörungen Probleme in der Gestaltung zwischenmenschlicher Beziehungen, verbunden mit plötzlichen Beziehungsabbrüchen, im Vordergrund stehen.

Nach Van der Kolk (2004) stellen dissoziative Störungen, histrionische Persönlichkeitsstörung, Borderline-Persönlichkeitsstörung und chronische PTBS ein »Spektrum von Anpassungen an Traumen« dar, wobei die Dysregulation der Affekte (Modulation, Ärger, Autodestruktivität, Suizidverhalten, unkontrolliertes Sexualverhalten) ein genus proximum darstellt.

Das Konzept der Komorbidität könne der Komplexität der adaptiven Prozesse an traumatische Ereignisse in keiner Weise gerecht werden.

4.2. Posttraumatische Genese der Dissoziativen Störungen

Das Konzept der Dissoziation ist vor über 100 Jahren von dem französischen Psychiater Pierre Janet (1889) entwickelt worden und wurde in den letzten 25 Jahren wieder neu entdeckt. Entscheidend war die Aufnahme in das Statistische Manual für Mental Disorders (DSU), die für den Beginn einer systematischen Erforschung dissoziativer Störungen die Basis bildete.

Einen benutzerfreundlichen Vorschlag zur Einordnung einfacher und komplexer dissoziativer Störungen für den DSM V macht Dell (2001):

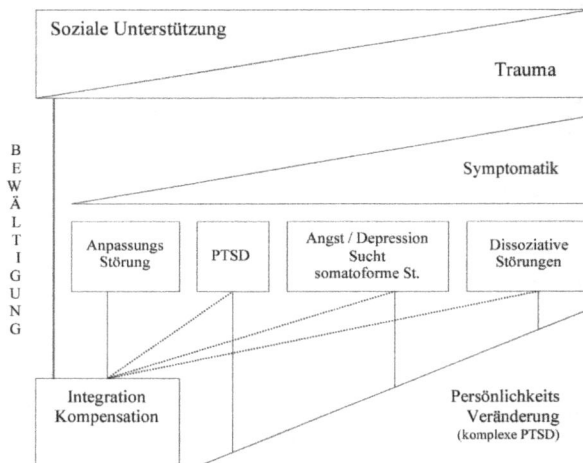

A) einfache dissoziative Störungen: Mangelnde Integrationsfähigkeit des Bewusstseins in den Bereichen des Gedächtnisses und der Wahrnehmung.

➢ Gedächtnis (z. T. schwere Amnesien für autobiographisches Material)
➢ Depersonalisation
➢ Derealisation
➢ Flash-back Erleben
➢ Trancezustände
➢ somatoforme Dissoziation (somatoforme bzw. pseudoneurologische Symptome)

Komplexe dissoziative Störungen haben Merkmale, die darauf schließen lassen, dass von dem dissoziativen Funktionieren auch das Identitäts- und Selbsterleben betroffen ist und eine Manifestation verschiedener Identitäts- und Selbstzustände vorliegt.

Hierbei werden unterschiedliche schwere Ausprägungen der Dissoziation in Form von teilabgespaltenen oder vollabgespaltenen Selbstzuständen unterschieden.

B) Zeichen teilabgespaltener Selbstzustände (nicht näher bezeichnete dissoziative Störung): Nicht zu sich gehörig erlebtes Denken, Sprechen, Fühlen, Handeln oder pseudohalluzinatorisches Erleben (z.B. Hören von Kinderstimmen im Kopf, innere Dialoge, Streitereien, teildissoziierte Sprache, Fähigkeiten, Gedanken, Gefühle, verändertes Ich-Erleben, Verunsicherung über das eigene Ich, nicht zu sich gehörig erlebte, aber erinnerbare teilabgespaltene Ich-Zustände, mit denen die Therapeutin in Kontakt tritt.

C) Zeichen für vollabgespaltene Selbstzustände (dissoziative Identitätsstörung, früher multiple Persönlichkeitsstörung): Evidente Hinweise für kürzliches Verhalten, an das man sich nicht mehr erinnern kann (z.B. Zeit verlieren, Fuge-Episoden, Finden von neuen Gegenständen / Kleidung! Man hat Aufzeichnungen im Besitz, an die man sich nicht erinnern kann; Entdecken von Selbstverletzungen oder Suizidversuchen, an die man sich nicht erinnern kann; Personen, die einen als Bekannten ansprechen und nicht erkannt werden ...)

4.3. Sind alle dissoziativen Störungen Traumafolgeerkrankungen?

Analysen zum Zusammenhang von Kindheitstraumatisierungen und dissoziativen Symptomen im Erwachsenenalter erbrachten Ergebnisse, die das posttraumatische Modell schwerer dissoziativer Störungen unterstützen: PatientInnen mit schweren dissoziativen Störungen berichten in allen mit dem CTQ (Childhood Trauma

Questionary) erfassten Traumabereichen häufiger von systematisch schweren Traumatisierungen als PatientInnen mit nichtdissoziativen Störungen.

Es besteht nach Frau Dr. Gast (2004) ein enger statistischer Zusammenhang zwischen dem Ausmaß von Traumatisierungen und dem Ausmaß der vorliegenden dissoziativen Symptomatik.

Therapieprognose bei DIS:
> hoch dissoziativ, aber gute Ich-Struktur: gute Prognose
> viele destruktive Persönlichkeitsanteile, Borderline-Symptomatik: schlechte Prognose
> dysfunktionale Lebenssituation: äußerst schlechte Prognose

5. Prozessorientiertes Vorgehen in der Klinisch-Psychologischen Diagnostik auf Basis des Kassenvertrages

5.1. Wie kann Compliance für eine psychologische Untersuchung durch die ÜberweiserInnen gefördert werden?

Überlebende traumatisierender Ereignisse sind in besonderer Weise psychisch erschüttert und oftmals wenig belastbar. Gegenüber anderen Menschen bewirkt das eine besonders hohe Wachsamkeit bis hin zu Misstrauen.

Daher ist es für die Betroffen besonders wichtig, dass von der Psychologin eine freundliche und zugewandte Atmosphäre für die Psychologische Untersuchung geschaffen wird. Herstellen von Transparenz ist im diagnostischen Prozess dringend erforderlich um gute Compliance zu erzielen.

ÜberweiserInnen können die Psychologische Diagnostik unterstützen, indem sie betonen, dass die psychologische Untersuchung kurativen Zwecken dient, die sich aus Gesprächen in Verbindung mit psychologischen Verfahren zusammensetzt.

Das Wort »Testung« weckt unnötige Ängste und sollte in diesem Zusammenhang unbedingt vermieden werden!

Allgemeine Vorinformationen durch die überweisenden Vertrauenspersonen können Ängste reduzieren.

Die psychologischen Testinstrumente sind im diagnostischen Prozess sehr vielfältig. Sie setzen sich zusammen aus problemfokussierten Gesprächen unter Einsatz von entlastenden Techniken, Verhaltensbeobachtung, Klinische Interviews, Projektive Verfahren, Selbstbeurteilungsbögen, Neuropsychologische Verfahren, Verfahren zur Intelligenzmessung, um die wichtigsten Methoden zu nennen.

Im Anschluss wird ein gemeinsames Auswertungsgespräch geführt. Ein schriftlicher Befund wird erstellt und an die Überweisenden geschickt.

Die Psychologische Diagnostik kann zwischen zwei und fünf Stunden dauern, Pausen werden integriert, bzw. es können je nach Belastbarkeit und Wunsch der Betroffenen mehrere Termine vereinbart werden.

5.2. Anforderungen an die traumaspezifische Psychologische Diagnostik

Wesentlich ist herauszuarbeiten, ob eine gesunde Persönlichkeitsstruktur vorhanden ist, oder ob schon »Vorschädigungen« anzunehmen sind. Bei ereignisbezogenen Störungen (Monotraumen oder »small-t«-Ereignissen) ist ebenfalls eine umfangreiche psychologische Diagnostik wichtig. Es zeigt sich durch die Anamnese, in Kombination mit Rorschach, Leistungstest und Persönlichkeitsfragebogen, in der Regel recht deutlich, ob eine gesunde oder gestörte Ich-Struktur vorliegt.

Die Suche nach Ressourcen ist ein weiterer wesentlicher Bestandteil der Untersuchung.

Die Frage »gab es in ihrem Leben besondere Belastungen« ist als Schlüsselfrage zu stellen, um traumatisierende Ereignisse zu erheben.

Berichten die Betroffenen über Ereignisse mit Traumatisierungspotenzial oder werden im diagnostischen Prozess dissoziative Symptome, Symptome der Intrusion und / oder Konstriktion deutlich, sollte eine traumaspezifische Diagnostik erfolgen.

Traumatisierungen können aus verschiedenen Gründen nicht immer berichtet werden (Amnesie für die Amnesie, vorsprachliche Traumatisierungen ...).

Durch eine traumaspezifische Diagnostik gestaltet sich der diagnostische Prozess oftmals komplizierter und länger (s.u.).

Es empfiehlt sich, nach Abschluss der Untersuchung eine Verlaufskontrolle nach ca. einem Jahr zu vereinbaren.

5.3. Stellenwert der Neuropsychologischen Diagnostik

Die Abklärung einer möglichen hirnorganischen Leistungsstörung und die Erhebung des aktuellen Leistungsniveaus sind wesentliche Grundinformationen auf die meines Erachtens nicht verzichtet werden kann. Dissoziative Störungen können nach der Einnahme psychotroper Substanzen (F1) auftreten und / oder Folgen einer hirnorganischen Erkrankung sein (F0).

Das Funktionsniveau der Betroffenen kann zum Untersuchungszeitpunkt durch eine Leistungsdiagnostik gut eingeschätzt werden.

Gedächtnisstörungen und Aufmerksamkeitsstörungen gehören zu oft genannten Beschwerden traumatisierter Menschen und bewirken einen starken Leidensdruck. Die Arbeitsfähigkeit sowie Beziehungen zu anderen können durch die Beschwerden stark gestört werden. Oftmals sind diese Beschwerden auch der Anlass um professionelle Hilfe in Anspruch zu nehmen.

5.4. Besondere Hindernisse bei der Diagnosestellung (Dammann, Overkamp 2004):

1. Dissoziative Symptome sind bewusstseinsfern und werden daher von den Betroffenen nicht in vollem Umfang bemerkt (Amnesie für die Amnesie).
2. Dissoziative Bewältigungsmuster werden früh gelernt. Den Betroffenen ist oftmals nicht bewusst, dass andere Menschen die Welt konsistenter wahrnehmen.
3. Menschen mit komplexen dissoziativen Störungen suchen oft nicht wegen der dissoziativen Symptomatik Hilfe auf, sondern wegen komorbider Störungen oder Folgeproblemen.
4. Schamgefühle behindern Offenheit.
5. »Angst verrückt zu sein« behindert Offenheit.
6. Misstrauische Grundhaltung behindert Offenheit.
7. Es fehlt das passende Vokabular, um die Beschwerden zu beschreiben.

5.4.1. UNSPEZIFISCHE DIAGNOSTISCHE HINWEISE FÜR DISSOZIATIVE STÖRUNGEN (KLUFT 2004):

➤ traumatische Erfahrungen in der Kindheit
➤ Misslingen vorhergehender Behandlungen
➤ drei oder mehr Vordiagnosen (besonders Depression, Persönlichkeitsstörung, Angst, Substanzmissbrauch, Somatisierungs- und Essstörungen)
➤ selbstverletzendes Verhalten
➤ gleichzeitiges Auftreten von psychiatrischen und psychosomatischen Symptomen
➤ starke Schwankungen in Symptomatik und Funktionsniveau
➤ Amnesien für die Kindheit zwischen dem 6. und 12. Lebensjahr

5.4.2. Spezifische diagnostische Zeichen zur typischen Kern-symptomatik von komplexen dissoziativen Störungen (Boon u. Draijer 1993, Franklin 1999, Gleaves 1996)

➢ Amnesien im Alltag
➢ wiederholte oder chronische Depersonalisation und Derealisation
➢ Stimmenhören *im* Kopf
➢ Anzeichen für Identitätswechsel in Form von
  ➢ nicht erinnerbarem Verhalten
  ➢ Finden von Sachen, an deren Erwerb oder Erhalt man sich nicht erinnert
  ➢ fortlaufenden, verbalen oder schriftlichen, inneren Dialogen; der / die PatientIn spricht von sich selbst in der 3. Person als »sie« oder »wir«
  ➢ passiven Beeinflussungserfahrungen

5.5. Besonderheiten im diagnostischen Prozess bei Verdacht auf Traumatisierung

Grundlage für die Gestaltung des diagnostischen Prozesses ist das Schaffen einer vertrauensvollen und sicheren Atmosphäre: Für komplex traumatisierte Menschen ist der Glaube an tragfähige und vertrauensvolle Beziehungen verloren gegangen, oder er konnte sich gar nicht entwickeln. Sie stehen der Umwelt mit einer hohen Vigilanz gegenüber, um mögliche Bedrohungen zu erkennen. Das macht sich in der Untersuchungssituation oftmals durch eine distanzierte bis misstrauische oder feindliche Haltung bemerkbar.

Traumatisierte Menschen sind Überlebende, die den Gang durch die Hölle gemacht haben. Besonders intrusive und dissoziative Symptome erwecken beim Betroffenen den Eindruck »verrückt zu sein«, und nur selten werden solche Symptome im ersten Kontakt präsentiert. Es ist sogar eher wahrscheinlich, dass die als besonders bedrohlich erscheinenden Symptome bewusst verschwiegen werden.

Vorherrschend ist oftmals eine diffuse und komplexe Symptomatik. Dissoziative Symptome müssen daher in einer nicht suggestiven Art und Weise direkt erfragt werden.

___8__

5.6. Vorschläge zur konkreten Gestaltung der klinisch-psychologischen Untersuchung in der Psychologischen Diagnostik Erwachsener im Falle einer möglichen Taumafolgestörung

5.6.1. ANAMNESEERHEBUNG

Zu Beginn der psychologischen Untersuchung sollte eine durch Empathie und Einfühlungsvermögen geprägte Anamneseerhebung stehen, die sich auf folgende Bereiche bezieht:

1. Die akute Symptomatik (Anlass des Kommens, Leidensdruck) erheben
2. Das gezielte Abfragen weiterer möglicher Beschwerden (insbesondere Zeitverlust, Gedächtnisprobleme, Selbstverletzungen, Abhängigkeiten, körperliche Beschwerden, besondere Erlebnisse)
3. Die derzeitige Lebenssituation und Zufriedenheit damit. Gibt es aktuelle Belastungen? Ist der aktuelle Schutz gewährleistet, oder besteht ein Täterkontakt?
4. Gab es in ihrem Leben besondere Belastungen?
5. Fragen nach der Kindheit: Können Kindheitserinnerungen und die Beziehung zu den Eltern gut erinnert werden? Es empfiehlt sich auch nach Äußerlichkeiten zu fragen (wie sah Wohnung aus, Feiern in der Familie, Schulzeit). Gab es Belastungen? Wie werden diese geschildert?
   Auf eine detaillierte Schilderung der Belastungen sollte verzichtet werden. Wenn die PatientInnen spontan Einzelheiten über Gewalterfahrungen erzählen, dann ist es günstig mit Wertschätzung und Freundlichkeit den Redefluss zu stoppen, um eine Retraumatisierung und Gefühle der Intrusion zu verhindern (z.B. »Sie schildern sehr belastende Erlebnisse und ich danke Ihnen für Ihre Offenheit! Aus Gründen des Selbstschutzes sollten jedoch zum jetzigen Zeitpunkt diese Erlebnisse nicht in Einzelheiten berichtet werden.«)
   Unter Einsatz der Screen Technik (Lutz Besser 2000), kann eine schonende Exploration erfolgen.
6. Sollten Gewalterfahrungen und dissoziative Symptome genannt werden, kann bereits durch die Intervention »Normalisierung der Symptome« eine Entlastung geschaffen werden. Das schafft Compliance für weitere Angaben z.B. im FDS.
7. Der Einsatz aller psychologischen Verfahren sollte erklärt werden, um Transparenz zu schaffen.
8. Wesentlich ist es, einen positiven Gegenpol aufzubauen indem nach Ressourcen gefragt wird: z.B. durch Fragen nach gesellien Kontakten, Freizeitbeschäftigungen, Sport, Haustieren etc.

5.6.2. TESTPSYCHOLOGISCHE DIAGNOSTIK

Im Anschluss erfolgt die Gestaltung einer am Prozess orientierten, testpsychologischen Diagnostik:

1. Stimmung zum Untersuchungszeitpunkt (z. B. ADS) / (BDI)
2. Rorschach (nach Exner Validierung), als unstrukturierte Befundaufnahme
3. Spezielle Screening-Verfahren zu Traumafolgestörungen (z. B. IES-R oder FDS)
4. Persönlichkeitsverfahren (z. B. ISTA, FPI etc.) zur Abklärung der Ich-Stabilität und des Strukturniveaus der Persönlichkeit
5. Halbstrukturierte Interviews (IK-PTBS, SKID-D) zur Erfassung komplexer Traumafolgestörungen
6. Verfahren zur differenzialdiagnostischen Abklärung von Persönlichkeitsstörungen (z. B. PSSI, IPDE)
7. Verfahren zur Abklärung psychotischer Störungen (z. B. ESI, MMPI 2, Rorschach nach Exner)
8. Verhaltensbeobachtung
9. Nachexplorieren und Besprechen der Angaben durch die Selbstbeurteilung (insbesondere FDS, sowie Ergebnisse aus dem Persönlichkeitsfragebogen bzw. Rorschach, die unerwartet sind)
10. Leistungsdiagnostik, Neuropsychologische Diagnostik zur Abklärung möglicher hinrorganischer Störungen (z. B. TAP, VLMT, D2)
11. Manchmal kann auch eine umfassende Intelligenzdiagnostik erforderlich sein

5.6.3. INTEGRATION DER ERGEBNISSE, DIAGNOSESTELLUNG, AUSWERTUNGSGESPRÄCH

Es folgt im Anschluss ein behutsames Gespräch über die Ergebnisse und deren diagnostische Einordnung. An dieser Stelle wirkt die Intervention »Normalisierung der Symptome«, im Falle einer Traumafolgestörung, für die Betroffenen entlastend.

Hilfreich ist eine Diagnosemitteilung als Spiegelung dessen, was PatientInnen erzählt haben.

Insbesondere die ICD-10 Diagnose sollte aus Gründen der Transparenz unbedingt erklärt werden: Was bedeutet die Diagnose? Welche Hilfemöglichkeiten gibt es? Wie ist die Prognose und Behandlungsdauer? Die Betroffenen sollten durch die Ergebnisse der Untersuchung Transparenz und Sprache für ihre Beschwerden bekommen. Dadurch wird eine akute Entlastung bewirkt und die Compliance für eine anschließende Behandlung verbessert.

Besonders bei Personen ohne psychiatrische Vordiagnosen sollte vor der Diagnose einer komplexen Traumafolgestörung und / oder Persönlichkeitsstörung abgewogen werden, ob es sinnvoll ist, eine vorläufige Diagnose zu stellen, die dann durch eine Verlaufskontrolle und Kommunikation mit der Psychologin / Psychotherapeutin abgesichert wird.

5.7. Besonderheiten in der Diagnosestellung von Traumafolgestörungen bei Kindern und Jugendlichen

Die Kriterien für die Traumafolgestörungen nach ICD-10 entsprechen nicht dem aktuellen Forschungsstand der Psychotraumatolgie. Die Kriterien wurden aus der Symptomatik Erwachsener abgeleitet. Aufgrund der kindlichen Entwicklung haben Kinder andere körperliche und psychische Reaktionen.

Symptome der Intrusion (Wiedererinnern, Albträume, Angst, Hilflosigkeit, Schreckhaftigkeit, Reizbarkeit) können hauptsächlich aus der Sicht des Kindes erhoben werden.

Symptome auf der Verhaltensebene werden reliabler von den nahen Bezugspersonen berichtet. Die Symptome der emotionalen Taubheit werden oft übersehen oder als Erholung oder Beschwerdefreiheit missgedeutet.

Aus Studien geht hervor, dass Bezugspersonen die emotionale Belastung der Kinder als zu gering einschätzen.

5.7.1. UNTERSCHIEDE IM VERGLEICH MIT ERWACHSENEN IN DER DIAGNOSTIK BEI KINDERN MIT PTBS

1. Kinder und Jugendliche erfüllen selten die formalen Kriterien der PTBS
2. Der Wechsel von Symptomen ist deutlich schneller und stärker ausgeprägt (Übererregung, Dissoziation)
3. Die intrusive Symptomatik ist bei Kindern und Jugendlichen wesentlich versteckter
4. Die Symptomausprägung hängt mit dem Entwicklungsstand der Altersgruppe zusammen (z.B. Übererregungs- und Schreisymptomatik bei sehr kleinen Kindern oder aggressives Externalisieren bei älteren Kindern).
5. Nach Empfehlung der AACAP, ist ein Kind oder Jugendlicher mit PTBS dann als behandlungswürdig anzusehen, wenn das Alltagsleben des Kindes oder Jugendlichen beeinträchtigt ist, auch wenn nur ein einziges Kriterium erfüllt ist.

Abhängig vom jeweiligen Entwicklungsalter und der individuellen Persönlichkeit reagieren Kinder unterschiedlich auf Extrembelastungen, die bei ihnen einen

Hochstress auslösen. Das stellt hohe Anforderungen an die Psychologische Diagnostik. Die Klinische Psychologin sollte über Kenntnisse der Entwicklungspsychologie und Psychotraumatologie verfügen. Entsprechend dieser Kenntnisse kann der diagnostische Prozess für die Kinder und Jugendlichen in einer schonenden Art und Weise gestaltet werden.

Im Praxisalltag wird in der Regel ein mögliches Trauma als Ursache von den Eltern oder Kindern nicht erkannt oder sogar bewusst verschwiegen. Häufig treten Taumafolgestörungen lange nach dem Trauma auf.

Daher bildet ein behutsames und ausführliches Interview von Betreuungspersonen und Kindern eine wesentliche Grundlage, um mögliche Traumata zu erfragen. Es sollte dabei der Anlass des Kommens (aktueller Problemdruck), die aktuelle Lebenssituation sowie die bisherige psychosoziale und körperliche Entwicklung der Kinder und Jugendlichen erfragt werden.

Besonders gegen Ende des Interviews sollte auf positive Lebensereignisse und / oder persönliche Ressourcen fokussiert werden, um durch den positiven Gegenpol eine aktuelle Entlastung beim Kind zu bewirken und das Bewusstsein für vorhandene protektive Faktoren zu schärfen.

Da Traumata aktiv erhoben werden müssen, kann schon während der Exploration durch den Einsatz der Screen Technik, die von Dr. Lutz Besser für die Behandlung von Traumastörungen entwickelt wurde, eine schonende Befragung des Kindes oder Jugendlichen vorgenommen werden. Im Nachgespräch kann auf die Screen Technik Bezug genommen werden, um Compliance für eine Psychologische Behandlung oder Psychotherapie mit traumaspezifischem Vorgehen zu fördern.

Hohe Komorbiditäten sind wie schon eingangs erwähnt für Traumafolgestörungen typisch.

In der Regel kommen die Kinder aufgrund so genannter komorbider Störungsbilder in die Psychologische Praxis. Oftmals wegen auffälligem oder unangepasstem, beziehungsweise störendem Verhalten im Kindergarten oder der Schule. Sehr häufig wird bereits die Vordiagnose einer Aufmerksamkeitsstörung mit Hyperaktivität gestellt und die Kinder werden häufig mit Medikamenten therapiert. Oftmals wird eine Traumatisierung des Kindes als mögliche Ursache nicht überprüft. Viele Kinder werden somit falsch diagnostiziert und in Folge fehltherapiert.

Weitere häufig auftretende komorbide Störungen sind »therapieresistente« körperliche Beschwerden, Ängste, Schlafstörungen, depressive Störungsbilder, Regressionen (insbesondere Einnässen und Einkoten) sowie Leistungsstörungen.

5.8. Vorschlag zur Gestaltung
einer prozessorientierten Psychologischen Diagnostik
bei Kindern und Jugendlichen

Eine kassenpsychologische Untersuchung umfasst ca. vier Stunden, in denen das Kind in einer vertrauensvollen und kindgerechten Art und Weise im Mittelpunkt der Aufmerksamkeit steht.

Eltern und Kind sollten über Dauer und Inhalt der Untersuchung bereits im Vorfeld aufgeklärt werden um Compliance für die Untersuchung zu schaffen. Im Vorfeld der Untersuchung bekommen die Eltern nach einer telefonischen Terminvereinbarung ein Informationsschreiben und Anamnesebögen zugeschickt (DEF und CBCL). Eine Überweisung der Kinderärztin, Allgemeinärztin oder Psychotherapeutin zur Psychologischen Diagnostik ist zur Kostenübernahme durch die Versicherungsträger notwendig.

In der Regel setzt sich die Untersuchung aus folgenden Teilen zusammen:
1. Problemfokussiertes Interview der Kindeseltern und des Kindes / Jugendlichen
2. Projektive Verfahren (z.B. Kinderzeichnungen, Satzergänzungstests, Sceno-Test, Rorschach)
3. Begabungs- und Leistungsdiagnostik (z.B. K-ABC, HAWIK III, IST 00)
4. Traumaspezifische Verfahren (z.B. IBS-KJ, DIPS-KJ)
5. Neuropsychologische Diagnostik (z.B. TAP, BUEVA, TÜKI, DISYPS)
6. Verhaltensbeobachtung
7. Nachexploration und Besprechung der Ergebnisse
8. Schriftliche Befunderstellung

In meiner Praxis macht den Kindern / Jugendlichen der Untersuchungsablauf meistens Freude und es wird darauf geachtet, dass keine Überforderungssituation eintritt. Pausen, die im Spielzimmer gestaltet werden können, verhindern eine mögliche Überforderung.

Da hohe Komorbiditäten, wie oben erwähnt, eher die Regel als die Ausnahme sind, sollte die Psychologische Diagnostik als Momentaufnahme verstanden werden. Für die Differenzialdiagnostik empfehle ich daher oftmals eine Verlaufskontrolle in etwa einem Jahr. Dies wird zur Klärung gerne in Anspruch genommen. Es ist für die Kinder / Jugendlichen oftmals auch sehr erfreulich, wenn sie ihre Fortschritte im Vergleich deutlich wahrnehmen können. Die Versicherungsträger übernehmen auch für eine Wiederholungsuntersuchung die Kosten.

Die Diagnose soll ein Verständnis der Betreuungspersonen und des Kindes /

Jugendlichen für die Symptome bewirken und den Weg für eine Therapiemotivation ebnen. Traumaspezifische Symptome können als sinnvolle Copingmechanismen vermittelt werden, im Sinne einer normalen Reaktion auf Hochstresssituationen.

Sollten sich die Kinder / Jugendlichen noch in keiner gezielten Behandlung befinden, schließt sich eine Beratung über Behandlungsmöglichkeiten an. Hoffnung auf Besserung wird vermittelt, über die derzeitigen Kostenübernahmemodelle durch die Versicherungsträger informiert und kompetente Stellen für traumazentrierte Behandlungen werden genannt.

Psychologische Diagnostik kann als erste behutsame Intervention verstanden werden, die Motivation für eine gezielte traumaspezifische Behandlung bei Kindern und Jugendlichen schafft.

6. Abschließend eine Zusammenfassung der wichtigsten Aspekte für die Traumadifferenzialdiagnostik

1. Bei Verdacht auf psychische Traumatisierung ist zu berücksichtigen

    ➤ auf welchem Stand seiner biologischen, psychischen und sozialen Entwicklung das Kind oder der Erwachsene durch das Trauma getroffen wurde,
    ➤ die Art der Traumatisierung (Monotrauma, sequenzielles Trauma, kumulatives Trauma, Beziehungstrauma, Big T, Small t, Typ I, Typ II),
    ➤ welches die bewussten und unbewussten Aspekte des Traumas sind,
    ➤ welche Entwicklungslinien dadurch beschädigt wurden,
    ➤ welche protektiven Faktoren und Ressourcen im Kind und Erwachsenen selbst und in seiner Umgebung vorhanden sind und genutzt werden können, um eine Chronifizierung zu verhindern und einen Heilungsprozess einzuleiten.

2. Für die Klinisch-Psychologische Diagnostik bilden die positive Gestaltung der diagnostischen Situation sowie Anamnese, Rorschach (nach Exner Validierung) und Leistungsdiagnostik das Kernstück. Ausgehend davon wird der spezifische Prozess gestaltet.
3. Eine Neuropsychologische Diagnostik ist immer erforderlich.
4. Die Differenzialdiagnostik sollte prozessorientiert erfolgen.

5. Insbesondere bei F 43 Verdachtsdiagnosen sollte immer auch an die Möglichkeit einer komplexen Traumafolgestörung gedacht werden.

6.1. Normalisierung der Symptome als erste behutsame Intervention im Rahmen der Psychologischen Diagnostik

Einen besonderen Stellenwert hat die Intervention »Normalisierung der Symptome« (Hoffmann / Besser, Riedesser 2003). Kindern, Jugendlichen und Erwachsenen werden die Ursachen – vor allem ihrer irritierenden intrusiven Symptome – auf verständlichem Niveau erklärt.

So können Betroffene oftmals erleichtert feststellen, dass sie doch nicht »verrückt« sind oder werden, sondern eine (meist gut) behandelbare Störung erlitten haben.

Als Basis für diese Intervention dient das Wissen über Prozesse der Traumaverarbeitung. So kann die bei traumatisierten Kindern oft zu beobachtende Reinszenierung als ein psychobiologisch sinnvoller Selbsthilfeversuch verstanden werden. Kinder jeder Altersstufe leisten psychische Schwerstarbeit, um aus pathogenen Konstellationen einigermaßen heil herauszukommen. Bewältigungsformen nehmen tragische Formen an, weil Kinder verzweifelt versuchen, die Bindung zu ihren zentralen Bezugspersonen aufrecht zu halten, auch wenn die Bindungen pathologisch sind.

Traumatisierung ist Beschädigung oder gar Zerstörung der Symbolisierungsfähigkeit, des äußeren und inneren Spielraumes. Trauma blockiert das spielerische »als-ob«, Explorationsverhalten und Rollenspiel.

Ein traumatisches Ereignis wird im repetitiven Spiel in endloser Folge wiederholt, oder es finden sich reinszenierende Teile der traumatischen Erfahrung in automatisierten Verhaltensmustern. Das stellt einen verzweifelten Versuch dar, die Erfahrung zu integrieren. Im »schrecklichen Spiel« kann das Erlebte zumindest teilweise externalisiert werden, wodurch der Verarbeitungsprozess leichter in Gang kommen kann.

Symptome können somit als Coping-Bemühungen verstanden werden, also als im Grunde sinnvolle und aus der Situation verständliche Maßnahmen des traumatisierten Kindes zur Überwindung der traumatischen Erfahrungen und zur Verhinderung von deren Wiederholung.

Weitere Beispiele die dem Verständnis der Traumasymptome dienen:
Intrusive Symptome und *Hypervigilanz* der posttraumatischen Phasen haben den psychobiologischen Sinn, den Organismus für die Fight-Flight-Reaktion hellwach und handlungsfähig zu machen.

Numbing, die Unterdrückung von Gefühlen hat den Sinn, den Organismus vor einer erneuten Überwältigung durch innere und äußere Reize zu schützen.

Regression ist die Bemühung, auf das sichere Fundament früherer prätraumatischer Entwicklungsphasen zurückzukehren. Es besteht die unbewusste Hoffnung auf einen Neuanfang. Sie richtet Appelle an Bindungsperson, das Kind schonend zu behandeln.

Dissoziation ist eine Möglichkeit, emotional unerträgliche Wahrnehmungen und Erfahrungen zu bewältigen.

7. Instrumente zur Traumadifferenzialdiagnostik

Die folgenden Verfahren zur traumaspezifischen Diagnostik sind als Instrumente zu verstehen, die in den oben dargestellten diagnostischen Prozess eingebettet werden und, abgesehen von Klinischen Interviews, lediglich als Sreening Verfahren dienen.

7.1. Screening-Instrumente: Sie reichen nicht zur Diagnosestellung aus.

7.1.1. FRAGEBOGEN ZU DISSOZIATIVEN SYMPTOMEN (FDS)

Der FDS ist das für den deutschen Sprachraum wichtigste Screening-Instrument.

Der FDS ist die deutsche Übersetzung der Dissociative-Experiences-Scale DES von Bernstein und Putnam (1986, 1993), der DES wird als das »Goldene Instrument zum Dissoziations-Screening« bezeichnet und in vielen Studien zur Erforschung dissoziativer Störungen international eingesetzt.

Die deutsche Fassung wurde um die körperlichen Symptome der Dissoziation erweitert, um der ICD-10 gerecht zu werden. So umfasst der FDS 44 Items (der DES 28 Items).

Das Ausfüllen dauert etwa 15 Minuten. Die Personen geben auf einer Skala von 0–100% an, wie oft sie die Beispiele dissoziativer Erfahrungen in ihrem täglichen Leben bemerkt haben.

Die Items sollen vier Bereiche der Dissoziation erfassen

➤ Absorption / imaginative Involviertheit (Alltagsdissoziation)
➤ Derealisation / Depersonalisation
➤ Amnesie
➤ Identitätsspaltung / Identitätsverwirrung

Die Auswertung erfolgt durch die Bildung des Mittelwerts. Klinisch relevant sind Werte ab 12–15 als Hinweise auf eine leichte Dissoziation. Werte über 15% weisen auf ein erhöhtes Risiko einer dissoziativen Störung hin.
Für die deutsche Fassung wird ein Cut-Off- Wert von 25–30 empfohlen. Bei höheren Werten wird zwingend die Durchführung eines diagnostischen Interviews zur Abklärung einer dissoziativen Störung empfohlen.

7.1.2. SOMATOFORM DISSOCIATION QUESTIONAIRE (S.D.Q.-20)

Der S.D.Q befasst sich speziell mit der *körperlichen Komponente* der Dissoziation und ist eine Entwicklung der niederländischen Arbeitsgruppe um Nijenhuis und Van der Hart.
Der Fragebogen erfasst andere Aspekte der körperlichen Dissoziation als der FDS. Die deutsche Übersetzung wurde noch nicht validiert.
Auswertung: Alle Items sind Lickert-skaliert (1: überhaupt nicht, bis 5: sehr oft). Bei jedem Item wird abgeklärt, ob ein medizinischer Krankheitsfaktor für die Symptomatik ursächlich ist. Es wird ein Gesamtwert gebildet. Der empfohlene Cut-Off-Wert für ein diagnostisches Interview liegt bei 8.

7.1.3. PERITRAUMATIC DISSOCIATIVE EXPERIENCES SCALE (PDEQ)

Der Selbstbeurteilungsbogen erfasst das Ausmaß der Dissoziation direkt in einer traumatischen Situation. Es gibt keine Validierung der deutschen Übersetzung. Es gibt keine Cut-Off-Werte.
Auswertung: Die Testwerte werden addiert (Lickert-Skalierung). Je höher die peritraumatische Dissoziation, desto größer ist die Wahrscheinlichkeit einer nachfolgenden PTBS.

7.1.4. IMPACT OF EVENT SCALE (IES-R)

Die IES (von Horowitz und Mitarbeitern, 1979) schließt an die PDEQ an und befasst sich in 15 Fragen mit den Auswirkungen der traumatischen Situation in Bezug auf die Symptome einer PTBS (Vermeidung, anhaltende Erregung, Intrusion / eindringliche Erinnerungen und Amnesie). Sie wurde von Maercker und Schützwohl (1998) auf 23 Items erweitert und in Deutschland an Kriminalitätsopfern und politischen Gefangenen der ehemaligen DDR validiert. Sie fanden heraus, dass das traumatische Ereignis primär Intrusionen und Übererregung auslöst, und dass diese anschließend innerhalb kurzer Zeiträume sekundär zu Vermeidungs- und anderen Symptomen wie Depression, Angst etc. führen. Je länger das Trauma zurückliegt, umso breiter ist die festzustellende Symptomkonfiguration.

Die Items werden drei Dimensionen zugeordnet: Avoidance / Intrusion / Hyperarouseal

Empfehlung zur Auswertung:

Zur Einstufung ist die Anwendung einer Schätzformel (Regressionsgleichung) zu empfehlen, die erlaubt, aus den drei Subskalen das Vorliegen einer PTB-Diagnose abzuschätzen.

Zur praktischen Anwendung empfiehlt Prof. Dr. Dr. Andreas Maercker (Zürich 2003):

Der Fragebogen ist kurz und einfach; er ist in 7–15 Minuten auszufüllen. Zur Auswertung wird kein Gesamtwert gebildet, da dieser verschiedene Muster der Ausprägung der 3 Subskalen nicht abbildet.

Aus den 3 Subskalenwerten kann eine PTB-Diagnose mittels der nachfolgenden Formel (aus Maercker u. Schützwohl, 1998, S. 138) wahrscheinlich gemacht werden:

Diagnostischer Wert X = – 0.02 * Intrusionen + 0.07 * Vermeidung + 0,15 * Übererregung – 4.36

Wenn der resultierende Wert > 0.0 beträgt, ist eine PTB-Diagnose wahrscheinlich. Die Formel wurde in zwei Traumatisierungsgruppen kreuzvalidiert. Ihre Sensitivität für die PTB-Diagnosestellung beträgt 0.70 bzw. 0.76, ihre Spezifität 0.88 bzw. 0.90. Norm- oder Grenzwerte liegen nicht vor. (Erschienen in J. Hoyer u. J. Margraf (Hg.), 2003).

Die IES kann gut zur Verlaufsdiagnostik zur Prüfung des Therapiefortschritts eingesetzt werden.

Ich verwende dieses Verfahren seit 2002 in meiner Praxis und habe festgestellt, dass durch dieses Verfahren tatsächlich Symptombereiche erfasst werden, die sich in anderen Selbstbeurteilungsbögen nicht abbilden. Auch Probanden, die in anderen Beurteilungsbögen kaum Beschwerden angeben, haben in diesem Verfahren nach Traumatisierung auffällig hohe Werte.

7.2. Halbstrukturierte Interviewverfahren

7.2.1. Strukturiertes klinisches Interview für dissoziative Störungen (SKID-D)

Das Klinische Interview wurde für den DSM IV entwickelt und ermöglicht die Zuordnung aller im DSM IV aufgeführter dissoziativer Störungen anhand operationalisierter Diagnosekriterien. Er gilt international als das Standardinstrument zur Diagnosestellung dissoziativer Störungen. Ausschlaggebend für die Diagnostik ist der klinische Gesamteindruck. Das Interview ist auch für die gutachterliche Tätigkeit gut zu verwenden.

Vier Kriterien sind nach Dr. Ursula Gast zu beachten:

➤ Aufbau einer vertrauensvollen Beziehung, die durch behutsame Fragestellung gefördert wird
➤ dissoziative Symptome müssen aktiv erfragt werden
➤ eine flexible Fragetechnik ist erforderlich, um der Vielfalt dissoziativer Symptome gerecht zu werden
➤ Retraumatisierungen müssen vermieden werden

Das Interview besteht aus fünf Hauptkapiteln zu

➤ Amnesie
➤ Depersonalisation
➤ Derealisation
➤ Identitätsunsicherheit
➤ Identitätswechsel

Fragen zu traumatischen Erfahrungen werden nicht gestellt, häufig werden aber spontan Traumatisierungen berichtet.

Jedes der 5 Hauptkapitel beginnt mit allgemein gehaltenen Screening-Fragen. Wenn diese positiv beantwortet werden, folgt eine Reihe spezifischer Fragen zur systematischen Abklärung der Symptomatik. Es werden offene Fragen formuliert und die Patientinnen aufgefordert, Beispiele und Beschreibungen ihrer Beschwerden zu geben.

Direkt beobachtbare dissoziative Phänomene

➤ Amnesien (Fragen wiederholen lassen, Unsicherheiten über die eigene Antwort)
➤ Trance
➤ abrupte Verhaltensänderungen
➤ spontane Altersregression
➤ Identitätsänderung
➤ Desorientierung (diskrete Hinweise, Irritationen)
➤ Switchen (kommt im Erstkontakt selten vor)

Auswertung:

Verbale Antworten, nonverbale Äußerungen (lange Pausen, emotionale Beteiligung, Widerstand) und während des Interviews direkt beobachtbare Zeichen von Dissoziationen gehen in die Auswertung ein. Diese im unmittelbaren Kontakt beobachtbaren dissoziativen Symptome sind besonders wichtige und »harte« klinische diagnostische Kriterien.

Nach Abschluss des Interviews erfolgt für jedes der fünf Hauptsymptome eine Einschätzung der Schweregrade (1 = liegt nicht vor, 2 = leicht, 3 = mäßig, 4 = schwer), die durch manualisierte Arbeitsblätter erleichtert wird.

Für die Diagnose der Dissoziativen Identitätsstörung: hohe Werte in allen fünf Kriterien. Für die Diagnose sonstiger dissoziativer Störungen: die ersten vier Kriterien fallen hoch aus (kein Identitätswechsel).

Es wird empfohlen, für das Interview drei Termine anzusetzen. Der erste Kontakt dient zur Anamneseerhebung und Info über die weitere Diagnostik. Beim zweiten Termin wird das eigentliche Interview durchgeführt. Dann folgt ein abschließendes Nachgespräch zur Rückmeldung über die erhobenen Befunde und das weitere therapeutische Vorgehen.

Die Diagnosemitteilung ist als Spiegelung dessen, was PatientInnen erzählt haben, zu gestalten. Im Rahmen der psychologischen Diagnostik ist es nach meiner Erfahrung durchaus möglich, mit zwei Terminen auszukommen, da Beziehungsaufbau, Anamneseerhebung, Förderung der Compliance und Information bereits wesentliche Bestandteile der klinisch-psychologischen Diagnostik sind.

Frau Dr. Gast betont, dass das Auftreten eines Identitätswechsels für die Diagnosestellung im Interview nicht erforderlich ist. Beim diagnostischen Erstkontakt wird dieses Kernphänomen eher selten beobachtet. Vor der aufdeckenden Wirkung des Interviews wird gewarnt. Die PsychologIn sollte im Umgang mit dissoziativen Symptomen geschult sein und Techniken zur Reorientierung kennen.

Die Diagnose wird als Arbeitshypothese formuliert. Oft kann die Diagnose erst im Rahmen einer Therapie nach langer Zeit mitgeteilt werden. Die Wirkung vom SKID-D wird von Frau Gast als eher positiv und entlastend beschrieben.

7.3. Interview zur komplexen posttraumatischen Belastungsstörung (IK-PTBS)

Das IK-PTBS orientiert sich am oben vorgestellten Konzept der komplexen posttraumatischen Belastungsstörung (DESNOS).

7.4. Interviews zu Belastungsstörungen bei Kindern und Jugendlichen (IBS-KJ)

Nach DSM-IV werden in zwei Interviews die Diagnosen der akuten Belastungsstörung (BS) und der Posttraumatischen Belastungsstörung (PTBS) erhoben.

Die Interviews geben Informationen über Häufigkeit und Intensität der Symptomatik (Intrusionen, Vermeidung, emotionale Taubheit und Übererregung). Behandlungsrelevante Informationen werden erhoben.

Im Wesentlichen wird das Kind selbst befragt. Inhalt und Form der Interviews sind auf die entwicklungsmäßigen Besonderheiten der Kinder und Jugendlichen abgestimmt. Spezielle einführende Übungen machen das Kind mit Ablauf und Struktur des Interviews vertraut. Kindgerechte visuelle Analogskalen zur Symptomeinschätzung erleichtern dem Kind das Verständnis des Frageformats.

Der Einsatz des Interviews wurde an Kindern und Jugendlichen im Alter zwischen 7 und 16 Jahren überprüft. Ein Mindestmaß an verbaler, dem Alter entsprechender Intelligenz, sowie das Verständnis für Zeitintervalle und Reihen sollten als Voraussetzung gegeben sein.

Die Dauer des Interviews beträgt je nach Ausprägung der Symptomatik eine halbe bis eine Stunde. Es wird angeraten, das Interview mit dem Kind alleine durchzuführen, da Eltern oder andere anwesende Personen unter Umständen Einfluss auf die Darstellung des Kindes nehmen könnten (Seil R. und Füchsel G. 2006).

Rau, Petra, Mag. Dipl.Psych., Klinische Psychologin und Gesundheitspsychologin in freier Praxis. Psychologische Diagnostik auf Kassenbasis für Kinder und Erwachsene. Spezialisiert auf psychologische Diagnostik und Behandlung von Traumafolgestörungen. Ausbildung in Hypnosetherapie und EMDR. Mitglied im ÖNT und EMDR Netzwerk. Wien (A) E-mail: p.rau@kpr.at

Literatur

Brisch, K. H. u. a. (2003): Bindung und Trauma. Stuttgart (Klett-Cotta)

Brisch, K. H. (2000): Bindungsstörungen. Stuttgart (Klett-Cotta)

Dammann, G., Overcamp, B. (2004): Diagnose, Differentialdiagnose und Komorbidität dissoziativer Störungen des Bewusstseins. In: Psychotherapie der dissoziativen Störungen. Stuttgart (Thieme)

Dell, P. F. (2001): Why the diagnostic criteria for dissotiative identity disorder should be changed. In: Trauma Dissociation 2, S. 7–37

Ferring, D. u. Filipp, S. H. (1994): Teststatische Überprüfung der Impact of Event-Skala Befunde zur Reliabilität und Stabilität. Diagnostica, 40, 344–362

Gast, U., Hoffmann, A., Reddemann, L. (2004): Psychotherapie der dissoziativen Störungen. Stuttgart (Thieme)

Huber, M. (2003): Trauma und die Folgen. Paderborn (Junfermann)

Huber, M. (2003): Wege der Traumabehandlung. Paderborn (Junfermann)

Eckhardt-Henn, A., Hoffmann, S. O. (2004): Dissoziative Bewusstseinsstörungen. Stuttgart (Schattauer)

Fischer, G., Riedesser P. (2003): Lehrbuch der Psychotraumatologie. 3. Auflage. München (UTB)

Hoffmann, A. (1999): EMDR in der Therapie PTSD. Stuttgart (Thieme)

Hoyer, J. u. Margraf, J. (Hg.) (2003): Angstdiagnostik. Berlin (Springer)

Kluft, R. P. (2004): Behandlung der dissoziativen Identitätsstörung aus psychodynamischer Sicht. In: Psychotherapie der dissoziativen Störungen. Stuttgart (Thieme)

Schiepek, G. (2004): Neurobiologie der Psychotherapie. Stuttgart (Schattauer)

Gast, U. (2003): Das Konzept der Komplexen Dissoziativen Störungen. In: Psychodynamische Therapie. Stuttgart (Schattauer) S. 79–90

Gast, U. (2004): Zum Umgang mit Dissoziationen in der Boderline-Therapie. In: Persönlichkeitsstörungen. Stuttgart (Schattauer)

Maercker, A. (2003): Befunde zur Reliabilität und Stabilität (der IES-R). In: Diagnostica, 40, 344–362

Sack M. (2004): Diagnostische und klinische Aspekte der komplexen posttraumatischen Belastungsstörung. In: Nervenarzt (2004) S. 451–459

Freyberger, H., Spitzer, C. (2002): Dissoziative Phänomene bei psychotischen Störungen. In: Persönlichkeitsstörungen. Stuttgart (Schattauer)

Traumaspezifische Testverfahren

1 Fragebogen zu dissoziativen Symptomen FDS
2 Dissociative Experience Scale DES
3 Somatoform Dissociation Questionaire S.D.Q. 20
4 Peritraumatic Dissociative Experiences Scale PDEQ
5 Impact of Event Scale IES-R
6 Strukturiertes klinisches Interview für Dissoziative Störungen SKID-D
7 Das Interview zur Komplexen Posttraumatischen Belastungsstörung IK-PTBS
8 Interviews zu Belastungsstörungen bei Kindern und Jugendlichen IBS-KJ

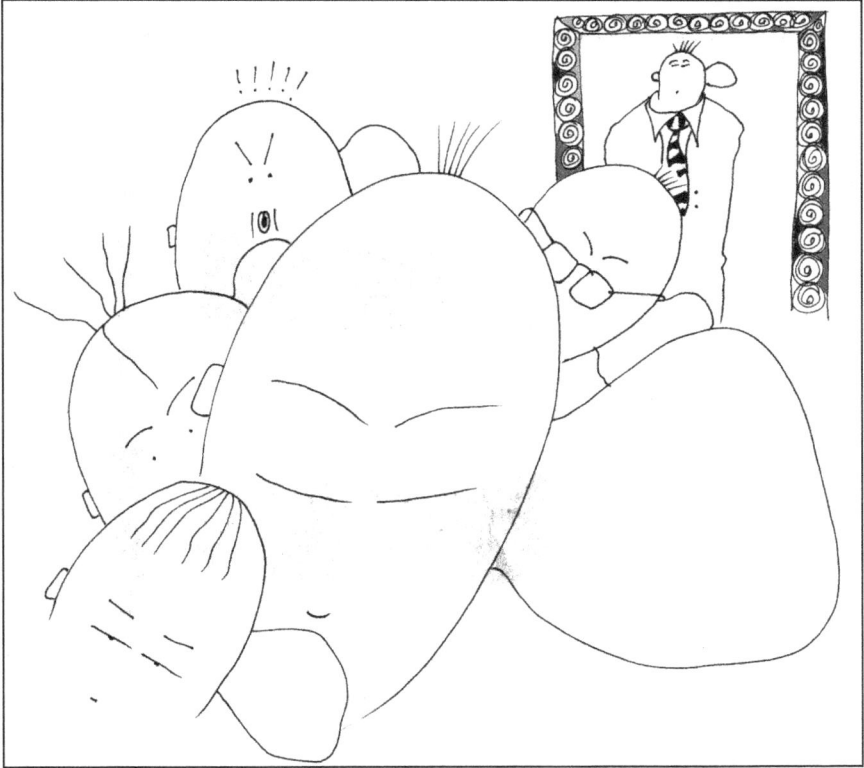

Wiederkehr des Traumas

Wenn sich Generation um Generation abmüht, das Trauma-Mandat ihres Urahns zu erfüllen, sprechen wir von Kadenz. Wenn sie dabei Erfolg haben, sprechen wir von Dekadenz. Wenn es schließlich Mr. Fivehair gelingt, sich beider gewahr zu werden und sein eigenes Mandat zu formulieren, sprechen wir von Evolution.

Die Wiederkehr des Traumas

Zur transgenerationalen Transmission traumatischer Erfahrungen

W. Milch, S. Janko

Einleitung

Über die Weitergabe traumatischer Erfahrungen von Holocaust-Opfern an deren Kinder ist bisher schon häufiger publiziert worden (siehe z.B. Volkan 2004, Eckstaedt 1992). Auch über Kriegskinder ist in der letzten Zeit immer wieder diskutiert worden (z.B. Ehrmann 2000, sowie eine diesbezügliche Tagung in Frankfurt am Sigmund Freund Institut). Das zunehmende Wissen über die Transmission von traumatischen Erfahrungen in die nächste Generation bei Holocaust Traumatisierten regt dazu an, zu fragen, wie sich die traumatischen Erfahrungen bei Flüchtlingsschicksalen oder bei Kriegsteilnehmern auf die nächste Generation auswirken. Als in den 50er Jahren Geborene können wir fragen, was mit uns »Nachkriegskindern« ist? Wie wurde unsere Beziehung zu unseren Eltern durch deren Kriegserlebnisse mitgeprägt, fand der Krieg einen Niederschlag bis in unserer Träume (Schmidt 2006)? Obwohl die Befreiung mit Beendigung des Krieges Jahre vorüber ist, sollte die Bewältigung noch lange dauern und sie dauert noch an. Von unbewältigten Konflikten ist anzunehmen, dass sie sich auch in der Erziehung der Kinder niederschlagen. Aber auch bei anderen Traumata, wie z.B. jahrelangem sexuellen Missbrauch, kann eine psychische Disposition zum Missbrauch weitergegeben werden: Bei einer unserer stationären Patientinnen hatten wir Gelegenheit, die nun fast 50-jährige Mutter und die Mitte 20 Jahre alte Tochter in kurzem zeitlichen Abstand zu behandeln. Die Mutter litt noch immer unter den Folgen eines jahrelangen sexuellen Missbrauchs durch ein Familienmitglied. In ihrer Erziehung der Tochter tat sie alles dafür, dass sich ihr eigenes schreckliches Schicksal bei ihrer Tochter nicht wiederholen sollte. Gerade ihre Angst vor der Wiederholung und die für die Tochter beängstigende panikartige Symptomatik der Mutter schufen bei der Tochter die Voraussetzungen, sich im späteren Leben missbrauchen zu lassen und sich nur unzureichend vor Missbrauch schützen zu können. Die Tochter konnte sich aus einer missbräuchlichen, quälenden Paarbeziehung nicht befreien.

In der nachfolgenden Arbeit sollen in Form eines Werkstattberichts auf dem Hintergrund einer Zusammenfassung der Literatur klinische Erfahrungen verschiedener typischer Konstellationen in der Weitergabe traumatischer Erfahrungen an die nächste Generation dargestellt werden. Insgesamt konnten verschiedene Analysen durchgeführt werden, in denen die Transmission traumatischer Erfahrungen der Eltern nachvollziehbar die Psychopathologie mitprägten. Daran schließt eine ausführliche Schilderung des Beginns einer Analyse an, in der schon von Anfang an die traumatisierende Beziehung einer mittlerweile 50-jährigen Tochter mit einem im Kriege schwerstverletzten Vater und einer traumatisierten Mutter mikroanalytisch dargestellt wird.

Wann sollten wir an eine transgenerationale Transmission traumatischer Erfahrungen denken?

Wenn psychische Inhalte unserer Patienten auf eine Traumatisierung hinweisen, ohne dass wir Daten für einen biografischen Hintergrund einer Traumatisierung haben, sollten wir an eine Weitergabe der traumatischen Erfahrung denken. Als Beispiel wären hier Kriegsträume in der Nachkriegsgeneration zu nennen. Faimberg (1987) spricht von einem tyrannischen Eindringen einer fremden Geschichte in das Subjekt, das dadurch im bewussten und unbewussten Verhalten geprägt wird. Dabei kann es sich um traumatische Inhalte handeln oder auch um rigide und der Situation nicht entsprechende Konfliktlösungsmuster. Der Bewältigungsversuch eines Traumas kann die Gestalt eines charakteristischen Abwehrverhaltens als Übergabemodalität annehmen (Eckstaedt 1992). Hirsch (2004) beschreibt die transgenerationale Transmission traumatischer Introjekte, die zu einer verborgenen Weitergabe der traumatischen Erfahrungen führen, indem sie das Verhalten in der nachfolgenden Generation durch ein fremdkörperartiges, feindliches Über-Ich beeinflussen. Das Über-Ich beurteilt wie ein fremder Richter das eigene Verhalten und begünstigt ein »falsches Selbst« (Winnicott) in dem es zu einer masochistischen Unterwerfung gegenüber Objekten mit Tätereigenschaften führt (s. Fallvignette) oder die Voraussetzung dafür schafft, sich mit dem Täter zu identifizieren. Letzteres führt zu einer sadistischen Täterschaft, in der ein Opfer gesucht wird, mit dem das symptomatische Verhalten sich wiederholen kann. Manchmal sind die pathologischen Über-Ich-Anteile auch zeitweise hinter einer Decke scheinbarer Normalität verborgen und werden erst in Form von Impulsdurchbrüchen offensichtlich. Sowohl die unterwerfende Identifikation mit dem Aggressor als auch die Schaffung neuer Opfer lassen sich als sekundäre Identifikation verstehen, die dem Selbst aufgenötigt werden, in dem Versuch, sich selbst zu retten (Hirsch 2004). Die Eltern sind dann Vorbild für eine masochistische Unterwerfung, sie können diese erzwingen oder als »Vorbild« die Identifikation mit einer Täterschaft erleichtern. Über ihre Kinder versuchen diese Eltern, die traumatische Erlebnisse zu verarbeiten oder zumindest die Folgen zu kompensieren. Ihre eigene narzisstische Bedürftigkeit versuchen sie über die Kinder erfüllt zu bekommen und manchmal versuchen sie auch, sich deren Lebendigkeit anzueignen. Bei den Kindern selbst entstehen Gefühle des Unlebendigseins bis hin zum Sich-lebendig-tot-fühlen, dem Gefühl fremdgesteuert zu sein und auch manifesten psychopathologischen Symptomen wie Angst, Angstträumen, Schuldgefühlen, Depressionen und Somatisierungen.

Fallbeispiel
Die Anfang 60-jährige Hausfrau kommt mit schweren Angstzuständen, Zwängen und depressiver Verstimmung in psychotherapeutische Behandlung. Aus der Familiengeschichte wird deutlich, dass ihre Mutter kurz vor Kriegsende auf für sie traumatische Weise erfuhr, dass ihr Mann gefallen war. Daraufhin entwickelte sie massive Ängste, die Tochter auch noch zu verlieren und reagierte mit Panik und massivem Druck auf alle autonomen Strebungen der Tochter. Als die Patientin wegen einer Ausbildung in eine andere Stadt ziehen musste, reagiert die Mutter mit einem Suizidversuch. Die Patientin heiratete später einen dominant und unterdrückend erlebten Ehemann, von dem sie sich auch unterdrücken ließ, damit ihre als gefährlich erlebten autonom selbstbehaupteten Strebungen abgewehrt und auf ihren Mann delegiert werden konnten. Negative Gedanken oder Gefühle lösen bei der Patientin massive Schuldgefühle und Über-Ich-Ängste aus. Schon während der Schwangerschaft versetzte sie der Gedanke, ihr Kind könnte »ein Idiot werden« in panikartige Angst, was deutlich macht, wie sehr Zuschreibungen von Anfang die Beziehung zu ihrem Kind prägen.

Selbststörungen

Kogan (1990) beobachtete bei Kindern von Holocaust-Opfern Verschmelzungsprozesse mit ihren Eltern. Die Kinder fühlten sich selbst nicht lebendig und mussten ständig über die Vergangenheit ihrer Eltern nachgrübeln. Ein Gefühl innerer Leere sollte mit Inhalt gefüllt werden, führte aber zu Ängsten, Schuldgefühlen und Selbstwerterniedrigung. Manche versuchten das Trauma in ihrer Fantasie wieder zu beleben und es meistens vergeblich auf einer symbolischen Ebene zu verarbeiten. In Identifikation mit den Eltern mussten die Kinder gefährlich erlebte Affekte abspalten (es kann hier z. B. ein Zeichen eigener oder fremder Schwäche gedacht werden). Von den Eltern wurden Trauer und Aggression auf die Kinder projiziert und verbanden sich mit pathologischen Erwartungen an diese (z. B. Retter oder Täter zu werden). Eindrucksvoll beschreibt Lily Brett dies in ihrem Roman »Ich verstand einen Teil von dem, worüber sie grübelte, wenn sie allein war. Ich wusste, dass die Toten immer noch in Schwierigkeiten waren. Ich hätte so gern helfen wollen. Ich wünschte, ich hätte sie retten können, bevor sie ermordet wurden. Ich wünschte, ich könnte sie jetzt erlösen. Das war der Beginn meiner lebenslangen Phantasien darüber, zur Retterin zu werden.« (Brett 1999, S. 234)

Grubich-Simitis (1979) betont den besonders belastenden Umgang der Kinder mit der von den Eltern nicht mitgeteilten Geschichte. Häufig empfanden diese die Emotionen, die von Eltern nicht gelebt werden konnten oder von diesen abgespalten wurden. Da die Eltern eine besondere Fragilität aufwiesen, mussten sie sich in die Eltern besonders stark einfühlen und mögliche Reaktionen voraussehen, um eine Dekompensation von diesen zu vermeiden. Mittels Rollenumkehr mussten sie den Defekt der Eltern ausfüllen. Zum Teil übernahmen sie die Funktionen verlorener Liebesobjekte und wurden in diesem Sinne von den Eltern funktionalisiert. Eine Folge war die Unfähigkeit, Probleme auf einer symbolischen Ebene zu lösen, was sich in einer Beeinträchtigung der Metaphernbildung zeigte. Nicht nur bei den von Kogan (1990) und von Grubich-Simities (1979) beschriebenen schwersten Störungen in der Elterngeneration sondern auch bei den »Nachkriegskindern« muss von Störungen der Selbstentwicklung ausgegangen werden, wie sich bei den eigenen Analysen von den inzwischen erwachsenen Kindern von traumatisierten Eltern dieser Altersgruppe zeigte.

Fallbeispiel

Ein 50-jähriger Ingenieur leidet darunter, keine Heimat zu finden. Er fühlt sich nirgends zu Hause, hat aber eine starke Sehnsucht nach einer Zugehörigkeit, wie nach einer Vereinsmitgliedschaft oder einer Dorfgemeinschaft. Er beschreibt sich immer als Außenseiter, beruflich als Mann der zweiten Reihe. Es besteht eine andauernde Unentschiedenheit, sich beruflich festzulegen, mit seiner Studienwahl verwirklichte er die Berufswünsche des Vaters. Häufig klagt er über das Gefühl des »Nicht-Meinhaften«, so als ob seine Entscheidungen nicht wirklich von ihm selbst ausgingen.

Der Vater verlor Frau und Kind bei der Flucht und vermittelte dem Sohn etwas von seinem Trauma und der eigenen Heimatlosigkeit. Auseinandersetzungen mit dem Vater waren nicht möglich, aus Furcht, diesen zutiefst zu verletzen. In der Analyse wurde deutlich, wie sehr die nicht ausgesprochene Geschichte des Vaters und dessen Suche nach einer neuen Heimat den Patienten unbewusst beschäftigten.

Das Kind als »pathologisches« Selbstobjekt.

Als Selbstobjekte werden üblicherweise die »Objekte des Selbst« bezeichnet, die alle Erfahrungen mit Mitmenschen, Tieren oder Dingen umfassen, die sich auf die Kohärenz des Selbst auswirken. Selbstobjekterfahrungen führen im Selbsterleben dazu, dass ein Mensch sich lebendiger, vitaler und kohärenter fühlt und psychopathologische oder psychosomatische Symptome abnehmen. Die oben beschriebene narzisstische Bedürftigkeit traumatisierter Eltern führt zu einer besonderen Abhängigkeit von Selbstobjekterfahrungen, die sie wegen bedrohlicher Fragmentierungen oder anderer Zustände gefährlichen Kohäsionsverlustes des Selbst zur Stabilisierung benötigen. Besonders Kinder bieten sich an, zum Selbstobjekt der Eltern zu werden, zumal sie häufig ein sicheres Gefühl für die Schwächen und narzisstischen Bedürftigkeiten der Eltern haben. Selbstobjekterfahrungen werden von Kindern für ihre Eltern zur Verfügung gestellt, indem sie diese in besonderer Weise spiegeln, idealisieren oder sich als ein »Alter-Ego« anbieten. Auch eine ständige Streitbeziehung (aversives Selbstobjekt) oder gemeinsame kreative Aktivitäten können traumatisierte Selbstanteile der Eltern stabilisieren. Die stabilisierende Funktion der Kinder kann dabei defensiv einen drohenden Zusammenbruch vermeiden helfen oder mittels gemeinsamer kreativer Verarbeitung neue kompensatorische Strukturen schaffen, die das traumatisierte Selbst dauerhaft festigen (siehe Milch 2000).

Auch in normalen Entwicklungen werden Kinder immer wieder Selbstobjekte für die Eltern sein, aber bei traumatisierten Eltern müssen sie in dieser Funktion in einem Ausmaß und mit einer Rigidität nachkommen, dass die eigene Entwicklung gestört wird. Unter diesen unglücklichen Bedingungen kann das Kind zu einem »pathologischen Selbstobjekt« werden. Es handelt sich um defensive pathologische Organisationen, die von Brandschaft (1998) als »pathologische Akkommodation« bezeichnet werden. Diese ermöglichen dem Kind zum einen, eine Bindung zu dem traumatisierten Elternteil aufrecht zu erhalten und zum anderen, dessen verletzliches Selbst vor einer Dekompensation zu schützen. Als Beispiel kann ein Kind ein Glas herunterfallen lassen, um eine Reaktion seiner depressiven Mutter zu provozieren. Ist die Mutter in ihrer Depressivität für das Kind ständig unerreichbar, können zerstörerische Aktivitäten zu einem Muster werden, um die Mutter zum Reagieren zu bringen. Die charakteristischen Muster traumatischer Familiensysteme bilden sich schon, wenn die Grundzüge der Persönlichkeit entstehen. Aspekte der kindlichen Entwicklung werden in die verstrickenden Interaktionen aufgenommen, sodass den innersten Erfahrungen des Kindes eine fremde Realität zu Grunde gelegt wird. Das Kind wird gezwungen, einem fremden Programm zu folgen, da es angeblich seinem Besten dient. Sequenzen eines tragfähigen Miteinanders im Sinne von Stern (1993) werden zunächst hergestellt, die dann abbrechen, wenn es zu dramatischen Fehlabstimmungen kommt. Diese Episoden von Fehlabstimmung bilden die Grundlage innerer organisierender Prinzipien, die das Verhalten in allen wichtigen Beziehungen organisieren, sogar die Beziehung zu einem möglichen späteren eigenen Kind (siehe auch Fonagy et al. 1994).

Fallbeispiel

Die Eltern eines Mitte 50-jährigen Arztes verloren jeweils im Krieg den geliebten Partner bzw. die geliebte Partnerin. Nach dem Krieg schlossen sie sich zu einer »Zweckgemeinschaft« zusammen. Nach den früheren Beziehungen durfte der Patient als Kind nicht fragen, obwohl die Bilder der Verstorbenen im Schlafzimmer der Eltern hingen. In seiner Kindheit war die Mutter häufig aggressiv. Sie schien in seinen Beschreibungen wenig einfühlsam und hatte wenig Introspektionsvermögen. Eine einfühlsame Mütterlichkeit konnte er am ehesten erfahren, wenn er krank war oder sich im Spiel verletzte. Er selber hatte große Probleme, sich in andere hineinzuversetzen, was u.a. zu Partnerschaftsproblemen führte. Bei aggressiven Konflikten litt er immer wieder unter starken psychosomatischen Schmerzen.

Fallvorstellung Workshop Wien

Erstgespräch

Die Mitte 40-jährige Patientin erscheint pünktlich zum Erstgespräch. Als ich die Tür öffne, gibt sie mir sofort die Hand. Mit einem freundlichen Lächeln im Gesicht sagt sie: »Guten Tag, die Praxis war leicht zu finden«. Mir kommt es spontan so vor, als wolle sie mir vermitteln, dass sie mir keine Probleme bereiten wolle. Dann bemerke ich, wie die Patientin meine Reaktion ängstlich beäugt. Zwar war mir spontan nicht zum Lächeln, aber, da mich dieser Blick irritierte, fühlte ich mich gedrängt, zurückzulächeln, um die Patientin nicht zu beunruhigen. Auch im weiteren Verlauf fühlte ich mich von der Patientin unter Druck gesetzt, so dass ich etwas schlucken sollte, was mir innerlich zuwider war. Dies konnte bislang nur als körperliche Gegenübertragung spürbar werden, ohne dass es symbolisch dargestellt werden konnte.

Dann beginnt sie über ihre Tochter zu berichten, die seit Jahren an einer Essstörung leidet. Sie sei mittlerweile Expertin für Essstörungen an ihrer Schule, an der sie als Lehrerin unterrichtet. »Ich könnte schon eine Sprechstunde für Essstörungen einrichten«. Sie betont immer wieder, dass Eltern und Kollegen, die ähnliche Probleme haben, zu ihr kämen und sie um Rat fragen würden. Sie sei genau informiert über das Krankheitsbild ihrer Tochter. Jetzt werde ihr aber alles zu viel. Detailliert schildert sie anschließend die Entwicklung der Krankheitsgeschichte ihrer Tochter, von einer Magersucht zu einer Bulimie. Ich bin irritiert über diese Eröffnung, bemerke bei mir Scham und Gefühle von Unzulänglichkeit. Was bringt die Patientin dazu, bei mir Hilfe zu suchen, was sucht sie bei mir. Offenbar hat sie sich sehr engagiert und über die Erkrankung ihrer Tochter genau informiert, sie ist eine Expertin für Essstörungen geworden. Dennoch ist es offenkundig, dass sie ihrer Tochter nicht hilfreich sein kann, obwohl andere Kollegen und Eltern bei ihr Beratung suchen.

Die Tochter bleibt zunächst im Mittelpunkt des Gesprächs. Die Patientin schildert noch die pubertäre Entwicklung der Tochter. Sie sei ein kräftiges Mädchen gewesen, das gerne gegessen hätte. Dann habe sie sich für zu dick befunden und eine Diät angefangen. Die Patientin habe sich zunächst nichts dabei gedacht und sie sogar mit Tipps unterstützt. Dann sei es außer Kontrolle geraten. Zum Schluss habe die Tochter noch 35 Kilo gewogen und wäre stationär psychiatrisch behandelt worden. Eindringlich beschreibt die Patientin dann die Konzepte der beiden Kliniken, in denen die Tochter bislang behandelt wurde. Sehr positiv äußert sie sich über die zweite Klinik, hinsichtlich der Strukturiertheit des Therapieablaufs. »Da hatte die Tochter ein straffes Programm, das brauchte sie und das war hilfreich«, das betont die Patientin immer wieder. Seit dem zweiten Klinikaufenthalt spitze sich die Situation wieder zu, die Tochter »kotze« ein- bis zweimal am Tag, wolle aber nicht in die Klinik zurück.

Ich spüre, dass die Patientin indirekt eine Frage an mich richtet. Soll die Tochter in die Klinik und wenn ja in welche. Spontan fühle ich mich als Kollegin angesprochen, die über eine Patientin mit einer anderen Kollegin fachsimpelt. Es geht um ein sehr konkretes organisatorisches Problem. Deutlich erlebe ich dann Gefühle von Minderwertigkeit, Hilflosigkeit, als die Patientin den Satz äußert: »Nun kotzt sie wieder«. Nach einem Moment des Überlegens frage ich sie, was sie sich denn von mir wünscht, worauf sie aber direkt nicht antwortet. Sie beginnt dann über Eheprobleme mit quälerischen Auseinandersetzungen zu berichten , in denen sie sich als Opfer darstellt. Der Ehemann habe sich seit Jahren sexuell zurückgezogen und ihr vor kurzem seine sadomasochistischen Tendenzen gestanden, die er mit seiner Freundin teile. Ich bin etwas verwirrt, da sich die Patientin mir einerseits als Opfer darstellt, andererseits mir nahe bringt, wie sehr der Mann unter dieser Konstellation leide.

Lebensgeschichte

Die Patientin ist die jüngste unter drei Geschwistern. Die Mutter war Hausfrau, der Vater Richter. Über die Beziehung zur Mutter berichtet sie spontan sehr wenig. Die Mutter habe den Haushalt organisiert, sie sei eine fleißige Frau gewesen, »sie hat uns versorgt«. Mehr Information bekomme ich dann über die elterliche Beziehung. Die Mutter habe doch sehr auf ihre Vitalität und ihre Bedürfnisse verzichten müssen, da der Vater eine Kriegsverletzung hatte und beide Beine amputiert bekommen musste. Der Vater sei schon eine Belastung gewesen, es durfte nichts herumliegen, da der Vater hätte stolpern können. Sie habe nie erlebt, dass die Eltern sich stritten. Die Kinder mussten allerdings immer sehr aufpassen, sehr auf Ordnung achten. Einmal sei er über einen Papierschnipsel gestürzt, das war schrecklich gewesen für sie, mit anzusehen, wie der Vater stürzte. Er sei so gequält gewesen. Insgesamt sei die Beziehung zu dem Vater emotional, herzlich und zärtlich gewesen. Die beruflichen Fähigkeiten aber auch das Wissen und die Ansichten des Vaters werden idealisierend dargestellt. Der Vater wird moralisch sehr anspruchsvoll beschrieben. Der Vater wurde kurz vor Kriegsende an beiden Beinen verletzt, was dann zur Amputation führte. Die Auseinandersetzung mit der Ursache der väterlichen Behinderung, seiner Aktivität während des Krieges, wurde von der Patientin, aber auch von mir, bislang vermieden. Ich habe hier nicht weiter nachgefragt.

Zur Lebensgeschichte der Mutter schildert die Patientin erst im weiteren Verlauf der Therapie, dass die Mutter während des Krieges eine enge Bindung zu ihrer Schwester hatte. Die Schwester verlor 1944 ein Baby, da sie es nicht stillen konnte und Ersatznahrung nicht zur Verfügung stand. Ein Jahr später waren Mutter und Schwester gleichzeitig schwanger. Da die Schwester der Mutter wiederum nicht stillen konnte, musste die Mutter beide Babys nähren. Die Mutter hat seitdem das Essverhalten der Kinder sehr kritisch betrachtet. Während die älteste Schwester zuwenig aß, wurde die Pat. ständig ermahnt, nicht zuviel zu essen. Mit einer kränkenden Geste legte die Mutter während der Pubertät der Pat. öfters das Maßband an, um zu demonstrieren, dass die Pat. zu viel gegessen hatte. Dies hatte offensichtlich mit einer panischen Angst der Mutter zu tun, ein Kind könnte sich zuviel Nahrung nehmen, das andere deswegen verhungern. Diese pathologische Phantasie wiederholt sich im erwachsenen Leben der Patientin, wenn sie sich vorstellt, sich selbst etwas zu nehmen, i.d.S. sich von ihrem Mann zu trennen und in der Angst, verbunden mit einem großen Schuldgefühl, dieser könne dadurch in seiner sozialen Existenz vor dem »Aus« stehen.

Im Laufe dieser Zeit hat sich mir oft die Frage aufgedrängt, ob sie mich überhaupt braucht, für was und warum sie kommt. Während dieser Zeit hat sich bei mir zunehmend das Gefühl entwickelt, dass das, was ich ihr zu geben versuche, bei ihr keine Resonanz findet. Sie reagiert nicht auf Interventionen. Ich fühle mich so, als könne ich sowieso nichts ausrichten, nämlich ohnmächtig und ratlos. Ich frage mich oft, warum sie noch kommt.

Demgegenüber füllt die Patientin die Stunden immer wieder mit Schilderungen katastrophaler Zuspitzungen, sowohl in Bezug auf die Essstörung und die Interaktion mit ihrer Tochter als auch, was die Beziehung zu ihrem Ehemann anbelangt. Diese Schilderungen weisen meist einen konkretistischen Charakter auf und kommen bei mir nur als Fragmente eines Zusammenhangs an. Ich fühle mich oft als Zuschauer vor einer Bühne, dessen Stück ich nicht verstehe. Mit diesen ungelösten Problemen werden alle Stunden beendet.

Aus der Anfangszeit der Analyse lassen sich allerdings nur begrenzte Aussagen über die Objektbeziehung zum Vater und zur Mutter treffen, die durch deren jeweilige Traumatisierungen geprägt sind. Hinsichtlich des Vaters wurde sie in eine Opferrolle gedrängt. Sie selbst muss die Stunden mit den Erlebnissen des Ehekrieges und des Krieges mit ihrer Tochter füllen, ähnlich wie sie selbst Zuhörerin der zusammenhangslosen Kriegserlebnissen des Vaters war. Ihre Mutterbeziehung ist durch die Erwartung geprägt, nicht satt werden zu dürfen. Die Nahrungsaufnahme muss genau kontrolliert werden, es darf nicht den eigenen körperlichen Bedürfnissen getraut werden. Wie oben dargestellt, hatte die Patientin als Kind einen gesunden Appetit, was die Mutter »als zu viel« befand und dann das Maßband anlegte, sie als »zu dick« beschimpfte. Die Regulation der Nahrungsaufnahme musste dann mit dem Kopf und nicht mit dem Gefühl geleistet werden.

Dies zeigt sich bislang während der Therapiestunden durch die rationalisierende und intellektualisierende Weise der Patientin, die einen lebendigen emotionalen Austausch noch nicht möglich macht. In der Gegenübertragung fühle ich mich häufig in meinem emotionalen Ausdruck kontrolliert. Wenn ich eigene Gefühle der Betroffenheit und Anteilnahme zeige, dann nehme ich das als analytischen Regelverstoß wahr und erlebe mich schuldig und als Versagerin.

Schluss

In manche Lebensläufe brechen traumatische Ereignisse wie eine Naturkatastrophe ein. Häufig bestimmt danach das Denken und Handeln die Vorstellung, dass einem das nicht wieder passieren soll. Diese innere Maxime nimmt die Gestalt eines die Psyche organisierenden Prinzips an. Dieses Prinzip greift auch auf die Erziehung der eigenen Kinder über, diese sollen es schließlich besser haben und nicht Gefahr laufen, die furchtbaren Erfahrungen ebenfalls durchmachen zu müssen. Trotz Vermeidung der Eltern oder gerade deswegen kann es zu einer

Weitergabe von durch das Trauma geprägten Repräsentanzen führen, die die Interaktion vorwiegend implizit prägen. Charakteristische organisierende Prinzipien scheinen der Umgang des Traumatisierten mit seinen Kindern in charakteristischer Weise zu prägen, so dass diese in Opfer- oder Täterhaltungen gedrängt werden. Möglicherweise suchen sie sich als Partner dann wieder »Täter« oder »Opfer« mit denen sie in eine leidvolle und quälende Beziehung eintreten. Kinder können durch bestimmte, sie selbst schädigende Verhaltensweisen zur Stabilisierung der Eltern beitragen. Später suchen sie sich selbst immer wieder Partner, mit denen sie diese Form der Interaktion fortsetzen, so dass sie sich nicht genügend vor Traumatisierungen schützen können und diese möglicherweise wiederholen müssen.

Janko, Silvia, Dipl. Psych., Psychoanalytikerin, Ausbildung in Qui Gong in Singapur und Shanghai, niedergelassen in eigener Praxis. Gießen (D)
E-mail s. Wolfgang Milch

Milch, Wolfgang, Prof. Dr., Psychoanalytiker, Klinik für Psychosomatik und Psychotherapie an der Justus-Liebig-Universität, Mitherausgeber der Zeitschrift für Selbstpsychologie. Gießen (D)
E-mail: Wolfgang.Milch@psycho.med.uni-giessen.de

Literatur

Brandschaft, B. (1998): The Self and its objects in developmental trauma. Vortrag bei der 21. Annual Conference on the Psychology of the Self. San Diego Oct. 22–25, 1998
Brett, L. (1999): Zu sehen. Wien, München (Deutsche Verlagsgesellschaft m.b.H.). Neu: Frankfurt a. M. (Suhrkamp) 2003
Eckstaedt, A. (1992): Nationalsozialismus in der zweiten Generation. Psychoanalyse von Hörigkeitsverhältnissen. Frankfurt a. M. (Suhrkamp Taschenbuch)
Faimberg, H. (1987): Die Ineinanderrückung (Telescoping) der Generationen. Jahrbuch Psychoanal; 20: 114–42

Fonagy. P., Steele, M., Steele, H., Higitt, A., Target, M. (1994): The emmanuel miller memorial lecture 1992. The theory and practice of resilience. J of Child Psychology and Psychiatry and Allied Disciplines 35: 231–257

Grubich-Simitis, I. (1979): Extrem-Traumatisierung als kumulatives Trauma. Psyche – Z psychoanal; 33: 991–1023

Hirsch, M. (2004): Psychoanalytische Traumatologie – Das Trauma in der Familie. Stuttgart (Schattauer Verlag)

Kogan, I. (1990): A journey to pain. In: J Psycho-Anal; 71: 629–40 (deutsch: Z Psychoanal Theor. Prax. 1991; 6: 62–78).

Milch, W. (2000): Lehrbuch der Selbstpsychologie. Stuttgart (Kohlhammer)

Schmidt, Ch. (2006): Kriegserlebnisse in den Träumen von Nachkriegskindern. Forum Psychoanalyse 22: 59–69

Stern, D.N. (1993): Acting versus remembering in transference love and infantile love. In: Person ES, Hagelin, A., Fonagy, P. (Hg.): On Freud's obersavations on transference-love. Internat. Psychoanal. Association, Contemporary Freud: Turning points and critical issues series. Yale Univ Press, NH, S. 172–186

Die Behandlung Traumatisierter ist heutzutage Körperpsychotherapie

Karl-Klaus Madert

Einleitung

Auf die Idee zu dieser Arbeit brachte mich das Buch »Traumatherapie – Was ist erfolgreich?« von Ulrich Sachsse (2002). Alle dort dargestellten Methoden bis auf das NLP beziehen konkret körperbezogene Interventionen direkt ein in das therapeutische Regime, beim NLP werden zumindest imaginativ körperliche Anker gesetzt. Da ich mich als Psychoanalytiker und Körpertherapeut seit langem mit Traumatherapie befasse, hat mich das nicht überrascht. Seit langem wird Körpertherapie im stationären Setting psychosomatischer Kliniken eingesetzt, und zwar auch von Tiefenpsychologen und Psychoanalytikern. In einem multimodalen stationären traumatherapeutischen Setting hat die Körpertherapie heute einen festen Platz. »Tatsächlich belegen zahlreiche Studien, dass der Posttraumatischen Belastungsstörung mit den üblichen Formen der Psychotherapie – etwa der Psychoanalyse oder der klassischen Verhaltenstherapie – nur schwer beizukommen ist« (Hofmann 2004). In meinem Beitrag wird es um die Behandlung von posttraumatischen Belastungsstörungen nach ICD F 43.1 gehen.

Eine Theorie und Technik zur Behandlung von Traumata lernte ich schon vor 20 Jahren kennen. Damals absolvierte ich eine mehrjährige Ausbildung zum Bioenergetischen Analytiker in der Nachfolge von Wilhelm Reich, einem der prominentesten Schüler von Sigmund Freud. Als Vorreiter in der körpertherapeutischen Behandlung von Traumata sind besonders Bob Lewis mit seinem Konzept des cephalic shock, David Boadella (stream into the head) und Malcolm Brown (cerebrale Panzerung) zu erwähnen. Die Psychoanalyse hatte damals Realtraumata noch nicht wiederentdeckt. Ich bin begeistert, wie viel des bioenergetischen Erfahrungswissens durch die neurobiologischen Erkenntnisse der letzten Jahre offenbar wissenschaftlich gestützt wird. Dabei bin ich mir bewusst, wie schwierig es ist, eine Brücke zu schlagen zwischen erkenntnistheoretisch so unterschiedlichen Wissenschaften wie den Neurowissenschaften und der Psychotherapie, ohne allzu spekulativ zu werden. Ich werde der Komplexität beider Gebiete in einem so kurzen Artikel sicher nicht gerecht werden, den Forschern beider Gebiete aus meinen praktisch-klinischen Erfahrungen heraus vielleicht aber Anregungen geben können.

Ich werde zuerst einen zusammenfassenden Überblick über die für meine Argumentation wichtigen neurobiologischen Modelle geben. Als wesentliche Matrix verwende ich dabei Antonio Damasios spekulatives Konzept der Hintergrundempfindung, die bei einer traumatischen Störung verändert sei (1997, S. 207 ff; 2003, S. 55 ff, S. 106). Damasio unterscheidet primäre und sekundäre »Gefühle« (1997) bzw. »Emotionen« (2003). Als phylogenetisch alt beschreibt er die basale Reaktionskette Reiz – Emotion – Reaktion mit der Amygdala als zentraler Schaltstelle auf Mittelhirnebene. Auf dieser Ebene würden Notfallreaktionen ablaufen als primäre organismische Antwort auf traumatisch wirkende Situationen. Eine kognitive Verarbeitung erfolge zusätzlich parallel und viel langsamer kortikal auf der Ebene der Großhirnrinde. Bei einer posttraumatischen Belastungsstörung sei die Verbindung der primären Ebene zur sekundären kortikalen Ebene an mehreren Stellen beeinträchtigt. Dieses Modell stützt die therapeutischen Prinzipien der körperorientierten Traumabehandlung.

Einige neurobiologische Erkenntnisse

Wegen der Netzwerkstruktur des Nervensystems ist es sehr problematisch, einzelne psychische Leistungen bestimmten Hirnstrukturen zuzuordnen. Es gibt innerhalb des Systems vielfältige Rückkopplungen und Synergien, die in ihrer Gesamtheit erst so etwas wie Psyche mitbestimmen. Um aber einigermaßen einen Überblick zu vermitteln, wähle ich die topographische Beschreibungsweise. Die Rückbezüglichkeit wird sich in häufigen Wiederholungen niederschlagen.

Stressregulation und Traumagedächtnis

Nach Streeck-Fischer (2001, S. 17) sollen Amygdala und Hippocampus die zentralen Strukturen in der Stressregulation sein.

Die beiden *Amygdalae* (Mandelkerne) haben mit der Aufgabe der unmittelbaren emotionalen Bewertung der eingehenden Informationen die Funktion eines »Brandmelders« für Gefahren. (Phelps u. LeDoux 2005; Öhmann 2005). Janet Metcalfe (1996) nennt daher die Amygdala das *»hot system of memory under stress«*, im Gegensatz zu dem »*cool system*« Hippocampus. Die Amygdalae sind ontogenetisch schon sehr früh ausgereift. Sie verfügen über ein implizites emotionales Gedächtnis und reagieren subliminal im 20 Millisekunden-Bereich, weit schneller als das bewusste Sehen mit ca. 80 ms. Sie »entdecken« sehr schnell Gefahrenkonstellationen und setzen dann eine sofortige vegetative und motorische Umstellung in Gang, am Kortex vorbei. Die Grundspannung der Muskulatur wird erhöht, die Hypothalamus-Hypophysen-Nebennierenrinden-Achse (HPA) wird aktiviert. Durch ein unverarbeitetes Trauma mit unbewältigbarem Stress kommt es zu einer Änderung der »Gate«-Funktion der Amygdala für emotionale Reize (Gehde 1998, S. 986; Protopopescu et al. 2005). Das Tor für als bedrohlich erlebte Außenreize wird übermäßig geöffnet. Generell können in der Amygdala gespeicherte Angstreaktionen nicht gelöscht, sondern allenfalls vom präfrontalen Cortex gehemmt werden (Quirk, Lithik, Pelletier u. Pare 2003). Bei einer posttraumatischen Belastungsstörung kommt es nicht zu einer solchen Hemmung (Grawe 2004a S. 161). Durch wiederholte starke Aktivierung kommt vielmehr ein Kindling-Prozess (wörtlich: »Anfeuern«) in Gang (Kelett, Kokkinidis 2004; Schubert 2005) mit erhöhter Reagibilität bis hin zu schließlich spontan auftretendem Stressverhalten (Kapfhammer 2002). Eine Aktivierung furchtauslösender Erinnerungen führt zu einer erneuten Proteinsynthese in der Amygdala bis hin zur Ausbildung neuer synaptischer Verschaltungen. (LeDoux 2003, S. 217). Es kommt zum chronischen Stress. Darunter leidet der gesamte Mechanismus der Signalübertragung im Zentralnervensystem mit der Folge permanenter funktioneller oder gar struktureller Veränderungen im Gehirn mit Auswirkungen auf die kognitive Leistungsfähigkeit (ausführlich in Markowitsch 2003; Markowitsch et al. 1998; Kapfhammer 2002).

Der *Hippocampus* (Seepferdchen) ist an der Kurzzeit-Speicherung neuer Informationen und an der Verarbeitung und kontextuelle Einordnung von Emotionen beteiligt (»Erinnerungs-Verschiebebahnhof«). Neben der räumlichen Orientierung ist er für explizite Erinnerungen und das benennende (deklarative), speziell das Gedächtnis für erzählbare Episoden (Narrativ) zuständig (Aggeton und Brown 1999 nach Förstl 2002, S. 186). Er ist eine entscheidende Relaisstation bei der Konsolidierung des expliziten Langzeitgedächtnisses (Bering et al 2005; Lisman et al. 2001). Wichtig für die Therapie ist, dass er erst langsam in den ersten drei Lebensjahren heranreift. Das erklärt, wieso es für die ersten Lebensjahre keine oder nur sehr wenige benennbare (deklarative) Erinnerungen gibt.

Die erhöhte Ausschüttung von Corticoiden der Nebennierenrinde führt zu Veränderungen der neuronalen Netzwerkstruktur (Bering et al. 2005). Patienten mit posttraumatischer Belastungsstörung zeigen eine erhöhte Anzahl und Empfindlichkeit (Hypersensibilisierung) der Glukocorticoidrezeptoren im zentralen Nervensystem und auf Lymphozyten (Stein et al. 1997) Dadurch wird die HPA-Achse sensibilisiert. Es wird vermutet, dass traumatische Erlebnisse ohne Erholung durch diese Zunahme der Glukocorticoidrezeptordichte zu *strukturellen Stö-*

rungen zumindest im Bereich von Hippocampus und Amygdala führen bis hin zu einer Degeneration der Neuronen im Hippocampus (Hüther 2001; Gehde 1998, S. 986). Grundlegende Regulationsmechanismen der hormonellen Stress-Antwort auf der Ebene der Stressachse, des *Hypothalamus – Hypophysen – Nebennierensystems (HPA)* werden damit gestört. Das Adrenocorticoid-System verbleibt in einem Zustand des ständigen Hyperarousals. Der Hypothalamus registriert eine Cortisol-Übersteuerung trotz normalem oder sogar erniedrigtem Cortisol-Plasmaspiegel. Die Fehlsteuerung der Stressachse führt auf Dauer zu einem relativen Hypocortisolismus (Bering 2005). Das Phänomen des erhöhten Corticotropin-Releasing-Faktor-Spiegels (Heim et al. 1997) in Kombination mit einem erniedrigten Cortisolspiegel (Yehuda 1997; Yehuda, Yang, Buchsbaum u. Golier 2006) ist als paradoxe Dysregulation der Stressachse bekannt geworden (Bering et al. 2005; Neylan et al. 2005).

Die Zunahme der Glukocorticoidrezeptoren im Hippocampus und Hypothalamus bewirkt eine Sensibilisierung für mögliche Gefahrensituationen.

Auch eine Übersteuerung der Neuromodulatoren Dopamin und Noradrenalin führt zu einer Hyperfokusierung auf »Gefahr!« mit hoher Selektionsschwelle und einer erniedrigten Reizschwelle gegenüber bestimmten, nämlich potentiellen Gefahrensignalen. Eventuell kommt es auch zu einer niedrigen Abtastrate der Außenwelt mit entsprechend niedrigem sensorischen Input (selektive Aufmerksamkeit). Des Weiteren findet man eine vermehrte Synthese von Vasopressin (AVP) mit Auswirkungen auf Blutdruck und Kreislauf. Kybernetisch gesprochen kommt es zu einer Arbeitspunktverstellung (Sollwertverstellung) im System der Gefahrenwahrnehmung. Das Hypothalamus-Hypophysen-Nebennieren-System (HPA) verbleibt in einem Zustand des ständigen Hyperarousals.

Damit schlägt sich auf neurobiologischer Basis als Gestimmtheit oder Reagibilität von Hirnstrukturen implizit *prozedural* das nieder, was sich auf kognitiver Ebene als die ständige Erwartung von Gefahr zeigt. Das läuft völlig unbewusst ab, es betrifft eine *Veränderung in der Prozedur* der Auswahl und Bewertung der Information, unabhängig vom mehr oder weniger bewusst erlebbaren Inhalt.

Bei chronischen Stresszuständen wird die Neubildung und Ausschüttung von neurotropen Substanzen (z.B. BDNF brain derived neurotropic factor, NGF nerve growth factor) aus den Gliazellen gehemmt (Markowitsch et al. 2003; Nickel 2002). Dadurch können traumatische Erlebnisse zu funktionellen Störungen der Erinnerung, aber auch zu strukturellen Störungen (Gewebsdegenerationen) zumindest im Bereich von vorderem Temporallappen, Hippocampus und Amygdala führen (Hüther 2001).

Unsere genetische Vorprogrammierung entspricht einem bestimmten Code, einem raffinierten Satz von Blockaden in Bezug auf das reiche Potenzial der Wirklichkeit. Während der Entwicklung des Organismus werden die Blockaden weiter erhöht, um Spezialisierungen zu erreichen. Wir haben ja einen Chromosomensatz, der noch weitgehend alles kann. (Dürr 2004, S. 124). Psychischer Stress reguliert Gene für das emotionale Lernen (Damasio 2003, S. 348; Bierhaus et al. 2003). Joachim Bauer (2002) hat ausführlich beschrieben, wie Erfahrung die Aktivität neuronaler Gene moduliert. Der Anteil der aktiven Gene beträgt nur rund 20% des gesamten Genpools. Er vermutet, dass unter Dauerstress der Anteil der insgesamt aktivierten Gene vermindert und damit das Potential an Lebensbewältigung eingeschränkt ist.

Unter Stress kommt es wahrscheinlich, vermittelt durch Glukocorticoide, zu einer *verminderten Ausbildung neuronaler Neuverschaltungen* (Neurogenese) (Nickel 2002; Bauer 2002). Unter lang anhaltendem unbewältigbarem Stress werden durch die damit einhergehende erhöhte Zellvulnerabilität sogar neuronale Verschaltungen vor allem im Stirnhirn auch beim Erwachsenen wieder abgebaut. Hüther und Mitarbeiter (2001) vermuten, dass damit als neuroadaptiver Mechanismus ungeeignete neuronale Netzwerke gelöscht werden. Damit würden eingefahrene Problemlösungsstrategien verlassen und eine Öffnung für völlig neue Lösungsmöglichkeiten geschaffen. Oft würde der Destabilisierungsprozess erst gestoppt durch bizarr anmutende »persönlichkeitsgestörte«, »antisoziale« oder gar selbstgefährdende oder selbstverletzende zwanghafte Strategien zur Ableitung der beziehungslos fragmentierten emotionalen Spannung (Wiederholungszwang). Diese Strategien kann man psychodynamisch ergreifend beschreiben (Täterintrojekt, Aggressionswendung gegen das Selbst, Todestrieb usw.).

Traumatische Ereignisse werden zusammen mit einem somatisch-emotionalen Zustandsbild abgespeichert. Viele, für andere Menschen banale Reize (Gerüche, Geschmäcke, Geräusche, Körpersensationen, bildhafte Szenen, Gesten, Worte usw.) werden in traumatisierenden Situationen unter Extremstress als Hinweis auf Gefahr bewertet. An sich banale Reize werden so auf der Ebene der körperlich-vegetativen Reizantwort mit traumatypischen »Wertmarkierungen« oder »somatischen Markern« versehen wie z.B. mit Angstgefühlen im Bauch, Atembeklemmung, Herzrasen (Damasio 1997; Adolphs, Tranel u. Damasio 2003). Bleibt das traumatische Ereignis unverarbeitet, bleibt also die »emotionale Ladung« bestehen, färbt sich die Wahrnehmung dauerhaft mit Bedrohung ein. Dass die Wahrnehmung mit Bedrohung eingefärbt ist, ist nur von außerhalb des individuellen Systems erkennbar. Das *Hintergrundempfinden* über das Sein in der Welt wird durch das traumatische Erleben verschoben in Richtung »Vorsicht! Die Welt ist ein lebensbedrohlicher Ort! Sei auf der Hut! Traue nichts und niemandem! Denn du bist Gefahren hilflos ausgeliefert!« Wie Huber (2005, S. 61) schreibt, funktioniert die Wahrnehmung Traumatisierter nach dem Null-

Eins-Prinzip: entweder bedeutungslos oder Alarm! Wenn ich hier Worte gebrauche, so zur sprachlichen Verdeutlichung eines Funktionszustandes. Genau genommen sind Worte und Kognitionen bereits Mentalisierungsleistungen des Cortex über die emotionale Gestimmtheit des »Brandmeldesystems«. Passt ein Reiz zu dem Muster eines somatischen Markers, kann die gesamte traumatische Komplexantwort ausgelöst, getriggert werden. Wird das Zustandsbild des somatischen Markers in der Gegenwart wiederhergestellt, löst das den zum Ereignis gehörenden Zustand wieder aus wie in der traumatischen Situation damals mit Schock und / oder Dissoziation (*traumastate*) in seiner ganzen unverarbeiteten Gewalt.

»Aufgepasst! Die Welt ist gefährlich!«. Diese Gestimmtheit und die daraus abgeleiteten Kognitionen gilt es zu ändern. Dazu müsste die Arbeitspunktverstellung im HPA-System (durch Hemmung?) korrigiert und die neuronale Neuvernetzung in geschädigtem Gewebe anregt werden, damit Traumabehandlung effektiv ist.

Amygdala und Hippokampusformation (Hippokampus, Gyrus dentatus und subiculum) sind an der Bewertung von Information wesentlich beteiligt und bestimmen sowohl die Aktivierung wie auch die Neuorganisation von Gedächtnisinhalten, also die Aktivierung und Umstrukturierung neuronaler Netze durch Lernen. Für die Traumabehandlung hat sich die emotionale Aktivierung als wesentlich erwiesen. Die Aufmerksamkeitsanregung und Aufmerksamkeitsfokussierung (*mindfullness*) ist zentrales Element von Veränderung. Die Aufmerksamkeit auf neue Reize und ihre Bedeutung muss stimuliert werden, und zwar auf Reize, die nicht mit Trauma und Gefahr assoziiert sind.

Vor allem bei »betäubten« Patienten im traumatischen Schock (numbing) halte ich ein relativ hohes Maß an sensorischem Input für notwendig, um ein positiv besetztes Arousal und damit Lernen anzuregen.

Wie bereits angedeutet beeinflusst die Neuromodulation der Hirnaktivität durch Stresshormone die *Qualität des Abspeicherungsprozesses* von Erinnerungen und scheint somit verantwortlich für die Ausbildung traumaspezifischer Gedächtnisfunktionen (Rudy, Matus-Amat 2005). Überschießende Erregung der Amygdala führt zu einer Beeinträchtigung der deklarativen Gedächtnisbildung (Diamond, Park, Woodson 2004; Flatten 2003). Dies ist vor allem darauf zurückzuführen, dass die Aktivierung der Amygdala zwar zur Abspeicherung des angstauslösenden Reizes, nicht aber der Umgebungsbedingungen führt (Kensinger, Schacter 2006). Dafür ist die Hippokampusformation zuständig. Unter Extremstress desintegriert offenbar die übererregte Hippokampusstruktur infolge der Hyperaktivierung der Amygdala. Die Hemmung auf das Hypothalamus-Hypophysen-

Nebennieren-System (HPA) entfällt. Das übersteuerte HPA-System wiederum schädigt den Hippokampus, was möglicherweise die alleinige Speicherung im impliziten Gedächtnissystem fördert, weil durch das Erliegen der hippocampalen Leistungen die Voraussetzungen für einen Transfer der Informationen in das explizite deklarative Gedächtnissystem nicht mehr gegeben sind. Die *binding*-Funktion des Cortex, die die Verbindung der verschiedenen Sinnesqualitäten und Einordnungen zu einer Gesamtgestalt schafft, versagt. So kommt es zu den für Traumata *typischen fragmentierten Erinnerungen*, die keine Einbettung in das autobiografische Gedächtnis haben.

In der Behandlung darf also nicht allein das beeinträchtigte deklarative Gedächtnis angesprochen werden, sondern es muss ein Zugang zum impliziten Gedächtnis gefunden werden.

Die Störung der Funktion des Hippokampus bei der deklarativen Gedächtnisbildung bedeutet einen Verlust der kognitiven Einordnung der Traumaerfahrung in den Erfahrungsschatz und die lebensgeschichtlichen Zusammenhänge (Kontextualisierung). Die selbstreferentielle Visualisierung des eigenen Lebens in der Wiedererinnerung und die Einordnung in das autobiographische Gedächtnis ist gestört (Kapfhammer 2002).

ICH-FUNKTIONEN UND VERHALTENSSTEUERUNG

Der *anteriore cinguläre Cortex (ACC)* hat integrierende und adaptive Funktionen zwischen limbischem System, Gefühlserleben, bewusster Aufmerksamkeit und kortikalen Kognitionen und stellt zumindest einen Teil der neurobiologischen Basis für die »Ich-Funktionen«. Das Ich lässt sich nach Kandel (2006) stark vereinfacht als Ansammlung verschiedener typisch menschlicher Funktionen begreifen, denen Prozesse auf der Ebene von Genaktivierung und neuronaler Erregung zugrunde liegen. Bei einem Trauma ist die Aktivität des ACC nach einigen Studien (z.B. Bremner et al. 1999; Lanius et al. 2003; Shin et al. 2001) vermindert. Möglicherweise wirkt sich auch das in Form der traumatypischen Dissoziation zwischen verschiedenen Qualitäten traumatischen Erlebens, nonverbaler und verbalisierbarer Erinnerung und Wahrnehmung aus. Es liegen auch Studien vor, die eine Hyperaktivierung des ACC bei PTBS-Klientinnen fanden (z.B. Bryant et al. 2005; Lanius et al. 2004; Liberzon, Abelson, Flagel, Raz, Young 1999; Rauch et al. 1996). Möglicherweise ist diese Inkonsistenz jedoch darauf zurückzuführen, dass in den meisten Studien keine Maße für dissoziative Reaktionen erhoben wurden. Anderson et al. (2004) argumentieren, dass der ACC eine Schlüsselrolle bei der Unterdrückung ungewollter Erinnerungen spielt, indem er seine Kontrolle über den dorsolateralen präfrontalen Cortex vermittelt oder dessen Einfluss auf den medialen Temporallappen moderiert.

Der *ventromediale präfrontale Kortex* ist für das Bewerten von Erlebtem aufgrund von Inhalten des impliziten, vorwiegend vorsprachlichen, sensomotorischen Langzeitgedächtnisses, für Bedeutungszuschreibung und autobiographische Einordnung des Erlebten zuständig (Damasio 1997, S. 158 ff; Kapfhammer 2002, S. 250). Bei Glücksempfinden als subjektives Empfinden eines harmonischen Körperzustandes ist er aktiv, bei Traurigkeit deaktiviert (Damasio 2003, S. 122). Der rechtsseitige Regionenkomplex aus Amygdala und frontalem Kortex kann als entscheidend für den Abruf gefühlsgeladener autobiographisch-episodischer Informationen angesehen werden. Dieser Teil des Stirnlappens ist mitbeteiligt an dem Zusammenspiel von Körperwahrnehmung, Körperbild und Willensbildung. Bei Traumaopfern ist dieses Zusammenspiel gestört. Positronenemissionstomographie-Studien (PET) bei *Gesunden* zeigen eine rechthemisphärische Aktivität in der Amygdala und den ventralen präfrontalen Kortex bei der Vorgabe realer autobiographischer Episoden, nicht aber bei fiktiven Episoden (Markowitsch et al. 2003). Das ist wichtig für den Stellenwert imaginativer Techniken in der Therapie. Später mehr dazu. Bei *Traumatisierten* findet man nun eine vom frontalen Cortex gesteuerte *Unterdrückung emotionaler Inhalte*, womit traumatische Emotionen kontrolliert und aus dem bewussten Erleben fern gehalten werden. Klinisch mag das imponieren als »Alexithymie«: die Betroffenen können ihren Gefühlszustand nicht »lesen«. Sie sind wie emotional Farbenblinde. Für Borderline-Patienten, die ja zu 60–90% sexuell traumatisiert sind, ist eine erhöhte Kontrolle der Informationsverarbeitung mit *aktiver Unterdrückung der Schmerzempfindung* bis zur Schmerzunempfindlichkeit bei selbstverletzendem Verhalten nachgewiesen (Driessen et al. 2002; Driessen et al. 2004; Buchheim et al. 2003; Buchheim 2005; Huber 2005, S. 118).

Neurobiologisch lässt sich dies möglicherweise erklären: Ein hypernoradrenerger Zustand, wie er im Stress gegeben ist, führt zu einer Einschränkung der Funktionalität präfrontaler kortikaler Strukturen. (Kapfhammer 2002). Wie erwähnt spekuliert Hüther (2001, S. 97 ff.) sogar über einen Abbau neuronaler Verschaltungen vor allem im Stirnhirn (besonders im basalen präfrontalen Cortex) bei lang anhaltendem unbewältigbaren Stress. Auch bildgebende Verfahren (PET) zeigen Aktivitätsverschiebungen bei Traumapatienten (Erkwoh 2003). Der Metabolismus des Frontalhirns scheint für amnestische Syndrome von ausschlaggebender Bedeutung zu sein (von Gunten et al. 2000 nach Markowitsch et al. 2003).

Haltung und Bewegung

Für Wachheit, Aufmerksamkeit und emotionales Lernen ist das *retikuläre System* des Hirnstamms von großer Bedeutung. Der Hirnstamm gestaltet die autonomen, humoralen und motorischen Systeme des Emotionsausdrucks entscheidend mit und bestimmt den Grad der Angeregtheit, der »Wachheit« des Informationsverarbeitungssystems (Arousal). Über die Aktivierung des Aszendierenden Retikulären Aktivierungssystems (ARAS) im akuten Stress durch die Amygdala werden Orientierungs- und Schreckreaktionen ausgelöst (Bering et al. 2005). Zwischen Arousal, neuronaler Lernfähigkeit, der Entwicklung bestimmter Selbstschemata, sozialer Kontaktdichte und sozialer Beziehungsqualität sowie dem Motivationsausmaß können vielfältige Wechselwirkungen angenommen werden. Die retikulären Neuronen sind Teil des gemeinsamen Hirnstammsystems für die Regulation und Koordination verschiedener funktioneller Systeme des Organismus wie Herz und Gefäße, Atmung, Muskeltonus, Vigilanz (Schiepek et al. 2003). Sie erhalten Afferenzen von somatosensiblen und viszeralen Rezeptoren einerseits, und von höheren Hirnstrukturen, insbesondere der Amygdala andererseits. Sie sind daher wesentlich für die Gestaltung des *Hintergrundempfindens* (Damasio 1998, 2003). Dieser Begriff beschreibt unser ständiges vorbewusstes körperliches Gefühl, wie es sich anfühlt auf dieser Welt: ich fühle mich wohl / unwohl, gesund / krank, vital / schlapp, energetisiert / wie erschlagen, weit / eng, weich / hart, stark / schwach, sicher / bedroht, fähig / hilflos, willkommen / abgelehnt und vieles mehr. Das »Fliessen von Energie« in der Bioenergetischen Analyse beschreibt einen wesentlichen subjektiven Aspekt des Hintergrundempfindens. Neurobiologisch formuliert ist das Hintergrundempfinden die lokale wie globale Kartierung der innersten »baseline«, des »tuning«, der Gestimmtheit der Befindlichkeit, als das Erleben des »innersten funktionalen Zustandes des lebendigen Fleisches« über die Körperschleife (Damasio 1998, S. 154). Damasio geht sogar so weit, zu sagen: »Die *Qualität* der Gefühle muss auch von der Beschaffenheit der Neuronen selbst abhängen. Die Erfahrungsqualität des Gefühls wird wahrscheinlich von dem Medium (KM: dem Zustand des Fleisches) geprägt, in dem es entsteht«. (a.a.O. S. 155)

Der Zustand des »Fleisches«, des Hirngewebes und des Gewebes, in dem die Nervenstrukturen eingebettet sind, bestimme also bereits die Qualität des Hintergrundempfindens, nicht nur die hormonelle Anbindung der Zellen an das Zentralnervensystem über die überall vorhandenen Hormon- und Neuropeptid-Rezeptoren.

Laut bioenergetischem Modell verändert ein chronischer Schockzustand als »Einfrieren im Schreck« auch die *Körperphysiologie*: das Gewebe ist starr durch einen hohen Kollagenanteil, bis hin zu Myogelosen, es ist kontrahiert, von seiner

Konsistenz her trocken, die Durchblutung ist mager, die Wärmeproduktion niedrig, der Stoffwechsel liegt danieder, Bewegung ist zäh, nicht fließend. Nun sind aber körperliche Signale und ihre zentrale Repräsentation für das Emotionsempfinden von entscheidender Bedeutung, da sie als Repräsentanten für Empfindungen gelten (Erk et al. 2000, S. 12) und damit für das Hintergrundempfinden mit seinen »Wertmarkierungen« oder »somatischen Markern« über sich selbst (Damasio 1997).

Ein Mensch im chronischen Schockzustand wird sich von seinem Hintergrundempfinden her zutreffend, aber weitgehend unbewusst, als erstarrt und unlebendig kartieren und davon selbst allenfalls diffus vage etwas bemerken.

Innerer und äußerer Globus pallidus, Nucleus caudatus, Corpus striatum und Putamen stellen wichtige neurologische Strukturen dar für Tiefensensibilität, Körperschema und Hintergrundempfinden. Als funktionelle Einheit werden sie von einigen Autoren (Mosetter et al. 2005; Birbaumer et al. 2003) unter dem Begriff *Basalganglien* zusammengefasst. *Motorisches Lernen* gründet sich auf Funktionen der Basalganglien. Sie erhalten Informationen aus dem gesamten sensomotorischen System und allen Sinnesorganen. Der Erregungszustand des Großhirns wird den Basalganglien mitgeteilt. Über das extrapyramidalmotorische System (EPS) regulieren die Basalganglien den Spannungszustand (Tonus) der Muskulatur. Das »Einfrieren« im Schock ist von daher nicht nur eine Metapher, sondern konkrete Körperwirklichkeit bis hinein in die Krankheitssymptomatik, z. B. *frozen shoulder syndrome* (Zilles et al. 1998). Handlungspläne unterschiedlicher Cortexareale werden innerhalb der Basalganglienverschaltung als »machbar« oder »nicht machbar« eingeordnet und entsprechend prozessiert.

Eine wichtige Funktion der Basalganglien ist die Entscheidung über die Auswahl emotional gesteuerter Handlungsmuster.

Die Basalganglien unterscheiden sich grundsätzlich vom thalamocorticalen System mit dessen reziprok-reentralen Vernetzungen. Im Vorwärtsschleifensystem der Basalganglien finden selektive Schritte und Entscheidungen für bestimmte Bewegungen und Handlungen statt. Ist die Sequenz gebahnt, können die dazugehörigen Bewegungsabläufe nicht mehr verlassen werden. Die Koordination der kontextabhängigen Bewegungsabläufe ist dem reentralen Verschaltungsmuster jetzt nicht mehr zugänglich »Die Schalter werden umgelegt« (*switching*). (Birbaumer et al. 2003). In einem traumatischen Körperzustand (Traumastate) können willkürliche und präfrontal gesteuerte Handlungsentwürfe nicht nachhaltig gebahnt und umgesetzt werden (Zilles et al. 1998; Mosetter et al. 2005). Vielmehr werden die urzeitlich-atavistischen Muster der Stress-Motorik von Kampf, Flucht und Erstarren im Totstellreflex am Cortex vorbei in Gang gesetzt. Als eine Art »embryologischer Zwilling« der Amygdala bildet insbesondere der Nucleus caudatus das neuronale Zentrum für die unmittelbare unwillkürliche Bewegungsantwort auf Gefahr. In den Basalganglien niedergelegte motorische Muster haben den Status von prozeduralen, impliziten Gedächtnisinhalten.

Motorisches Lernen im traumatischen Prozess führt zum »Einfrieren« von Bewegungen, Stereotypien, Schon-, Schutz- und Vermeidungsverhalten.

Da die Basalganglien ihre Entscheidung nicht mehr an den Cortex rückmelden, bleiben solche Schritte der Verhaltensauswahl, einmal initiiert, später unbewusst (Birbaumer et al. 2003).

Es gibt Hinweise, dass das Langzeitgedächtnis für räumliche Orientierung durch Stress beeinträchtigt wird (deQuervain et. al. 1998). Tatsächlich ist bei manchen Traumaopfern zumindest vorübergehend die konkrete räumliche Orientierung gestört. Sie finden sich sogar im wörtlichen Sinne nicht mehr zurecht. In einer Untersuchung von Anderson et al. (2002 nach Markowitsch et al. 2003) zeigten Erwachsene, die in ihrer Kindheit mehrfach sexuell missbraucht wurden, pathologische funktionelle Magnetresonanzsignale (fMRT) im *Kleinhirn*. Bekanntermaßen ist das Kleinhirn für die Bewegungskoordination zuständig. Nun sind aber körperliche Signale, insbesondere über die eigene Motorik und ihre zentrale Repräsentation für das Emotionsempfinden, hier vor allem für das Körperschema und die Selbstwirksamkeit von entscheidender Bedeutung (Erk et al. 2000, S. 12; Madert 2003b). Auch das bedeutet eine Veränderung der Hintergrundempfindung mit einer grundlegend veränderten Befindlichkeit des Seins in der Welt.

Therapeutisch arbeite ich viel mit der konkreten Orientierung des Körpers im Raum und der Einordnung des Erlebten in den psychischen Raum der größeren biographischen Sinnzusammenhänge (persönlicher Mythos, Lebenssinn, Weltanschauung).

Dissoziation

Der Beginn dissoziativer Störungen wird oftmals durch das Erleben traumatischer Ereignisse eingeleitet. Dissoziation bedeutet das Auseinanderfallen der »Einheit des Bewusstseins«. Eine einheitliche Wahrnehmung muss aktiv durch »*binding*«

der verschiedenen Sinnesqualitäten zu einen einheitlichen intentionaler Gegenstand (Gestalt) geschaffen werden. Auch eine emotional besetzte Erinnerung ist solch ein mit Absicht hergestellter Wahrnehmungsgegenstand. An diesem Synästhesiephänomen sind präfrontale Koppelungen beteiligt, die auf assoziativen Leistungen zwischen kortikalen, präfrontalen und bewertenden limbischen Strukturen bezogen sind (Emrich 2003). Vielleicht ist Dissoziation einfach nur ein Überforderungssymptom bzw. Ergebnis der traumaspezifischen Aktivitätsminderung der integrierenden Strukturen des anterioren cingulären Cortex (ACC). Dann wäre dissoziiertes Material nichts weiter als Information, die dem Bewusstsein nicht zugänglich ist, weil sie in zustandsabhängiger Form in einem isolierten neuronalen Netzwerk ohne Einbindung in eine multimodale Erinnerungsgestalt zwischengespeichert bleibt. Ein Erinnerungs*bild* ist nur eine von vielen möglichen Manifestationen dysfunktional gespeicherter Information. In EMDR-Behandlungen tauchen nur in ungefähr 40 % der Fälle visuelle Erinnerungen an das dissoziierte Ereignis wieder auf (Shapiro 1998, S. 85). Für klinische Besserung sind sie nicht notwendig.

Dissoziationen könnten aber auch eine Funktion haben. Nach van der Kolk und Fisler (1995) fragmentieren, derealisieren und depersonalisieren Dissoziationen traumatische Erfahrungen. Möglicherweise ist bei Erwachsenen eine Dissoziation zwischen impliziter und expliziter Nutzung des autobiographischen Altgedächtnisses eine funktionelle Strategie zur Abwehr überwältigender Emotionen. Dafür spricht, dass sich eine solche Dissoziation hypnotisch induzieren lässt (Markowitsch et al. 2003). Die Aufmerksamkeitsselektion durch Dissoziation hat wiederum Einfluss auf die emotionale Informationsverarbeitung in der Amygdala (Buchheim 2003).

Eine phylogenetisch präformierte Basis dazu bietet sich im »Schock-Reflex«, Schreck-Stupor oder Totstellreflex (*freezing*) an (Levine 1998; Hoffmann-Axthelm 1994). Traumatische Schädigungen werden durch *unbewältigbaren* Stress ausgelöst. Das Unbewältigbare der Situation, die Hilflosigkeit angesichts der subjektiv erlebten Ausweglosigkeit lässt erstarren. Es gibt keine Möglichkeit der konstruktiven Problemlösung mehr. Beispielsweise sind bei akuter Bedrohung durch andere Menschen ohne Ausweg (Vergewaltigung, Überfall, Folter) die üblichen Kampf- oder Fluchtreaktionen nicht sinnvoll, denn diese würden die Todesbedrohung noch steigern. Stillhalten (motorische Starre) und kalkulierte Kooperation wird lebensrettend. Schmerzäußerung, Gefühle oder gar offen gezeigte Emotionen wie z.B. Wutimpulse würden da nur stören oder wären sogar gefährlich, weil sie ängstliche oder sadistische Täter zu noch mehr Gewalt provozieren. In der oft auch körperlich traumatisierenden Situation werden Schmerzen betäubt (*numbing*). Zur Gate-Control von Schmerzafferenzen werden schmerzhemmende Systeme aktiviert: Endorphin- und Endocannabi-

noid-System, Neurosteroide, GABAerge / gycinerge Interneurone und mona-
minerge, deszendierende Bahnsysteme (Zieglgänsberger 2003). Bei PTBS-Pa-
tienten wurden erhöhte Werte von ß-Endorphin im Liquor gefunden, die negativ mit Symptomen durchbrechender Traumaerinnerungen (Intrusion) und
Vermeidung korrelierten (Hase 2006). Über Kerne im periaquäduktalen Grau
des Tegmentum des Hirnstamms werden Signale unterdrückt, die normalerweise
über Gewebeschäden informieren und damit Schmerzerleben vermitteln. Infolge
dieses Filterprozesses wird eine »falsche« Körperkartierung erzeugt, d. h. der
Körperzustand wird mental unzutreffend repräsentiert. Verletzungen werden
nicht oder nur verzerrt im Körperschema dargestellt. Erhöhte Cortisol- und
Opiatausschüttung führen zu dieser filternden Anhebung der Wahrnehmungs-
schwelle (Bering et al. 2005). Die Interferenz wirkt so, als ob wir eine höhere
Dosis Morphium genommen hätten oder als hätten wir eine Lokalanästhesie
erhalten. Es werden ja auch tatsächlich Endorphine (körpereigene Morphin-
Analoga) ausgeschüttet (Damasio 2003, S. 138 ff). Chronifiziert hat das tiefgrei-
fende Auswirkungen auf das Hintergrundempfinden.

Der Status des Betäubtseins ist für einen Traumatisierten selbstverständlicher
Alltagshintergrund seines Seins in der Welt. Davon wird seine grundlegende
Befindlichkeit in der Welt bestimmt. So wird er sich verhalten, so wird er dies anderen Menschen nonverbal mitteilen, so werden andere Menschen dies »intuitiv«
vermittels der Funktion ihrer Spiegelneurone (Bauer 2005) erfassen.

*In der Behandlung wird es darum gehen, die Betäubung des »Schockzustandes«
aufzulösen und das Hintergrundempfinden mit seinen Trauma-bestimmten »falschen« Körperkartierungen zu korrigieren.*

Zu diskutieren wäre, ob wir nicht zwei, vielleicht *drei Formen von Dissoziation*
mit ganz unterschiedlichem funktionellen Hintergrund unterscheiden müssen,
die bislang alle unter dem Begriff »Dissoziation« laufen:

1. *Versagen der Binding-Funktion*, in der traumatischen Situation, später
    auch in einem getriggerten Traumastate, welche die verschiedenen Sinnes-
    modalitäten und ihre kontextuelle Einordnung zu einer Gesamtgestalt ver-
    bindet (primäre Dissoziation)
2. Werden traumatische Komplexanteile getriggert, gerät das System wie
    beim ursprünglichen Trauma so unter Stress, dass die Binding-Funktion
    neuerlich überfordert ist (sekundäre Dissoziation). Es kommt zu einem
    Traumastate bis hin zur Identifikation des bewussten Ichs mit in der Zer-
    splitterung abgespalten Teilkomplexen, die sekundär als Teilpersönlich-
    keiten ausgestaltet sein können (*multiple personality syndrome* (Huber
    1995))

3. *Abspaltung* als aktive Abwehrleistung unerträglicher Erinnerungen und
    Körperzustände. Diese kann zum Teil willentlich durch Verschiebung des
    Fokus der Aufmerksamkeit gesteuert oder hervorgerufen werden (thera-
    peutische Dissoziation).

Bei Kleinkindern werden nach LeDoux (2000) bereits vor der ontogenetischen
Entwicklung höherer Hirnregionen emotionale Informationen über limbische
Regionen, insbesondere die Amygdala, gespeichert. Eine Symbolisierung und
Verbalisierung frühkindlicher Traumen ist dabei weder von dem phylogenetischen
und funktionalen Niveau der beteiligten Hirnstrukturen noch vom Entwicklungsstand corticaler Funktionen her möglich. Entsprechend existiert auch kein
verbales Skript oder Narrativ (Markowitsch et al. 2003). Die fehlende Mentali-
sierbarkeit ist also ein Ergebnis der ontogenetischen Hirnreifung und keine
aktive Abwehrleistung oder »Dissoziation«.

Frühe Beziehungserfahrungen

Neugeborene und Kleinkinder speichern Stress überwiegend auf Amygdala-
Niveau. (Huber 2005, S. 50) Bei frühkindlichen Traumen oder Extremstress in
der Kindheit wird es zu strukturellen und endokrinologischen Veränderungen in
basalen Hirnregionen kommen (Wismer Fries et al. 2005). Es scheint eine spezifische Vulnerabilität basaler Regionen (limbisches System, Hirnstamm u. a.) der
rechten Hirnhälfte gegenüber (früh)kindlichen Traumatisierungen und stressreichen
Bindungsmustern in der Kindheit zu geben (Schore 2002 nach Markowitsch et
al. 2003). Je früher traumatisiert, umso heftiger reagiert später die Person auf Extremstress (Huber 2005, S. 42). Frühe Bindungserfahrungen haben offenbar
Auswirkungen auf die neuronale Vernetzungsstruktur (Eisenberg 1995; Bock
und Braun 2002; Wismer Fries et al. 2005). Veränderungen im Stresshormonsystem
(HPA-System) durch frühe traumatische Erfahrungen, insbesondere frühkindliche
Deprivation konnten an jungen Ratten tierexperimentell nachgewiesen werden:
Es kam zu einer dauernden Überproduktion von CRF, bedingt durch eine dau-
erhafte Erhöhung der Genexpression (Heim und Nemeroff 2001; Bock und
Braun 2002; Bauer 2002). Nach dem Modell der Depressionsentstehung von
Nickel (2002) haben frühe traumatische Lebenserfahrungen (Missbrauch, Ver-
nachlässigung, Misshandlung, aber auch Infekte, Unfälle, Operationen) zentrale
neurobiologische Auswirkungen (*»biological priming«*). Die eigentliche depressive
Erkrankung entwickle sich dann im späteren Leben durch eine Reaktivierung
dieser frühen »biologischen Narben«.

Zur Behandlung von Depressionen bei frühkindlichen Traumen in der Vorge-
schichte ist Traumatherapie zwingend notwendig.

Antidepressiva sind wirkungslos. Das legen neuere pharmakologische Studien
nahe (Nemeroff et al. 2003).

Der Zeitpunkt des Stresserlebens bzw. einer Traumatisierung innerhalb der
Entwicklungsgeschichte eines Individuums stellt einen kritischen Faktor dar, da
verschiedene neuronale Areale und Funktionssysteme zu unterschiedlichen
Zeitpunkten reifen. In ihrer oft einseitigen Ausrichtung auf die Entwicklung der
»Mentalisierungsfunktion« berücksichtigen viele Psychoanalytiker das Alter
und die Hirnreife beim Entstehen eines (traumatischen) Komplexes viel zu
wenig und undifferenziert (beispielhaft Bovensiepen 2004, S. 41–42).

Wie erwähnt kommt es bei frühen Traumatisierungen zu einer Beeinträchtigung
primär rechtshemisphärisch gesteuerter Funktionen wie Bindungs- und Bezie-
hungsverhalten, Affektregulation und Stressmodulation. So zeigen früh traumatisierte Kinder nicht nur einen chaotisch-desorganisierten Bindungsstil assoziiert mit
dysfunktionaler Affektregulation als Folge der mangelnden Sicherheit (Buchheim
2003, 2005; Wismer Fries et al. 2005). Ihnen fehlen auch »cognitive maps«, Einordnungslandkarten (Petzold 2000). Sie sind kaum in der Lage, innere Zustände ein-
schließlich ihrer Gefühle einzuordnen und verbal zu fassen. Für sie haben sprach-
lose Botschaften eine hohe Mitteilungsfunktion. Vollständige verbale
Erinnerungen an stark besetzte Erlebnisse gibt es nicht vor dem Alter von 2–3
Jahren, wohl aber nonverbale Erinnerungen, oft in Form von Körperwahrnehmungen (Streeck-Fischer et al. 2001, S. 23) oder Körpererinnerungen (Calabrese 2001;
Fuchs 2000). Wie bereits erwähnt spielt die Reifung der Funktion des Hippokampus dabei wohl eine zentrale Rolle. Auch die emotionale Regulationsstörung bei
Borderline-Persönlichkeitsstörungen (Marsha Linehan nach Bronisch 2001) lässt
sich in vielem verstehen auf der Basis der oben beschriebenen Neurobiologie des
unbewältigbaren Stresses. Verschlimmert wird dies, wenn sich maladaptive Beziehungsmuster aufgrund gestörter frühkindlicher internalisierter Beziehungserfahrungen herausbilden. Besonders einprägsam wirken Vernachlässigung und Ignorieren von Belastungen (Krankheiten, Operationen, Unfälle) oder gar Angriffen
(Gewalt, sexuelle Übergriffe) durch die *caretaker*. Klinisch imponiert dies später
dann u. a. als beeinträchtigte Realitätsprüfung in Beziehungen. Genau das finden
wir häufig bei Menschen mit einer frühen posttraumatischen Belastungsstörung.

In der Traumabehandlung muss also immer wieder die Realitätsprüfung heraus-
gefordert werden, bevorzugt im Hier-und-Jetzt der therapeutischen Situation:
»Wie erleben Sie mich, den Therapeuten, jetzt im Moment? Woran machen Sie
das fest?«

Zwei Gedächtnissysteme

Auf zellulärer Ebene sind Gedächtnisleitungen durch neuronale Netzwerke mit modularer Funktionsverteilung repräsentiert. Laut Varela (2001) spielen dabei Synchronisierungen eine zentrale Rolle. Durch immer wieder wiederholte Synchronisation stabilisieren sich Kognitions-Emotions-Verhaltens-Muster (die affektmotorischen Schienen bei Ciompi 1997) Die beschriebene Arbeitspunktverstellung von Amygdala und HPA mit ihrer Ausrichtung auf Gefahr ist ein Begriff der Selbstregulation (Kybernetik erster Ordnung) mit Regulationsprinzip *top-down*: Ein vorgegebener Wert steuert hierarchisch untergeordnete Strukturen wie z.B. die vegetative Antwort auf mögliche Gefahrenreize. Die Synergetik als die Lehre vom Zusammenwirken befasst sich mit neuronalen Ordnungsstrukturen, die aus der Selbstorganisation von Systemen heraus *bottom-up* emergieren und z.B. die Großhirnfunktionen bestimmen (Kybernetik zweiter Ordnung). Die Synergetik bietet der Neurobiologie und Psychologie ein systemisches Modell zur Bedingungsanalyse von Ordnungs-Ordnungsübergängen in neuronalen Systemen (Schiepek et al. 2003; Haken u. Schiepek 2006). Sie beschreibt mathematisch exakt eine »Potentiallandschaft« von Aktivierungszuständen und Aktivierungsnotwendigkeiten. Ein Attraktor ist dabei die »Anziehungskraft« eines Musters oder Ordnungszustandes, mit der dieser sensorischen Input oder Reize so organisiert, dass er in die vorhandenen Ordnungsschemata hineinpasst. Graphisch lassen sich Attraktoren als Potentiallandschaft mit Bergen, Tälern und Pässen oder Potentialschultern zwischen den Tälern darstellen. Je stabiler der Attraktor, je tiefer das »Tal«, in das der Reiz »fällt«, umso höher ist die Wahrscheinlichkeit der erneuten Aktivierung des bereits vorhandenen Musters zur Einordnung und Verarbeitung dieses Reizes. Umso unwahrscheinlicher ist aber auch der Übergang über einen Pass oder Potentialschulter in einen neuen Ordnungszustand, welches Lernen bedeuten würde.

Bei Traumata nun führt ständige Synchronisation getriggerter Traumastates zu einem hyperstabilen Attraktor mit *pathologischer Stabilität* des Gesamtsystems im bereits oben beschriebenen Sinn der Ausrichtung auf Gefahr. Deshalb verharren Traumatisierte im inneren Wiedererleben des Traumas, und zwar in dem Repräsentationssystem, in dem sich das Trauma abgebildet hat wie eine Art Stempel oder Brandzeichen. Das ist überwiegend das *implizite prozedurale Gedächtnis*. Das Verharren wiederum führt zu weiteren Synchronisationen mit weiterer Stabilisierung von Traumaattraktoren, zu einer Rigidität des Systems neuen Reizen gegenüber und einer Unfähigkeit, aus guten Erfahrungen heraus zu lernen, z.B. Vertrauen zu entwickeln. Das will ich nun näher ausführen.

Beziehen wir neuere Theorien der multiplen Gedächtnissysteme (Markowitsch in Streeck-Fischer et al. 2001 S. 75 und 76; Calabrese 2001; Lipke 1992 und van der Kolk 1994 nach Shapiro 1998, S. 74; Gehde et al. 1998, S. 990–992; Kapfhammer 2002) mit ein, so können wir von Folgendem ausgehen: ein *explizites Informationsverarbeitungssystem* umfasst Thalamus, polymodale Assoziationsareale des Neocortex, den frontalen Cortex und den Hippocampus. Das mediale Temporallappen-Hippocampussystem muss aktiv sein, damit sich zwischen verschiedenen Reizen assoziative Verbindungen bilden können (Bering et al. 2005). Es verarbeitet in einem eher langsamen Prozess faktisches Wissen bis zur Herstellung von bewusstseinsfähigen Einordnungslandkarten, in die das Erlebte eingeordnet wird (»*cognitive maps*«). In neurobiologischer Sprache ausgedrückt ist das eine »Kontextualisierung von kortikalen Zellensembles während der Konsolidierung« (Bering et al. 2005). Die traumatische Erlebnisqualität allerdings wird nicht in dem dazugehörigen expliziten, deklarativen, autobiographisch-episodischen Gedächtnissystem narrativ-semantisch gespeichert. Vielmehr wird auf einem parallelen Verarbeitungsweg direkt von Thalamus zur Amygdala eine sofortige basale Bewertung vorgenommen (Öhmann 2005). Einfache motorische, viszerale, neuroendokrine, neurochemische Abwehrreaktionen werden dann über die Amygdala vermittelt. Darin sind die Basalganglien mit dem extrapyramidal motorisches System (EPS) mit eingebunden. Diese primär unbewussten Prozesse werden als Prozedur im *nichtdeklarativen, motorischen, impliziten Gedächtnissystem* als Abfolge neuronaler, insbesondere motorischer Erregungsmuster *prozedural* gespeichert. Das ist jenes Gedächtnissystem, in dem das *Hintergrundempfinden* abgespeichert ist. Für die Wiedergabe sind keine Konsolidierung und kein aktiver Suchprozess notwendig (Bering et al. 2005). Die präfrontalen, von daher prinzipiell bewusstseinsfähigen Einflüsse des expliziten Gedächtnisses können zwar die Konditionierungsreaktionen, wie sie im impliziten Gedächtnis niedergelegt sind, modifizieren und auch hemmen, aber nicht löschen (M.C. Anderson et al. 2004; Quirk et al. 2003). Der Weg vom impliziten zum expliziten Gedächtnis gleicht einer Einbahnstrasse: Man kann noch so viel über die eigenen Reaktionen assoziieren, nachdenken und erkennen, man bekommt dadurch keinen Zugang zu den unbewussten Gedächtnisinhalten des impliziten prozeduralen Gedächtnisses. Die zugrundeliegende neuronale Basis der Traumakonditionierung auf der Ebene des impliziten Gedächtnisses wird hierdurch nicht beseitigt. Der Traumaattraktor bleibt hyperstabil. Traumatypische Reaktionen können trotzdem getriggert werden und laufen dann viel schneller ab als die corticale Kontrolle.

Im *expliziten Informationsverarbeitungssystem* mit seinen »*cognitive maps*« werden *Bedeutungen* gespeichert, unabhängig von der Sinnesmodalität, durch die sie aufgenommen wurden. Jeder Aspekt eines aufgenommenen Inhalts kann inhaltsadressiert abgerufen werden. Die Inhalte dieses *autobiographischen* Gedächtnisses sind *episodisch* mit Anfang, Mitte, Ende. Ich kann mich genau erinnern, dass es *mir* passiert ist, nicht jemand anderem, nicht geträumt. Ich kann darüber erzählen, es ist *narrativ*.

Unter Extremstress werden hippocampal gestützte Prozesse des expliziten Gedächtnisses dysfunktional, die Prozesse des impliziten Gedächtnisses hingegen werden sensibilisiert (Kapfhammer 2002). Das explizite Gedächtnis kann das traumatische Erlebnis nicht mehr vollständig benennbar abspeichern. Es kann z.B. sein, dass eine vergewaltigte Frau fast nur noch auf dem Amygdala-Niveau reagiert und nur wenige blitzartige Sequenzen über den Hippokampus gespeichert werden können. Nur diese Erinnerungsbruchstücke werden ihr später, wenn sie daran denkt, durch den Kopf schießen können (*flashbulb-memories*) (Huber 2005, S. 51). Im impliziten Gedächtnis wird das Trauma aber regelrecht eingebrannt, allerdings mehr oder weniger fragmentiert als zusammenhangslose Sinneseindrücke olfaktorischer, visueller, akustischer oder kinästhetischer Art. Diese Erinnerungsbruchstücke können später, wenn angesprochen, die vollständige Traumareaktion (*traumastate*) wieder hervorrufen, triggern. Beispielsweise kann der Rasierwassergeruch eines völlig Unbekannten bei der Vergewaltigten das Wiedererleben des Vergewaltigungstraumas triggern, wenn der Vergewaltiger damals mit demselben Rasierwassergeruch behaftet war.

Die Binding-Funktion, die eine ganzheitliche Gestalt schafft, versagt unter Extremstress. Durch Überstimulation zentralnervöser Verschaltungskapazitäten entstehen Wahrnehmungsverzerrungen aus dem dissoziativen Formenkreis. Die Abstimmung von Arbeitsspeicher, implizitem und explizitem Gedächtnis ist gestört. Diese Abläufe haben eine Langzeitwirkung. Man kann die Folgen einer posttraumatischen Belastungsstörung zu einem wesentlichen Teil auf diese Entkoppelung des impliziten und expliziten Traumagedächtnisses zurückführen (van der Kolk et al. 1996; van der Kolk et al. 1997; von Hinkeldey und Fischer 2002; Wessa und Flor 2002).

Traumatische Erinnerungen sind an die Physiologie des jeweiligen Erregungszustandes gekoppelt (Bering et al. 2005). Dieses zustandsabhängige Lernen hat zustandsspezifische Gedächtnismuster zur Folge. Auch die im System der Spiegelneurone intern repräsentierten Handlungssequenzen werden von anderen Hirnregionen dann besonders intensiv abgespeichert, wenn sie ihrer Art nach völlig ungewohnt sind, bisher nicht bekannt und neu ins Leben getreten, egal, ob nur beobachtet oder selbst erlitten. Egal, ob liebevoll oder fürchterlich, die abgespeicherte Vorstellung wird besonders intensiv sein. Es entsteht eine überdauernde neuro-kognitive Repräsentanz des Traumaschemas, die physiologisch verankert ist. So kommt es zu meist plötzlich auftretenden Erinnerungsbildern, die oft nach Jahren bis Jahrzehnten mit dem immer gleichen Szenario des Traumas in Befindlichkeit und Bewusstsein drängen (intrusive Flashbacks). Die Erinnerungsbilder treten dabei in der sensorisch-fragmentarischen Form auf, in der sie abgespeichert wurden. Aus der Einspeisungsstörung resultiert eine *Abrufstörung* (Bering et al. 2005; Bauer 2005).

Auch das Sprachzentrum ist unter Extremstress blockiert. Funktionelle Untersuchungen mit Positronenemissionstomographie (PET) zeigen, dass im Flashback traumatischer Erinnerungen mit Hyperarousal das Broca-Sprachzentrum als Zentrum der Sprache (fast) nicht arbeitet, wohl aber der rechtsseitige visuelle Kortex und das limbisches System (Rauch et al. 1996; Shin et al. 1997; van der Kolk 1997; Streeck-Fischer 2001, S. 19; Bering et al. 2005). Das bedeutet: Durch das Auseinanderfallen (Diskonnektion) von emotionalen impliziten, und autobiographisch-faktischen expliziten Gedächtnissystemen kommt es weder zu einer kognitiven Einordnung des Erlebten noch zu einer Versprachlichung.

Die Therapie muss also die Inhalte des impliziten prozeduralen Gedächtnisses ansprechen, verändern und mit biographischen Erinnerungen wieder verbinden.

Die Funktionsstörung des Hippocampus bei der deklarativen Gedächtnisbildung bedeutet einen Verlust der Kontextualisierung: Die Traumaerfahrung kann nicht mehr kognitiv in den Erfahrungsschatz und in die lebensgeschichtlichen Zusammenhänge eingeordnet werden (Rudy, Matus-Amat 2005). Die »cognitive maps« sind fehlerhaft. Auch die Visualisierung des eigenen Lebens in der Erinnerung und die Einordnung in das autobiographische Gedächtnis ist gestört (Kapfhammer 2002). Es gibt Hinweise, dass das Langzeitgedächtnis für räumliche Orientierung durch Stress beeinträchtigt wird (deQuervain et al. 1998). Tatsächlich ist bei manchen Traumaopfern zumindest vorübergehend die konkrete räumliche Orientierung gestört. Sie finden sich sogar im wörtlichen Sinne nicht mehr zurecht. Das beeinträchtigt Emotionsempfinden, Körperschema und Selbstwirksamkeit.

Die Veränderung von Inhalten des impliziten Gedächtnisses erfolgt nur durch eine bottom-up-Aktivierung über konkrete erfahrungsbezogene modalitätsspezifische sinnliche Reize.

Das nennt man die *experiential confrontations* der erfahrungsorientierten Verfahren (Perrig et al. 1993, S 46; Orlinsky et al. 1994; Stauss 2006, S 168 ff.). Die Aufmerksamkeit wird dabei auf das gerichtet, was der Patient gerade wahrnimmt, fühlt, denkt, tut und vermeiden möchte. (Grawe 1998, S. 93)

Pasquale Calabrese konstatiert, dass die auf verbale Mitteilungen bauende Psychoanalyse andere Gedächtnissysteme anspricht als die körperorientierte Psychotherapie, die mit den »Körpererinnerungen« des impliziten Gedächtnisses arbeitet (Calabrese 2001; Fuchs 2000). 99,9 % aller corticalen Neuronen erhalten ihren Input von anderen corticalen Neuronen und liefern ihren Output an ebensolche andere corticale Neuronen. Der Cortex ist überwiegend mit seinen eigenen Produktionen beschäftigt. Meldungen über das Hintergrundempfinden gehören zu den 0,1 % sensorischem Input und motorischem Output außerhalb dieses Systems. Die Kartierung des Körperzustandes in Form des Hintergrundempfindens verläuft vom Informationsfluss her von »unten«, vom Körpergewebe ausgehend, nach »oben« zu den corticalen Wahrnehmungsstrukturen: *bottom-up*.

Damasio unterscheidet davon eine andere Form von Körperwahrnehmung. Er beschreibt sie als sogenannte *Als-ob-Schleifen* auf Großhirn-Mittelhirn-Ebene (1997, 2003).

Die Als-Ob-Schleifen produzieren zu mentalen Vorstellungsbildern von »oben«
die dazugehörigen Körperzustände »unten«: »top-down«.

Als-ob-Schleifen erzeugen »passend« zu den mentalen Inhalten einen Körperzustand cortical und projizieren diesen Zustand in der Körper hinein, wodurch sich der Körper auch verändert. Dieser Zustand überlagert den »innersten funktionalen Zustandes des lebendigen Fleisches«, ohne Rückbezug und ohne an dem Grundmuster der grundsätzlichen Befindlichkeit des Körpers selbst etwas zu ändern. Phantasien, Vorstellungen, Imaginationen, Symbole und Erinnerungsbilder produzieren so emotionale Zustände, die sich *sekundär* bis in die Körperbefindlichkeit hinein auswirken mögen (muskulärer Spannungszustand, Körperhaltung, Immunstatus usw.). Sie können sogar zum physischen Tod (»Voodoo-Tod«) führen (Schmid 2000). So erklärt sich für mich, dass imaginative Techniken in der Stabilisierungsphase der Traumatherapie das Zustandsbild top-down bis in die Körperbefindlichkeit hinein hilfreich verändern. Der Traumatrance wird bewusst eine therapeutische Trance entgegengesetzt, und zwar über die Induktion einer therapeutischen Dissoziation (»Sicherer Ort«, »Tresor«, »Innere Helfer«) (Reddemann 2001; Shelliem u. Tumani 2002). Das Gehirn *halluziniert* dann bestimmte »sichere« Körperzustände und der Patient fühlt sich besser.

Bewusst erinnerte Teile der Traumaerinnerung könnten in Als-ob-Schleifen organisiert sein. Traumatische Erinnerungen sind in mehrere, manchmal viele dissoziierte Einzelteile zerfallen, denn die Binding-Funktion war unter Extremstress überfordert. Einzelne dieser Erinnerungsfragmente sind mehr oder weniger bewusst und werden um »passende« Körperzustände, Emotionen, Bedeutungszuschreibungen ergänzt, sodass komplexe Erinnerungsbilder entstehen, die aber in Teilen fiktiv sind. Die Befehle zur Erzeugung von Als-ob-Schleifen kommen wahrscheinlich aus einer Vielzahl von präfrontalen Cortexarealen, wie jüngere Arbeiten über Spiegelneurone vermuten lassen (Damasio 2003 S. 141 ff.). Dies könnte ein sekundärer corticaler Verarbeitungsmodus sein. So könnten »falsche«

Erinnerungen entstehen: *false memory syndrome*. Werden diese unter Dissoziation entstandenen komplexen »Erinnerungsgestalten« getriggert, können sie eine Traumatrance induzieren mit mehr oder weniger ausgeprägten Dissoziations-merkmalen, weil sie ja im Kern in ihrem Entstehen auf eine traumatische Teiler-innerung (abgespaltener Teilkomplex) zurückgehen.

Sind die präfrontalen Cortexareale funktionell vom sensomotorischen Spiegel-neuronsystem und vom limbischen System abgekoppelt, etwa zur Ausblendung von Kartierungen, die hilfloses Erstarren oder unerträgliche Schmerzzustände in der traumatischen Situation wiedergeben, hat dies unmittelbar Bedeutung für die Therapie. »Der Prozess muss zunächst auf der Körperbühne abgelaufen sein – gewissermaßen zunächst eine Schleife durch den Körper beschrieben haben« (Damasio 1997, S. 214).

Imaginative Techniken sind sinnvoll in der Stabilisierungsphase, in der Konfron-tationsphase muss konkreter sensorischer Input zur Veränderung der traumatisch verzerrten Körperkartierung gegeben werden.

Hier treffe ich mich konzeptionell mit Holzapfel und Goetzmann, die über ale-xithyme psychosomatische Patienten schreiben: » Die ausschließlich psychologi-sche Bearbeitung der Übertragung oder des Widerstandes würde hier ebenso ins Leere laufen wie die alleinige Verabreichung von Medikamenten. Erst die Wie-derbelebung der blockierten ›bottom-up-Empfindung‹ kann solche Störungen des Körperschemas an ›top-down-Regulationen‹ annähern, wie wir sie bei in-dexikalischen und symbolischen Zeichenprozessen finden (2006, S. 49) […] Die symbolische Einstellung […] (misst) der Wirklichkeit einen Sinn bei« (a. a. O., S. 53). Das ist nun gerade ein hervorstechendes Charakteristikum von Situatio-nen unbewältigbaren Stresses: Wenn eine Situation nicht mehr vorhersehbar ist und so fremd, dass die Problemlösungsfähigkeiten überfordert sind, kommt es zu einer Erschütterung der Selbstverständlichkeit des In-der-Welt-Seins. In jeder Psychotherapie, die sich mit gravierenden Verletzungen, schweren Krankheiten, Todesbedrohung oder Gewalttaten (*man made desaster*) befasst, wird über kurz oder lang die Sinnfrage auftauchen. »Diese Attribuierung von Sinn (sei sie be-wusst oder unbewusst) ist aber eine typische top-down-Regulierung. Ist die Fä-higkeit, Sinn zu erschaffen, gestört oder zerstört, kann eine Impulsgebung der biosemiotischen Signifikanzkette (bottom-up-Regulierung) die Mentalisierung und Repräsentation verbessern, manchmal sogar wiederherstellen« (a. a. O., S. 53).

Konsequenzen für die Therapie Traumatisierter

Leben kann verstanden werden als eine Kaskade von adaptiven Ordnungs-Ordnungs-Übergängen. Ein Lebewesen ist umso flexibler und homöostatisch kompetenter, je weniger Energie zum Übertritt von einem Ordnungszustand in einen anderen notwendig ist. Klinische Zustände, ganz besonders posttraumatische Störungen, sind durch wenige, dominante und meist hochgradig stabilisierte Kogitions-Emotions-Verhaltens-Muster gekennzeichnet.

Wie erwähnt ist ein Traumakomplex durch einen hyperstabilen Attraktor gekennzeichnet, dessen Modul überwiegend implizite Gedächtnisinhalte enthält (Schiepek 1999). Ziel der Therapie wird es sein, den hyperstabilen Traumaattraktorkomplex zu destabilisieren. Um das synergetische Bild vom »Potentialtal« und dem Übergang von einem stabilen Zustand in einem »Tal« zu einem stabilen Zustand in einem anderen »Tal« zu gebrauchen: Es geht darum, das Aktivierungsniveau so anzuheben, dass der »Pass« von einem Tal ins andere überschritten wird und es überhaupt zu einem Ordnungs-Ordnungs-Übergang von einem Funktionsmuster in ein anderes, gesünderes Funktionsmuster kommen kann. In Bezug auf ein Trauma hätte dieses neue Muster dann einen deklarativ-sprachlichen Funktionsanteil, in dem das Traumaerleben sprachlich mitteilbar wäre und im deklarativen biographischen Gedächtnis repräsentiert ist.

Psychotherapie kann man verstehen als synergetisches Prozessmanagement zur Förderung solcher Übergänge von einem Ordnungszustand in einen anderen (Schiepek et al. 2003). Dabei ist Destabilisierung eine notwendige Voraussetzung für eine Neuorganisation (Hüther 2002). In der Sprache der Synergetik ausgedrückt spielen zwei Aspekte ineinander:

➤ Kontrollparameter, z.B. physikalische Stimulation der verschiedenen Rezeptoren (Reize) regen zu sehr spezifischen hochkomplexen und mit den bisherigen Lernerfahrungen korrespondierenden oder kontrastierenden Aktivitätsmustern an.

➤ Randbedingungen (constraints) eines Systems, beispielsweise anatomische Strukturen, aber auch Vernetzungsstrukturen neuronaler Netze und synaptische Verbindungen geben eine »Hardware« vor, in der in der Vergangenheit realisierte dynamische Muster die Voraussetzungen, aber auch die Schranken für das Prozessieren des Systems schaffen. Diese *constrains* wirken *bottom-up*. Aber auch *constraints* sind veränderbar mit gezieltem sensorischen Input.

Für psychotherapeutisches Herstellen von Bedingungen für selbstorganisierte Ordnungsübergänge zwischen Kognitions-Emotions-Verhaltens-Mustern ergeben sich daraus einige generische Prinzipien:

➤ Schaffung struktureller Sicherheit, tragfähige Beziehung als stabiler Kontext, innerhalb dem Muster destabilisiert werden können und Unterstützung und Sicherheit, die ein Patient aus sich selbst bezieht (z. B. Selbstwirksamkeit, Selbstkontrolle, Ressourcenzugang). Dieser Aspekt ist bei der Behandlung Traumatisierter von zentraler Bedeutung, weil sie ja die fundamentale lebensbedrohliche Verunsicherung einer traumatischen Situation erlebt haben mit dem Erleben basaler Hilflosigkeit (*unbewältigbarer* Stress).

➤ Identifikation von Beziehungsmustern des Patienten, z. B. maladaptive Beziehungszirkel, wie sie sich in Übertragungen darstellen (Tress 1997) und darauf abgestimmte Beziehungsgestaltung, insbesondere ein hilfreiches, unterstützendes Setting. Beziehungsmuster sind bei posttraumatischen Belastungsstörungen so gut wie immer zumindest partiell maladaptiv, sonst hätten die Traumatisierten höchstwahrscheinlich bereits eine einigermaßen biosozial funktionale Lösung gefunden. Der »Schock« hätte sich gelöst.

➤ Sinnbezug / Synergitätsbewertung impliziter Lebenskonzepte des Patienten. Angesichts der Erschütterung des bisherigen Lebenssinnes mit Konsistenzverlust (Grawe 2004a) ist es bei Traumatisierten besonders wichtig, das Erleben des therapeutischen Prozesses so zu gestalten, dass er den Patienten sinnhaft motiviert, sich im therapeutischen Prozess positiv zu engagieren und auf positive Ziele hinzuarbeiten.

➤ Energetische Aktivierung des Systems durch möglichst gezielten sensorischen Input, ohne die Selbstorganisation nicht erfolgen kann. Die Aktivierung dopaminerger Synapsen insbesondere des Striatums (dopaminerge Bahnung) bewirkt, dass Erfahrungen besonders gut und dauerhaft gelernt werden (Haken u. Schiepek 2006, S. 438).

➤ Destabilisierung bestehender dysfunktionaler Kognitions-Emotions-Verhaltensmuster und dysfunktionaler Bewältigungsstrategien. Bei den überstabilen Traumamustern ist dies eine große Herausforderung.

➤ Resonanz und Synchronisation der therapeutischen Interventionen mit den psychischen und physiologischen Prozessen des Patienten vermittels des Spiegelneuronsystems (Empathie), wodurch die Zustände des Übergangs für den Patienten aushaltbar werden, denn der Therapeut hält sie auch aus und trägt sie mit.

➤ Gezielte Symmetriebrechungen bei den therapeutisch induzierten kritischen Instabilitäten der adressierten Kognitions-Emotions-Verhaltensmustern. So lassen sich einige Strukturelemente eines neuen Ordnungszustandes mit Hilfe motorischer Übungen realisieren, was zur Folge haben kann, dass sich ein bestimmter Zustand daraufhin kohärent und »holistisch« einstellt, insbesondere auch mit den dazugehörigen Emotionen. Gezielte partielle neuronale Aktivität triggert unfassendere neuronale Strukturen.

➤ Restabilisierung und Transfer / Integration / Generalisierung neuer Muster in den Alltag.

Unter der Perspektive selbstorganisierter Ordnungsübergänge sind für die emotionale Dynamik therapeutischer Prozesse zwei Aspekte wichtig:

➤ Die emotionale Qualität der dominierenden bzw. temporär aktivierten Kognitions-Emotions-Verhaltens-Muster

➤ Die emotionale Qualität des Destabilisierungsprozesses und des *Übergangs* (Transienten) zwischen solchen Mustern.

Je nach Bewertungen, Vorerfahrungen und Erwartungen, die sich mit transienten Zuständen verbinden, werden andere Emotionen aktiviert und andere Entwicklungen möglich. Deshalb kommt wahrscheinlich der emotionalen Qualifizierung von Transienten und Destabilisierungsprozessen wichtige prädiktive Bedeutung für Therapieverlauf und Therapieergebnis zu (Schiepek et al. 2003, S. 3). Auf die Behandlung Traumatisierter bezogen bedeutet das eine Arbeit an dem emotionalen Muster des Schocks in einer Weise und in einem Kontext, welche das Lähmende und Schockierende als bewältigbar erleben lässt. Entsprechend der Hebb'schen Regel »*neurons that fire together wire together*« können ressourcenaktivierende Interventionen jene Synapsen aktivieren, die positives Erleben, hoffungsvolle Stimmung, Selbstwirksamkeitserleben und Annäherungsverhalten vermitteln. Reine Symptombeseitigung als Ziel im therapeutischen Prozess reicht nicht aus. Die Lebendigkeit des Lernens in der Therapie wiederbelebt die im Schock verlorengegangene Lebendigkeit des ganzen Menschen.

Da körperliche und seelische Verletzungen, »schockierende« Erlebnisse und schreckliche, grauenvolle Ereignisse nahezu jeden Menschen oft mehrmals im Leben treffen, wäre die Welt voller Menschen in einem chronischen Schockzustand, hätte nicht die Evolution eine natürliche Tendenz zur Befreiung aus einem Schockzustand in Form kathartischer Entladung angelegt (Salutogenetischer Aspekt nach Aaron Antonovsky 1997). Diese kathartische Entladung lässt sich bei Tieren gut beobachten, insbesondere bei Fluchttieren (Reh, Gazelle, Pferd), welche bei Gefahrensignalen (Rascheln, Witterung) erst in einer Aufmerksamkeitshaltung erstarren und sich orientieren. Sie fliehen und entladen darüber die Erregung. Oder sie grasen beruhigt weiter. Dann laufen deutlich sichtbar Erregungswellen wie ein Zittern über den Körper. Sind Kampf und Flucht nicht möglich, greifen viele Lebewesen wie bereits erwähnt auf den Totstellreflex (*freezing and collapsing*) zurück mit der Chance, dass die Aufmerksamkeit des auf Davonlaufen programmierten Raubtieres nachlässt. Dann können sie plötzlich flüchten und durch die Flucht sich entladen. Der Totstellreflex ist in der Tierwelt ein weitverbreiteter Überlebensmechanismus (vgl. ausführlich Levine 1998). Die

Entsprechung davon beim Menschen ist das Einfrieren oder der Kollaps im Schockzustand. Auch ein Schock nach Trauma ist alltäglich, hat Überlebensfunktion und wird nach phylogenetischem Muster über Katharsis normalerweise wieder aufgelöst. Das können Rettungssanitäter jeden Tag beobachten.

Damit sich der Schockzustand und die zugrundeliegende traumatische Stressphysiologie zurückbilden kann, bedarf es aus meiner Sicht eines bestimmten, aus den oben dargestellten neurobiologischen Gegebenheiten und den synergetischen Prinzipien ableitbaren Bedingungskomplexes, welche die psychotherapeutische Methodik bei der Traumabehandlung vorgibt:

➤ Vermittlung somatisch erlebter Sicherheit auf nonverbaler / präverbaler Ebene
➤ Förderung einer entspannten parasympathikotonen Reaktionslage
➤ Nutzung nonverbal-körpertherapeutischer Informationskanäle
➤ Evozierung impliziter Gedächtnisinhalte
➤ Reprozessing des traumatischen Materials

Traumatherapeutische Methodik

Die *soziale Unterstützung* hat sich als eine der wichtigsten Moderatorvariablen bestätigt in Bezug auf die Bewältigung von Traumata (Ozer, Best, Lipsey, Weiss 2003; Flatten 2003; Grawe 2004a S. 163).

Äußere und emotionale *Sicherheit* sind eine conditio sine qua non in der Behandlung von Traumata. Es ist die natürliche Reaktion hilfsbereiter Menschen, dass sie einen Mitmenschen, der Schlimmes erlebt hat, erst einmal in den Arm nehmen. Unmittelbar sicher und unterstützt fühlt man sich in einer Kombination von heilender Berührung mit klaren beruhigenden Worten und nonverbalen Botschaften, z. B. Neugier-Mimik oder Lächel-Mimik. Auch im therapeutischen Rahmen kann der Therapeut seine Ruhe und Sicherheit am besten über taktilen Input mitteilen. Dadurch geht das System des Patienten am schnellsten in Resonanz. Die Sicherheitsvermittlung ist vielleicht nicht ausschließlich, aber sicher am einfachsten und emotional-körperlich am unmittelbarsten und damit wirksamsten über haltgebende Berührung möglich (ausführliche Beschreibung in Madert 1997, S. 61–67; Madert 1998, S. 30–35; Heisterkamp 1999; Hoffmann-Axthelm 1994).

Der positive Effekt von Berührung auf die Stressreaktion ist nachgewiesen.

(Ditzen et al. 2005). Es wäre zu kurz gegriffen, körperlichen Halt hier als »regressiv« anzusehen, auch wenn Säuglinge und Kleinkinder auf körperlichen Halt zwingend angewiesen sind. Tief verunsicherte Erwachsene brauchen genauso körperlichen Halt. In meiner Ausbildung zum Bonding-Therapeuten bei Dan Casriel lernte ich die *Wichtigkeit des körperlichen Haltes für das Sicherheitsempfinden* auch bei Erwachsenen kennen (über Bonding-Therapie siehe Casriel 1972; Stauss 2006). Selbstverständlich muss der Therapeut auf das Abstandsbedürfnis von Patienten Rücksicht nehmen und den Patienten die Kontrolle über die Situation lassen. Vor allem bei Patienten, die körperliche, vielleicht sexualisierte Gewalt erfahren haben, hat dieses Abstandsbedürfnis aber auch einen ausgeprägt defensiven Charakter. Sie vermeiden den verdrängten Schmerz der Gewalterfahrung und die darauf folgende damalige Frustration ihres Bedürfnisses nach liebevollem Gehaltenwerden durch einen »*caretaker*«, einen Menschen, der sich mitfühlend um sie hätte kümmern müssen. Aus diesem Grund ist es wichtig, durch Ressourcenaktivierung das Vermeidungssystem zu hemmen und das Annäherungssystem zu bahnen (*motivational priming*) (Grawe 2004a, S. 268). Das räumliche Ziel des Bindungsverhaltens ist körperliche Nähe (Annäherung), das emotionale Ziel ist das Erleben von Sicherheit und Geborgenheit (Stauss 2006, S 85). Das Angebot von körperlichem Halt in therapeutischer Absicht stellt während der Traumakonfrontation eine wichtige Ressource dar.

Soziale Zuwendung hat die Ausschüttung von Endorphinen, Dopamin und Oxytocin zur Folge (Jaak Panksepp und Thomas Insel nach Bauer 2005, S. 107). Das Gen für Oxytocin wird immer dann aktiviert, wenn Menschen eine stark emotional besetzte Bindung eingehen (Bauer 2002, S. 85–86). Geglückte Spiegelungen und das auf dieser Basis entstehende Gefühl der Bindung führen zu einem Ausstoß körpereigener Opioide (Endorphine) (Bauer 2005, S. 62). Kerstin Uvnäs-Moberg und ihre Arbeitsgruppe (2005) haben eindrucksvolle positive Wirkungen von Hautkontakt, die dadurch stimulierte Oxytocinfreisetzung und die damit verbundene Stressreduktion nachgewiesen. Auch die Endorphinproduktion sichert Bindung. Ein Mangel an liebevollem Körperkontakt (Sensualität) vermindert die Endorphinproduktion, was subjektiv als Trennungsangst und Hilflosigkeit erlebt wird. (Nelson u. Pannksepp 1998; Carter u. Keverne 2002)

Durch empathische Verschränkung zweier Systeme (konsensueller Zustand nach Gerhard Roth, 2001) scheint sich das übersteuerte, hypertone System des Patienten an das entspannte psychophysiologische Muster einer beruhigenden Person anzugleichen. Das System des Patienten wird neu »getuned« und damit Veränderungen des Hintergrundempfindens herbeigeführt (Petzold 2000; Madert 2004). Die Spiegelneurone als neurobiologische Basis wechselseitiger Körperresonanz und Empathie (»*shared intersubjektive space*«) scheinen dabei eine zentrale Rolle zu spielen (Rizzolatti et al. 1999; Clauer 2003; Bauer 2005). Die bestehenden dysfunktionalen Erregungsbereitschaften werden in einer emotional korrigierenden Erfahrung mit neuen Erfahrungen überschrieben (Stauss 2006, S. 263). Therapeut wie Patient fokussieren auf die Befindlichkeit des Patienten.

Der Therapeut geht empathisch mit der trauma-getönten Befindlichkeit des Patienten in Resonanz, indem er sich spiegelnd einschwingt auf dieses gemeinsame Aufmerksamkeitsziel (joint attention). Dadurch fühlt der Patient sich verstanden.

Der Nervus vagus steht über die Amygdala mit dem orbito-frontalen Cortex in Verbindung. Der *Vagustonus* korreliert mit der Fähigkeit zur Selbst- und Affektregulation und der sozialen Interaktions- und Beziehungsfähigkeit (Sack 2003). Positive Stimmung verbunden mit einem hohen Vagustonus ist mit einem produktiven Verarbeitungsstil assoziiert. Gelingt es, beim Patienten trotz der Belastung mit traumatischem Material einen Vagustonus zu induzieren, kommt es oft als hörbare Reaktion beim Patienten zu einer Zunahme der Darmgeräusche. Der Patient beginnt, zu »verdauen«. Die Biodynamische Massage nach Gerda Boyesen nutzt diesen Effekt systematisch. Auch durch vom Therapeuten synchron mit dem Patienten ausgeführte Bewegungs- und Atemübungen kommt es zu einer Wiederherstellung und Synchronisation körpereigener Rhythmen beim Patienten, vor allem zu einer Resonanz von Atemfrequenz und Vagusfrequenz bei ca. 6 pro Minute (Hermann-Lingen 2003). Dabei kann der Therapeut durch Vorgabe eines eigenen »vagotonen« Atemrhythmus nicht nur die therapeutische Atmosphäre gestalten, sondern erreicht beim Patienten durch Resonanzinduktion ein Dissonanzerleben zwischen dessen überspanntem traumagetönten Rhythmus und dem gemeinsamen parasympathischen Niveau im Hier und Jetzt. Durch gezielte Rückfragen zum aktuellen Situations- und Beziehungserleben kann dann die Kognitionseinstellung »Gefahr!« hinterfragt und korrigiert werden.

Das Couch-Setting der klassischen Psychoanalyse ist eine ausgesprochen wirksame, facettenreiche körpertherapeutische Intervention, die bei Traumapatienten wohl bedacht sein will. Durch das streng »abstinente« Couch-Setting der tendenzlosen Psychoanalyse mit seinem Mangel an Struktur, der freien Assoziation, dem fehlenden Blickkontakt und der relativen Reizdeprivation mit seinen Frustrationen kann gerade bei Traumapatienten negative Stimmung provoziert werden, die mit einem bewahrenden Verarbeitungsstil von Informationsverarbeitung verbunden ist (Gehde et al. 1998, S. 8).

Der Stresslevel in der Therapie muss so niedrig sein, dass er innerhalb der affektiven Toleranz liegt und es nicht zur Dissoziation kommt.

»Wie kann eine Psychotherapie Erfolg haben, wenn der Therapeut zu einer Person spricht, die nicht zuhause ist?« (Ingermann 2000, S. 56). Dissoziation besteht schon, wenn nur noch die mentale Verarbeitungsebene aktiv ist. Reddemann und Sachsse (1998) warnen mit Recht vor einer Retraumatisierung durch das Couch-Setting: Durch wiederholte Triggerung von Traumastates in der freien Assoziation mit der Gefahr der Aktivierung von Als-ob-Schleifen und einen Mangel an körperlich erlebtem Halt bei gleichzeitiger Provokation von traumatisch eingefärbten Übertragungen kann es sehr leicht zu Retraumatisierungen kommen. Weder im Hyperarousal einer negativen Übertragung noch im Schock durch unkontrolliert aufbrechende traumatische Erinnerungsfragmente kann eine kognitive und emotionale Neubewertung des Traumas stattfinden, sondern erst in einer sicheren, Halt und Geborgenheit vermittelnden Umgebung, in Ruhe und Erholung, in körperlich-vegetativ erlebter Begleitung durch eine empathische Person, zu der Vertrauen besteht. Gerade bei Beziehungstraumen ist es der Verlust, vertrauen zu können, der zu sozialem Rückzug, Sprachlosigkeit und passiv vermeidender Traumakompensation führt. Vertrauen vermittelt sich am authentischsten über Berührung und Spiegelung auf Körperebene. Erst muss sich das Grundbedürfnis nach Annäherung, Bindung und Sicherheit, nach Stimulation und Wachheit auf einer elementaren körperlichen Ebene genügend intensiviert und gesättigt haben. Dann erst kann es zu einem Ordnungswechsel in Richtung Exploration und Selbstwirksamkeit kommen. Dieser Wechsel kann wiederum unterstützt und stabilisiert werden durch den Einsatz progressiver körpertherapeutischer Elemente wie z.B. das bewusste Gestalten des Aufstehens des Patienten aus einer liegenden Position (Madert 1999).

Indem man *implizite Gedächtnisinhalte* insbesondere auf der Ebene der Körperhaltung, der Spontanbewegungen und Körperbefindlichkeit (»Körpergedächtnis«) vermittels leibdramatischer Inszenierung, Spürübungen und Focusing (Gendlin 1999) anspricht, vermeidet man die Aktivierung der Als-Ob-Schleifen, welche ja ohne die korrigierende Spürschleife über das Körperempfinden nur mit Phantasien sich selbst unterhalten und Körperzustände halluzinieren.

Weil die bewusst erinnerten Erinnerungsfragmente an ein Trauma zum Teil in Form von Als-ob-Schleifen cortical organisiert sind, muss dem in der Therapie reales Körperempfinden entgegengesetzt werden.

Als-ob-Schleifen stabilisieren sich auf einer Funktionsebene aus somatosensorischen Arealen des Cortex, die mit dem limbischen System in Verbindung stehen. Wahrscheinlich spielen dabei die Spiegelneuron-Verschaltungen als neurologisches Korrelat für »So-fühlt-es-sich-an-Erinnerungsbilder« eine wichtige Rolle. Wie beschrieben können mentale Bilder emotionale Zustände produzieren, die sich sekundär bis in die Körperbefindlichkeit hinein auswirken. Dieser Topdown-Mechanismus gilt auch für gemachte »Ausdrucksübungen«, Körperübungen, bei denen mit einem bestimmten Vorstellungsbild ein Gefühlsausdruck in den

Körper hinein gebracht wird. Beispielsweise kann »Durchsetzung« mit Hilfe des Schlagens mit einem Tennisschläger oder Holzschwert rollenspielartig geübt werden und als mentales Vorstellungsbild verfügbar werden. Das kann zur Stabilisierung hilfreich sein. Das »embodiment« (Storch et al. 2006) neuer Haltungsmuster durch bewusstes, cortical gesteuertes »Machen« einer neuen Haltung ohne Bearbeitung der Abwehrfunktion greift allerdings therapeutisch zu kurz.

Es ist die charakteristische Haltung, die unbewusste Charakterhaltung, die das Hintergrundempfinden bestimmt. Mit der Charakterhaltung wird Emotion gebunden und Emotionsausdruck vermieden. Meine Erfahrungen mit Patienten und mit mir selbst bestätigen Damasios Annahme, dass sich durch imaginative Halluzinationen der »Zustand des lebendigen Fleisches« nicht ändert und damit auch keine wirkliche Durchsetzung erlebt, keine wirkliche Trauerarbeit geleistet wird. Wer mit Tänzern umgeht, weiß: Die perfektest eintrainierte Grandezza auf der Bühne oder dem Tanzparkett fällt hinter der Bühne zusammen, wenn sie nicht von der Persönlichkeit getragen wird. Von oben in den Körper hineinprojizierten Gefühle werden nicht in den neuronalen Schaltkreisen eines bestimmten ganzheitlichen Zustandes abgespeichert und damit auch nicht in das Hintergrundempfinden integriert. Wir müssen in einem »emotionalen Aufruhr« sein, damit sich durch die massive Ausschüttung sogenannter Neuromodulatoren und Neuropeptide die neuronalen Netzwerke verändern (Stauss 2006, S. 148).

Imaginationen und mental-willentlich »gespielte« Ausdrucksübungen verändern das Hintergrundempfinden nicht.

Auch in Trance gesetzte hypnotherapeutische Suggestionen oder Autosuggestionen verändern nicht das Hintergrundempfinden. Solange das Soma des Körpers nicht von Lebendigkeit durchströmt wird, so lange bleibt die Traumakondition (Stauss 2006, S. 175).

Es kann allerdings sein, dass eine Imagination, ob mit oder ohne »Ausagieren« durch körperlichen Ausdruck, einen traumatischen Erinnerungskomplex triggert. Dann kann ich davon ausgehen, dass das traumatisch veränderte Hintergrundempfinden angesprochen ist. Mit dem getriggerten traumatischen Komplex kann ich dann gezielt traumatherapeutisch-konfrontativ weiterarbeiten.

Erst über die Konfrontation kann ich via Katharsis das traumatisch veränderte Hintergrundempfinden auflösen in ein gesundes, lebendiges Hintergrundempfinden hinein. Dieses gesunde Hintergrundempfinden muss entweder schon als Erinnerung an konkret Erlebtes latent bereit liegen oder – wie bei frühen Traumatisierungen oder Mangelerfahrungen häufig der Fall – erst durch eine korrigierende emotionale Körpererfahrung in der Therapie kreiert werden.

Das Setting und die emotionale Bereitschaft des Therapeuten sollte die Möglichkeit der emotional-körperlichen *Abreaktion* der Überaktivierung anbieten und damit die Möglichkeit der Lösung der Schockstarre auf einer Körperebene (Katharsis). Das gebietet bereits die phylogenetische Basis des Totstellreflexes und seine Auflösung durch Abreaktion. Emotionale und körperliche Sicherheit ist dafür unbedingte Voraussetzung, auch zur Vermeidung von Retraumatisierung. Dadurch geschieht korrigierende emotionale Erfahrung mit Neueinstellung des Hintergrundempfindens. Es ist immer wieder beeindruckend, wie selbstverständlich und offensichtlich heilend kathartische Reaktionen aus dem Körper heraus spontan entstehen, wenn nur durch geeignete craniosacrale oder bioenergetische Technik ein Weg gebahnt wird. Die Technik unterstützt offenbar eine bereit liegende körperliche und emotionale Bewegung, als ob diese schon lange darauf gewartet hätte. Gestaltpsychologisch gesprochen hat die Gestalt nur darauf gewartet, sich mit Hilfe der externen Unterstützung zu vollenden (Zeigarnik-Effekt).

Die wissenschaftliche Forschung hat die zentrale Bedeutung der emotionalen Katharsis bestätigt.

(Traue 1998; Ciompi 1997; Petzold 2000; Sonntag 2003). Man muss dabei unterscheiden zwischen therapeutisch wirksamer Katharsis in einem integrierenden Prozess und fruchtlosem, ja retraumatisierendem Ausagieren. Werden lediglich einzelne Traumafragmente durch freies Assoziieren, Imaginationen oder »Arbeit in der Übertragung« angesprochen, verstärken sich dadurch eher die damit assoziierten Als-ob-Schleifen, die Bahnung der traumatischen Reaktion (Traumaschema) wird verstärkt und durch zusätzliche Assoziationen angereichert bis zu Fehlerinnerungen (*false memories*). Ähnlich kann es wirken, wenn Traumatisierten erlaubt wird, einzelne Elemente der traumatischen Erinnerung, einzelne Traumafragmente, durch wildes Schreien, Weinen, Toben oder sonstiges »Entladen« dissoziiert auszuagieren ohne Rückbezug und Integration in die ganzheitliche Traumagestalt. Dies geschieht besonders häufig in unprofessionell geleiteten Selbsterfahrungsgruppen, in denen unter hohem Gruppendruck mit heftigen Emotionen, hohem Erregungsniveau und starken sensomotorischen Stimuli berechtigte Abwehrmuster überrannt werden, so dass unkontrolliert Traumakomplexe getriggert werden.

Viele Verläufe zeigen, dass es das Fehlen der Möglichkeit der Abreaktion ist, welche den traumatischen Schockzustand in einer mehr oder weniger ausgeprägten posttraumatischen Belastungsstörung hat chronifizieren lassen.

Z.B. wurde ein sexueller Missbrauch von der Familie vertuscht und das Opfer hatte nicht die Unterstützung, zitternd und weinend sich das schlimme Erlebnis von der Seele zu reden. Die klinische Erfahrung lehrt mich, dass sich Katharsis im Laufe des Prozesses immer wieder spontan einstellt, offensichtlich zu einer energetischen Veränderung des Organismus und zu Ordnungs-Ordnungs-Übergängen führt und in der Regel als befreiend und lösend erlebt wird. Ich vermute, dass es sich bei der Katharsis um den Selbstheilungsmechanismus eines zuvor unflexiblen Systems handelt, der das System energetisch so auflädt, dass es zu den emotional-somatischen Ordnungsübergängen kommen kann.

Erst durch eine Katharsis entsteht die körperliche und atmosphärische Möglichkeit, das traumatische Geschehen in einen (neuen) Sinnzusammenhang zu bringen (*Reprozessing*). Dabei wirken zusammen:

➤ die korrigierende emotionale Erfahrung der Sicherheit gebenden nonverbalen Botschaften des Therapeuten

➤ die damit verbundene stressfreie und vom Patienten kontrollierbare Außenumgebung

➤ die Möglichkeit der Abreaktion aufgestauter, bisher zurückgehaltener emotionaler Entäußerungen des »Innen« (Schreien, Weinen, Treten, Schlagen usw.)

➤ es passiert Befreiung / Abreaktion des Schockzustandes in Unterstützung und Selbstmächtigkeit

➤ emotionale Annäherung, Öffnung und Vertrauenszuwachs führen zur Integration bisher dissoziierter Erinnerungsfragmente und psychischer Konsistenz

➤ daraus erwächst eine kognitive Neubewertung und Korrektur negativer Selbstzuschreibungen

Dysfunktionale *Bewältigungsstrategien* lassen sich mit den verschiedensten bioenergetischen Stressübungen und den sich daran entwickelnden Interaktionsszenen (Übertragungsfragmente) oft ohne direkte Ansprache traumatischen Materials konfrontieren und verändern. In der anfänglichen Stabilisierungsphase werden traumaunabhängig Bewegungsaufgaben angeboten, die Qualitäten von Ordnungs-Ordnungsübergängen in sich bergen. Sie sind aber so gestaltet, dass der Übergang als Erfolgserlebnis positiv konnotiert wird. Darauf aufbauend können in der Konfrontationsphase ähnliche Bewegungsaufgaben mit Traumainhalten imaginativ verbunden werden. Die grundsätzliche Anregung durch seitenalternierende Übungen und die spezifische Anregung von Blockaden auf Körperebene generalisiert sich dann in einen Komplex aus positivem Arousal, Problemlösungsbereitschaft, Stressresistenz, Vertrauen in die unterstützende therapeutische Situation und Selbstwirksamkeit. Für dieses Vorgehen haben sich in meiner Praxis bioenergetische Übungen und Feldenkrais-Übungen bewährt.

Die bioenergetische Charakteranalyse nach W. Reich und A. Lowen hat ein ausgefeiltes Konzept verschiedener Übungen zum Umgang mit Stress und den damit verbundenen Kognitionen entwickelt. Nehmen wir z.B. die Übung des Stehens im bioenergetischen Stressbogen mit oder ohne körperlichen Halt durch den Therapeuten. Oder den Stress eines belastenden Themas im Gespräch. Vielleicht unterstützt sich der Patient dabei selbst mit den Händen im Nacken. »Muss« der Patient (aufgrund seines Charaktermusters, seiner Konditionierung) den Stress alleine durchstehen, was im Kontext einer traumatischen Erfahrung dysfunktional wäre, da es die traumatische Stressphysiologie verstärkt? Fragt der Patient nach Unterstützung? Welche Unterstützung? Verbale Ermunterung durch den Therapeuten? Freundlicher Blickkontakt? Konkreter körperlicher Halt? Spürt er überhaupt ein Bedürfnis nach Unterstützung? Wenn er sich haltend unterstützen lässt: Behält er die Kontrolle oder gibt er sein ganzes Gewicht an den Unterstützer ab?

Körperbezogene psychotherapeutische Interventionen bieten wegen ihrer unmittelbaren szenischen Qualität mannigfache Gelegenheit, die Kontrollmöglichkeit, Autonomie und Selbstwirksamkeit des Patienten zu stärken.

So kann mit jeder angebotenen Berührung, jeder vorgeschlagenen Übung die Entscheidungsfähigkeit des Patienten herausgefordert werden. Aktive Mitarbeit und Stellungnahme des Patienten stellen ein aktives, selbstgesteuertes Gegenregulieren gegen die passiv vermeidende Traumakompensation dar. Dies geschieht aus dem Wissen heraus, dass es die dysfunktionalen Bewältigungsmechanismen sind, die für die aktuelle affektive Blockierung, den chronischen Stress und die Aufrechterhaltung der posttraumatischen Fixierungen verantwortlich sind (Sonntag 2003).

Effektive Therapie wird neben der Stabilisierung durch Sicherheit das Finden von kreativen Lösungen der vormals unbewältigbaren Situation anregen, bevorzugt im Hier-und-Jetzt der therapeutischen Situation durch das Angebot zwar fordernder, aber nicht überfordernder Stresssituationen.

Übertragungsaspekte

Es würde den Rahmen dieses Artikels sprengen, auf Aspekte von Übertragung und Gegenübertragung ausführlicher und differenziert einzugehen, auch wenn mich dies als Analytiker sehr reizen würde. Das habe ich an anderer Stelle getan (Madert 2007). Dennoch möchte ich eine kurze Bemerkung zu den typischen

Gegenübertragungsfallen bei der Behandlung Traumatisierter anschließen. Diese sind:

➤ Konkordant selber in einen Schockzustand zu geraten (sekundäre Traumatisierung, *vicarious traumatization*)
➤ Komplementär sich als »Opfer« des Patienten zu fühlen
➤ Komplementär den Schrecken, das Grauen, die Not des Patienten zu bagatellisieren
➤ Komplementär wie ein »Täter« den Patienten durch Konfrontation und Flooding in ein Wiedererleben des Traumas hineinzuzwingen, um seinen »Widerstand« gegen die »Bewältigung« seiner Ängste zu brechen.

Ohne Beachtung dieser Übertragungs-Gegenübertragungs-Konstellationen wird eine körperorientierte Psychotherapie nicht auskommen. Körperorientierte Psychotherapie ist immer auch, wenn auch nicht nur, Beziehungsanalyse. Das beziehungsmäßige Gewachsensein von Haltung, Kognition, Bewertung, emotionaler Antwort und Verhalten (kurz: die internalisierten Objektbeziehungen) werden berücksichtigt.

Früher haben Psychoanalytiker versucht, *Traumen in der Übertragung* zu behandeln (Beispiel: Ehlert-Balzer 2000). Wie Ehlert-Balzer selber schreibt, »wird die Analyse damit mehr und mehr zur traumatischen Situation (und damit der Analytiker zum Täter), sodass Hilflosigkeit, panische Angst, Verwirrung und Ausgeliefertsein unmittelbar wiedererlebt werden« (S. 13). Auch Analytiker sehen inzwischen die Gefahr einer Täterübertragung auf den Therapeuten, sodass »in der analytischen Arbeit Übertragungsphänomene auf das Trauma bzw. den Täter bezogen werden sollten und nicht auf den Therapeuten. Für den Fall, dass zu früh – d.h. vor ausreichender Festigung der therapeutischen Beziehung – spontan ein Täter-Introjekt auf den Analytiker übertragen wird, kann dies so viel Angst auslösen oder dissoziative Prozesse in Gang setzen, dass die Therapie insgesamt ernsthaft gefährdet ist.« (Melbeck 2004, S. 174).

Ich selbst konfrontiere meine Patienten sofort mit jeder negativen Reaktion auf mich, fordere Klärung, woran sich dies festmacht, fordere Unterscheidung zwischen meinem realen Verhalten als Analytiker, der Triggerung traumatischen Materials durch meine Interventionen und der Übertragung traumatypischen Beziehungserlebens. Das ist natürlich ein anderes Vorgehen als die *psychoanalytische Behandlung von Neurotikern in der Übertragung*. Möglicherweise erfordert dies auch ein anderes Modell der therapeutischen Beziehung, in dem der Begriff der therapeutischen Abstinenz eine andere Definition und einen anderen Stellenwert erhält als z.B. bei Thea Bauriedl (1998). Voraussetzung für eine sinnvolle Abstinenzdiskussion ist die Unterscheidung zwischen basalen / primären oder elementaren Bedürfnissen und kompensatorischen / sekundären Bedürfnissen (Sèchehaye 1986; Moser 2004). Hilfreich ist auch eine Differenzierung der Berührungsqualitäten:

➤ lehrend-informierend-rückmeldend
➤ stützend-entlastend
➤ menschlich-mitfühlend Not-wendend und -beantwortend
➤ liebevoll spiegelnd
➤ erotisch aufgeladen.

Patienten, auch frühgestörte, können diese Qualitäten, wenn entsprechend benannt, durchaus unterscheiden (Kaminski 1998).

Bei der Behandlung von Traumatisierten geht es *nicht* um Heilungs*phantasien*. Es geht um *reale Bedingungen* für einen Heilungsprozess. Auch Berührung per se heilt nicht. Berührung kann den Rahmen und die Stimulation setzen, die der Heilungsprozess des Patienten braucht, um in Gang zu kommen und sich zu entfalten.

Therapiebeispiele

Im Folgenden will ich anhand einer Stundenskizze einen kleinen Einblick in die körperpsychotherapeutische Behandlungstechnik geben, indem ich beispielhaft die seitenalternierende Stimulation und die damit zu erreichende *Symmetriebrechung* bei aktivierten Ordnungs-Ordnungs-Übergängen darlege. Für eine ausführliche Darstellung verweise ich wiederum auf Madert 2007. Hier geht es mir ausschließlich um einen Aspekt von spezifischer Behandlungstechnik, weswegen ich – für Analytiker vielleicht unbefriedigend – auf eine differenzierte Analyse von Beziehung und Gegenübertragung verzichte.

Ein in mehreren Therapien vorbehandelter multipel traumatisierten Mann von etwa 40 Jahren mit Vergewaltigungstrauma durch 3 Männer im Alter von 6 Jahren wollte »bei seiner Sexualität mehr hinschauen«: »da passiert ein Schwindel, es wird mir schwarz vor Augen, dass ich nicht weiß, wer ich bin. Früher habe er gedacht, ich sei schwul. Seit 14 Jahren habe ich keinen Menschen, weder Mann noch Frau, wirklich an mich herangelassen. Jetzt öffnet sich da was.« (Zweifellos muss man bei solch einem Patienten an eine ich-strukturelle Störung denken. Dieser begegne ich vor allem durch die fast penetrante Aufforderung zur Mitgestaltung der jeweiligen therapeutischen Mikrosituation.)

Wir wählten beide in der 30. Doppelstunde dieselbe bioenergetische Übung wie in den beiden Sitzungen davor: Der Patient liegt auf dem Rücken (Entspannung), ich knie zu seinen Füßen, der Patient setzt seine Füße flach auf meine

Oberschenkel auf und spürt bewusst den Kontakt (Erdung über die Füße und über den Therapeuten als Bindeglied zur Realität, Sicherheit und Energetisierung. Psychoanalytisch gesehen handelt es sich um das Angebot einer positiven archetypisch idealen Mutterübertragung, in Jungscher Terminologie um die Konstellierung des archetypischen Heilers.) Der Patient erlebt mich – in seinen Worten ausgedrückt – als »Samariter«. Erst erzählt er in Ergänzung zur letzen Sitzung von seinen inneren Helfern (in früheren Imaginationen erarbeitet) und dann von den Vergewaltigern.

Dabei wird ihm schwindlig, was er mit der Ohnmacht bei der Vergewaltigung in Zusammenhang bringt (Traumareminiszenz). Den Schwindel kann er abschwächen und überwinden durch Druck seiner Füße gegen meine Oberschenkel, und zwar, wie er ausprobiert, beim Einatmen. Er verbindet damit sicheren Kontakt (Halt-gebende Berührung jenseits von Übertragung) und »Tanken« (Selbstwirksamkeit in der Kontaktaufnahme und in dem Herstellen einer Bindung). Nun nimmt er wie in früheren Sitzungen wieder einen deutlichen Unterschied in der Qualität der Berührung und in der gefühlten Qualität zwischen rechtem und linkem Bein wahr: links der Vampir-Fuß, der mich, den Therapeuten ausnutzt, assimiliert, ihn, den Patienten aber auch abhängig werden lässt. (Übertragungsfragment, z.T. Projektion der frühen negativ getönten Mutterbeziehung). Rechts eine ganz andere Qualität: Panik vor dem Kontakt mit der Erde, zunehmend aber auch Stabilität, Wurzeln in die Erde senken, eigener Wille (gemischte Übertragung der realen und archetypischen positiven Mutter).

Dabei tritt spontan ein Zucken des Kopfes auf, welches der Patient bereits kennt und mit »Wegschauen« assoziiert. Er reproduziert dieses »Zucken« in Zeitlupentempo willentlich (Selbstwirksamkeit, bewusste Aufmerksamkeitsfokussierung, mindfullness). Es wird daraus ein seitenalternierendes Hin-und-Her des Kopfes. Typischerweise bleibt er oft dabei links »hängen«, schaut mit verdrehten Augen nach links wie in einer Traumatrance, sagt dazu voller Ehrgeiz, dass er doch die traumatischen Erinnerungen (links gesehen) bearbeiten müsse (dysfunktionales Muster im Umgang mit traumatischem Material mit der Gefahr der neuerlichen Überwältigung).

Ich lasse den Patienten zusätzlich bewusst und regelmäßig atmen, dabei abwechselnd den rechten und den linken Fuß im Einatmen belastend, dies so lange, bis auch bei der Kopfbewegung nach links ein entspanntes Gähnen auftritt. (Aufladung der Symmetrie, Anheben des Potentials aus dem Traumapotentialtal heraus auf die Potentialschulter, Symmetriebrechung). Dabei entwickelt der Patient eine Vielzahl von Assoziationen. Mit rechts verbindet er die Farbe Rot, eine bunte Wiese mit einer brünetten Frau, die erwachsene Version einer Kinderfreundin vor der Vergewaltigung. Darauf Schmetterlinge, ein Baum mit Vögeln, der die Qualität von Franz von Assisi verkörpert: Fröhlichkeit, Lebenslust (positive

Ressource, »sicherer Ort«, aber nicht im Sinne Notfallzuflucht, sondern Aus-
gangsbasis). Von dieser Wiese aus kann er von außen nach links in den dunklen
Tunnel (aus einem früheren Traumbild) hineinsehen, in dem für den Patienten das
Trauma ist. Das blutrot-schwarze Licht des Tunnels bedeutet ihm das Unerlöste,
das Motiv der Vergewaltiger, dass er jetzt einatmet und mit Hilfe des hochpoten-
zierten blassvioletten Lichtes eines »Helferengels« vermischt und umwandelt. Er
riecht den Zigarettengeruch der Hand des Vergewaltigers, der ihm den Mund zu-
hielt, bis er ohnmächtig wurde (Zusammenfügung dissoziierter Erinnerungsfrag-
mente). In der spontanen Vorstellung des Patienten lassen die Täter von ihm ab,
knien vor ihm nieder und fühlen sich angenommen, weil der Patient ihr Motiv
verstehen will. »Ich bin wie eine männliche Madonna, eine Erlösungsfigur, aber
noch ein Kind (hier ist noch eine deutliche Unklarheit und Vermischung verschie-
dener bewusstseinsferner Persönlichkeitsanteile, repräsentiert durch archetypi-
sche Figuren, auch ein Hang zur kompensatorischen Inflation). Die (Täter) woll-
ten meine Unschuld, und trugen Schuld (beginnende Externalisierung und
Korrektur von Täterintrojekten). Ich bin ein kleiner Engel. Ich erlöse ihr Leid,
durch das Annehmen, das Einatmen [...] Ich habe mich erlöst (übersteigerte
Identifizierung mit dem Erlöser-Archetyp zu Heilungszwecken) [...] Ich komme
mit meinem Unterleib (stellvertretend für die verletzte sexuelle Identität) durch
den Tunnel ans Licht. Lauter Schmetterlinge bedecken mich, den ganzen Körper,
auch den Unterleib. Ich komme bei mir an, mit Anus und allem drum und dran
im schönen Bereich. Das kann ich fühlen« (neuer Ordnungszustand inklusive
veränderter Körperkartierung). »Früher bin ich im Erdloch stecken geblieben.
Der Engel sitzt jetzt auf dem Loch, wie ein Pfropfen, damit nichts unbewacht aus
dem Erdloch kommt« (bildhaft ausgedrückte Fähigkeit zur bewussten Kontrolle
traumatischen Materials).

Dank hervorragenden Marketings und kluger wissenschaftlicher Positionierung
ist das EMDR zur Behandlung von Traumen sehr bekannt geworden (EMDR:
Eye Movement Desensitization and Reprocessing, Shapiro 1998; bioenergetische
Rezeption durch Müller 2000). Seine Wirksamkeit ist in über 20 Studien nachgewiesen (Shapiro 2002; Melbeck 2004; Lamprecht et al. 2000; www.wbpsycho-
therapie.de). EMDR ist als wissenschaftliches Verfahren zur Behandlung der
Posttraumatischen Belastungsstörung anerkannt (Wissenschaftlicher Beirat 2006).
    Weil die EMDR-Technik im Vergleich zu komplexen körpertherapeutischen
Verfahren wie z.B. den neoreichianischen bioenergetischen Verfahren, dem
somatic experiencing (Levine 1998) und der Craniosacralen Osteopathie (Upledger 1996) als Teiltechnik so einfach ist, ist sie auch leicht zu beforschen und zu
vermitteln.
    Auch EMDR soll wirken, indem es im Trauma entstandene neuronale Kom-

plexe anspricht und verändert. Durch seitenwechselnde sensorische Stimulation über Augenbewegungen, Geräusche oder Berührung werde die Aufmerksamkeit aktiviert und die Verarbeitung (reprocessing) ansonsten abgekapselter Komplexe angeregt. Auch wird eine vagotone Reaktionslage induziert (Sack 2004). Augenübungen oder Rechts-links-Stimulationen wie die des EMDR sind Bioenergetikern seit langem bekannt (Baker 1980, S. 94–95). Es gibt allerdings einen wesentlichen Unterschied: Beim EMDR wird mit dem Patienten vor der eigentlichen Körperübung eine bestimmte belastende Situation verbal abgeklärt und in ihrem Belastungsgrad vom Patienten eingeschätzt. Vorweg werden die korrespondierenden negativen Kognitionen sowie eine alternative positive Kognition herausgearbeitet. Dann soll während der Augenbewegungen an Erinnerungen, Gefühle oder Wahrnehmungen gedacht werden, die in einem Zusammenhang mit dem Trauma stehen. So würde ein Zugang zum traumatischen Komplex geschaffen und dessen Verarbeitung (*reprocessing*) angeregt. Bioenergetiker klarifizieren vor einer Körperintervention einen Themenkomplex im Gespräch, bieten eine dazu im Sinne der Gestaltpsychologie »passende« Übung an, welche vermutlich entsprechende Assoziationen zu dem traumatischen Komplex auf körpersprachlicher Ebene enthält, möglicherweise auch eine Erweiterung und Komplettierung der Erlebnisgestalt. Dann warten sie – ähnlich wie beim EMDR – ab, was an bisher unbewusstem Material während der Übung spontan ins Bewusstsein aufsteigt: Beziehungsmuster, Kognitionen, verdrängte Emotionen, bisher nicht wahrgenommene Bedürfnisse. EMDR setzt ein hohes Maß an Bewusstheit über verbalisierbare Kognitionen voraus, während die Bioenergetische Analyse erst einmal – körpertherapeutisch induziert – einen Assoziationsraum anbietet. In diesem kann Bewusstheit emergieren in den verschiedensten Formen: als Erinnerungen, Bilder, Gefühle, szenische Gestalt mit dem Therapeuten, implizite Prozessgestalt.

Aus meiner Sicht dürfte es sich auch beim EMDR um eine »Stimulation« der Körperschleife im Sinne Damasios in direktem Zusammenhang mit einem traumatischen Komplex handeln. Denn es werden Körperstimulationen (Augenbewegung, Tapping, Geräusche) gesetzt, die mit den Inhalten einer möglichen traumatischen Als-ob-Schleife erst einmal nichts zu tun haben. Und dann wird immer wieder die Körperbefindlichkeit abgefragt, der Körper neu kartiert und als Ausgangspunkt für eine neue Stimulations- und Assoziationsrunde genommen. Interessant an der EMDR-Hypothese ist, dass es zur Aktivierung der Verarbeitungsfunktion durch abwechselnde *bilaterale* Rechts-links-Stimulation käme, damit eine Anregung und Integration *beider* Hirnhälften. Das macht Sinn angesichts der neurobiologisch nachgewiesenen einseitigen Überaktivierung der rechten Amygdala und rechtsseitiger Kortexanteile bei Trauma. Auch in der Bioenergetik wird viel mit Rechts-links-Stimulation gearbeitet, meist aktiv über

Bewegungen, die der Patient ausführt, z. B. das klassische Tempertandrum mit Schlagen und Kicken in Rückenlage, in der Kombination gleichseitig rechter Arm – rechtes Bein / linker Arm – linkes Bein abwechselnd mit gekreuzt rechter Arm – linkes Bein / linker Arm – rechtes Bein. Beim EMDR schätze ich die Gerichtetheit der Intervention. Ich setze es dann gerne ein, wenn bewusste Erinnerungen greifbar sind, die vermutlich mit dem traumatischen Komplex in Zusammenhang stehen. Diese werden *fokussiert*, gleichzeitig mit der Aktivierung der Körperschleife durch die Rechts-links-Körperstimulation. D. h. neben dem Fokussieren auf die emotional geladenen Vorstellungen und Phantasien wird Aufmerksamkeit fokussiert auf das, was tatsächlich im Moment im Hier und Jetzt der Therapiesituation im Körper und in der Beziehung zum Therapeuten vor sich geht. Diese Doppelfokussierung ist eine besonders große Herausforderung der Aufmerksamkeit (*mindfullness*). Die Ich-Funktion der Realitätsprüfung und der Selbstwahrnehmung wird gefordert. Dadurch wird das Diskrepanzerleben zwischen Erinnerung / Phantasie und Realität im Hier und Jetzt verstärkt und der Prozess des Findens neuer Lösungen und des kognitiven Neubewertens wird angeregt.

Wie zwanglos sich beide Elemente, die *Rechts-links-Stimulation* und die *Doppelfokussierung*, in bioenergetisch-körpertherapeutisches Arbeiten einfügen, will ich an einer wiederum kurzen Stundenskizze aufzeigen:

Eine meiner Traumapatientinnen mit Vergewaltigungserlebnis mit 14 Jahren hatte als eines der Symptome Krämpfe in den Beinen, die unter der Therapie relativ bald verschwanden. Die Krämpfe waren nach der 38. Sitzung, der ersten Sitzung nach meiner vierwöchigen Urlaubspause, massiv wieder aufgetreten. Die Patientin berichtet anfangs von der Abhängigkeit von ihrem Schwager, der ohne Rücksprache mit ihr einen Werkstatttermin zur Reparatur ihres defekten Motorrollers ausgemacht hatte (in der unbewussten Übertragung: Abhängigkeit von mir). Sie fühle sich traurig und verzweifelt über dieses Eingeengt-Sein und dieses An-die-Kette-gelegt-Werden. »Ich habe Angst, dass ich nicht weg komme, wenn ich will« (Wieder das Thema Abhängigkeit, diese Kognition könnte aber auch mit der Vergewaltigung assoziiert sein. Also gebe ich keine Therapeuten-bezogene Deutung, sondern das Angebot einer leibdramatischen Inszenierung).

Ich biete dazu eine klassische bioenergetische Übung an: Rückenlage, Füße gegen die an der Wand aufgestellte Matratze, Aufforderung, abwechselnd mit beiden Füßen gegen die Matratze zu drücken oder zu treten (Rechts-links-Stimulation, körpersprachlich-motorisch: Wegrennen, aber in entspannter Position, man könnte auch sagen, in einer für Wegrennen unmöglichen Position, damit das Trauma konfrontierend). Dabei solle sie sich diesen Satz »ich habe Angst ...« und das Gefühl dazu vergegenwärtigen (Doppelfokussierung).

Der Patientin fällt dabei ein: »Ich stecke schon lange in der Abhängigkeit!«. Ihr fällt auf, dass sie mit rechts weniger heftig als mit links tritt. Ich lasse sie die Übung wiederholen, dabei das Treten links absichtlich noch verstärken (Musterverstärkung, bewusste Verstärkung der darin enthaltenen Abwehr, dadurch Klarifizierung). Danach sagt sie: »Es fuchst mich, dass ich gar nicht ohne Schwester und Schwager kann!« (in der Übertragung: ohne den Therapeuten)

Ich lasse die Übung wiederholen mit diesem Satz, diesmal aber willentlich das Treten rechts stärker als links (Gegenmuster setzen zwecks Aufweichung des Abwehrmusters). Die Patientin erlebt: »Das geht wirklich hier (in den Brustkorb) rein … dann wird es gefährlich und ich habe zu gemacht. Ich habe Angst, dass da noch mehr hochkommt. Meine kranke Seite ist natürlich die rechte Seite. Ich bin jetzt hier (in der Taille) abgeschnitten. In den Beinen ist Leben, der Rest (Oberkörper) ist tot«.

Ich lasse die Übung mit dem Satz »… Abhängigkeit« wiederholen, die Patientin liegt dabei aber auf einer Längsrolle unter der Wirbelsäule (Rechts-links-Stimulation und körperliche Aufforderung zur Oben-Unten-Integration, körperliches Spüren des Rückgrats, der »Wirbelsäulen-Identität« (Madert 1996)). Gleichzeitig Fokus auf das Gefühl im Brustbereich (Doppelfokussierung). Dabei spontaner Einfall: »Es lohnt sich nicht, dass Sie (der Therapeut) sich für mich so viel Mühe (mit der Längsrolle) machen!« (Der Übertragungsaspekt mit darin enthaltenem Selbstwertaspekt mit dysfunktionaler Kognition tritt ins Bewusstsein.) Dann: »Mein Schwager meint es ja auch nur gut. Der hilft mir ja auch nur und will, dass ich einen heilen, tollen (Motor-) Roller (in der Übertragung: heilen Körper, heiles autonomes Selbst) habe. Er war so entsetzt, dass der Roller heute nicht fertig war und ich am Wochenende nicht fahren (selbständig sein) kann. Und es kommt ein Frechdachs: auch mit der Rolle (unter der Wirbelsäule) kriegt er (der Therapeut) mich nicht rum. Auch nicht mit Schokolade zum Liebsein.« – »Wohin sollte ich Sie rumkriegen?« – »Dass ich hier wieder fühle« – »Hier bedeutet Liebsein Fühlen?«(die unbewusste Beziehungserwartung wird hinterfragt) – »Meine Kleine (Inneres Kind) ist ein Trotzkopf!« – »Trotz hat eine Funktion. Manchmal schützt er.«(Anerkennen der Abwehr als Schutz der Identität) – »Der Trotz will sich erst mal behaupten … Sie haben mich 4 Wochen alleine gelassen! Und dann nach der ersten Sitzung danach ging es mir 3 Tage schlecht … Jetzt muss ich auf den Schwager aufpassen, dass da nicht was Ähnliches auch passiert … Ich mag meinen Schwager ja auch. Aber … «(Schweigen. Das rechte Bein lehnt ausgestreckt an der Matratzenwand, der linke Fuß wippt, das rechte Bein hält fest.) Ich lasse die Patientin »als Experiment« die Beinhaltung umkehren, mit dem rechten Fuß wippen, das linke Bein ausgestreckt (Musterumkehrung, Gegenmuster setzen). Daraufhin spontan: »Ich will keinen mögen! Jetzt könnte ich ganz zumachen …« Nach einer Weile Schweigen: »Mögen und Abhängigkeit, das gehört irgendwie zusammen.« (Neue Kognition; bewusstes Aushalten der emotionalen Ambivalenz.)

Es hat sich für mich in der Traumabehandlung als effektiv erwiesen, »*Wider-stände*« gegen Übungsvorschläge nicht oder nicht allzu sehr als Übertragungen kindlicher Beziehungsmuster zu sehen, die einer Übertragungs- und Gegenüber-tragungsanalyse zu unterziehen seien. Das Wiedererleben des Traumas mit seinen (damals) unerträglichen Gefühlen, Emotionen und Körpersensationen ist schwer genug und ein »Widerstand« dagegen sehr verständlich. Häufig waren im Erwachsenenalter Traumatisierte vor dem Trauma psychisch einigermaßen gut organisiert und es käme einer zusätzlichen Traumatisierung ihres Selbstwert-gefühls gleich, bei ihnen auch noch eine triebbezogene neurotische Störung kindlicher Genese oder eine narzisstische Störung diagnostizieren und behandeln zu wollen.

Z.B. hatte eine etwa dreißigjährige Patientin das Erdbeben in der Türkei 1999 miterlebt und wurde dabei unter Haustrümmern begraben. Ihr ganzes Weltbild brach daraufhin zusammen.

Eine andere Patientin hatte als junge Erwachsene einen Lawinenunfall überlebt. Sie reagierte mit chronischen Infekten und Depression. Der sichere Boden war ihr weggebrochen.

Hier reichte es, in der Therapie dem traumatischen Schock aufzulösen und der existentiellen Verunsicherung Raum zu geben.

Stabilität und sichere Bindung sind für Traumakonfrontation eine notwendige Vorraussetzung. Früh und komplex Traumatisierten mit strukturellen Störungen fehlt diese oft. Da bedarf es einer strukturaufbauenden psychoanalytisch orien-tierten Langzeitbehandlung unter Einbeziehung des Körpers, damit sich überhaupt Stabilität und Bindungssicherheit entwickeln kann. Hier liegt bei Traumatisierten die Indikation vor für die Anwendung von Traumatherapie in Kombination mit Psychoanalyse im kassenrechtlichen Sinne.

Fazit

Nach dem derzeitigen Stand der Forschung ist in der Behandlung von Trauma-folgestörungen ein körperorientiertes Vorgehen notwendig. Dabei hat sich eine Kombination aus sensorischer oder sensomotorischer Stimulation bei gleichzei-tiger Fokussierung auf Erinnerungsbruchstücke und damit verbundene Emotio-nen, Körpersensationen, Bewegungsimpulse und Haltungsmuster sowie Selbst-zuschreibungen (Kognitionen) als wirksam erwiesen. Zuerst müssen traumatische Komplexe hinreichend bearbeitet sein, dann folgt die Arbeit an den neurotischen Anteilen der psychischen Störung. Nicht sinnvoll ist eine Arbeit in der Übertra-gung, zumindest so lange nicht, bis wesentliche Teile der Traumakondition bearbeitet sind. Übertragungsfragmente sollten zu Beginn der Behandlung immer auf die unzureichende emotionale Betreuung durch die Bezugspersonen zur Zeit des traumatischen Ereignisses damals oder auf den Täter von damals bezogen werden. Bei strukturschwachen oder bindungsgestörten Patienten ist eine körperorientierte Psychoanalyse zum Aufbau von Struktur und Bindung indiziert.

Ich hoffe, mit diesem Beitrag bei dem einen oder anderen Psychosomatiker und Psychoanalytiker Interesse geweckt zu haben für die Möglichkeiten der körperorientierten Traumatherapie. Vielleicht fühlt sich auch ein Forschender angeregt, mit neurobiologischen Verfahren die vermuteten Therapieeffekte der Körpertherapie zu evaluieren.

Madert, Karl-Klaus, Dr. med., Facharzt für Neurologie, Psychiatrie und Psychosomatische Medizin, Psychotherapie und Psychoanalyse, ausgebildet in Bioenergetik, Feldenkrais®, craniosacraler Chirotherapie, systemischer Familientherapie und EMDR.
www.DrMadert.de

Literatur

Adolphs, R., Tranel, D., u. Damasio, A. R. (2003): Dissociable neural systems for recognizing emotions. Brain and Cognition, 52, 61–69

Aggleton, J. P., Brown, M. W. (1999): Episodic memory, amnesia, and the hippocampal-anterior thalamic axis. Behavioral and Brain Sciences 22: 425–489

Aldenhoff, J. (1997): Überlegungen zur Psychobiologie der Depression. Nervenarzt 68: 379–389

Anderson, M. C., Ochsner, K. N., Kuhl, B., Cooper, J., Robertson, E., Gabrieli, J. D. E., Glover, G. H., u. Gabrieli, J. D. E. (2004): Neural systems underlying the suppression of unwanted memories. Science, 303, 232–235

Antonovsky, A. (1997): Salutogenese. Tübingen (Dgvt-Verlag)

Bauer, J. (2002): Das Gedächtnis des Körpers. Wie Beziehungen und Lebensstile unsere Gene steuern. Frankfurt a. M. (Eichborn)

Bauer, J. (2005): Warum ich fühle, was du fühlst. Hamburg (Hoffmann u. Campe)

Bauriedl, T. (1998): Ohne Abstinenz stirbt die Psychoanalyse. Forum Psa. 14, 4: 342–369

Bering, R. (2005): Editorial. Z. f. Psychotraumatologie u. Psychol. Medizin Jg. 3, Heft 2, 5

Bierhaus, A. et al. (2003): A mechanism converting psychosocial stress into mononuclear cell activation. In: Proceedings of the National Academy of Sciences, 100, 2003

Birbaumer, N., Schmidt, R. F. (2003): Biologische Psychologie. Berlin (Springer)

Bock, J., Braun, K. (2002): Frühkindliche Emotionen steuern die funktionelle Reifung des Gehirns: Tierexperimentelle Befunde und ihre mögliche Relevanz für die Psychotherapie. Psychotherapie 7, 2: 190–194

Bonne, O., Brandes, D., Gilboa, A., Gomori, J. M., Shenton, M. E., Pitman, R. K., u. Shalev, A. Y. (2001): Longitudinal MRI study of hippocampal volume in trauma survivors with PTSD. Am.J. Psychiat., 158(8), 1248–1251

Bovensiepen, G. (2004): Bindung – Dissoziation – Netzwerk. Überlegungen zur Komplextheorie vor dem Hintergrund der Säuglingsforschung und der Neurowissenschaften. Anal. Psychol. 135, 35. Jg. 1 / 2004: 30–53

Bremner, J. D., Staib, L., Kaloupek, D., Southwick, S. M., Soufer, R., u. Charney, D. S. (1999): Neural correlates of exposure to traumatic pictures and sound in Vietnam combat veterans with and without posttraumatic stress disorder: a positron emission tomography study. Biol. Psychiatry, 45, 806–816

Bronisch, T. (2001): Neurobiologie der Persönlichkeitsstörungen mit Schwerpunkt auf Borderline Persönlichkeitsstörungen. Psychotherapie 6: 233–246

Brown, M (1985): Die heilende Berührung. Die Methode des direkten Körperkontaktes in der körperorientierten Psychotherapie. Essen (Synthesis)

Bryant, R. A., Felmingham, K. L., Kemp, A. H., Barton, M., Peduto, A. S., Rennie, C., Gordon, E., u. Williams, L. M. (2005): Neural networks of information processing in posttraumatic stress disorder: a functional magnetic imaging study. Biological Psychiatry, 58(2), 111–118

Buchheim, A. (2003): Neuronale Korrelate des Attachment-Systems bei Borderline-Patienten. München: Vortrag 25.10.2003.

Buchheim, A. (2005): Unerreichbare Bindung – ein Paradoxon? Stuttgart (Schattauer)

Calabrese, P. (2001): Evolution des Gedächtnisses. Vortrag 24.2.2001 in München

Ciompi, L. (1997): Die emotionalen Grundlagen des Denkens. Entwurf einer fraktalen Affektlogik. Göttingen (Vandenhoeck & Ruprecht)

Clauer, J. (2003): Von der projektiven Identifikation zur verkörperten Gegenübertragung. Psychotherapieforum 11, 2: 92–100

Damasio, A. R. (1997): Descartes' Irrtum. München (Deutscher Taschenbuch Verlag)

Damasio, A. R. (2003): Der Spinoza-Effekt. München (List)

DeQuervain, D. J.-F., Roozendaal, B., McGaugh, J. M. (1998): Stress and glucocorticoids impair retrieval of long-term spatial memory. Nature 394: 787–790

Diamond, D., Park, C. R., Woodson, J. C. (2004): Stress generates emotional memories and retrograde amnesia by inducing an endogenous form of hippocampal LTP. Hippocampus, 14, 281–291

Driessen, M., Beblo, T., Reddemann, L., Rau, H., Lange, W., Silva, A., Berea, R. C., Wulff, H., Ratzka, S. (2002): Ist die Borderline-Persönlichkeitsstörung eine komplexe posttraumatische Störung? Nervenarzt, 73, 820–829

Driessen, M., Beblo, T., Mertens, M., Piefke, M., Rullkoetter, N., Silva-Saavedra, A., Lange, W., Reddemann, L., Rau, H., Markowitsch, H. J., Wulff, H., Lange, W., Woermann, F. G. (2004): Posttraumatic Stress Disorder and fMRI activation patterns of traumatic memory in patients with Borderline Personality Disorder. Biol. Psychiatry, 55, 603–611.

Dürr, H.-P. (2004): Auch die Wissenschaft spricht nur in Gleichnissen. Freiburg (Herder)

Eisenberg, L. (1995): The social construction of the human brain. Am. J. Psychiat. 152: 1563

Ehlert-Balzer, M.(2000): Phantasie und Realität – Die psychoanalytische Bearbeitung eines Verfolgungstraumas in der Übertragung. Psychotherapie im Dialog 1 / 2000, 13–20

Emrich, H. (2003): Ich-Erleben, Synästhesie und Gefühl: Zur Bedeutung von Gefühlszuständen für die Einheit des Bewusstseins. Anal. Psychol. 2003; 34: 243–250

Erk, S., H. Walter (2000): Denken mit Gefühl. Z. f. Nervenheilkunde 1 / 2000

Erkwoh, R. (2003): Möglichkeiten des Neuroimaging in psychotherapeutischen Ansätzen. In: Flatten, G. (2003): Posttraumatische Belastungsreaktionen aus neurobiologischer und synergetischer Perspektive. In: Schiepek, G. (2003) Neurobiologie der Psychotherapie. Stuttgart, New York (Schattauer)

Förstl, H. (2002):Biologische Korrelate psychotherapeutischer Interventionen. Psychotherapie Bd. 7,2: 184 –188

Fuckert, D. (2002): Traumazentrierte Psychotherapie in der Nachfolge Wilhelm Reichs. In: Sachsse, U., Özkan, I., Streeck-Fischer, A. (Hg.) (2002): Traumatherapie – Was ist erfolgreich? Göttingen (Vandenhoeck & Ruprecht)

Gehde, E. und Emrich, H. M. (1998): Kontext und Bedeutung: Psychobiologie der Subjektivität im Hinblick auf psychoanalytische Theoriebildungen. Psyche – Z psychoanal 9 / 10 963– 1003

Geuter, U. (1998): Bibliographie der deutschsprachigen Literatur zur Körperpsychotherapie. Frankfurt (Simon u. Leutner)

Geuze, E., Vermetten, E., u. Bremner, J. D. (2005): MR-based in vivo hippocampal volumetrics: 2. Findings in neuropsychiatric disorders. Molecular Psychiatry, 10, 160–184

Goldner, C. (Hg.) (2003): Der Wille zum Schicksal. Wien (Ueberreuter)

Grawe, K. (1998): Psychologische Therapie. Göttingen (Hogrefe)

Grawe, K. (2004a): Neuropsychotherapie. Göttingen (Hogrefe)

Grawe, K. (2004b): Die Black Box wird durchsichtig. Psychologie Heute Mai 2004, 43–39

Haken, H., Schiepek, G. (2006): Synergetik in der Psychologie. Göttingen (Hogrefe)

Hase, M. (2006): Substanzabhängigkeit und EMDR. Haar: Seminar 31.3.06

Heim, C, Nemeroff, C.B. (2001): The role of childhood trauma in the neurobiology of mood and anxiety disorders: preclinical and clinical studies. Biol. Psychiatry 2001; 49: 1023–1039

Heisterkamp, G. (1999): Heilsame Berührungen. 2. Aufl. Stuttgart (Pfeiffer bei Klett-Cotta)

Hermann-Lingen, C. (2003): Psychische Belastungen und Herzfrequenzvariablität bei kardiologischen Patienten. München, Vortrag 24.12.2003

Hoffmann-Axthelm, D. (Hg., 1994): Schock und Berührung. Oldenburg (Transform)

Hofmann, A. (2004) : Die Macht der Augenblicke. Gehirn und Geist 5 / 2004: 70–74

Hüther, G. (2001): Die neurobiologischen Auswirkungen von Angst und Stress und die Verarbeitung traumatischer Erinnerungen. In: Streeck-Fischer et al. 2001

Hüther, G. (2002): Bedienungsanleitung für ein menschliches Gehirn. Göttingen (Vandenhoeck & Ruprecht)

Huber, M. (2005): Trauma und die Folgen. Paderborn (Junfermann)

Kaminski, M. (1998): Hunger nach Beziehung: Wirkfaktoren in der Psychoanalyse Frühgestörter. München (Pfeiffer)

Kandel, E. (2006): Erfolgreiche Psychotherapien verändern das Gehirn. Interview Süddeutsche Zeitung 104, 22

Kapfhammer, H. P. (2002): Neurobiologie der posttraumatischen Belastungsstörung. Psychotherapie 7, 2: 247–259

Kelett, J., u. Kokkinidis, L. (2004): Extinction deficit and fear reinstatement after electrical stimulation of the amygdala: Implications for kindling-associated fear and anxiety. Neuroscience, 127, 277–287

Kensinger, E. A., u. Schacter, D. L. (2006): Amygdala activity is associated with the successful encoding of item, but not source, information for positive and negative stimuli. Neuroscience, 26 (9), 2564–2570

LaBar, K. S., Phelps, E. A. (1998): Arousal-mediated memory consolidation. Psychological Sciense 9, 490–493

Lamprecht, F., Lempa, W., Sack, M. (2000): Die Behandlung Posttraumatischer Belastungsstörungen mit EMDR. Psychotherapie im Dialog 1 / 2000, 45–51

Lanius, R. A., Williamson, P. C., Hopper, J., Densmore, M., Boksman, K., Gupta, M. A., Neufeld, R. W. J., Gati, J. S., Menon, R. S. (2003): Recall of emotional states in posttraumatic stress disorder: An fMRI investigation. Biol.Psychiatry, 53(3), 204–210

Lanius, R. A., Williamson, P. C., Densmore, M., Boksman, K., Neufeld, R. W., Gati, J. S., Menon, R. S. (2004): The nature of traumatic memories: a 4-T FMRI functional connectivity analysis. Am. J. Psychiat, 161(1), 36–44

Laub, D. (2000): Eros oder Thanatos. Der Kampf um die Erzählbarkeit des Traumas. Psyche – Z psychoanal 9 / 10 2000. 860–894

LeDoux, J. (2003): Das Netz der Persönlichkeit. Wie unser Selbst entsteht. Düsseldorf (Walter)

Levine, P. (1998): Trauma-Heilung – Das Erwachen des Tigers. Essen (Synthesis)

Liberzon, I., Abelson, J. L., Flagel, S. B., Raz, J., Young, E. A. (1999): Neuroendocrine and psychophysiologic responses in PTSD: a symptom provocation study. Neuropsychopharmacology, 21(1), 40–50

Lindauer, R. J. L., Vlieger, E.-J., Jalink, M., Olff, M., Carlier, I. V. E., Majoie, C. B. L. M., den Heeten, G. J., Gersons, B. P. R. (2006). Smaller hippocampal volume in dutch police officers with posttraumatic stress disorder. Biol. Psychiatry, 56(5), 356–363

Linke, D. B. (2003): An der Schwelle zum Tod. Gehirn und Geist 3 / 200: 47–52

Lisman, J.; Morris, R.G. (2001): Why is the cortex a slow learner? Nature 411: 248–249

Madert, K. K. (1996): Wirbelsäule und Identität. Forum der Bioenergetischen Analyse 1 / 1996

Madert, K. K. (1997): Wie ich Psychoanalyse und Reichs Charakteranalyse verbinde. Forum der Bioenergetischen Analyse 1 / 1997

Madert, K. K. (1999): Über das Aufstehen von der Couch. Ein Beitrag aus der Sicht der körperorientierten Psychotherapie. Psychotherapie 4, 1: 21–27

Madert, K. K. (2003a): Trauma und Spiritualität. Transpersonale Psychologie und Psychotherapie 1 / 2003: 18–35

Madert, K. K. (2003b): Plädoyer für eine wissenschaftliche Fundierung der Bioenergie: neurobiologische Aspekte am Beispiel Psychotrauma. Forum der Bioenergetischen Analyse 1 / 2003: 31–49

Madert, K. K. (2004): Quantenphysik und die Energie des Lebendigen. Transpersonale Psychologie und Psychotherapie 2 / 2004

Madert, K. K. (2007): Trauma und Spiritualität. Neuropsychotherapie und die transpersonale Dimension. München (Kösel)

Markowitsch, H. J., Kessler, J., van der Ven, C. (1998): Psychic trauma causing grossly reduced brain metabolism an cognitive deterioration. Neuropsychologica 36: 77–82. Markowitsch, H. J. (2001): Stressbezogene Gedächtnisstörungen und ihre möglichen Hirnkorrelate. In: Streeck et al. 2001

Markowitsch, H. J.; Fujiwara, E. (2003): Das mnestische Blockadesyndrom – hirnphysiologische Korrelate von Angst und Stress. In: Schiepek, G. (2003) Neurobiologie der Psychotherapie. Stuttgart, New York (Schattauer)

Melbeck, H.-J. (2004): Posttraumatische Belastungsstörung. Anal. Psychol. 136, 35 / 2; 145–181

Metcalfe, J., Jacobs, W. J. (1996): A Hot-System – Cool-System View of Memory under Stress. PTSD Research Quarterly / 1–3

Moser, T. (2003): Für eine Ethik der Berührung. Psychotherapie Forum 4 / 2003, 173–181

Mosetter, K. und R. (2005): Dialektische Neuromuskuläre Traumatherapie. Z. f. Psychotraumatologie u. Psychol. Medizin Jg. 3, Heft 2, 31–45

Müller, C.(2000): EMDR, Körperpsychotherapie und Psychoanalyse: Gemeinsamkeiten und Unterschiede. Forum der Bioenergetischen Analyse 1 / 2000

Nemeroff, C. B. (1998): The neurobiology of depression. Sci Am 278: 42–49

Nemeroff, C. B., Heim, C. M., Thase, M. E., Klein, D. N., Rush, A. J., Schatzberg, A. F., Ninan, P. T., McCullough, J. P. Jr, Weiss, P. M., Dunner, D. L., Rothbaum, B. O., Kornstein, S., Keitner, G., Keller, M. B. (2003): Differential responses to psychotherpy versus pharmacotherapy in patients with chronic forms of major depression and Childhood trauma. PNAS vol. 100, no 24, 14293–14296

Neylan, T. C., Brunet, A., Pole, N., Best, S. R., Metzler, T. J., Yehuda, R., Marmar, C. R. (2005): PTSD symptoms predict waking salivary cortisol levels in police officers. Psychoneuroendocrinology, 30, 373–381

Nickel, T. (2002): Neurobiologie der Depression. Psychotherapie 7/2: 234–246

Öhman, A. (2005): The role of the amygdala in human fear: automatic detection of threat. Psychoneuroendocrinology, 30, 953–958

Orlinsky, D. E. (1994): Learning from many Masters. Ansätze zu einer wissenschaftlichen Integration psychotherapeutischer Behandlungsmodelle. Psychotherapeut 39, 2–9

Perrig, W., Wippich, W., Perig-Chiello, P. (1993): Unbewusste Informationsverarbeitung. Bern (Huber)

Petzold, H. (2000): Vortrag 25.11.00 in München

Phelps, E. A., LeDoux, J. (2005): Contributions of the amygdala to emotion processing: from animal models to human behavior. Neuron, 48, 175–187

Protopopescu, X., Pan, H., Tuescher, O., Cloitre, M., Goldstein, M., Engelien, W., Epstein, J., Yang, Y., Gorman, J., LeDoux, J., Silbersweig, D., Stern, E. (2005): Differential time courses and specifity of amygdala activity in posttraumatic stress disorder subjects and normal control subjects. Biol. Psychiatry, 57(5), 464–473

Quirk, G., Likhtik, E., Pelletier, J. G., Pare, D. (2003): Stimulation of medial prefrontal cortex decreases the responsiveness of central amygdala output neurons. Neuroscience, 23(25), 8800–8807

Reddemann, L., Sachsse, U. (1998): Welche Psychoanalyse ist für Opfer geeignet? Forum der Psychoanalyse 14 (3): 289–294.

Reddemann, L. (2001): Imagination als heilsame Kraft. Stuttgart (Pfeiffer bei Klett-Cotta)

Rizzolatti, G., Fadiga, L., Fogassi, L. Gallese, V. (1999): Resonance behaviors and mirror neurons. Archives Italiennes de Biologie 137: 85–100

Roth, G. (1996): Das Gehirn und seine Wirklichkeit. 3. Auflage. Frankfurt a. M. (Suhrkamp)

Roth, G. (2001): Denken, Fühlen, Handeln. Wie das Gehirn unser Verhalten steuert. Frankfurt a. M. (Suhrkamp)

Rudy, J. W., Matus-Amat, P. (2005): The ventral hippocampus supports a memory representation of context and contextual fear conditioning: implications for a unitary function of the hippocampus. Behavioral Neuroscience, 119(1), 154–163

Sachsse, U., Özkan, I., Streeck-Fischer, A. (Hg., 2002): Traumatherapie – Was ist erfolgreich? Göttingen (Vandenhoeck & Ruprecht)

Sack, M. (2003): Herzratenvariabilität, ein Outcomeparameter für die Psychotherapie? München: Vortrag 24.10.2003

Sack, M. (2004): EMDR in der Psychotraumatologie – was kommt danach? München: Vortrag 11.3.2004

Schiepek; G. (1999): Die Grundlagen der systemischen Therapie. Göttingen (Vandenhoeck & Ruprecht)

Schiepek, G. (2003): Neurobiologie der Psychotherapie. Stuttgart, New York (Schattauer)

Schmid, G. B. (2000): Tod durch Vorstellungskraft. Das Geheimnis psychogener Todesfälle. Wien, New York (Springer)

Schubert, M. (2005): Plastizitätsveränderung in der lateralen Amygdala nach Kindling und Alkoholentzug. Unpublished manuscript, FU Berlin

Sèchehaye, M. (1986): Eine Psychotherapie der Schizophrenen. Stuttgart (Klett-Cotta)

Shapiro, F. (1998): EMDR, Grundlagen und Praxis: Handbuch zur Behandlung traumatisierter Menschen. Paderborn (Jungfermann)

Shapiro, F. (2002) EMDR 12 Years after Its Introduction: Pat and Future Research. J Clin Psychol 58,1: 1–22

Shin, L. M., Whalen, P. J., Pitman, R. K., Bush, G., Macklin, M. L., Lasko, N. B., et al. (2001): An fMRI study of anterior cingulate function in posttraumatic stress disorder. Biological Psychiatry, 50, 932–942

Sollmann, U. (2003): Writing on the Body oder: Zur deutschsprachigen Literatur der bioenergetischen Analyse. Forum der Bioenergetischen Analyse 1 / 2003: 5–29

Sonntag, M.(2003): Self-Expression versus Survival. Forum der Bioenergetischen Analyse 2 / 2003: 45–70

Stauss, K. (2006): Bonding Psychotherapie. München (Kösel)

Stein, M., Koverola, C., Hanna, C., Torchia, M. G., McClarty, B. (1997): Hippocampal volume in women victimized by childhood sexual abuse. Psychological Medicine, 27, 951–959

Streeck-Fischer, A., Sachsse, U., Özkan, I. (Hg., 2001): Körper, Seele, Trauma. Göttingen (Vandenhoeck & Ruprecht)

Tasche, J., Weber, R. (2002): Braucht die Bioenergetische Analyse ein neues Paradigma? Forum der Bioenergetischen Analyse 1 / 2002

Traue, H. C. (1998): Emotion und Gesundheit: die psychobiologische Regulation durch Hemmungen. Heidelberg, Berlin (Spektrum Akademischer Verlag)

Tress, W. (1997): Psychosomatische Grundversorgung. Stuttgart (Schattauer)

Tupler, L. A., De Bellis, M. D. (2006): Segmented hippocampal volume in children and adolescents with posttraumatic stress disorder. Biol. Psychiatry, 59(6), 523–529

Upledger J E (1996): Auf den inneren Arzt hören. München (Hugendubel)

Van der Kolk, B. A.; Fisler, R. (1995): Dissociation and the fragmentary nature of traumatic memories: Overview and exploratory study. J Trauma Stress 8: 505–525

Van der Kolk, B. A., Fisler, R. E., Bloom, S. L. (1996): Dissociation and the fragmentary nature of traumatic memories. British Journal of Psychotherapy, 12, 352–366

Van der Kolk, B. A., Burbridge, J. A., Suzuki, J. (1997): The psychobiology of traumatic memory: clinical implications of neuroimaging studies. Annals of the New York Academy of Science, 821, 99–113

Varela, F., Lachaux, J. P., Rodriguez, E., Martinerie, J. (2001): The Brainweb: Phase synchronization and large –scale integration. Nature Rev. Neuroscience 2: 229–239

Wessa, M., Flor, H. (2002): Posttraumatische Belastungsstörung und Traumagedächtnis – eine psychobiologische Perspektive. Z. f. Psychosomatische Medizin und Psychotherapie, 48, 28 –37

Wignall, E. L., Dickson, J. M., Vaughan, P., Farrow, T. F. D., Wilkinson, I. D., Hunter, M. D., Woodruff, P. W. R. (2004): Smaller hippocampal volume in patients with recent-onset Posttraumatic Stress Disorder. Biol. Psychiatry, 56, 832–836

Wismer Fries, A. B., Ziegler, T. E., Kurian, J. R., Jacoris, S., Pollak, S. D. (2005): Early experience in humans is associated with changes in neuropeptides critical for regulating social behavior. PNAS, 102(47), 17237–17240

Wissenschaftlicher Beirat Psychotherapie nach § 11 Psychthg (2006): Gutachten zur wissenschaftlichen Anerkennung der EMDR-Methode (Eye-Movement-Desenzitization and Reprocessing) zur Behandlung der Posttraumatischen Belastungsstörung. Deutsches Ärzteblatt Jg. 103, 37, A2417-A2420

Yehuda, R. (2001): Die Neuroendokrinologie bei Posttraumatischer Belastungsstörung im Lichte neuer neuroanatomischer Befunde. In: Streeck et al. 2001

Yehuda, R., Yang, R.-K., Buchsbaum, M. S., Golier, J. A. (2006): Alterations in cortisol negative feedback inhibition as examined using ACTH response to cortisol administration. Psychoneuroendocrinology, 31(4), 447–451

Zieglgänsberger, W. (2003): Kann man Schmerz vergessen? Münchner Ärztliche Anzeigen 91 / 25, 3–4

Zilles, K., Rekämper, G. (1998): Funktionelle Neuroanatomie. Lehrbuch und Atlas. Berlin (Springer)

Überlegungen zur theoretischen Konzeptualisierung des Körpers in der analytischen Körperpsychotherapie

Peter Geißler

Vorbemerkungen und Einschränkungen

Im vorliegenden Beitrag möchte ich zwei Modelle theoretischer Konzeptualisierung des Körpers vorstellen: den Körper als »Übergangskörper« (J. Berliner) und den Körper als »interaktionellen Körper«. Die Idee, einen interaktionellen Körper zu konzeptualisieren, kam mir im Zuge des Durchdenkens eines jahrelangen Supervisionsprozesses, den einige Kollegen und ich bei J. Berliner absolviert hatten, mitten in den wunderschönen Bergen von Chianti.[1] Der Beitrag ist als erster Entwurf zu verstehen; sollte sich dieses Konzept künftig als nützlich erweisen, wird es notwendig, dieses noch weiter auszudifferenzieren. Mit der Thematik des Buches haben diese Modelle insofern zu tun, als – v. a. die Konzeptualisierung eines »Übergangskörpers« – damit der Versuch unternommen wird, auf theoretischer Ebene zu erklären, wie man den Einsatz bestimmter aktiver Körpertechniken verstehen kann, um Klienten[2] zu erreichen, die uns von Therapiebeginn an vor besondere Schwierigkeiten stellen. Dazu gehören häufig somatoforme Störungen (wie das Beispiel einer Kopfschmerzpatientin, s. u.), hinter denen nicht selten eine Traumagenese steckt.[3]

Die innere Logik des therapeutischen Vorgehens, an der sich meine Ausführungen orientieren, ist eine im Wesentlichen psychoanalytisch orientierte. Die psychoanalytische Logik des Vorgehens, der Technik besteht – sehr vereinfacht

---

1 Der Anstoß entstand aber – zunächst auf vorbewusster Ebene – bereits im Herbst 2005, als J. Scharff im Rahmen einer Podiumsdiskussion am 5. Wiener Symposium »Psychoanalyse und Körper« die Frage aufwarf: »Was meinen wir eigentlich, wenn wir von »Körper« sprechen?

2 Ich gebrauche die Bezeichnungen »Klient« und »Patient« synonym und verwende aus Gründen der besseren Lesbarkeit meist die männliche Form.

3 Plassmann (2006, persönliche Mitteilung) ist der Ansicht, dass möglicherweise die gesamte psychosomatische Medizin künftig auf einen neuen traumatheoretischen Hintergrund gestellt werden muss.

ausgedrückt – darin, sich den Konflikten und Traumatisierungen des Patienten auszusetzen, die dabei sich entwickelnde Gegenübertragung zunächst zu »containen«, als Diagnostikum zu verwenden und Aspekte derselben in einsichtsvermittelnde verbale Interventionen einzubinden. An die Patientin, die ich vorstelle, kann man natürlich mit anderen – z. B. explizit traumatherapeutisch definierten – Vorgehensweisen genauso herangehen, dies ist jedoch nicht die Logik, der ich hier folge.

Wenn außerdem im Titel von »Körper« die Rede ist, dann meine ich damit mit Küchenhoff (2006) den »Umgang mit dem Körper [...], den uns Patienten, die wir [...] psychotherapeutisch behandeln, präsentieren.« Der Schwerpunkt liegt somit auf körperbezogenen Symptomen, die im Kontext der Therapie verstanden werden können, m. a. W. auf klinischen Erfahrungen. Außerdem werde ich nicht vom »Leib« sprechen, nicht also vom ganzheitlichen Körpererleben, sondern nur von körperlichen Erfahrungen, die eine Funktion im Beziehungskontext übernehmen. Natürlich kann man über das Pro und Kontra einer solchen Einengung diskutieren, dieser Diskurs soll aber nicht Gegenstand des vorliegenden Beitrages sein.

Zur Frage: Was ist analytische Körperpsychotherapie?

Es handelt sich um eine Bezeichnung für eine therapeutische Strömung, die im deutschen Sprachraum seit knapp zwanzig Jahren existiert und die sich auf dem Weg zu einer methodischen Identität befindet. Entwickelt hat sich diese Strömung aus der Begegnung zweier Methoden: der Psychoanalyse einerseits, der Körperpsychotherapie – und hier insbesondere der Bioenergetischen Analyse – andererseits. Bekannte Namen dazu sind: Tilmann Moser, Günter Heisterkamp, Gisela Worm, Hans-Joachim Maaz, Jörg Scharff, Hans Müller-Braunschweig und Jacques Berliner. Wichtigste Vorreiterfigur ist Sandor Ferenczi, der bekanntlich bereits in den zwanziger und dreißiger Jahren »aktive Techniken« in die Psychoanalyse einführte, um das starre psychoanalytische Setting, das seiner Meinung nach bei bestimmten Patienten retraumatisierend wirken könnte, flexibler zu gestalten.

Zwar ist die klassische Anordnung in der Psychoanalyse auf eine Arbeit im Vorstellungsraum angelegt, doch hat sich seit Klüwer (1983) und Jacobs (1991) die Meinung durchgesetzt, dass auch dem unbewussten Handlungsdialog innerhalb der psychoanalytischen Situation und in den Übergangsbereichen (Begrüßung und Verabschiedung) eine wichtige Bedeutung beigemessen werden muss. Bestimmte Patientinnen oder Patienten können aufgrund ihrer Psychopathologie nicht anders, als diese zunächst handelnd zu inszenieren – man spricht heute von

»Enactments« – und versteht sie als unverzichtbares Mittel auf dem Wege zur Symbolisierung.

Die besondere Bedeutung nonverbaler Aspekte des Verhaltens ist wiederum in der Bioenergetischen Analyse eine Selbstverständlichkeit. Bioenergetiker und andere Körpertherapeuten sind darauf trainiert, Feinheiten im körperlichen Verhalten zu sehen, zu beobachten, zu erkennen, ein »Spürbewusstsein« (Schellenbaum 2001) zu entwickeln und Hilfestellungen zur Versprachlichung des Nonverbalen anzubieten. »Gesundheit kann man fühlen« sagt R. Plassmann im Rahmen seines Vortrags »Mikrotraumatologie und Körper« am 6. Wiener Symposium »Psychoanalyse und Körper« (24. 9. 2006). Innerhalb der Bioenergetischen Analyse wurde jedoch im Laufe der Zeit deutlich, dass die alleinige therapeutische Wirkung emotionaler Katharsis begrenzt ist, und daher interessiert man sich seit einer Weile mehr für das Beziehungsgeschehen im therapeutischen Prozess, für Übertragung und Gegenübertragung.

Aus dem zunehmenden Interesse der Bioenergetischen Analyse für die Beziehung und aus dem wachsenden Interesse der Psychoanalyse für nonverbale Aspekte der therapeutischen Beziehung entwickelte sich die analytische Körperpsychotherapie. Es existiert mittlerweile eine stattliche Anzahl an Publikationen; eine eigene Zeitschrift mit dem Titel »Psychoanalyse und Körper« unterstützt seit 2002 den Diskurs, eine gleichnamige Tagung findet alle ein bis zwei Jahre hier in Wien statt.

Die Frage, was analytische Körperpsychotherapie eigentlich sei, wird kontroversiell diskutiert, was nicht verwundert, wenn man bedenkt, dass sich die Bioenergetische Analyse – ähnlich wie die Gestalttherapie – ursprünglich zunächst als Gegenpol zu einer intellektualisierenden und affektarmen Psychoanalyse entwickelt hatte. Im praktischen Vorgehen besteht weiterhin ein Spannungsverhältnis zwischen einem geduldigen Abwarten in einer analytischen Psychotherapie, die auf die innere Fantasietätigkeit abzielt, einerseits und der Einführung aktiver Techniken in einem offenen Setting andererseits, der andere strukturlogische Überlegungen zugrunde liegen und die nicht speziell die Entfaltung unbewusster Fantasien ansteuern (vgl. dazu Scharff 2006; Geißler 2005). Weitgehende Einigkeit besteht in der Beachtung interaktiver Geschehnisse im Sinne gemeinsamer Inszenierungen innerhalb der therapeutischen Beziehung, und auch darin, dass Sprache eine Form des Handelns darstellt. Wie man jedoch technisch mit all dem umgeht, darin scheiden sich nach wie vor die Geister.

Von der Verbalisierung zur Interaktion: Stufen des Vorgehens

Worm (2006) berichtet von einem Kollegen, der bei ihr in Supervision war. Er sprach die Begrüßungsszene mit einer Patientin an, in der er den Eindruck hatte, sie wolle ihn an sie heranziehen. In der Supervision sei ihm deutlich geworden, dass er – unbewusst – einen Gegenimpuls entwickelt hatte, merkbar an einer Verspannung im Schulterbereich. Folgende Umgangs- und Bearbeitungsmöglichkeiten innerhalb einer therapeutischen Situationen wären vorstellbar (ebend.):

Stufe 1: Verbale Bearbeitung

»Ich glaube, es gibt einen Konflikt zwischen uns, in dem Sie sich mehr Zuwendung von mir wünschen, aber bei mir fürchten, dass ich darauf nicht eingehe oder antworte«.

Es wäre dies die Möglichkeit einer patientenbezogenen Konfliktdeutung, fokussiert auf die Wünsche und Fantasien des Patienten. Oder:

»Es geht mir nach, wie wir uns begrüßen. Mein Eindruck ist, Sie möchten mich näher zu sich heranziehen, und ich ziehe mich davor zurück«.

Auch dies wäre eine Deutungsform, die den aktuellen Konflikt thematisiert, im zweiten Fall unter Hinzufügung einer Gegenübertragungsmitteilung. Beide Deutungsmöglichkeiten befinden sich klar innerhalb des psychoanalytischen Rahmens. Die Vorstellungsebene kann ebenso durch die Anregung einer Imagination angesprochen werden, etwa so:

»Wenn Sie sich noch einmal vorstellen, wie wir uns begrüßen, erscheint Ihnen dabei irgendetwas besonders – oder wie erleben Sie das?«

Stufe 2: Anregung von Handlungsfantasien

»Könnten Sie sich vorstellen, dass wir uns jetzt in der Stunde noch einmal so begrüßen, wie wir es am Anfang tun? Was geschieht in Ihnen, wenn Sie dieser Fantasie einmal folgen?«

Diese Intervention verlässt das »klassische« Vorgehen in der Psychoanalyse insofern, als sich in ihr eine implizite Aufforderung zum konkreten Handlungsvollzug befindet. Im psychoanalytischen Setting würde man aufgrund einer solchen Intervention die bewussten, vorbewussten und unbewussten Vorstellungen auf verbale Weise durcharbeiten, ohne die Handlung als solches konkret in Aktion umzusetzen.

Stufe 3: Einführung einer Handlungsszene

> »Könnten wir uns jetzt in der Stunde noch einmal so begrüßen, wie wir es am Anfang tun? Wir könnten uns erst in einem bestimmten Abstand gegenüberstehen und dann aufeinander zugehen.«

Diese Form des Vorgehens ist nicht mehr im psychoanalytischen Rahmen enthalten – sie markiert die Grenzlinie zwischen psychoanalytischer Therapie und analytischer Körperpsychotherapie. Es handelt sich hier klar um ein vom Therapeuten intendiertes Probehandeln. Wichtig ist differenzierend festzuhalten, dass es sich bei einem solchen aktiven Vorgehen nicht um ein »Enactment« handelt, denn dieser Begriff meint einen unbewussten Handlungsdialog. Wohl kann aber eine solche aktiv hergestellte Szene Ausgangspunkt sein für später sich einstellende Enactments, die man nachträglich verbal durcharbeiten kann.

> »In der analytischen Körperpsychotherapie wird die Wirksamkeit von Handlungsdialogen – auch wenn sie überwiegend auf der nichtsprachlichen Handlungsebene ablaufen – sowohl aus ihrer konkreten wie AUCH aus ihrer SYMBOLISCHEN Bedeutung für den Patienten erklärt. Des Weiteren wird hier mit den unbewusst ablaufenden wie AUCH mit bewusst eingesetzten Handlungsdialogen gearbeitet [...]« (Westram 2006).

Einem Patienten eine konkrete Interaktion vorzuschlagen löst nicht selten Ängste oder andere Widerstände aus, die es gilt sorgfältig durchzuarbeiten. Die Anleitung einer konkreten Handlungsszene ist daher keineswegs mit jedem Patienten möglich, oft bedarf es einer langen verbalen vorbereitenden Beziehungsbearbeitung, damit derartige konkrete Interaktionen möglich werden. Der Rückgriff auf Formen des unmittelbaren Be-Handelns[4] stellt für bestimmte Patienten eine akzeptable Brücke dar, um sich auf körperliches Geschehen in der Therapie einzulassen. Es ist dies ein mögliches Vorgehen bei Patienten, die sich mit der Verbalisierung psychischen Geschehens grundsätzlich schwer tun. Das

---

4 Diese Form des unmittelbaren Be-Handelns habe ich, an anderer Stelle, mit U. Streeck in ein »medininisches« Behandlungsverständnis eingeordnet und von einem »interaktionellen« Verständnis unterschieden (Geißler 2006).

hier vorgestellte Be-Handeln verlässt das klassisch-psychoanalytische Vorgehen, weil es sich nicht an der Widerstands- und Abwehranalyse orientiert, sondern den Widerstand – zunächst – in gewisser Weise unterläuft.[5]

Über ein solches Vorgehen möchte ich anhand einer kurzen Behandlungs-sequenz mit einer Kopfschmerz-Patientin, die in der Anamnese ein klar umrissenes Trauma aufweist, berichten.[6] Es werden in dieser Vignette viele andere Aspekte unberücksichtigt bleiben, ich konzentriere mich im Wesentlichen auf die körper-bezogene Intervention und deren theoretische Einordnung.

Fallvignette

Es handelt sich um eine 50-jährige Patientin, die mir von einem Arzt geschickt wurde mit der Diagnose chronischer Kopfschmerz. Der Schmerz dauert seit einigen Jahren fortwährend an, die Ursache war der Patientin unzugänglich, sie unterschied nur mehr zwischen Stunden, in denen der Schmerz erträglich war und solchen, in denen er unerträglich war; organmedizinisch konnte kein Befund erhoben werden.

Körperliches Erscheinungsbild: Es handelt sich um eine kleine Frau, die mich vom körperlichen Aspekt sofort an ein Rumpelstilzchen erinnert – sie ist vom Habitus her pyknisch, wirkt kompakt, wie ein Druckkessel, in der bioenergeti-schen Terminologie würde man von einer masochistischen Struktur sprechen. Vom Augenausdruck verbirgt sich hinter einer freundlichen Fassade ein miss-trauischer Blick, sie zeigt wenig spontane Lebendigkeit, wirkt im Gesamtverhalten angepasst, ihre Affekte sind stark gehalten. Vom stimmlichen Ausdruck ist sie deutlich gebremst, ihre Stimme ist wenig modulationsreich. Sie ist immer adrett gekleidet, zu ihrem Äußeren kommt mir die Assoziation »sehr sauber«, irgend-

---

5 Die vorübergehende Wirksamkeit des Unterlaufens von Widerständen habe ich am eigenen Leib erfahren. Nach einer Couch-Analyse, in der ich mich für meine Gefühle nicht zu öffnen vermochte, erlebte ich im Rahmen einer bioenergetischen Gruppe innerhalb kurzer Zeit einen kathartischen Gefühlsdurchbruch, der in gewisser Weise eine »Kammer« in mir öff-nete, die Jahrzehnte verschlossen gewesen war. Aus heutiger Sicht würde ich meinen, dass damals – im Zuge von Stress-Übungen – meine Ich-Grenzen überflutet wurden, und den-noch sind mir diese Erfahrungen, auch wenn sie mikrotraumatisch gewesen sei mögen, als anhaltend wirksam und verändernd in Erinnerung geblieben. Mein heutiger Schluss besteht darin, dass ich das Bioenergetische Vorgehen als eine sehr wirksame, jedoch mit einem psy-choanalytischen Verstehen im Grunde genommen *nicht kompatible* Form des Vorgehens be-trachte (dies im Gegensatz zu A. Lowen, der in der Bioenergetischen Analyse eine erweiterte Psychoanalyse sah).

6 Aus traumatherapeutischer Sicht würde man daher bei der hier vorgestellten Patientin in di-agnostischer Sicht vermutlich von einer posttraumatischen Belastungsstörung sprechen.

wie macht sie einen perfekten Eindruck. In den Therapiestunden zeigt sie kaum spontane körperliche Bewegungen, sie sitzt auf dem Stuhl, mit erwartungsvollem Augenausdruck, ihre Atmung ist flach. Anscheinend hat sie kaum Zugang zu ihrem Innenleben, sie versucht im Gegenteil unentwegt einen Anschein von Normalität zu wecken.

Anamnestisch stellt sich in vielen kleinen Schritten folgendes Bild dar: Aufgewachsen ist sie im ländlichen Bereich, sie ist einziges Kind einer Bauernfamilie; die Kindheit sei sehr gut gewesen, alles sei normal verlaufen. Ein einziges Ereignis habe die späte Jugend überschattet und ihr Leben schlagartig verändert: Als sie 18 war, beging ihr Vater, völlig überraschend für alle, Selbstmord, er erhängte sich – warum, weiß bis heute niemand, denn es gab keinen Abschiedsbrief. Die Patientin glaubt, der Vater habe sich umgebracht, weil er unter chronischen Kopfschmerzen (!) aufgrund einer Bleivergiftung litt. Er sei ein lebhafter, gut aufgelegter Mann gewesen, Probleme habe er nie gehabt; die Mutter sei eine liebevolle Frau gewesen. Nach dem Suizid des Vaters habe sich die Patientin in ihrem Wesen dramatisch verändert – von einer unbekümmerten Jugendlichen, die das Leben genoss und in der Schule bis dahin wenig geleistet hatte, reifte sie rasch zu einer verantwortungsbewussten jungen Frau, die schon in jungen Jahren Karriere in einer managerartigen Rolle bei einer Firma machte.

Partnerbeziehung: Nach einer frühen Affäre mit einem verheirateten Mann, mit dem sie sich glücklich fühlte, ist sie nun seit über zwanzig Jahren verheiratet mit einem alter Jugendfreund, mit dem sie nie wirklich glücklich war. Seit einigen Jahren ist diese Beziehung für sie eine regelrechte Hölle – die Partner leben in einem sadomasochistischen Clinch, keiner kann sich vom anderen lösen. Seit Jahren gibt es kein sexuelles Leben mehr zwischen den beiden. Sie konnte kein eigenes Kind gebären, trotz großen Kinderwunsches. Daher adoptierte das Ehepaar einen Jungen, der mittlerweile 18 Jahre alt ist und alle nur erdenkbaren Probleme macht: Er tut nämlich genau das, was die Patientin sich seit Jahrzehnten nicht mehr gönnen kann – er genießt das Leben. Sie versucht ihn zur Ordnung zu rufen, sie will, dass er beruflich Karriere macht, vermutlich kontrolliert sie ihn – er lässt das nicht zu, rebelliert, entwickelt sich zum Schulversager. Die Patientin ist verzweifelt, erlebt ihr Scheitern, kann nicht von ihm loslassen und auch nicht von ihren Vorstellungen hinsichtlich seiner beruflichen Karriere. Später wird deutlich, dass in diesem Nicht-Loslassen-Können eine wichtige Quelle für den Kopfschmerz liegt.

Das verbale Vorgehen in den Sitzungen ist mühsam. Die meiste Zeit sitzt sie da und schaut mich fragend an. Ich glaube, eine Mischung aus Hilflosigkeit und einen gewissen Trotz in ihr wahrzunehmen, mache aber die Erfahrung, dass das Ansprechen derartige Eindrücke keinen positiven Effekt hat, ebenso wenig ein Versuch, die Situation zwischen uns anzusprechen und zu verstehen; sie blickt mich dann meist verständnislos an. Angesprochen auf mögliche Gefühle in ihr antwortet sie meist mit einer glatten Verleugnung – sie spürt weder Trotz noch Hilflosigkeit. Ich werde daher im Laufe der Stunden relativ aktiv, leite das Gespräch mehr, als ich das eigentlich möchte, versuche aus ihr etwas rauszubekommen. Das gelingt mir nur zum Teil, meist blockt sie meine Versuche der Widerstandsbearbeitung erfolgreich ab, aber auch empathisch Interventionen blättern an ihr ab wie wenn nichts gewesen wäre. Ich spüre wie sich in mir Anflüge von Ärger einstellen und denke mir, auch zwischen uns beiden könnte sich im Laufe der Zeit ein ähnlicher Clinch entwickeln wie zwischen ihrem Mann und ihr. Sie kommt allerdings sehr pünktlich zu jeder Stunde und hält den Rahmen penibel genau ein.

Zwischenfazit: Ich erreiche sie mit meinen Worten nicht. D.h. natürlich nicht, dass diese Patientin mit Worten grundsätzlich nicht zu erreichen wäre, jedoch *ich*, in meiner Subjektivität, finde keine verbalen Zugang zu ihr. Ich spüre innerhalb der ersten Stunden einen wachsenden Druck in mir und denke mir, vielleicht ist das der Druck, den die Patientin erlebt und der bei ihr den Kopfschmerz verursacht. In meiner Fantasie will ich ihr in den Hintern treten, damit sie in Bewegung kommt und irgendwie emotional reagiert. Ich befürchte, wenn wir so weiter machen wird sie die Therapie abbrechen, weil aus ihrer Sicht nichts Produktives passiert.

Aus dieser bereits in den ersten Stunden sich einstellenden Konstellation entschließe ich mich, den Körper als Mittel einzusetzen, um bei dieser Patienten einen regressiven Prozess in Gang zu setzen. Aus klassisch psychoanalytischer Sicht würde man einen solchen Versuch natürlich als Gegenübertragungs-Agieren und als ein Unterlaufen des Widerstandes ansehen; aus der Perspektive der psychoanalytischen Behandlungslogik ist ein solcher Einwand auch zutreffend. Analytischen Körperpsychotherapie, die ihr Setting von Anbeginn an als »offenes Setting« definiert, sieht in der Nutzung der körperlichen Ebene und damit verbundener aktiver Interventionen seitens des Therapeuten unter bestimmten Umständen eine zusätzliche Möglichkeit, um »etwas zu bewegen« und damit einen regressiven Prozess[7] auszulösen; die theoretische Erläuterung dazu folgt später.

Da ihr Kopf voll von schweren Gedanken zu sein scheint, biete ich ihr an, ihren Kopf für eine Weile zu halten, und erkläre ihr das Vorgehen: Sie möge sich auf die Matratze legen, und ich würde hinter ihr sitzen, ihren Kopf halten, und

---

7 Unter »regressiver Prozess« verstehe ich im hier gemeinten Sinn eine Affektualisierung verbunden mit der Förderung einer »eltern-kind-analogen« Situation. Regression als Begriff und Konstrukt ist vielschichtig und wird teilweise sehr unterschiedlich gebraucht (vgl. dazu Geißler 2001). Downing z.B. (1996) würde in diesem Zusammenhang von »Körperregression« sprechen.

sie brauche für eine Zeit lang gar nichts zu tun. Sie ist zunächst überrascht über dieses Angebot, willigt aber nach einem kurzen Nachdenken ein. Ein paar Minuten scheint gar nichts zu geschehen, sie liegt auf der Matte, ich halte ihren Kopf. Ich beobachte, dass sie kaum zu atmen scheint. Dann beginnt sich die Situation allmählich zu verändern. Erste Ankündigung sind Geräusche aus ihren Gedärmen, die mir andeuten, dass auf tief emotionaler Ebene »etwas geschieht«. Kurze Zeit später merke ich in ihrem Gesicht, dass sie offensichtlich gegen Tränen ankämpft. Schließlich setzen sich die inneren Impulse gegen die Abwehren durch, und sie beginnt zu weinen, wenn auch ein wenig verhalten.

Nachher erzählt sie mir, der Kopfschmerz habe zunächst stark zugenommen, und ihr sei das Bild gekommen von Reisnägeln, die sich aufstellen – auf bewusster Ebene sei ihr der Halt jedoch angenehm gewesen. Die Tränen hätten sie komplett überrascht, sie habe keine Ahnung, woher sie kommen, sie könne mir ihnen überhaupt nichts verbinden. Dennoch hat diese Sitzung in den nächsten Wochen einen starken Effekt auf sie: Öfter ist sie aufgewühlt, deutlich spürt man, dass sie wenig widerständig ist als zuvor. Das Arbeitsbündnis scheint sich deutlich verbessert zu haben, und es kommt mehr »Material«. So wird, rund um den traumatischen Selbstmord des Vaters erstmals deutlich, dass ihr damals eine starke und Halt gebende Mutter gefehlt habe, um selbst mit dem Trauma fertig zu werden – im Gegenteil: Sie, die Tochter, war es, die ihre Mutter stabilisiert hatte. Und so ändert sich langsam das Bild von ihrer Mutter, und beginnt zu ahnen, dass ihr selbst mütterlicher Halt fehlte und sie sich als Reaktion auf dieses Manko zu einer Frau entwickelt hatte, für die Leistung, Kontrollbedürfnis und Wille die tragenden Lebensprinzipien wurden. Ohne auf genauere psychodynamische Zusammenhänge hier weiter einzugehen, sei angemerkt, dass sich die Kopfschmerzen der Patienten im Laufe der nächsten zwei, drei Monate deutlich besserten.

Welcher Körper ist gemeint?
Der Körper als »Übergangskörper«

Bei dieser Patientin war die körperliche Intervention eine sich längerfristig als hilfreich erweisende Möglichkeit, um einen »inneren Prozess« in ihr anzuregen. Die körperliche Erfahrung des Halts war hier eine Hilfe, um an abgespaltene Affekte der Trauer und des Schmerzes heranzukommen und dadurch eine Vielzahl an weiteren Assoziationen anzuregen.

Innerhalb der Bioenergetischen Analyse war es m.W. Berliner (1994a), der sich in systematisierter Form die Frage gestellt hatte, welcher Körper eigentlich gemeint sei, wenn von »Körper« im Rahmen eines bestimmten körpertherapeutischen Verfahrens gesprochen wird[8]. In Abgrenzung von einem energetischen Körper, wie in Reich und Lowen konzipierten, von einem triebhaft-libidinösen Körper bei Freud, von einem imaginären Körper bei Lacan, einem relationalen Körper bei Sami Ali und einem symbolischen Körper bei Dolto führte Berliner das Konzept des Übergangskörpers ein, ausgehend von Winnicotts Idee des Übergangsobjektes (Winnicott 1987). McDougall (1987) hatte Winnicotts Vorschlag aufgegriffen, um Süchte theoretisch zu erklären. Berliner führt diese Gedanken noch einen Schritt weiter und wendet sie auf bestimmte körperliche Interventionen in der analytischen Körperpsychotherapie an.

Die Idee des Übergangsobjektes ist – vereinfacht dargestellt – eng verbunden mit Trennungsprozessen. Bestimmte Verhaltensweisen des Säuglings, wie Daumenlutschen, und bestimmte Spielzeuge, die weichen Stofftiere, lassen den Säugling bzw. das Kleinkind Trennungserfahrungen besser bewältigen. Mit Hilfe eines Übergangsobjektes gelingt es leichter, das mentale Bild der Mutter auch in ihrer Abwesenheit zu bewahren und den Trennungsschmerz aushaltbar zu machen. Waren die Trennungserfahrungen nicht zu traumatisch, ist das Kind zunehmend in der Lage, seine innere Welt an Gedanken, Vorstellungen, Fantasien und Gefühlen weiter zu differenzieren und eine Erwachsenenpsyche zu entwickeln, die – in ihren bewussten und unbewussten Facetten – mit Hilfe des klassischen psychoanalytischen Couch-Verfahrens den Patienten zugänglich gemacht werden kann. D.h. mittels Sprache ist es möglich, zum eigenen Erlebten eine Verbindung herzustellen und darüber mit anderen Menschen zu kommunizieren.

Unter traumatischen Einwirkungen findet eine solche Entwicklung u.U. nicht statt, und die Identität des Patienten ist unzureichend entwickelt, er verfügt über eine mangelhafte innere Differenzierung, im Extremfall – wie bei alexithymen Patienten – über ein nicht entwickeltes oder komplett abgespaltenes Innenleben. Für solche Patienten gilt:

»Der Körper wird – als Übergangsobjekt – vom Therapeuten im doppelten Sinn als Kommunikationsmittel (anstelle der Sprachebene allein) verwendet, nämlich einmal ›transitorisch‹ (für den Augenblick), und gleichzeitig im Sinne eines Übergangs (als Bindeglied in einer Übergangsphase), solange die Identität des Klienten ungenügend entwickelt ist. Wenn die Sprache des Klienten im Laufe

---

8 Die Frage nach der zugrunde liegenden Körpertheorie hat sich etwas später auch U. Geuter gestellt, wenngleich nicht speziell im Rahmen der Bioenergetischen Analyse, sondern bezogen auf körpertherapeutische Verfahren allgemein. So spricht er z.B. im Kontext von Konzentrativer Bewegungstherapie oder Tanztherapie von »einem um Bewegung und Wahrnehmung zentrierten Körper«, im Zusammenhang mit analytischer Körperpsychotherapie von einem »dialogischen Körper« (Geuter 1996).

des therapeutischen Prozesses immer ›leibhaftiger‹ wird, nimmt der Therapeut immer seltener (solche, PG) Körperinterventionen zu Hilfe, bis sie schließlich völlig wegfallen.« (Berliner 1994b, S. 113).

Fazit: »Manches Mal reichen weder die Worte des Therapeuten noch die positive Atmosphäre der therapeutischen Situation aus, um Vorstellungen und Affekte im Klienten zu beleben. In solchen Fällen werden die Hand des Therapeuten und sein übriger Körper zu Übergangsobjekten, um die ursprünglichen Erfahrungen des Klienten mit seiner Mutter wiederzubeleben. Die Hand des Therapeuten berührt z. B. sensible Areale des Klienten, wie seinen Nacken oder seine Brust. Der Klient hat dadurch die Möglichkeit, sich der Berührung – dem tröstenden Objekt – hinzugeben oder sie – das schlechte mütterliche Objekt – abzulehnen. Die Begegnung mit dem tröstenden Objekt löst Traurigkeit aus – feuchte Augen, Tränen, Seufzer oder Schluchzen. Diese Reaktionen werden durch den Vergleich der gegenwärtigen mit der früheren Erfahrung induziert. Gewissermaßen bedauert der Patient, dass ihn eine dermaßen warmen Hand nicht früher berührt hat. In der Abwehr des Klienten befindet sich nun eine Lücke, und ein affektgeladener Dialog wird geboren, der die gesamte Frühgeschichte aufzeigen wird« (Berliner 1994a, S 38).

Eine solche Intervention ist ein Übergangsschritt. Bei meiner Patientin wurde durch das Halten des Kopfes ein Zugang zu abgespaltenen psychischen Anteilen möglich, der Ausgangspunkt war für eine produktive weitere Entwicklung. Die Intervention erfolgte aus einer therapeutischen Begleiterrolle heraus und ist damit strukturlogisch verwandt mit bioenergetischen »Übungen«, bei denen das explizite oder implizite Ziel darin besteht, Affekt zu aktivieren und ggf. auch zu entladen. Das geschah bei meiner Patientin auch, sie begann schließlich zu weinen, und die Affektabfuhr und damit verbundene innere Umgruppierung zwischen hemmenden und impulshaften psychischen Strukturen wirkte sich – bezogen auf den Gesamtprozess – progressiv aus.

Der interaktionelle Körper

Dennoch handelt es sich bei dem beschriebenen Vorgehen noch nicht um eine Interaktion im eigentlichen Sinn, d.h. auf einer Subjekt-Subjekt-Ebene, wie es beispielsweise in der Einführung der Handlungsszene der Fall war, als der Therapeut sagte:

»Könnten wir uns jetzt in der Stunde noch einmal so begrüßen, wie wir es am Anfang tun? Wir könnten uns erst in einem bestimmten Abstand gegenüberstehen und dann aufeinander zugehen.«

Bei einer solchen Intervention wird der Patient in seinem interaktiven Verhalten herausgefordert – und natürlich ebenso der Therapeut! Der Therapeut ist hier nicht Begleiter, er ist Interaktionspartner. Es ist dies daher ein anderer Zugang zu inneren Szenen und zu Affekten, der m. E. einer eigenen theoretischen Konzeptualisierung bedarf. Z. B. wird ein stattgefundenes Enactment (die Begrüßungsszene zwischen Patientin und Therapeut) in ihrer nonverbal-kommunikativen Gestalt nachträglich nachgestellt, als Möglichkeit, den sich dabei entwickelnden körperlich-interaktiven Prozessen nachzugehen und sie schließlich bedeutungsgebend in Worte zu fassen. Die für den Klienten wichtigen szenischen Elemente können sich nur dann entfalten, wenn sich auch der Therapeut – im Wechselspiel von führen und geführt-werden – auf die gemeinsame Szene handeln »einlässt«.

Den hierbei gemeinten Körper, den wir auf theoretischer Ebene beschreiben müssen, möchte ich den *interaktionellen Körper* nennen.[9]

Der interaktionelle Körper ist der Körper, wie er in der analytischen Psychotherapie unmittelbar in der Interaktion in Erscheinung tritt – der Körper als Medium, als Vermittler von Handlungen. Die Begriffswahl »interaktionell« lehnt sich einerseits an die moderne Definition von Übertragung als »interaktionelle Übertragung« an (vgl. Bettighofer 2006) und trägt andererseits dem Umstand Rechnung, dass die Interaktion, die verbale genauso wie die nonverbale, im Brennpunkt des therapeutischen Interesses stehen, wie weiter oben bereits definiert: »In der analytischen Körperpsychotherapie wird die Wirksamkeit von Handlungsdialogen – auch wenn sie überwiegend auf der nichtsprachlichen Handlungsebene ablaufen – sowohl aus ihrer konkreten wie auch aus ihrer symbolischen Bedeutung für den Patienten erklärt. Des Weiteren wird hier mit den unbewusst ablaufenden wie auch mit bewusst eingesetzten Handlungsdialogen gearbeitet [...]« (Westram 2006). D. h. bewusst eingesetzte Interventionen zielen auf die Darstellung interaktiven Geschehens auf beiden Ebenen – der konkreten und der symbolischen – ab. Handlungssymbolische Arbeit, das Zulassen und Verstehen unbewusster Handlungsdialoge (Enactments) sowie das unmittelbare Wirkungsgeschehen des Sich-Einander-Behandelns (Heisterkamp 2006) greifen ineinander.

Man könnte statt von einem »interaktionellen« genauso von einem »relationalen« Körper sprechen, und man könnte, wie das Geuter (1996) vorgeschlagen hat, auch von einem »dialogischen« Körper sprechen. Wozu also einen neuen Begriff

---

9 Die in Zusammenhang mit dem »interaktionellen Körper« stehenden Gedanken habe ich zum ersten Mal am 19. Jänner 2002 im Rahmen eines Vortrags formuliert, mit dem Titel: Vom Körper zur Interaktion: Zum Dialogischen Verständnis des Körpers. Abgedruckt in: Poscheschnik, G., Ernst, R. (Hg.) (2003): Psychoanalyse im Spannungsfeld von Humanwissenschaft, Therapie und Kulturtheorie. Brandes u. / Apsel, Frankfurt a. M., S. 102–121.

einführen? Ich meine, dass durch die neue Begriffswahl »interaktioneller Körper« das motorische, handelnde Moment stärker und prägnanter angesprochen ist als in der Wortwahl »dialogischer Körper«, obwohl man einwenden könnte[10], dass die Bezeichnung »dialogisch« den objektiv handelnden Aspekt und den subjektiv erlebenenden Aspekt eher vereint als die Bezeichnung »interaktionell«. Ich schließe mich mit meiner Wortwahl auch einem psychoanalytischen Trend an; durch die Konzentration auf Übertragung und Gegenübertragung ist Psychoanalyse seit langem ein dialogisches Geschehen, doch durch die zunehmende Beachtung von Enactments bekommt sie immer mehr eine interaktionelle Schlagseite – nicht zufällig ist die Begrifflichkeit »interaktionelle Übertragung« entstanden.

Es wird mit der Bezeichnung »interaktionell« eine Dimension begrifflich gefasst, die sich in jeder Psychotherapie – ob verbal oder körperbezogene – grundsätzlich immer ereignet: Es ist nämlich nie möglich, in einem umfassenden Sinn *nicht zu handeln*, immer sind beide Interaktionspartner körperlich präsent und interagieren mehr oder weniger aufeinander bezogen. Der Körper in der psychotherapeutischen Arbeit ist so gesehen immer auch ein interaktioneller.

Äußerlich nicht interagierend könnte nur zweierlei bedeuten:

➤ *Aktives* Vermeiden der Interaktion als bewusst / unbewusstes Ignorieren der Gegenwart des anderen, was aber auf der inneren Bühne Interaktion bedeutet.

➤ Eine prinzipielle Unfähigkeit, die Gegenwart des anderen wahrzunehmen, wie bei ausgeprägt autistischen Störungsbildern (Defekt in den Spiegelneuronen?)

Man kann der Beziehung und damit ihrem interaktionellen Aspekt also grundsätzlich nicht entkommen.

O. Hofer-Moser (persönl. Mitt.) weist auf die folgende begriffliche Unterscheidung hin: Der umfassendste sinnvolle Begriff in unserem Diskussionskontext ist der der *Bezogenheit / Beziehung / Relationalität*. Er beschreibt das soziale In-Beziehung-Stehen des Menschen innerlich und äußerlich als eine anthropologische Grundvoraussetzung, unabhängig davon, ob ein (wesentlicher) Anderer tatsächlich anwesend ist oder nicht. In *realer* Gegenwart eines Anderen ist vermutlich der etwas eingegrenztere Begriff der *Kommunikation* angebracht. Bezogenheit als Grundmatrix bildet den Hintergrund, aus dessen *spezifisch-individuellem Möglichkeitsfeld* (Potenzialität in Anlehnung an die Quantenphysik) sich die tatsächliche Kommunikation, und – noch etwas eingegrenzter von der Begrifflichkeit her – *Dialog* (der ja immer implizit auch

---

10 Persönlicher Hinweis von O. Hofer-Moser.

ein Polilog ist) *realisiert*. Auf dieser Ebene hat erst eine Aussage wie: »Man kann nicht nicht-kommunizieren« einen Sinn. Ebenso gilt dies für Aussagen wie: Auch Sprechen oder Denken sind ein Handeln. Das, was aber mit *Interaktion* sinnvoll gemeint ist, ist der komplex-motorische Teil des aktualisierten expliziten und impliziten Beziehungswissens, ist co-verbale und non-verbale Kommunikation in ihren bewussten und unbewussten Bedeutungen, wie sie sich in Mimik, Gestik, Haltung, etc., also körpersprachlich unter den gegebenen Kontext-Bedingungen *realisiert*.

In der analytischen Körperpsychotherapie tragen wir durch die Art unserer Interventionen und die Beachtung des sich über Handlungen vermittelnden impliziten Wirkgeschehens der interaktiven Dimension Rechnung, sodass sich m. E. diese spezielle Wortwahl rechtfertigen lässt.

Nun ein entwicklungsgeschichtlicher Exkurs.[11]

Daniel Stern: die Domäne des Kernselbst-Empfindens

Beginnend mit dem Ende des zweiten Lebensmonats bis hin zum sechsten Lebensmonat verändert sich, mitbedingt durch die wachsenden motorischen Fertigkeiten des Säuglings, das Wesen des Säuglings markant. Es entwickelt sich nach der ersten Domäne[12] des »auftauchenden Selbstempfindens« eine zweite Domäne, die Empfindung eines Kern-Selbst als getrennter, kohärenter, abgegrenzter körperlicher Einheit. Das körperliche Erleben des Säuglings spielt dabei eine zentrale Rolle: »Die erste Organisation dieser Art betrifft den Körper: seine Kohärenz, seine Handlungen, Gefühlszustände und die Erinnerung an all dies. Auf eine solche Organisation des Erlebens ist das Empfinden eines Kern-Selbst konzentriert« (Stern 1992, S. 73).

Die zunehmenden motorischen Fähigkeiten – z.B. die eigene Position und Körperhaltung willentlich verändern zu können – schaffen die notwendigen Voraussetzungen dafür, dass sich das Feld der Interaktion mit der Mutter wesentlich differenziert. Vor allem der Augenkontakt mit der Mutter ist es, der in dieser Phase in den Mittelpunkt des interaktiven Geschehens rückt: »Wechselseitiger Augenkontakt gibt diesen Interaktionen ihre Struktur. [...] man kann sagen, dass

---

11 Klarerweise kann man entwicklungspsychologische Überlegungen, wie sie im Folgenden vorgestellt werden, nicht 1:1 auf therapeutische Überlegungen übertragen. Die Theorie der Entwicklung ist das eine, eine Theorie der Therapie etwas anderes. Eine genaue Diskussion der Bruchstellen zwischen diesen beiden Theoriemodellen kann hier nicht geleistet werden.

12 Stern spricht bewusst von Entwicklungsdomänen und nicht Phasen, weil seiner Meinung nach eine Domäne auf der anderen aufbaut. Entwickelt sich eine neue Domäne des Selbstempfindens, tritt die vorhergehenden in den Hintergrund und bleibt dort weiterhin aktiv.

es in dieser Lebensphase kein bedeutsameres Ereignis gibt als den Blickkontakt. Er bildet die Basis aller Lebensäußerungen [...].« Dabei geht es in dieser visuellen Interaktion nicht um etwas Konkretes. Ihre Interaktionen haben einzig zum Ziel, diese Erfahrung auszudehnen (Stern 1991, S. 54). Wieder aktiviert wird diese Erfahrung später in ähnlich intensiv erlebten Augenblicken der Nähe mit einem anderen Menschen (Stern, 1991, S. 56). Für den Säugling ist dies ein selbstverständliches Geschehen: »Ohne von komplizierten Wünschen und Absichten abgelenkt zu werden, kann der Säugling die fundamentale Fähigkeit zur reinen, intensiven Nähe mit einem anderen Menschen erlernen. Es geht, mit anderen Worten, in dieser Entwicklungsperiode darum, eine nonverbale Kommunikationsbasis zu erwerben, auf der später alle sozialen Interaktionsformen und auch die Sprache aufbauen.« (Stern 1991, S. 57).

Es ist die Qualität des Augenausdrucks der Mutter, auf die der Säugling reagiert. Im stimmlichen Bereich hört er nicht auf die Worte, sondern auf die Sprachmelodie. Misstöne schrecken oder bestürzen ihn. Er spürt die Qualität der Berührungen und reagiert auf diese. Körperkontakt, z.B. über Getragen-Werden, ist weiterhin extrem wichtig. Der Körperkontakt ist ein eigener Raum, der den Gesetzen emotionaler Bindungen gehorcht (Stern 1991, S. 86).

Viele Interaktionen laufen in dieser Zeit über improvisierte Kontaktspiele zwischen Mutter und Kind. »Man hat den Eindruck, daß [...] Babys [...] Spiele lieben, die sie nahe an die obere Toleranzschwelle ihres Erregungsniveaus bringen – vergleichbar vielleicht mit Erwachsenen, die gern mit der Gefahr spielen« (Stern, 1991, S. 75). Wichtig ist, dass all diese Interaktionen *vor* der Entstehung der Fähigkeit zur Symbolbildung stattfinden, auch wenn bestimmte Interaktionen in späterer Folge symbolisch durchaus überlagert werden können. Der weitaus größte Bereich unseres nonverbalen Interaktionsverhaltens besteht jedoch in einem nicht-symbolisierten Beziehungswissen, d.h. in prozeduralen Gewohnheiten des Umgangs miteinander, die wir uns nie bewusst machen. Es handelt sich um jenen Bereich, den Streeck (2004) »Beziehungsregulierung« nennt – also interaktive Makro- und Mikroprozesse der motorisch-affektiven Feinabstimmung. Sie sind dem bloßen Auge meist nicht zugänglich und dennoch wirken sie. Ihre Auswirkungen in der therapeutischen Situation sind mannigfaltig und laufen darauf hinaus, dass wir mittlerweile von einer »Neutralität« des Therapeuten im ursprünglich gemeinten Sinn eigentlich nicht mehr sprechen können.

Nonverbale Beziehungsregulierung zwischen Erwachsenen

Im Rahmen dieser Arbeit kann ich nicht auf die schrittweise Entwicklung und Ausdifferenzierung der nonverbalen Domäne eingehen, jedoch sei so viel angedeutet, dass es sich dabei um einen eigenständigen Kommunikations-»Kanal« handelt, der mitnichten »primitiver« ist als der verbale. Während durch die Wortsprache kategoriale Aspekte der Wirklichkeit besser dargestellt werden können (d. h. voneinander unterscheidbare Bereiche, Kategorien), liegt die Macht der nonverbalen Domäne in ihrer Nähe zum Affekt und damit verbundenen »Bedeutungen«. So kann eine bestimmte Geste oder ein Blick u. U. mehr sagen als tausend Worte.

Nonverbale und der verbale Kommunikationskanal existieren gleichsam als parallele Welt nebeneinander und sind wirksam. Mimik und Gestik wirken weiterhin im Sinne elementarer Signalgebung. Sie lösen im Gegenüber psychische, physiologische und muskuläre Reaktionen aus – auf diese Weise sind die Interaktionspartner mimisch und gestisch miteinander verschränkt. Mimisch-gestische Signale haben keine symbolische Bedeutung im engeren Sinn, sondern sie wirken einfach; auf Signale wird daher reagiert, nicht geantwortet (Ranefeld 1995). Widersprüchliche Signale können Konflikte auslösen, jedoch handelt es sich dabei nicht um psychoneurotische Konflikte im eigentlichen Sinn, sondern um »aktualneurotische Konflikte« (ebend.), die sich auf gegenwärtige Reiz-Reaktionsmuster beziehen, z. B. gruppiert um das Thema Annäherung / Vermeidung oder Kampf / Flucht.

Treten in diesem Bereich Konflikte auf, sind es zunächst nicht Konflikte im Sinne eines unbewussten und dynamisch bedeutsamen Konfliktgeschehens – sondern sie wirken einfach. Jedoch sind diese elementaren Kommunikationsformen Vorstufe, Kern und Baustein einer Kommunikation, die von einer symbolisch konflikthaften Psyche in Szene gesetzt wird. So können sich verdrängte und auch abgespaltene Wünsche des nonverbalen Signals »bedienen«, z. B. eines Blicksignals wie Senken des Blicks als Manifestation einer latenten Wunschdimension (ebend.). Es geht in gewisser Weise um eine »bewusstlose Wirklichkeit, die wirkt« (ebend.) und in der Therapie zur Sprache kommen soll.

In einem therapeutischen Setting, das solchen prozeduralen Gewohnheiten die Chance gibt, sich zu entfalten (und die Chance dazu ist in einem »offenen Setting« deutlich größer als im Couch-Setting, das den Körper in bestimmten Bereichen stilllegt), ist es möglich, konflikthafte Anteile des Patienten über interaktive Prozesse – wie in der oben beschriebenen Begrüßungsszene – zunächst auf der Ebene der Handlung wahrnehmbar und damit bearbeitbar zu machen. Man gibt ihnen gewissermaßen die Chance, sich zunächst zu inszenieren, bevor man versucht sie zu verstehen.

In der Gesamtinteraktion (über Mimik und Gestik hinaus wirksame) wichtige Ausdrucksbereiche sind:

➤ Respiratorischer Bereich – Atmung
➤ Akustischer Bereich – Stimme
➤ Visueller Bereich – Augenausdruck
➤ Motorischer Bereich (Bewegungen)
➤ Kinästhetischer Bereich – Körperkontakt, Berührung

Körpermikropraktiken

Prozedurale Gewohnheiten greifen auf »implizites Wissen« zurück und ein solches steht uns allen als angeborenes Repertoir körperlicher »Mikropraktiken« zur Verfügung (Downing 2003, S. 75 ff.). Körpermikropraktiken spielen als interaktionelle Praktiken bereits ab der Geburt eine Rolle. Sie betreffen das Senden-Können und Empfangen-Können von Zustandsmitteilungen in Form körperlich-affektiver Signale. Unterscheidbar sind

➤ verkörperte Fähigkeiten zum Aussenden und Darstellen der eigenen Befindlichkeit (»Senden«)
➤ die Fähigkeit, die körperlich-affektive Befindlichkeit eines anderen aufzunehmen (»Empfangen«)
➤ die Fähigkeit darüber in einen Austausch zu treten und zu »ver-handeln«
➤ die Fähigkeit, miteinander geteilte körperlich-affektive Zustände zu nutzen, um gemeinsam neue Aspekte der Welt zu entdecken

Es gibt zwei Arten von Körper-Mikropraktiken, über die jeder verfügt: »Die eine mobilisiert er, wenn er alleine ist, die andere im Kontakt mit einem anderen – wobei sich beide überlappen« (ebend. S. 77); letztere nennt Downing »interaktionelle Praktiken«.

»Körper-Mikropraktiken werden weitgehend sehr früh geprägt, und zwar durch kleinste Besonderheiten wiederholter Interaktionen während der ersten zwei Lebensjahre. Soweit man weiß gibt es auch Einflüsse aus der späteren Kindheit, zum Beispiel die Nachahmung von Gleichaltrigen, sportliches Training und traumatische Erfahrungen, die zu neuen Körper-Abwehrmechanismen führen können [...] Aber die präverbale Zeit scheint außerordentlich bedeutsam zu sein« (Downing 2003, S. 75; vgl. auch Beebe 1986; Beebe u. Stern 1977; Tronick 1986). Und: »Der größte Teil der Körperpraktiken, die wir während emotionaler Zustände ausüben, ist entstanden, indem wir sie genauso zu tun gelernt haben. (Auch) wenn unsere eigenen ›Lehrer‹, Väter, Mütter, Großväter oder Geschwister, sich dieses Einflusses wenig bewusst waren und wir als

Eltern das auch nicht sind, übernehmen wir doch eine Rolle des Initiators«
(Downing 2003, S. 76–77).

Die interaktionelle Einübung und Konditionierung körperlicher Mikropraktiken führt bereits früh zu »motorische Überzeugungen«: »Es sind dies
motorische Handlungsabläufe des Körpers, welche a) unsere affektiven Erfahrungen und b) unser Gefühl für Nähe und Distanz in unseren zwischenmenschlichen Interaktionen strukturieren. Mehrheitlich aus dem Unbewussten
heraus wirkend, repräsentieren motorische Überzeugungen eine Form still-
schweigenden und stetigen Wissens. Bei einem Kleinkind organisieren sie beispielsweise die grundlegenden motorischen Abläufe von Körperhaltungen und
-bewegungen während der Interaktion mit Anderen. Wann wird es hinsehen?
Wann seinen Kopf abwenden? Wann wird es seine Bewegungen rhythmisch
auf die Bewegungen des Gegenübers einstellen? Wann wird es dies vermeiden?
Wann wird es frei atmen? Wann wird seine Atmung angespannt sein? Durch
zahlreiche derartige Details […] entwickelt das Kleinkind ausgefeilte Muster
im Hinblick auf seine Anpassung an den interpersonellen Tanz. Gleichzeitig
bestimmen diese Handlungsprogramme über autonome Erregungszustände
und Affekte« (Downing 2002, S. 20).

Körpermikropraktiken wurden mit Hilfe von Videomikroanalysen in Interaktionen zwischen Babys und Borderline-Müttern analysiert (Downing 2004).
Die Analyse zeigte: Borderline-Mütter interpretieren das Verhalten ihrer Kinder
oft falsch, weil sie deren Signale missverstehen. Gleichzeitig senden sie nonverbal
(Mimik, Gestik, akustische Signale, Körpersignale) häufig Doppel- oder Mehrfachbotschaften aus; die Doppel- und Mehrfachbotschaften sind umso besser
aufzeigbar, je umfangreicher das gesamtkörperliche Repertoir an Körpermikropraktiken in die Analyse einbezogen wird. Mimische und akustische Affekt-
signale wechseln rasch und sind z. T. auch vermischt: z. B. Freude mit Ärger (aus
Ungeduld), Ekel oder Verachtung. Viele Antworten von Borderline-Müttern
sind nicht direkte Antworten auf die Signale des Kindes. Borderline-Mütter verfügen außerdem über eine eingeschränkte Fähigkeit, sich hinsichtlich bestimmter
Bewegungsrhythmen auf ihre Säuglinge angemessen einzustellen. Ihre Fähigkeit,
Kontaktbrüche von sich aus zu reparieren, ist begrenzt, sie neigen zu einem
überdurchschnittlichen Ausmaß an Kontrolle, bestimmen also selbst den Inter-
aktionsverlauf weitgehend und geben wenig Raum für Initiativen des Babys.

Die hier beschriebenen *interaktionellen* Körpermikropraktiken sind gleichermaßen kleinste Bausteine, aus deren Integration sich allmählich der interaktionelle Körper entwickelt.

Der interaktionelle Körper im therapeutischen Prozess

Interaktion findet immer statt, auch in einem rein auf sprachlichen Austausch angelegten Setting. Psychische Konflikte, die nicht verbalisierbar sind, inszenieren sich auf der Handlungsebene – in Gestalt des unbewussten Handlungsdialoges, von Enactments.

In der zeitgenössischen Psychoanalyse wird die Wichtigkeit von Enactments mittlerweile überwiegend anerkannt. Mit dem Konzept eines »interaktionellen Körpers« als Hintergrund geht nun Analytische Körperpsychotherapie hinsichtlich des Settings einen Schritt weiter als im psychoanalytischen Vorgehen, ausgehend davon, dass nicht nur gelegentlich sich unbewusst entfaltende Handlungsdialoge das gemeinsame Verstehen fördern können, sondern ebenso bewusst intendierte, durch den Therapeuten aktiv angeleitete Handlungsszenen. Es geht dabei um die Nutzung konkret-körperlicher Interaktion zum Zwecke des Bewusstmachens wechselseitiger Beziehungsregulierung v.a. in konflikthaften Bereichen, wobei u.a. folgende Kriterien eine Rolle spielen:

➤ Nähe- und Distanzregulierung
➤ Spannungsgrad in der Interaktion
➤ Affektiver Tonus: Lust / Unlust – Freude
➤ Aktivität/Passivität in der Interaktion (Balance von Führen und Geführt-Werden)

Was üblicherweise den kommunikativen Hintergrund bildet, wird in analytischer Körperpsychotherapie *fallweise* zum Vordergrund des Geschehens gemacht und anschließend verbal bearbeitet. M.E. handelt es sich bei diesem Vorgehen nicht unbedingt um ein regressionsorientiertes Vorgehen, sondern um zusätzliche Möglichkeiten des Verstehens in actu. Ein solches interaktives Vorgehen ist auch nicht gedacht als Ersatz für herkömmliche psychoanalytische Therapie, sondern als *Zusatz*. Es ist auch zu bedenken, dass den vielfältigen Möglichkeiten durch ein Öffnen des Handlungsraumes gleichzeitig eine Reihe von Verstrickungsmöglichkeiten gegenübersteht, die den Blick auf unbewusste Prozesse im Einzelfall durchaus vernebeln können.

Ein Beispiel dazu (Worm 2004, S. 268f.): »Ein Patient kam von einem körpertherapeutischen Seminar. Es ging dort um eine Partnerübung. Die Beteiligten sollten sich auf dem Bauch gegenüberliegen, Gesichter einander zugewandt, und mit jeweils dem rechten Arm den anderen Teilnehmer in Richtung Boden drücken. Der Patient hatte die Übung zunächst mit einer Frau durchgeführt, war jedoch unzufrieden mit dem ihn verwirrenden und nicht verständlichen Verlauf. Auf dem Seminar war darauf nicht näher eingegangen worden. Stattdessen wiederholte er dort die Übung in der beschriebenen Weise mit einem Mann und machte die befriedigende Erfahrung einer beidseitig gespürten Kraft im Kontakt. Ich schlug ihm vor, die Übung in der Stunde zu wiederholen, um zu erfahren, was mit mir als Frau anders für ihn verläuft. Er war einverstanden. Sobald wir uns in der entsprechenden Weise gegenüberlagen und an den Händen hielten, änderte der Patient den Übungsverlauf und versuchte, mich zu sich heranzuziehen mit einem verführerischen, herausfordernden Blick und Ton. Er provozierte damit in mir sehr bald ebenfalls eine kämpferische Stimmung mit einem erotischen Unterton, und wir versuchten uns eine Zeit lang hin- und herzuziehen. Dabei ging es deutlich um das Thema »Wer beherrscht wen« in einem erotisierten Machtspiel. Diese Szene, die so nicht vorauszusehen war, half unmittelbar zu verstehen, warum der Patient bereits seit einiger Zeit einen Widerstand spürte, in die Therapie zu kommen. Er hatte zwar zunehmend erotische Träume, die von Machtfantasien beherrscht waren, sowie plötzliche Kastrationsvorstellungen auf dem Weg zur Therapie, brachte diese jedoch nicht mit der erlebten Beziehung zu mir in Verbindung. *Die »Übung« aber machte auch ihm sofort evident, dass sich die zunächst positiv erotisch getönte Beziehung zu mir mit einem Machtpotenzial aufgeladen hatte, das er in der Beziehung zu seiner Mutter erlebt und durch ein inneres Abschneiden dieser Beziehung zu lösen versucht hatte.* (Hervorheb. PG).

Dieses Beispiel macht u. a. auch deutlich, dass es in der analytischen Körperpsychotherapie – zumindest auf längere Sicht – sehr wohl um Abwehr- und Widerstandsanalyse gehen muss und nicht so sehr um positive Körpererfahrungen im Rahmen von z. B. bioenergetischen Übungen. Die Bearbeitung der negativen Übertragung und überhaupt die »Inszenierung des Negativen« braucht viel Raum und Zeit und führt zu Veränderungen im Rollenbild des Therapeuten aus der Sicht des Klienten. Während der Klient den Therapeuten im Zuge bioenergetischer Übungen mehr als »Begleiter« oder als »idealisiertes Objekt« erlebt, wird der Therapeut im Zuge der Inszenierung des Negativen zum konkreten Gegenüber, zum Mitspieler in einer Interaktion und damit zur Projektionsfläche negativer Übertragungsaspekte. Ist im Zuge bioenergetischer Übungen die körperlich-affektive Erfahrung eigentliches Ziel des Vorgehens, so ist es im analytisch-körperpsychotherapeutischen Vorgehen das Verstehen der gemeinsamen Inszenierung und in besonderer Weise natürlich der (sich wiederholende) Beitrag des Klienten an der gemeinsamen Inszenierung. Ist im bioenergetischen Vorgehen die lösende Körpererfahrung implizites oder explizites Ziel des Vorgehens (d. h. in gewisser Weise ein gemeinsames »Gelingen« der Übung), so »steht im Zentrum des psychoanalytischen Vorgehens der Fehler«[13] und nicht das Gelingen von etwas.

---

13 Kommentar von J. Scharff im Rahmen einer Diskussion am 6. Wiener Symposium »Psychoanalyse und Körper«. In der Konzentration auf den »Fehler«, d. h. auf Enactments und Verwicklungen, an denen auch der Therapeut beteiligt ist, sehe ich – technisch gesehen – eine klare unterschiedliche Schwerpunktsetzung im Vergleich zu anderen in diesem Buch beschriebenen traumatherapeutischen Vorgangsweisen.

D. h.: Wenn in dieser letzten Fallvignette eine »Übung« als Ausgangspunkt der nun folgenden Interaktion betrachtet werden kann, ist sie nicht entscheidendes Instrument, sondern als Ouvertüre für das anzusehen, was sich in der Folge zwischen Patient und Therapeut als Interaktionspartner entwickelt. Gemeinsame unbewusst-szenische Anteile greifen interaktiv ineinander, und es erfordert eine ausgiebige psychoanalytische *und* körperpsychotherapeutische Erfahrung, sich innerhalb solcher Interaktionen einigermaßen sicher in der eigenen Unsicherheit und Unvorhersehbarkeit dessen, was sich entwickeln kann, zu fühlen. Hilfreich in der Orientierung, was im körperlich-psychischen Geschehen gerade wichtig ist, ist die Orientierung an der Gesamtgestalt der Interaktion, und diese wiederum eingebettet in den sich entfaltenden Übertragungs-Gegenübertragungsprozess.

Interaktionelles Vorgehen bei schwierigen Patienten

Patienten wie die oben beschriebene Kopfschmerzpatientin, aber auch andere schwierige Patienten (Boderline-Störungen, biploare Störungen, traumatisierte Patienten, Suchtpatienten etc.), sind u. U. erreichbar, wenn man als Therapeut eigene affektive und körperliche Prozesse langsam und dosiert in den therapeutischen Prozess einspeist und auf diese Weise den Blick auf zunächst über das körperliche Handeln sich manifestierende Interaktionen richtet.[14] Hier noch ein Beispiel, wie das gemeint sein kann:[15]

(Patient und Therapeut geraten in eine Diskussion – der Patient wirft dem Therapeuten vor, dass all dieses Gerede nichts bringt, und dass er den Eindruck hat, dass der Therapeut zu wenig tut und sich zu wenig am Geschehen beteiligt.)

T: Sie sagen, dass Sie mich gefühllos erleben. Was tu ich denn, dass Sie diesen Eindruck von mir haben?
P: Sie sitzen nur da und reden, aber sie sind nicht berührt von dem, was ich sage.
T: Wenn Sie sagen, ich bin nicht berührt, wie sehen Sie denn das – was sehen Sie in meinem Gesicht, was hören Sie in meiner Stimme?

---

14 Eine genaue Ausarbeitung dieses Ansatzes ist nachlesbar bei 1. McLauglin, J. T.: The Healer's Bent. Solitude and Dialogue in the Clinical Encounter. Edited and introduces by William Cornell. Relational Perspective Books Series Vol. 30. The Analytic Press, Hillsdale NJ – London 2005. Und 2. Downing, G.: Unbehagliche Anfänge: Wie man Psychotherapie mit schwierigen Patienten in Gang setzen kann. Manuskript. Zur Veröffentlichung in: Geißler, P., Heisterkamp, G. (Hg.): Psychoanalyse der Lebensbewegungen. Zum körperlichen Geschehen in der analytischen Psychotherapie. Springer (Wien), im Druck.
15 Die Vorlage zu diesem Therapiedialog entstammt dem oben erwähnten Artikel von Downing.

P: Ich habe keine Ahnung.

T: Nun, ich kann Ihnen sagen, dass in Wirklichkeit bei uns beiden viel passiert, auch wenn wir das oft nicht bemerken. Sicher tu ich etwas, dass ich auf Sie so wirke, als sei ich unbeeindruckt von dem, was Sie sagen.

P: Was mich irritiert ist nicht, was Sie tun, sondern das, was Sie nicht tun.

T: Was meinen Sie denn damit?

P: Sie sitzen einfach hier und beobachten mich. Und Sie starren mich nur an.

T: Das heißt es hat etwas damit zu tun wie ich Sie anschaue? Das ist wichtig – wir beginnen uns jetzt darüber zu unterhalten, was wir beide tun, auch wenn es so aussehen mag, als wenn wir gar nichts tun. Können Sie mir genauer beschreiben, wie mein Blick auf Sie wirkt? Und was ich in meinem Gesicht »mache«, dass der Eindruck in Ihnen entsteht, ich sei gar nicht interessiert an Ihnen?

Dieses kurze Beispiel mag die Richtung aufzeigen: Es geht um eine zunehmende Fokussierung auf die über den Körper vermittelte Interaktion, unter Berücksichtigung von Mikroprozessen (wie z. B. bestimmten Minireaktionen im Gesicht, in den Augen, in anderen Körperbereichen). Im Sinne einer »mutuellen Analyse« Ferenczis[16] wird – ausgehend davon, dass im Zentrum eines modernen analytischen Vorgehens der »Fehler« des Therapeuten steht (s. o.) – der Fokus zunehmend mehr auf jene körperlichen Prozesse gerichtet, die ununterbrochen stattfinden und für die man allmählich eine Aufmerksamkeit entwickeln kann. Es ist daher lediglich eine Frage der Zeit und der Geduld, bis sich auch der Patient diese körperlichen Vorgänge bei sich selbst mehr und mehr gewahr wird – und dann als therapeutisches »Material« selbst einzubringen beginnt. Durch wachsende körperlich-interaktionelle Aufmerksamkeit[17] merkt der Patient in zunehmendem Maße, wie er selbst Interaktionen mitgestaltet.

O. Hofer-Moser (persön. Hinw.) hat mich darauf aufmerksam gemacht, dass dies eine besondere Form der Nutzung von *prozeduralem* Beziehungswissen ist und dass es sich dabei um einen brauchbaren Zugang handelt, um beharrlich übend auch auf dieser Ebene Veränderungen zu ermöglichen oder um, wenn man den Fokus auf die therapeutische Beziehung gerichtet halten will, ein evtl. zu hohes emotionales, nicht lernförderliches Niveau im Sinne einer Distanzierungstechnik zu reduzieren (vgl. dazu auch Hofer-Moser 2005 u. 2006).

---

16 Im Unterschied zu Ferenczi wäre zu betonen, dass ein solches mutuelles Vorgehen ein klares »Funktionsbewusstsein« (eine Begrifflichkeit, die mein bioenergetischer Lehrtherapeut W. Pechtl gern benutzte) der therapeutischen Rolle voraussetzt.

17 Schellenbaum (2001) meint mit seiner Begrifflichkeit »Spürbewusstsein« wohl eine analoge Ausrichtung der Aufmerksamkeit.

Zusammenfassung

Es wurde in ersten Zügen skizziert, wie man sich auf theoretischer Ebene den aktiven Einbezug des Körpers in den analytischen Prozess vorstellen kann. Diesbezüglich wurden zwei Konzepte genannt: das Konzept vom »Übergangskörper«, das im Grunde genommen kein eigentlich psychoanalytisches ist, weil es dem analytischen Prinzip der sorgfältigen Abwehr- und Widerstandsanalyse entgegenläuft. Hingegen lässt sich die Konzeptualisierung eines »interaktionellen Körpers« mühelos in ein psychoanalytisches Gesamtverstehen integrieren, wenngleich sich das Vorgehen (vom Therapeuten aktiv intendiertes körperliches Handeln) und das Setting (offenes Setting) klar von der bisher üblichen psychoanalytischen Vorgehensweise unterscheiden. Die Zukunft wird zeigen, ob sich die Psychoanalyse auf eine solche Öffnung des Settings hin zubewegen wird oder nicht.

Vom Standpunkt der Indikation her erscheint sowohl die Konzeptualisierung eines »Übergangskörpers« als auch die eines »interaktionellen Körpers« geeignet, bestimmten Patienten – u. a. Patienten mit traumatischer Vorgeschichte – in technischer Hinsicht besser gerecht zu werden. Das hier beschriebene Vorgehen versteht sich als EIN mögliches Vorgehen zu diesen oft schwierigen Patienten.

Eine differenzierte »Praxeologie basaler Mitbewegungen« des Therapeuten befindet sich im Stadium der Vorbereitung (Heisterkamp 2007) – die Konzeption eines »interaktionellen Körpers« ist gedacht als ihre mögliche theoretische Fundierung. Sie schließt die Möglichkeit der Analyse des unbewussten Handlungsdialog (»Enactments«) wie in einer modernen Psychoanalyse ein, geht aber über eine solche hinaus, indem sie – in einem offenen Setting – das körperliche Handeln als fundamental wichtigen und parallel zum verbalen Kommunikationskanal (wenn auch oft im Hintergrund) fungierenden Kanal ansiedelt und ihm Gleichrangigkeit einräumt – in der Theorie und in der Behandlungspraxis.

Literatur

Beebe, B. (1986): Mother-infant mutual influence and precursors of self- and object representations. In: Mashling, J. (Hg.): Empirical Studies of Psychoanalytic Theories, Bd. 2. Hilsdale (The Analytic Press)

Beebe, B., Stern, D. N. (1997): Engagement-disengagement and early object experiences. In: Freedman, N., Grand, S. (Hg.): Communicative Structures and Psychic Structures. New York (Plenum)

Bettighofer, S. (2007): Die interaktionelle Übertragungs-Analyse. In: Geißler, P., Heisterkamp, G. (Hg.): Psychoanalyse der Lebensbewegungen. Zum körperlichen Geschehen in der psychoanalytischen Therapie – ein Lehrbuch. Springer (Wien)

Berliner, J. (1994a): Zur Theorie des Übergangsobjektes und des Übergangsraumes in der analytischen körpervermittelten Psychotherapie. In Geißler, P. (Hg.): Psychoanalyse und Bioenergetische Analyse im Spannungsfeld zwischen Abgrenzung und Integration. Frankfurt a. M. (Peter Lang), S. 31–40

Berliner, J. (1994b): Psychoanalyse, Bioenergetische Analyse, analytische körpervermittelte Psychotherapie: Konzepte und Praxis. Ähnlichkeiten, Unterschiede und Besonderheiten. In: Geißler, P. (Hg.): Psychoanalyse und Bioenergetische Analyse im Spannungsfeld zwischen Abgrenzung und Integration. Frankfurt a. M. (Peter Lang), S. 53–147

Downing, G. (1996): Körper und Wort in der Psychotherapie. Leitlinien für die Praxis. München (Kösel)

Downing, F. (2002): Die Behandlung von Essstörungen. Psychoanalyse und Körper 1. Jg. Nr. 1, Heft, S. 9–35

Downing, G. (2003): Emotion und Körper – eine Kritik der Emotionstheorie. In: Psychoanalyse und Körper 2. Jg., Nr. 2, Heft 1, S. 59–88

Downing, G. (2004): Psychotherapy of Borderline-Disorders. Vortrag im Rahmen des 4. Wiener Symposiums »Psychoanalyse und Körper« Therapeutische Interaktion: Makro- und Mikroperspektive, 18. September 2004. Vortragsniederschrift

Downing, G. (2007): Unbehagliche Anfänge: Wie man Psychotherapie mit schwierigen Patienten in Gang setzen kann. In: Geißler, P., Heisterkamp, G. (Hg.): Psychoanalyse der Lebensbewegungen. Zum körperlichen Geschehen in der psychoanalytischen Therapie – ein Lehrbuch. Wien (Springer)

Geißler, P. (1997): Analytische Körperpsychotherapie. Bioenergetische und psychoanalytische Grundlagen und aktuelle Trends. Wien (Facultas)

Geißler, P. (2001): Mythos Regression. Gießen (Psychosozial-Verlag)

Geißler, P. (2003): Vom Körper zur Interaktion: Zum Dialogischen Verständnis des Körpers. In: Poscheschnik, G., Ernst, R. (Hg., 2003): Psychoanalyse im Spannungsfeld von Humanwissenschaft, Therapie und Kulturtheorie. Frankfurt a. M. (Brandes u. Apsel) S. 102–121

Geißler, P. (2005): Analytische Körperpsychotherapie: Eine neue Methode oder ein eklektischer Ansatz? In: Sulz, K. D., Schrenker, L., Schricker, Ch. (Hg.): Die Psychotherapie entdeckt den Körper, oder: Keine Psychotherapie ohne Körperarbeit? München (CIP-Medien), S. 233–263

Geißler, P. (2006): Körperpsychotherapie im Überblick.: Historische Wurzeln und gegenwärtige Entwicklungen. In: Psychotherapie im Dialog 7. Jg., Nr. 2, S. 119–126

Geuter, U. (1996): Körperbilder und Körpertechniken in der Psychotherapie. Psychotherapeut 41, S. 99–106

Heisterkamp, G. (2007): Praxis der Analyse seelischer Lebensbewegungen. In: Geißler, P., Heisterkamp, G. (Hg.): Psychoanalyse der Lebensbewegungen. Zum körperlichen Geschehen in der psychoanalytischen Therapie – ein Lehrbuch. Wien (Springer) S. 299–340

Hofer-Moser, O. (2005): Neurobiologie und Psychotherapie – Teil 1. Psychoanalyse und Körper, 4. Jg., Nr. 7, Heft 2, S. 25–68

Hofer-Moser, O. (2006): Neurobiologie und Psychotherapie – Teil 2. Psychoanalyse und Körper, 5. Jg., Nr. 8, Heft 1, S. 5–39

Jacobs, T. (1991): On countertransference enactments. In: The Use of the Self: Countertransference and Communication in the Analytic Situation. Madison (CT), S 139–156

Klüwer, R. (1983): Agieren und Mitagieren. Psyche – Z psychoanal 37, S. 828–840

Küchenhoff, J. (2007): Körperinszenierungen. In: Geißler, P., Heisterkamp, G. (Hg.): Psychoanalyse der Lebensbewegungen. Zum körperlichen Geschehen in der psychoanalytischen Therapie – ein Lehrbuch. Wien (Springer)

McDougall, J. (1967): Theater des Ich. Paris (Gallimard)

McLaughlin, J. T. (2005): The Healer's Bent. Solitude and Dialogue in the Clinical Encounter. Edited and introduces by William Cornell. Relational Perspective Books Series Vol. 30. The Analytic Press, London (Hillsdale NJ)

Ranfeld, J. (1995): Aug in Aug. Vortrag vom 13. 6. 19995 im Wiener Psychoanalytischen Seminar. Mitschrift

Scharff, J. M. (2006): Körperliche Berührung in der Psychoanalyse. Psychotherapie im Dialog 7. Jg. Heft 2, S. 133–139

Schellenbaum, P. (2001): Befreiung des sexuellen Empfindens durch Spürbewusstsein. In Geißler, P. (Hg.): Über den Körper zur Sexualität finden. Gießen (Psychosozial-Verlag), S. 231–244

Stern, D. N. (1991): Tagebuch eines Babys. Was ein Kind sieht, spürt, fühlt und denkt. München, Zürich (Piper)

Stern, D. N. (1992): Die Lebenserfahrung des Säuglings. Stuttgart (Klett-Cotta)

Streeck, U. (2004): Auf den ersten Blick. Psychotherapeutische Beziehungen unter dem Mikroskop. Stuttgart (Klett-Cotta)

Tronick, E. (1986): Emotions and emotional communication in children. American Psychologist 44 (2), S. 112–119

Winnicott, D. W. (1987): Vom Spiel zur Kreativität. Stuttgart (Klett-Cotta)

Worm, G. (2004): Handlungsdialoge zum Verstehen der therapeutischen Beziehung – Möglichkeiten und Schwierigkeiten. In: Sulz, K. D., Schrenker, L., Schricker, Ch. (Hg.): Die Psychotherapie entdeckt den Körper, oder: Keine Psychotherapie ohne Körperarbeit? München (CIP-Medien), S. 265–274

Westram, J. (2006): Die Therapeutin als Realobjekt. In: Analytische Kinder- und Jugendpsychotherapie, Heft 130, Jg. 47 / 2, S. 209–237

Worm, G. (2004): Handlungsdialoge zum Verstehen der therapeutischen Beziehung: Möglichkeiten und Schwierigkeiten. In: Sulz, K. D., Schrenker, L., Schricker, Ch. (Hg.): Die Psychotherapie entdeckt den Körper, oder: Keine Psychotherapie ohne Körperarbeit? München (CIP-Medien), S. 265–274

Worm, G. (2007): Zum Umgang mit Handlungsdialogen in der therapeutischen Beziehung. In: Geißler, P., Heisterkamp, G. (Hg.): Psychoanalyse der Lebensbewegungen. Zum körperlichen Geschehen in der psychoanalytischen Therapie – ein Lehrbuch. Wien (Springer)

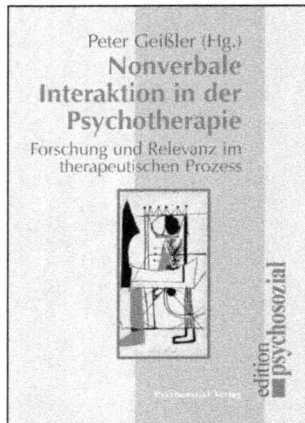

2005 · 480 Seiten · gebunden
EUR (D) 36,– · SFr 62,–
ISBN 3-89806-478-6

2005 · 413 Seiten · Broschur
EUR (D) 36,– · SFr 62,–
ISBN 3-89806-350-X

»Es ist nicht das intellektuelle Wissen, sondern das unmittelbar affektive Erlebnis in der analytischen Situation, welches das therapeutische Agens in der Kur ausmacht.« Dies schrieb Otto Rank bereits 1926, und er formulierte damit Einsichten in die Wirkungsweise des psychoanalytischen Prozesses, die erst viele Jahrzehnte später in den psychoanalytischen Mainstream Eingang finden sollten.

Nach 70 Jahren wird sein Grundlagenwerk »Technik der Psychoanalyse« nun wieder zugänglich gemacht (Band II, Die konstruktiven Elemente, und Band III, Die Analyse des Analytikers, erscheinen 2006).

Was in der therapeutischen Praxis mit freiem Auge beobachtbar ist – die Makroperspektive der Interaktion – kann sinnvoll um körperliche Mikroprozesse ergänzt werden, die sich erst durch den Einsatz moderner Technik erschließen. Die Videomikroanalyse der therapeutischen Interaktion enthüllt uns eine Vielfalt an körperlichen Praktiken und Enactments, die wir oft nur staunend zur Kenntnis nehmen können. Aus dieser Mikroperspektive stoßen wir direkt in den Bereich unbewusster Handlungen vor, die uns ein reiches implizites Wissen erschließen. Der Körper spielt dabei eine zentrale Rolle: Die nonverbal-körperliche Domäne des Erlebens im Sinne Daniel Sterns ist in jeder Form von Kommunikation und Interaktion als Hintergrund wirksam; sie dient der subtilen Beziehungsregulierung in Form unterschwellig stattfindender Aushandlungsprozesse.

P⬚V
Psychosozial-Verlag

Goethestr. 29 · 35390 Gießen · Tel. 06 41/ 9716903 · Fax 77742
bestellung@psychosozial-verlag.de
www.psychosozial-verlag.de